"十二五"国家重点图书

32

财政政治学译丛

刘守刚 主编

上海财经大学
公共经济与管理学院

Comparative Historical Analysis in the Social Sciences

社会科学中的比较历史分析

[美]詹姆斯·马汉尼（James Mahoney）
[美]迪特里希·鲁施迈耶（Dietrich Rueschemeyer） 编

秦传安 译

上海财经大学出版社
SHANGHAI UNIVERSITY OF FINANCE & ECONOMICS PRESS

上海学术·经济学出版中心

图书在版编目(CIP)数据

社会科学中的比较历史分析/(美)詹姆斯·马汉尼(James Mahoney),(美)迪特里希·鲁施迈耶(Dietrich Rueschemeyer)编;秦传安译.—上海:上海财经大学出版社,2023.10
(财政政治学译丛/刘守刚主编)
书名原文:Comparative Historical Analysis in the Social Sciences
ISBN 978-7-5642-4147-6/F·4147

Ⅰ.①社… Ⅱ.①詹… ②迪… ③秦… Ⅲ.①社会科学-研究 Ⅳ.①C

中国国家版本馆CIP数据核字(2023)第114484号

□ 责任编辑　吴晓群
□ 封面设计　张克瑶

社会科学中的比较历史分析

[美] 詹姆斯·马汉尼
　　　(James Mahoney)　　　编
[美] 迪特里希·鲁施迈耶
　　　(Dietrich Rueschemeyer)

秦传安　　译

上海财经大学出版社出版发行
(上海市中山北一路369号　邮编200083)
网　　址:http://www.sufep.com
电子邮箱:webmaster@sufep.com
全国新华书店经销
上海叶大印务发展有限公司印刷装订
2023年10月第1版　2023年10月第1次印刷

710mm×1000mm　1/16　27印张(插页:2)　413千字
定价:128.00元

This is a simplified Chinese edition of the following title published by Cambridge University Press:

Comparative Historical Analysis in the Social Sciences (ISBN 9780521016452) by James Mahoney, Dietrich Rueschemeyer, first published by Cambridge University Press 2003.
All rights reserved.

This simplified Chinese edition for the People's Republic of China (excluding Hong Kong, Macau and Taiwan) is published by arrangement with the Press Syndicate of the University of Cambridge, Cambridge, United Kingdom.

© Shanghai University of Finance and Economics Press 2023

This simplified Chinese edition is authorized for sale in the People's Republic of China (excluding Hong Kong, Macau and Taiwan) only. Unauthorized export of this simplified Chinese edition is a violation of the Copyright Act. No part of this publication may be reproduced or distributed by any means, or stored in a database or retrieval system, without the prior written permission of Cambridge University Press and Shanghai University of Finance and Economics Press.

Copies of this book sold without a Cambridge University Press sticker on the cover are unauthorized and illegal.

本书封面贴有Cambridge University Press防伪标签，无标签者不得销售。
图字：09-2023-0857号

2023年中文版专有出版权属上海财经大学出版社
版权所有　翻版必究

总　序

"财政是国家治理的基础和重要支柱",自古以来财政就是治国理政的重要工具,中国也因此诞生了丰富的古典财政思想。不过,近代以来的财政学发展主要借鉴了来自西方世界的经济学分析框架,侧重于财政的效率功能。不仅如此,在此过程中,引进并译介图书,总体上也是中国人开化风气、发展学术的不二法门。本系列"财政政治学译丛",正是想接续近代以来前辈们"无问西东、择取精华"的这一事业。

在中国学术界,"财政政治学"仍未成为一个广泛使用的名称。不过,这个名称的起源其实并不晚,甚至可以说它与现代财政学科同时诞生。至少在19世纪80年代意大利学者那里,就已经把"财政政治学"作为正式名称使用,并与"财政经济学""财政法学"并列为财政学之下的三大分支学科之一。但随着20世纪经济学成为社会科学皇冠上的明珠,财政经济学的发展也在财政学中一枝独大,而财政政治学及其异名而同质的财政社会学,一度处于沉寂状态。直到20世纪70年代,美国学者奥康纳在他的名著《国家的财政危机》中倡导"财政政治学"后,以财政政治学/财政社会学为旗帜的研究才陆续出现,不断集聚,进而成为推动财政学科发展、影响政治社会运行的积极力量。

当前以财政政治学为旗帜的研究,大致可分为两类:一类是从财政出发,探讨财政制度构建与现实运行对于政治制度发展、国家转型的意义;另一类是从政治制度出发,探索不同政治制度对于财政运行与预算绩效的影响。在"财政政治学译丛"的译著中,《发展中国家的税收与国家构建》是前一类著作的典型,而《财政政治学》则属于后一类著作的典型。除了这两类著作外,举凡有利于财政政治学发展的相关著作,如探讨财政本质与财政学的性质、研究财政制度的政治特征、探索财政发展的历史智慧、揭示财政国家的阶段性等作品,都在这套译丛关注与引进的范围内。

自2015年起,在上海财经大学公共政策与治理研究院、公共经济与管理学院支持下,"财政政治学译丛"已经出版了30本,引起了学界的广泛关注。自2023年7月起,我们公共经济与管理学院将独立承担起支持译丛出版工作的任务。

上海财经大学公共经济与管理学院是一个既富有历史积淀,又充满新生活力的多科性学院。其前身财政系始建于1952年,是新中国成立后高校中第一批以财政学为专业方向的教学科研单位。经过70多年的变迁和发展,财政学科不断壮大,已成为教育部和财政部重点学科,为公共经济学的学科发展和人才培养做出了重要贡献。2001年,在财政系基础上,整合投资系与设立公共管理系,组建了公共经济与管理学院,从而形成了以应用经济学和公共管理的"双支柱"基本架构,近年来,学院在服务国家重大战略、顶天立地的科学研究和卓越的人才培养等方面均取得了不错的成绩。

我们深信,"财政政治学译丛"的出版,能够成为促进财政学科发展、培养精英管理人才、服务国家现代化的有益力量。

范子英
2023年7月7日

目　录

序/001

导　论

第一章　比较历史分析:成就和议程
　　　　詹姆斯·马汉尼　迪特里希·鲁施迈耶/003

第一部分　研究的积累

第二章　比较历史分析与革命研究中的知识积累
　　　　杰克·A. 戈德斯通/043

第三章　关于社会政策的发展我们知道什么:从比较历史视角看比较历史研究
　　　　埃德温·阿门塔/091

第四章　比较历史研究中的知识积累:民主与威权主义的案例
　　　　詹姆斯·马汉尼/130

第二部分　分析工具

第五章　大的、慢的和……看不见的:比较政治学研究的宏观进步
　　　　保罗·皮尔森/175

第六章　制度如何演化：源自比较历史分析的洞见
　　　　凯瑟琳·瑟伦/206
第七章　比较历史分析中网络工具的使用
　　　　罗杰·V. 古尔德/238
第八章　时期化与偏好：反思比较历史社会科学中的有目的行动
　　　　伊拉·卡茨尼尔森/266

第三部分　方法问题

第九章　一个或少数几个案例能产生理论获益吗
　　　　迪特里希·鲁施迈耶/298
第十章　比较历史分析中的因果评估策略
　　　　詹姆斯·马汉尼/329
第十一章　让比较研究中的本体论和方法论齐头并进
　　　　彼得·A. 霍尔/363

结　论

第十二章　肩负双重任务的社会科学：比较历史分析的承诺
　　　　西达·斯科克波/397

译丛主编后记/418

序

在1998年美国政治学会(APSA)的年会上,戴维·科利尔(David Collier)和保罗·皮尔森(Paul Pierson)召集了一次餐会,讨论比较历史分析领域。那天晚上所有的参加者都相信,比较历史研究对当代社会科学做出了重要贡献。但他们也认识到,在这一领域迅速发展和变革的过去十年里,学者们对于撰写关于这个研究团体的实质性贡献、方法论策略和理论成就的纲领性陈述关注得不够。这次讨论得出的一个强有力的结论是:这样一份纲领性陈述已经被耽搁得太久了。

会后回到布朗大学,詹姆斯·马汉尼(James Mahoney)便开始和迪特里希·鲁施迈耶(Dietrich Rueschemeyer)讨论围绕政治学领域内的比较历史研究所引发的知识兴奋点——这些讨论最终促成了眼下这本书。

从我们在社会学中的有利位置角度,我们不仅感觉到了对比较历史分析的类似热情,而且觉得确实有必要盘点它当前所立足的这片领地。毕竟,自一些重要评论发表以来已经过去了大约15年,这些评论至今仍被认为是界定这门技艺的最高水准,比如查尔斯·蒂利(Charles Tilly)的《当社会学遇见历史学》(As Sociology Meets History)、菲利普·阿布拉姆(Philip Abram)的《历史社会学》(Historical Sociology),以及西达·斯科克波(Theda Skocpol)编辑的《历史社会学的视野与方法》(Vision and Method in Historical Sociology)。仅从美国政治学会的讨论中就可以清楚地看出,很多实质性的成就以及理论和方法的创新发生在最近十年,我们当然有理由做出努力,系统地报告这些发展。

与此同时,在其他领域工作的学者们已经开始行动,常常是以对比较历史分析来说颇有挑战性的方式,准确地阐述其研究传统对社会科学如何做出或可能做出贡献,例如,加里·金(Gary King)、罗伯特·O. 基欧汉(Robert O. Keohane)和西德尼·维巴(Sydney Verba)的《设计社会调查:定性研究中的科学推理》(*Designing Social Inquiry: Scientific Inference in Qualitative Research*)就是基于这样一个假设:统计学研究者有最好的工具来从事社会科学分析,而且,"定性"研究者应当设法尽可能地赶上这些研究实践。在《分析性叙事》(*Analytic Narratives*)中,罗伯特·H. 贝茨(Robert H. Bates)和他的合作者们强调了从理性选择理论(尤其是博弈论)的视角着手工作的优势,他们还探索了历史如何能够通过"叙事"而被有意义地整合到那个传统中。最后,有一批论文最终在维多利亚·E. 邦内尔(Victoria E. Bonnell)和林恩·亨特(Lynn Hunt)编辑的《超越文化转向》(*Beyond the Cultural Turn*)中出版,文章凸显了解释主义研究和后现代主义研究与众不同的贡献,暗示有很多成果丰硕的努力,并且试图通过文化研究把历史吸收到社会科学中。

这些倡导另类研究的重要作品的存在,是启动一项新的计划来审视当代比较分析传统的成就和议程的时机为什么已经成熟的另一个理由。为了公平对待这项任务,似乎需要一次集体努力。我们因此计划编辑这本书,并邀请一些学者参与其中,他们已经完成了重要的比较历史研究工作,并且有望在未来一段时间内继续活跃在这一领域。我们还特别留意把政治学家和社会学家包含进来,借此代表比较历史分析已经在其中牢固确立的这两个学科。

至于这项计划的组织工作,我们的谈话使得我们识别了三个互相关联的主题,它们最终成为本书截然不同的三个部分。

对于第一部分,要求作者们考量比较历史分析领域出现的实质性的成就和知识积累。这一领域在近三十年内不可否认地成为一种牢固确立的研究传统;但具体说来,关于一些重要的过程和结果,它究竟教给了我们什么?它在各种不同的实质性主题上是否实现了知识的进步?为了回答这些问题,于是有了一组论文探索三个具体领域的知识积累——革命、社会供应,以及民主与威权主义。

本书的第二部分打算报告比较历史研究者所掌握的分析工具。尽管没有任何单一的理论来定义比较历史分析,但这一传统的研究者们为研究社会和政治世界而采纳了截然不同的技术。其中最重要的技术是这里考量的工具和新方法:研究时间过程的理论导向、解释制度变革和延续模式的新概念、理解社会网络的新方法,以及把微观层面的偏好与更广泛的社会结构力量联系起来的最新策略。

对于本书的第三部分,我们安排了一组聚焦比较历史方法的论文。近年来比较历史的方法论领域事实上取得了突飞猛进的发展,这些论文试图对这批迅速增长的研究文献的很多内容进行综合。这部分程度上需要总结比较历史研究者做出描述推理和因果推理的不同程序。它还涉及审视比较历史研究者为了构建理论和构想因果命题所掌握的技术,包括一些这样的命题:它们的复杂性使得它们挣脱了其他研究传统的局限。

一旦我们认准了参与者并在基本组织结构上达成一致,事情很快就朝着出版的方向发展。2000年4月,我们在布朗大学沃森国际研究所举行的一次为期两天的会议上提交了本书初稿。一次激烈而令人兴奋的讨论轻易跨越了实质性评论、分析工具和方法问题的边界,导致了一些刺激性的批评和建议。为了让最大冲力得以产生,哈佛大学出席会议的三位同事——彼得·霍尔(Peter Hall)、保罗·皮尔森和西达·斯科克波建议,接下来的一次会议在他们的母校举行。尤其是因为保罗·皮尔森的组织主动性,第二次会议于同年11月在哈佛大学的欧洲研究中心举行。

我们能够进展得如此迅速,证明围绕比较历史分析领域我们具有巨大的热情。然而,它也证明所录入本书中作品的学者具有献身精神。尽管不得不执行与学术生活相伴随的难免繁忙的日程安排,在某些情况下还要经历计划进行期间介入进来的非同寻常的个人事件,但他们还是认真负责地遵循我们步伐很快的日程安排,并心情愉快地这样做。在两次正式会议、其他组织化会议上各种不同的展示和频繁的电子邮件往来中,我们开始更紧密地相互认同对方,而不只是作为一群对同一研究传统感兴趣的学者。在我们合作的最后日子里,罗杰·V. 古尔德(Roger V. Gould)过早离世的消息让我们深感震惊。比较历史研究失去了其最有天赋的实践者之一。

作为一个集体,我们要感谢很多帮助书稿成书的组织和个人。在布朗大学举行的第一次会议,承蒙沃森国际研究所、弗朗西斯·韦兰自由学术委员会和布朗大学讲座委员会提供经费。出席这次会议的有戴维·科利尔(David

Collier)和杰夫·古德温(Jeff Goodwin),他们提出的一些很有价值的评论帮助改进了本书内容。还要感谢这次记录会议讨论的马修·朗格(Matthew Lange),以及以沃森研究所活动经理的身份组织会议事务的简·劳勒(Jean Lawlor)。在哈佛大学举办的第二次会议由欧洲研究中心、美国政治研究中心、韦瑟黑德国际事务中心和布朗大学沃森研究所提供经费。赫拉多·L.蒙克(Gerardo L. Munck)以讨论会参加者的身份提供了令人赞佩的服务。来自哈佛大学的另外几个教员和研究生在会议期间提出了一些刺激性的问题和尖锐的批评。尽管在这里我们不可能对他们所有人一一致谢,但我们真心实意地欣赏他们对这项计划的贡献。对于哈佛的活动,丽莎·埃申巴赫(Lisa Eschenbach)十分老练地操持了所有的后勤事务。

在剑桥大学出版社,刘易斯·贝特曼(Lewis Bateman)和劳伦·莱文(Lauren Levin)充当了富有洞察力和耐心的编辑。我们收到了剑桥三位评论者——劳伦斯·怀特海(Laurence Whitehead)、埃德加·凯瑟(Edgar Kiser)和拉尔斯·缪塞特(Lars Mjøset)杰出而详细的评论。丛书编辑玛格丽特·列维(Margaret Levi)尤其值得我们感谢,因为她在早期阶段就鼓励我们把书稿交给剑桥大学出版社,接下来又在随后的所有阶段提供了热情的支持。本书在普林斯顿大学复审,我们要感谢查克·迈尔斯(Chuck Myers)的所有帮助,包括安排那些让我们获益良多的匿名评审。詹姆斯·马汉尼在这项计划上的工作部分得到了国家科学基金会通过青年教师发展基金(CAREER)给予的支持。迪特里希·鲁施迈耶希望感谢乌普萨拉的瑞典社会科学高级研究委员会在2000年秋天提供的巨大支持,当时,我们审阅并评论了本书草稿,同时撰写了导论部分。最后,为本书所做的奉献对我们大家都是一次很棒的经历。我们发现自己正在与社会科学领域内一些最有趣的同行进行近距离的对话,合作让我们彼此更加靠近,无论是作为学者,还是作为朋友。

导 论

序

第一章　比较历史分析:成就和议程

詹姆斯·马汉尼　　迪特里希·鲁施迈耶
（James Mahoney）　（Dietrich Rueschemeyer）

比较历史分析在社会科学中有一段漫长而卓越的历史。如今被我们视为现代社会科学奠基者的人，从亚当·斯密（Adam Smith）到亚历西斯·德·托克维尔（Alexis de Tocqueville），再到卡尔·马克思（Karl Marx），全都把比较历史分析作为一种核心研究模式来追求。在这个过程中，他们延续了一个主宰社会思想几百年的研究传统。即使当社会科学在20世纪初开始把自己组织成互相分离的不同学科时，比较分析研究依然维持了一个领导位置，显著地体现在一些著名学者的研究中，比如奥托·欣茨（Otto Hintze）、马克斯·韦伯（Max Weber）和马克·布洛赫（Marc Bloch）。只是到了20世纪中叶，研究社会知识的其他方法才在部分程度上让比较历史研究黯然失色，以至于让它面临永久衰落的危险。然而，在经历了一段被忽视的时间之后，最近几十年比较历史分析传统突然又卷土重来。尽管分析程序和方法论的一些重要问题依然存在，但这一研究模式已经在当今的社会科学中夺回了它的中心地位。

比较历史分析的复活很少显示出它正在失去冲力的迹象。仅在最近十年，就出版了几十本从这个视角撰写的著作，包括很多获奖作品。[①] 这些作品的主题广泛，但它们没有结合这样一项义务:对一些大规模的、实质上很重要

[①] 最近获得由美国政治学会、美国社会学会和社会科学历史协会所组织的各种奖项的比较历史作品如下：Amenta 1998；Barkey1994；Clemens1997；Collierand Collier1991；Ertman 1997；Goldstone1991；Haggard and Kaufman 1995；Hall1986；Luebbert 1991；Markoff 1996；Marx 1998；Orren 1991；Rueschemeyer *et al*. 1992；Skocpol 1992；Young 1994.

的结果提供有历史根据的解释。这一学术研究中包含了一大批论述美国和欧洲社会供应和福利国家发展的新作品①,以及许许多多探索非洲、亚洲、东欧、拉美和中东以及先进资本主义国家的国家形成和国家重构的研究②。此外,最近十年出版了一些重要的比较历史分析著作,其中论述了经济发展和工业政策③、种族关系和民族身份④、性别和女权⑤、民主和威权主义国家政权的出现⑥,以及历史场景与现代第三世界中的革命的原因和后果⑦。

  这份自 20 世纪 90 年代以来的研究记录,伴随着比较历史研究在社会科学的学科机构和组织中的地位日益显著。⑧ 关于比较历史研究的文章还显眼地出现在一些以一般读者为对象的杂志以及一些面向专业受众的期刊上。⑨社会科学系如今常常招募在这一研究模式中有经验的成员,同时训练研究生

---

  ① 例子参见:Amenta 1998; de Swaan 1988; Esping-Anderson 1990; Hicks 1999; Huber and Stephens 2001; Immergut1992; Kitschelt et al. 1999; Orloff 1993; Pierson 1994; Skocpol 1992; Steinmetz 1993; Steinmo 1993。

  ② 例子参见:Barkey 1994; Bensel 1990; Centeno 2002; Clark 1995; Ekiert 1996; Ertman1997; Herbst 2000; Silberman 1993; Spruyt 1994; Tilly 1990; Waldner 1999; Young 1994。

  ③ 例子参见:Carruthers 1996; Chaudhry 1997; Dobbin 1994; Evans 1995; Hopcroft 1999; Itzigsohn 2000; Karl 1997; Roy 1997; Seidman 1994。

  ④ 例子参见:Brubaker 1992; Calhoun 1997; Hechter 2000; Lustick 1993; Marx 1998; Stinchcombe 1995。

  ⑤ 例子参见:Banaszak1996; Charrad 2001; Htun in press; O'Connor, Orloff, and Shaver1999。

  ⑥ 例子参见:Collier 1999; Collier and Collier 1991; Downing 1992; Haggard and Kaufman 1995; Huber and Safford 1995; Linz and Stepan 1996; Luebbert 1991; Mahoney 2001; Paige 1997; Rueschemeyer et al. 1992; Wood 2000; Yashar 1997。

  ⑦ 例子参见:Colburn 1994; Foran 1997; Goldstone 1991; Goodwin 2001; Kimmel 1990; Parsa 2000; Selbin 1993; Wickham-Crowley 1992。

  ⑧ 在社会学中,比较历史分析被制度化为其自己的组织化部门(比较历史社会学部门),与另外几个部门有着强大的联系纽带,包括政治社会学。在政治学中,比较历史分析是几个组织化部门的一个重要组成部分,它们包括比较政治学、政治学和历史,以及国家、政治和政策,还有概念和方法委员会。在历史学中,这一传统很好地被社会科学历史协会(SSHA)所代表,并且在社会史和经济史等领域也是如此。

  ⑨ 经常发表比较历史研究的美国社会学和政治学期刊包括:《美国社会学期刊》(American Journal of Sociology)、《比较政治学》(Comparative Politics)、《比较社会研究》(Comparative Social Research)、《社会与历史比较研究》(Comparative Studies in Society and History)、《历史社会学期刊》(Journal of Historical Sociology)、《政治权力与社会理论》(Political Power and Social Theory)、《政治与社会》(Politics and Society)、《社会科学史》(Social Science History)、《社会学论坛》(Sociological Forum)、《比较国际发展研究》(Studies in Comparative International Development)、《美国政治发展研究》(Studies in American Political Development)、《理论与社会》(Theory and Society),以及《世界政治》(World Politics)。其他很多卓越的区域研究杂志也定期发表这一传统的作品。

撰写明确属于比较历史研究的学术论文。

最近的这些进步源自更早的发展。到20世纪70年代晚期和80年代初,有一点已经很清楚:比较历史分析研究正在各个不同的社会科学中经历一次复兴。例如,在《历史社会学的视野与方法》的"结论"一章,西达·斯科克波(Skocpol 1984a)指出,现在的这种研究早已不是以前那种几个献身于古典传统的老辈学者进行一种孤立分析模式的样子了。如今,差不多两代人之后,很少有观察者会否认,比较历史研究再次成为一种主要的分析模式并在整个社会科学中已被广泛使用。

承认比较历史传统的重要位置当然不是暗示对那些在这一传统中工作的研究者来说不存在颇具挑战性的问题。首先,关于比较历史研究可能相关的经验问题的完整范围存在一些难题。例如,在宏观导向的比较历史分析领域内,主要聚焦于微观单位(例如个人和小团体)的研究能否适应以及如何能够适应依然是个悬而未决的问题。此外,一些宏观主题,比如法律和环境,将要面对比较历史分析的工具,但它们在这一传统中一直研究不足,或者被忽视了。[1] 另外,比较历史学者参与了一些并不容易解决的、围绕不同理论框架的争论,结构主义与文化主义之间的紧张是这些争论的一个重要实例。还有一些认识论问题,源自试图在公平对待历史特殊性的同时实现理论一般化的努力。

尽管有这些持续存在的问题,但比较历史研究者在那些过去常常没有得到很好处理的问题上还是取得了重大进步。在方法论领域,研究者对于研究设计变得高度自觉,比较历史方法这个成长迅速的领域成了现代社会科学中发明创新的沃土。例如,学者们如今正处在一些令人兴奋的研究当中,内容涉及时间过程和路径依赖[2]、概念的形成和度量[3],以及从历史叙事和过程追踪

---

[1]　有些比较历史分析者致力于解决这些问题(例如Berman 1983,Orren 1991),但还有更多的工作要做。

[2]　例子参见:Abbott 1990,1992,1997;Aminzade 1992;Haydu 1998;Isaac 1997;Mahoney 2000;Pierson 2000a,2000b;Sewell 1996;Thelen 1999。

[3]　例子参见:Collier and Adcock 1997;Collier and Levitsky 1997;Collier and Mahon 1993;Coppedge1999;Munck and Verkuilen 2000。

直至布尔代数和模糊集的因果推理策略。① 同样,持续不断地致力于理论问题导致比较历史分析在把推动宏观变革过程的因素范畴进行概念化上取得了重大突破。这里不妨举一个显著的实例,这些研究者处在这样一次学术努力的前沿:要重塑国家作为行动者和作为制度的角色,这一发展对各个不同的社会科学(包括历史)的研究议程进行了重新定向。②

本书试图评估比较历史研究在最近 30 年里所取得的成就,讨论持续存在的问题,并探索未来的研究议程。在"导论"这一章,我们首先描述这一分析模式与众不同的特征。我们建议,最好是把比较历史分析视为一项长期知识计划的组成部分,这项计划以解释实质上很重要的结果为导向。其定义性的特征是关注因果分析,强调随着时间而展开的过程,以及使用系统的、语境化的比较。在提出这一定义时,我们故意排除了另外一些分析特征和方法论特征,人们常常把这些特征与比较历史分析相关联,但我们并不认为它们是比较历史分析核心特征的组成部分。例如,尽管很多比较历史分析提供了基于社会和政治结构及其变革的解释,但这一研究传统并非内在地致力于结构主义解释或其他任何单一的理论导向。同样,尽管这一领域的大多数工作使用定性形式的数据分析,但比较历史分析并不以任何单一的描述性推理和因果推理的方法为特征。

持续不断地聚焦于大问题

尽管当前这轮比较历史研究的喷发始于 20 世纪 60 年代和 70 年代③,但这一研究传统的根源在时间上可以追溯到更远。正如本文开头所指出的,比较历史分析是定义现代社会科学经典之作的分析模式,正如其最重要的创立

---

① 例子参见:Collier1993;Dion1998;George and Bennett in press;Goldstone 1997;Griffin 1992,1993;Katznelson 1997;Mahoney 1999 and this volume;McKeown 1999;Munck 1998;Ragin 1987,2000;Rueschemeyer and Stephens 1997;Snyder 200la;Stryker 1996。

② 对这一研究文献的早期评论,参见 Skocpol 1985,更近一些的引用参见 Migdal,Kohli,and Shue 1994。

③ 斯科克波(Skocpol 1984a,1984b)报告了比较历史分析在这一时期的复兴。这个时期的作品包括以下一些著名的研究:Anderson 1974a,1974b;Bendix 1964,1974,1978;Eisenstadt 1963,1978;Lipset and Rokkan 1968;Moore 1966;Tilly 1967,1975;and Wallerstein 1974。

第一章 比较历史分析:成就和议程

者的作品所证明的那样。[1] 创立者对比较历史技术的使用并非盲打误撞。这些学者遵循一个确立已久的传统,但至关重要的是,他们所提出的问题关乎现代世界的基本轮廓和演化,而此时正是欧洲资本主义商品化和工业化划时代的变迁提出迫切问题的时期。他们发现,有必要聚焦于广泛的结构和大规模的过程,正是这些结构和过程提供了理解社会生活模式的有力线索,无论是在宏观层面上,还是在团体和个体的层面上。这样一些大的过程和结构过去是而现在依然是最适合通过跨越国家和地区边界的明确比较来研究。此外,如果没有认识到时间序列及事件随着时间而展开的重要性,就无法,也不可能分析这些基本过程。那么,基本上,那些后来被视为现代社会科学创立者的社会分析者不可避免地被比较历史分析所吸引。

选择问"大问题"——那些涉及大规模结果的问题,专家和非专家都认为这样的结果在实质上和规范上都很重要——的当代研究者常常同样被比较历史分析所吸引。正如本文开头所引述的那些作品所暗示的,问大问题与比较历史方法之间有一种亲和力,从现代社会科学分析的开端迄至今天,这一事实帮助维持了一个单一传统。今天的比较历史研究者让这一传统重获新生,不只是通过重复创立者们的重点和风格,而且通过致力于解决新的实质问题,通过调动随着时间推移而变得可用的新的历史证据和新的方法论工具。实质性的研究扩大到了囊括我们今天的主题,范围从计划经济的垮台,以及面对全球化时福利国家的重建[2],到信息技术和新的生产形式所启动的国家变革和全球变革[3],再到非洲、亚洲和拉丁美洲国家发展最近的成功和失败[4]。此外,当代学者继续提出最早由创立者们致力于解决的而在今天依然至关重要的问题——主题范围从大社会演化的宏大社会学研究[5]到工人阶级运动在不同时

---

[1] 有更早的一波方法论文献,聚焦于讨论古典理论家们所使用的研究逻辑,其中很多在斯科克波的著作(Skocpol 1984b, fn.3, p20)中引用过。更近的一些贡献包括(除了其他很多作品之外):Burawoy 1989, Emirbayer 1996, and Kalberg 1994。

[2] 例子参见:Bunce 1999;Huber and Stephens 2001;Kitschelt 1994;Pierson 2001;Stark and Bruszt 1998。

[3] 例子参见:Castells 1996—1998;Piore and Sabel 1984。

[4] 例子参见:Amsden 2001;Deyo 1987;Evans 1995;Gereffi and Wyman 1991;Haggard 1990;Migdal 1988;Pempel 1999;Senghaas 1985;Sikkink 1991;Wade 1990。

[5] 例子参见:Gocek 1996;Lachmann 2000;Mann 1986, 1993;Rueschemeyer 1986。

007

期的出现和命运①,但他们这样做,是在那些让具体比较变得更明确的方法和分析策略的帮助下,让时间考量更系统地发挥作用,让形式更严谨的因果评估更加方便。

有一点当然是真的:并非所有提出大问题的研究者都是从比较历史分析的立场出发。② 那么,这一传统研究大问题的方法有什么与众不同呢?最基本的不同是,比较历史研究者提出的问题和构想的难题涉及具体的案例集,这些案例显示了足够的相似性,从而使它们之间可以有意义地互相比较。③ 比较历史研究者一般并不寻求关于非历史地构建的案例组中所有实例的普遍知识。例如,安·索拉·奥尔洛夫(Ann Shola Orloff 1993)并不探索哪些因素可能形成跨越所有时间和地点的老年人社会供应的范围,而是探究英国、美国和加拿大在一些定义清晰的历史时期在养老金政策上的重要相似性和显著差异。格雷戈里·M. 洛艾伯特(Gregory M. Luebert 1991)并不试图辨别所有地区和所有时代的所有政治经济体制的原因,而是试图解释两次世界大战之间的欧洲自由主义、法西斯主义和社会民主主义的起源。托马斯·埃特曼(Thomas Ertman 1997)并不追问整个人类历史上究竟是哪些过程推动了国家构建,而是探索究竟是哪些具体因素决定了18世纪西方基督教世界对比鲜明的国家政权集合体的发展。

这一聚焦于适用特定历史案例的重要难题的基本策略并非没有批评者,尤其是在那些寻求普遍化的知识并认为受历史限制的理论化中布满了陷阱的人当中。诚然,如果按照充分说明所有不同社会文化语境和历史时期的因果命题这个目标来衡量,比较历史分析者所提出的受历史限制的问题必然导致某些损失,或者更准确地说是抱负的降低。然而,由于普遍化理论方法的贫困,由于这些问题给研究提供了重要的分析优势,因此,比较历史分析者继续问这样的问题。从比较历史传统的视角看,过去和现在的普遍化程序——范

---

① 例子参见:Katznelson and Zolberg 1986;Kimeldorf 1988;Seidman 1994。

② 例如,正如我们稍后所讨论的,跨国统计学研究者或解释分析者可能提出"大问题",但他们一般并不以比较历史研究所特有的那种方式这样做。

③ 参见 Pierson and Skocpol 2002。"足够简单"当然被理论框架所定义。它可能包含来自不同视点的案例,看上去似乎完全不同。在这个意义上,聚焦于足够简单的案例绝不是把高度相异的语境排除在外,包括那些发生类似的过程和结果的不同语境。

围从20世纪60年代和20世纪70年代的结构功能主义和系统论到80年代和90年代博弈论的某些分支[1]——倾向于产生非历史的概念和命题,它们常常太过一般,不能有效地应用于解释中。相比之下,比较历史分析者在一个不太抽象的层面上观察案例和过程,经常能够从过去的经验中汲取教训,诉诸当下的关切。即使他们的洞见依然基于所审视的历史,不能原封不动地转换到另外的语境,但比较历史研究对于当代的选择和可能性能够产生比那些以普遍真理为目标而不能掌握重要历史细节的研究更有意义的建议。

然而,必须强调的是,即使比较历史研究聚焦于特定历史案例所特有的问题,它们对解释的关切也常常导致进一步的研究——超越了最初的案例。这种一般化的努力必须把我们在最初的研究中用来定义适用于比较的同质案例(即这样的案例:你会预期一个给定解释变量的改变将会有相同的平均净因果效应)的"范围条件"纳入考量。当一个特定解释被扩大到一个新的语境时,它有时候会证实最初的解释,暗示它的一般性,大概还需要对范围条件理解得更加精细。更经常的情况是,一般化的努力会暗示:一个解释取决于复杂多变的条件——在最初的范围陈述中,对这些条件的识别可能充分,也可能不充分,但可以通过新的比较进一步加以说明。在某些情况下,理论一般化可能需要在一个更抽象的层面上重新概念化变量(那些更有历史头脑的研究者可能会抵制这个意见)。但扩大的努力可能还会揭示:基于当前的理论理解,最初的解释只是不适合另外一些表面上相似的案例,并提出一些基本问题,涉及这种不适合究竟是不是因果异质性的产物(即把那些符合单位同质性标准的新案例包含在内),或者它是不是代表最初解释中的一个缺点。有了所有这些可能性,比较历史研究的分析导向为审视那些提出特定历史案例问题的研究的更广泛含义始终敞开大门。

---

[1] 这个群体包含20世纪50年代和60年代一些最著名的社会科学分析作品,比如:Easton 1965;Levy 1966;Parsons 1951;Smelser 1963。关于这种工作的局限的讨论及额外的引用,参见Skocpol 1984a。关于博弈论的普遍化形式(及其替代选项)的当代讨论,参见Munck 2001和Swedberg 2001。

比较历史分析的突出特征

你可能忍不住在一个非常宽泛的意义上来定义比较历史分析，使得这一传统包含所有把跨案例历史模式并置在一起的研究。这样一个包罗万象的定义肯定有助于说明这种研究的巨大范围。[1] 然而，我们宁愿把"比较历史分析"保留给一种被相对比较特殊的特征所定义的研究。尽管并没有被一个理论或一个方法所统一，但这一传统内的所有工作都对因果分析有共同的关切，都强调与时俱进的过程，都使用系统的和语境化的比较。在选择这一界限时，我们把比较历史分析与更宽泛的诸如"历史社会学"和"历史制度主义"这样的事业区分开来。这些相关领域常常和比较历史研究一样致力于解决大问题，但它们这样做的方式并没有充分体现本书中所讨论的那些研究的典型特征。例如，历史社会学领域也强调比较历史分析，但它们还包括解释主义的和后现代主义的工作，而这些并不是这一传统的组成部分（参见后文）。同样，所有比较历史工作在历史制度主义之内都很适合，但那些并不明确从事系统比较的历史制度主义工作并没有落在比较历史分析的领域之内。因此，我们选择把比较历史分析视为这些更大传统之内的一个分支。我们的意图并不是要规定一些人为的边界来阻止那些在密切相关领域里工作的学者之间交流观念。相反，我们只是试图认识一种特殊的研究，它的实践者和批评者都把它作为一种与众不同的学术方法来对待。

遵照社会科学中的新兴用法，我们把比较历史分析视为体现了刚刚标示出的三个特征。[2] 第一，比较历史研究基本上关注产生重大结果的因果构造

---

[1] 当然，在激进的意义上，一切研究都不可避免地既是历史的也是比较的。它们之所以是历史的，乃是因为它们必定参照过去发生的事件和过程。它们之所以是比较的，乃是因为它们必定不可避免地并置两个或两个以上的观察结论。

[2] 在发展这个定义上，我们受到了以下作品的影响：Collier 1998a; Skocpol 1979, pp. 36—37; 1984a, p. 1 和 Skocpol and Somers 1980, pp. 181—183。斯科克波和萨默尔斯区分了三种类型的比较史："宏观因果分析""理论的平行证明""语境对照"。我们选择的定义非常接近于其中的第一个（宏观因果分析）。然而，我们做出这一选择并不是打算暗示另外两个版本的比较研究和历史研究毫无价值。它们在特征上是不同的——一个更激进地倾向于理论一般化，另一个实际上拒绝理论的可能性——但它们依然是学术对话的参与者。

第一章　比较历史分析：成就和议程

的解释和辨别。在比较历史研究中，因果论证是分析的中心，因此，因果命题被细心地选择和检验，而不是作为总体叙事的附属部分引入的。这样一来，比较历史分析并不包括明确拒绝因果分析或为了其他研究目标而回避因果分析的工作。例如，为了旨在揭示人类行为的文化背景意义的"解释主义"方法而避开因果分析的学术研究不是本书所考量的研究。同样，尽管描述历史模式和阐明分类的"区域研究"程序对比较历史分析很重要，但这些活动本身并不是这里所考量的这种学术研究的一个目的。相反，我们关注那些试图找出重大结果的原因的工作。在这个导向之内，比较历史分析不需要包含任何单一的因果分析方法。这些研究者事实上依靠范围广泛的因果推理策略，其中有些策略类似于定量研究者所使用的多元回归技术，有些策略是定性研究所特有的(参见 Munck 1998；Mahoney 1999 和本书；Ragin 1987，2000)。因此，比较历史研究者在方法的使用上是兼收并蓄的，凡是能让他们解决手头问题的工具，他们统统使用。①

　　第二，比较历史研究者明确分析历史序列，严肃考量与时俱进的过程展开。正如保罗·皮尔森在收入本书的论文中提醒我们的，那些吸引比较历史研究者的事件，比如社会革命、农业商业化或国家形成，不是在单一固定时间点上发生的静态事件，相反，它们是随着时间推移在时间中不断展开的过程(还可参看 Abbott 1990，1992；Aminzade 1992；Pierson 2000a，2000b；Rueschemeyer and Stephens 1997；Tilly 1984)。作为结果，比较历史分析者把对事件的时间结构的考量包含在他们的解释中。例如，他们可能认为，一个事件的影响在很大程度上被这一事件的持续时间所塑造，正如鲁思·贝林斯·科利尔和戴维·科利尔(Ruth Berins Collier and David Collier 1991)在强调拉丁美洲不同的"结社时期"的影响时所做的那样。同样，比较历史研究者可能把事件的时间结构差异作为要解释的重要结果来处理，正如查尔斯·蒂利(Tilly 1990)在探索一些欧洲城市国家和联邦为什么以不同的速度让位于现

---

①　这一折中主义可能超越了方法问题，还涉及彼得·霍尔(Peter Hall)在他的文章中所说的"本体论"前提——那些凸显方法选择的预设。在我们试图呈现比较历史分析的集体"肖像"的努力中，我们并不探索这个关于本体论演化的问题——尽管在其他方面它很重要。更一般而言，我们这里并不探索比较历史分析与哲学"现实主义"之间的关联，尽管我们相信二者之间有一些实质性的互补。

代国家时所做的那样。此外,由于事件本身是在时间中定位的,因此比较历史分析者明确考量不同事件之间相对时机的影响。例如,为了解释英国和美国公共社会支出的差异,奥尔洛夫和斯科克波(Orloff and Skocpol 1984)认为,官僚机构改革的出现是在充分民主化之前还是之后关乎重大;类似地,鲁施迈耶(Rueschemeyer 1973)认为,法律行业在德国和美国对照鲜明的特征是国家官僚机构合理化与经济中资本主义发展的相对时机强有力地塑造的。实际上,恰恰是因为事件的时间过程,它们才可能互相交叉,而且这种交叉的相对时机可能有着决定性的意义。

第三,比较历史研究之所以与众不同,乃是因为其实践者对类似的和对照鲜明的案例进行系统的和语境化的比较。考虑到因果分析中的分析利益,系统比较当然是必不可少的。正如我们已经暗示的,大多数比较历史工作的目标是为了在已经限定的历史语境之内解释重要结果,通常聚焦于少量案例。尽管这一方法并不直接以普遍适用的知识为目标,但它代表了一宗交易,在这宗交易中可以获得重要的优势。尤其是,这个方法使得理论与证据之间的对话成为可能,其强度在定量社会研究中十分罕见。通过使用少量案例,比较历史研究者在根据详细案例证据构想新概念、发展新解释、提炼先在理论预期时可以在多次重复的分析中轻松自在地往返于理论和历史之间。

此外,由于比较历史研究者通常很熟悉他们的每个案例,因此他们可以根据每个特定案例的更广泛语境来评估变量,借此实现更高水平的、当我们选择大量案例时才有可能实现的概念有效性和测量有效性。这种近距离审视特定案例还使得研究者能够探索变量在五花八门的不同语境中如何能有不同的因果效应,借此让理查德·洛克和凯瑟琳·瑟伦(Richard Locke and Kathleen Thelen 1995)所说的"语境化比较"更加便利(还可参看 Ragin 1987,2000)。此外,不同案例是否彼此独立,以及在何种程度上彼此独立,这个问题可以通过案例的集中研究经受细微差别的审视。例如,迪特里希·鲁施迈耶、约翰·D. 史蒂芬斯和伊芙琳·胡贝尔·史蒂芬斯(Evelyne Huber Stephens 1992, pp. 265—267)使用他们对说英语的加勒比海列岛的仔细分析,以及与全球各地前殖民地国家的比较,显示民主制在这些小岛的存在主要并不归因于"民主摇篮"即英国殖民主义的影响,而要归因于这些国家内部的国家-社会关系的特色和总体的权力平衡。

为比较而选择的"案例"千变万化。尽管民族国家依然是最常见的被选择单位，但研究者越来越多地探索联邦国家或单一国家内部的不同部门[①]、包含多个民族国家的超国家区域或组织[②]，以及被各种不同的特征，比如农业体系的类型或国家渗透的程度所定义的非正式亚国家区域[③]。而且，考量的案例不必始终参照领土边界。例如，在比较历史传统中，比较社会运动和大规模争端的研究是从社会构成群体的角度来定义它的人口。[④] 类似地，聚焦于单个地理单位的研究可能把不同的时间周期作为案例来处理，并以这种方式进行系统比较（参见 Haydu 1998）。因此，所选择案例的种类对应于主题和问题构想，而不只是对应于流行的地理范畴。通常选择国家界定的区域，因为它们常常适合于宏观层面的研究问题。这一点在本书第一部分考量的三个研究区域（对革命、社会供应及民主与威权主义体制的比较研究）中十分明显。但对其他问题，你用其他比较单位可以并且常常会做得更好。[⑤]

把比较历史分析设想为被三个特定重点所定义——关注因果分析、时间过程的解释，以及使用通常局限于少量案例的系统的和语境化的比较——并没有涵盖研究大的社会结构、文化模式和变革过程的所有比较历史工作。分析大量国家的统计学研究并没有包含在内，因为它们选择的案例太多，不容易允许那种定义比较历史研究的语境化比较。大多数解释主义理论家被排除在外，因为他们并不集中关注因果分析。一些叙事记述中包含了众多解释和偶然的比较参照的历史和区域研究，如果它们并不系统地审视其解释命题，则其

[①] 例子参见：Clemens 1997；Heller 1999；Kohli 1987；Putnam 1993；Snyder 2001b；Williams 1994。

[②] 这里包含的是世界体系和世界社会研究计划中更定性的几股（例子参见 McMichael 1985；Meyer *et al.* 1997；Wallerstein 1974, 1980, 1989）。

[③] 例子参见：Hopcroft 1999；O'Donnell 1993；Paige 1975。

[④] 这样的研究既包含一些经典研究（例如 Tilly 1967；Tilly, Tilly, and Tilly 1975），也包含一些更晚近的贡献（例如 McAdam, Tarrow, and Tilly 2001）。

[⑤] 不管对所调查案例的分析的性质和水平如何，值得强调的是，比较历史分析研究者实际上并不把这些*整个案例*互相比较。相反，他们当然必须选择这些案例的特定方面，然后系统地把这些方面作为变量来估算，就这方面而言，与那些研究大量案例的定量研究者并无不同（比较 Ragin 1987, p. 52）。

贡献也没有被包含在内。①

然而,最近的一些研究工作包含了这三个维度,在我们看来,它们足够广泛,足够与众不同,完全有资格确保被纳入考量。实际上,我们相信,这一大批研究工作中所采用的类似重点定义了一个学者群体,他们越来越多地相互被视为并被其他学者视为一个单一的研究共同体。

当代社会科学中的范式之争

我们正处在一个关于方法和途径的激烈争论让社会科学变得生气蓬勃的时期。学者们常常极力鼓吹他们所偏爱的研究范式,尖锐地批评另外的范式为劣等。比较历史分析者发现自己处在这些争论的风口浪尖上,常常与那些认同相关方法、强调同样重点的学者结成同盟,比如历史制度主义(Hall and Taylor 1996；Katznelson 1997；Pierson and Skocpol 2001；Thelen and Steinmo 1992)或比较方法传统(Collier 1993,1998b)。尽管当前的"范式"②之争并不容易分类,但在一些重要的、富有启发的论战中,有三个可以辨别的裂痕涉及比较历史研究,它们从一个学科到另一个学科,以不同的方式表现自身。

首先,在不同的相关学科,激烈程度千变万化的方法论分歧出现在定性方法与定量方法之间。在比较社会科学中,比较历史研究者与使用大量案例的跨国统计研究者之间的争论代表了这一分歧。③ 20世纪60年代末和70年代初,当定量跨国研究开始频繁进行时,很少有统计研究者能想象比较历史分析

---

① 这一排除只会让少数几个历史学家感到烦恼,而很多人则毫不在乎。历史学家们依然在很大程度上对比较历史分析漠不关心,正如西德尼·塔罗(Sidney Tarrow)在通信中所指出的。这实际上代表了我们研究传统中一个尚未解决的重大难题。这样说吧,我们再次强调,我们对比较历史分析与众不同的描述并不意味着要限制不同传统的学者之间的沟通和交流。

② 我们把"范式"看作一组方法论承诺和理论承诺,它们定义了学术共同体,常常体现在研究的样本案例中。有些范式主要被方法论所定义,另一些范式则更多地被其理论前提所定义;有些被构造得很宽松,另一些则被定义得更准确。例如,理性选择理论有一个定义得很准确的理论内核,而比较历史分析则主要被方法论承诺所定义。范式及其相关联的学术共同体对于理解实际学术争论的动态至关重要;但重要的是要指出——系统地看——这些争论可能遮蔽了从范式上定义的学术共同体之间的潜在相似性。同样,每个范式之内也可能存在分歧。

③ 指出下面这一点并非多余:定量可能在那些仅仅聚焦于少数几个跨案例比较的案例内分析研究中扮演一个十分重要的角色。

将在很大程度上主宰社会科学的未来。今天的比较方法论学者照例强调定量方法对小样本方法的优势,把后者描绘为只是路上的一块垫脚石,而这条路的顶峰则是强有力的统计工具的使用(例如 Lijphart 1971,1975；Smelser 1976)。这些信念在 20 世纪 70 年代得到了强化,当时,一些重要的计量经济学改进似乎要纠正早期统计方法的相关缺点。对跨国定量研究的未来非常乐观,似乎只要等待创造适合于这种研究的数据集就行了。

然而,大约 20 年后,比较研究很快就会被大量案例统计学研究所主宰的前景看似不大可能了。今天的方法论学者可能承认,使用统计技术实现可靠的推论内在地是困难的,而且,到目前为止,这些技术在比较分析中并没有产生实质性的发现——足以配得上起初与这种研究相随的乐观(参见 Brady and Collier 2002)。诚然,统计程序的改进继续帮助分析者克服了先前几轮方法论重构的相关局限。① 同样,当现实世界的改变(例如第三世界的民主化)使得数据收集更容易时,宏观定量研究新的更好的统计方法变得可用。然而,由于创新性的、令人信服的发现并不充分,因此今天的跨国统计研究者通常比过去更加谦虚。②

在这一知识氛围中,大样本方法和小样本方法的鼓吹者之间的对话似乎朝着两个有点对立的方向移动。一方面,很多公共讨论聚焦于每个传统必须对学术知识做出的贡献,一些分析者认识到研究圈子里有这两者的容身之地。例如,方法论学者报告了反复研究范式,在这样的范式中,比较历史研究补充统计学研究的最初发现,反之亦然(Bennett and George 1998；Collier 1998a；Coppedge 1999)。在某些研究领域,这样的补充导致重要的知识进步(Amenta 本书)。同样,比较历史分析的杰出工作本身结合了定量方法和定性方法(例如,Goldstone 1991；Huber and Stephens 2001；Paige 1975；Tilly 1967),

---

① 最有前途的创新包括最近的一些旨在更有效地给时间过程建模的方法。有些最近的创新在以下文献中已讨论：Griffin and van der Linden 1999；Abbott and Tsay 2000。

② 这一点是真的,即使自 20 世纪 80 年代晚期,经济学家们加入政治学家和社会学家的行列,以跨国统计分析模式来研究经济增长以及制度的模式和变革之后。关于基于 20 世纪 80 年代新增长理论所激发的跨国统计研究的"新的增长证据",有一篇评述,参见 Temple 1999。关于一些源自经济增长与一系列可能的条件因素之间的部分关系的发现的可靠性,莱文和雷内尔特(Levine and Renelt 1992)提供了一份怀疑性的分析。我们感谢路易斯·普特曼(Louis Putterman)在经济学的这一经验主义工作上所提出的建议。

或者把跨国统计研究的结果拿来作为定性比较的一个出发点(Rueschemeyer 1991；Rueschemeyer et al. 1992)。考虑到这些协同合作，一些方法论学者强调这两个研究传统之间的基本相似性一点也不奇怪。例如，加里·金、罗伯特·O. 基欧汉和西德尼·维巴在他们著名的构想中(1994, p. 4)宣称，"定量传统与定性传统之间的差别只是风格上的差别，在方法论上和实质性上并不重要。一切好的研究都可以理解为——实际上最好是理解为——源自同样的基本推理逻辑"[①]。

但另一方面，真实的紧张和尖锐的分歧继续存在。有些学者受到统计学方法的逻辑的启发，依然怀疑能从少量案例中得出有效的因果推论(Goldthorpe 1997；Lieberson 1991, 1994, 1998)。同样，有些分析者对比较历史分析中源自因变量选择(Geddes 1990)或对二手数据来源的选择性使用(Goldthorpe 1991；Lustick 1996)的偏见产生了担心。而比较历史方法论学者则试图系统地应对这些批评。他们已证明，小样本研究者在他们对充分必要条件的评估中满足标准统计研究的信心要求(Dion 1998；Ragin 2000；还可参看 Braumoeller and Goertz 2000；Mahoney 本书)，而且，使用多重因果分析方法——包括不同形式的案例内评估——使这些学者能够有效地探测少量集合单位的概率因果模式(George and Bennett in press；Goldstone 1997；Rueschemeyer and Stephens 1997)，即使有些人坚持认为重要的基本问题不可能通过调查少量案例来解决(Rueschemeyer 本书)。方法论学者还已证实，源自因变量选择的偏见的具体统计学问题被不恰当地应用于很多比较历史研究(Collier and Mahoney 1996；Ragin 2000)，而且，比较历史研究者使用二手材料来源——如今日益成为主要的材料来源——未必导致任何系统错误(Mou-

---

[①] 关于金等人的(King et al. 1994)《设计社会调查》(Designing Social Inquiry)，有几个观察者指出，这本书代表了一个片面观点，从这个观点看，定性研究者应当让其研究实践适应定量研究者的研究实践，而忽视了定量研究者可以用某些方式通过学习定性研究技术来获益。有一次更平衡的讨论和一组围绕《设计社会科学》而展开争论的论文，还可参看 Brady and Collier (2002)。

zelis 1994)。① 最后,我们必须指出,比较历史研究者已经发起他们自己的对统计学方法的有力批评。例如,查尔斯·C. 拉金(Charles C. Ragin 1997)认为,跨国统计研究者通常违反单位同质性的假设,没能考量通向相同结果的多重因果路径,给出夸大的误差项或源自对特定案例无知的错定模型。同样,蒂姆西·J. 麦克欧文(Timothy J. McKeown 1999)及亚历山大·L. 乔治和安德鲁·贝内特(Alexander L. George and Andrew Bennett in press)责备统计学方法没能识别因果机制,及其对理论构建做出贡献的能力有限。据我们所知,统计学研究者尚没有系统地回应这些批评。

现在转向另一个范式所提出的挑战,这个范式在政治科学中正日益变得重要,并且在社会学中也有一定的重要性,我们来考量理性选择理论和比较历史分析的鼓吹者们之间的争论。在宏观比较研究中,对理性选择理论的使用"显然依然处在其婴儿期"(Bates et al. 2000, p. 296; Goldstone 1999, p. 533),因此理性选择理论家们在这一特定领域尚没有产生大量的经验作品(相关评论参见 Geddes in press)。② 然而,在比较研究领域,理性选择理论家们通过批评比较历史分析者们所使用的研究方法,并允诺一个可选程序未来可能做得更好,从而吸引了人们的关注。

从比较历史研究的视角看,很难评估理性选择理论家们的批评,因为对于这一研究究竟出了什么差错,他们自己之间就有尖锐的分歧。③ 在某些理性选择理论家看来,使用归纳法是问题所在,因为这些方法导致比较历史研究者

---

① 比较历史研究者对二手材料的使用常常非常彻底,以至于他们实际上仔细检查了完整的材料来源"群落",避免了与非随机选择相关联的任何偏见。此外,很多比较历史论证的有效性并不取决于对二手文献的特定解读;这些论证的力量和新颖典型地产生于对系统比较和理论的使用,这使得研究者能够信赖其论证中有根有据的历史解释。当比较历史研究者必须对二手文献中有冲突性的记述做出裁决时,他们在报告他们如何得出具体结论上常常非常明确(例如,通过检查互相冲突的二手作品中对材料和文献的使用)。最后,我们赶紧补充一句:有些比较历史研究者如今在他们的研究中使用没有被发现的或没有被充分利用的原始材料,做出那种通常与历史学家相关联的发现(例如 Bergquist 1986; Chaudhry 1997; Skocpol 1992)。

② 实际上,正如现在已经众所周知的那样,对于理性选择理论过去几十年里究竟在何种程度上对其他领域贡献了经验主义洞见,有一次更广泛的争论(Bates et al. 2000; Elster 2000; Friedman 1996; Green and Shapiro 1994; see also Geddes 1991; Goldstone 1998; Goldthorpe 1998a; Kiser and Hechter 1998; Munck 2001; Somers 1998)。

③ 理性选择理论家同样对于统计研究的有用性莫衷一是。例如,不妨比较以下作品中表达的观点:Goldthorpe 1998b 和 Laitin 2001。

发展出只适用于特定时间和特定地点的一般化。这一关切凸显了约翰·戈尔德霍普(John Goldthorpe 1991,1997)的论点：比较历史研究在独特解释的方向上走得太远；它还导致埃德加·凯瑟和迈克尔·赫克特(Edgar Kiser and Michael Hechter 1991)宣称，比较历史研究者是"反理论的"，而且"比较历史研究中对归纳法的使用简直是不恰当的"(pp.3,13)。然而，另外一些理性选择理论家坚持认为，归纳是一个十分适当的研究策略，从具体案例得出的理论一般化极其有用(Bates *et al.* 1998)。在这些更"务实的"理性选择分析者看来(参见 Munck 2001)，比较历史研究的问题似乎是它没能使用关于行为人理性的假设明确地或充分地发展出以选择为中心的模型。

比较历史研究者抱着极大的怀疑来看待理性选择理论家们更正统的纲领性声明。像之前试图在社会科学中使用综合性非历史一般化的其他所有努力一样，正统的理性选择程序也没能生产出法律般的陈述命题或普遍命题，适用于范围广泛的案例和时期，同时有意义地处理那些看上去有着基本重要性的现实世界案例的特征。恰恰是因为这一失败，更务实的理性选择理论家开始接受比较历史分析者长期以来赞同的主要观点，并试图发展出适用于特定时期和地点的中度一般化的努力。但遗憾的是，就连更务实的理性选择理论家也继续暗示，比较历史分析者过于强调历史，而以牺牲理论为代价。例如，他们常常死板地把基于理性选择模型的理论驱动型研究与纯粹依靠叙事分析的历史研究区分开来，随后或明或暗地把比较历史分析简化为后者(Bates *et al.* 1998; Goldthorpe 1991; Laitin 2002)。

比较历史研究者对这类批评做出了回应，并仔细讨论了以何种方式把理论与正在研究的历史结合起来。他们反复指出，归纳和演绎都是其工作的有价值的组成部分(Goldstone 1997, pp.112—113; Quadagno and Knapp 1992, p.493; Ragin 1987, 2000; Rueschemeyer *et al.* 1992, pp.36—39; Skocpol 1979, p.39; Skocpol and Somers 1980, p.182; Stryker 1996, pp.310—313; 还可参看 Paige 1999)。一般理论和中层理论明确地被比较历史研究者用来识别适用于比较的案例群组，构想导向性概念，并提出关于可能很重要的因果过程的最初假说。这些群组、概念和假说随后可以根据来自真实案例的历史证据和比较证据予以提炼或舍弃。在实际的研究实践中，理论与历史之间的这一对话典型地经历了很多互动，然后才得出最终的结论。

考虑到理论对比较历史分析十分重要，考虑到务实的理性选择理论家赞同分析归纳和特定案例研究，你可能会问：如今这两个传统之间的任何重要争论究竟有哪些方面？很明显，分歧并非围绕"行动者是理性的"这个假设，因为很多比较历史研究者假设行动者大多数时间行为理性。同样，这个问题并不只是分析的微观层面对宏观层面的问题，因为很多理性选择理论家在他们的研究中利用高度集合的行动者，并参照十分庞大的过程，而比较历史研究者也分析具体个体的选择和行为，或者重构处于特定情境中的个人在何种条件下有可能（比方说）克服集体行动难题（例如 Skocpol 1979）。

我们认为，理性选择理论家就下面这个事实而言确实不同于比较历史分析者：前者被单一理论传统即理性选择理论所指导，因此暗含地拒绝多元的理论方法，而这些方法使得具体的研究问题和实际的历史模式能帮助决定恰当分析框架的选择。事实上，就连务实的理性选择理论家有时候也满足于应用理性选择理论的原理，看不出有什么必要对少量案例进行详细而系统的比较。这个方法与比较历史分析的传统背道而驰，因为它使用历史案例主要是为了说明一般性的理论论证或模型，而不是为了发展出语境化的概念或系统地评估因果假说（例如，参见 Bates 1981；Levi 1988；North 1966）。然而，有些学者依靠理性选择理论的观念，在努力试图解释少量案例中的具体结果时追求系统的、语境化的比较（例如 Alexander 2002；Jones 2002；Hechter 2000）。最后，有一些理性选择的研究工作把具体的历史案例并置，但他们强烈的理论导向可能依然导致他们使用历史材料主要是为了说明一个模型，而不是让语境化的比较能够影响假说的形成和对可选解释的系统检验（例如，Bates 1989；Geddes 1994；Laitin 1986；Levi 1997）。

尽管一个模型往往是结构描述，但比较历史分析者在使用总体性理论上无疑是多元的。尽管这些学者在其研究中能够利用并确实利用了以选择为中心的框架（例如，参见 Collier and Norden 1992），但他们常常并不是为了其本身而详细论述行为人选择模型。他们也不满足于行为人如何理解其所面对的情境的抽象假设。比较历史研究者通常给予主观信念一个更中心的位置，连同"客观上"不断改变的语境。他们，还有那些采取相同策略的理性选择理论家,为了更接近真实的历史经验而把一个解释成分引入理性选择议程中。[①]更一般地说,他们毫不犹豫地从一系列其他理论传统中寻求指引,包括与阶级分析和冲突理论、国家中心理论、社会运动理论、国际关系理论、身份理论及网络理论相关联的"结构"分析的一些显著不同的分支。在这个总体光谱中,理性选择模型只是比较历史分析研究者用来构架其问题和解释的特定方面的一组工具。

最后,让我们来考量第三个范式之争,这一争论是社会科学中所谓文化和语言学转向所引发的。文化研究及与之相关联的后现代主义方法的兴起在历史学和人类学领域尤其引人注目,但在某种程度上在社会学和政治学领域也取得了一席之地(参见 Dirks 1996;Hunt 1984,1989;McDonald 1996;Morawska and Spohn 1994;Ortner 1984;Steinmetz 1999)。文化阵营内部的分歧本身就非常广泛,以至于很难谈论某个单一的研究范式。这里我们将聚焦于后现代解释主义理论中为了有效回答关于这个世界的大问题而使用比较历史分析的分支。我们并不关心那些更激进的潮流,他们信奉理论虚无主义,并假设有效的知识天生就是虚幻的。

一些更主流的文化和后现代理论家对于社会科学试图构想普遍一般化和法律般的命题的努力依然常常表现出失望。一个重要的回应是拒绝承认因果分析是社会科学分析的主要目标,并寻求其他的启蒙策略。例如,克利福德·格尔茨(Clifford Geertz)反映了很多解释主义理论家的观点,他宣称,文化分析"不是寻找规律的经验科学,而是寻找意义的解释科学"(1973,p.5;还可参看 Rabinow and Sullivan 1987,p.14)。在格尔茨等人看来,你可以解释行为对于执行行为的参与者所具有的意义,而不援引因果规律。在另外一些后现代理论家看来,"因果解释,就算有个座位的话,也要叨陪末座,屈居于权力的祛魅和解构之后"(Bonnell and Hunt 1999,p.11)。这里的目标是批评剥削的社会关系,解放受压迫的群体,这项任务再次被视为涉及另外某个东西,而不

[①] 杰拉德·亚历山大(Gerard Alexander 2002)对民主巩固的分析提供了一个很好的实例。他对关于右翼复杂的信仰模式和体制偏好的假说所做的平行检验投射出了一束新的、揭示性的光线,让我们清晰地看到了内战前后的西班牙,第一次世界大战之前的法国和英国,两次大战之间的法国、英国、德国和意大利,以及第二次世界大战之后的法国、英国、德国和意大利那些给宪政变革和稳定奠定基础的过程。

第一章 比较历史分析:成就和议程

是因果分析的科学方法。

与解释主义和后现代主义分析者形成鲜明对照的是,比较历史研究者捍卫因果分析的事业,尽管他们的目标并不是某些理论选择理论家所寻求的那种普遍化。实际上,大多数比较历史分析者认为,如果没有至少是暗含地提出因果断言,就很难进行任何种类的社会科学分析。例如,格尔茨及其他解释主义者被证明深度浸淫于因果断言(Jones 1998;Mahon 1990;还可参看 Abel 1977)。[①] 同样,仔细阅读会让我们想到后现代主义理论家在对因果分析的立场上显然是模棱两可的。正如维多利亚·E. 邦内尔和林恩·亨特所暗示的,尽管很多文化理论家"对社会科学并不抱持严格的科学理解",但"他们并没有放弃社会解释和因果解释"(Bonnell and Hunt 1999,p. 25)。

尽管有些比较历史研究者对在解释宏观社会发展上太过轻易地求助于文化因素抱怀疑态度,但几乎所有人都认为文化分析在辨别他们所研究的社会和政治结构的特征上是重要的。此外,他们原则上对文化主义解释也是开放的,正如在最近研究社会革命的比较历史作品中所看到的那样(例如 Foran 1997)。然而,他们怀疑,文化理论家如果不采用明确而严格的因果推理,那他们能否有效地进行他们的研究。理由是双重的。首先,因果追问常常有着一个不被认可的后果:给予选择性地聚焦于一个现象的某些方面而不是另外的方面以合法化。文化理论家常常关注的权力批评也是如此。然而,在文化阵营里的解释主义理论家看来,意义分析的描述方案并没有受到多大的保护以抵御故意的选择性。这些分析者因此很容易遭到这样一个指控:在面对不可避免的选择性时,他们缺乏根据来聚焦于现实的某些方面而不是另外一些方面。

当然,第二个理由是,在文化理论中因果断言实际上无处不在,但依然是暗含的,因此几乎不可避免地逃过了仔细的审视。考虑到这种对暗含因果断言的依赖,文化理论家怎么能希望不采用某些追求因果分析的标准而产生有效的知识呢?当这些理论家思考其研究计划的未来时,这个问题似乎给他们

[①] 从马克斯·韦伯(Max Weber)到阿尔弗雷德·舒茨(Alfred Schutz)和尤尔根·哈贝马斯(Jürgen Habermas)等一系列社会理论家都曾强调,解释分析不是因果分析的替代。有一篇讨论,参见 Mahon 1990。

提出了一个困难的选择。一方面,他们可以更彻底地拥抱严格的因果分析模型,这会增强他们研究的有效性,并把他们推到比较历史分析的方向上。然而,这样做需要在一定程度上损失他们与众不同的"反科学"身份,这一导向在这个领域是很有名的。另一方面,文化理论家可以继续追求其研究议程,在这样的议程中,因果分析以非系统的、没有受过训练的方式被采用。这个选项使得这些分析者能够维持与众不同的反科学身份,但也给他们产生关于这个世界的知识的能力带来了一些实实在在的障碍。在这个问题上不偏不倚所带来的危险是,一些很有前途的年轻研究者走向一些更极端形式的后现代理论所抱持的那种理论虚无主义。

在本节快要收尾时,我们认为,社会科学中的很多学术活动——既有文章和著作中的公开活动,也有通过志趣相投的同行之间的交流而进行的非公开活动——使得互相竞争的研究范式之间对抗性的甚至公开敌对的姿态成为必要。比较历史分析者在这个过程中,包括在面对十分激烈的攻击时,有一个角色要扮演,即坚定地捍卫他们的研究方法。然而,在承认这些现实的同时,我们并不希望暗示这场争论的所有参与者都对争论中的问题抱持一种零和的理解。一些支持前文考量的每个范式的重要学者都曾吸收来自其他阵营的洞见,并探索了其他范式如何有着补充其主要方法的力量。实际上,有几本重要著作就是以这种精神写成的,其中包括金、基欧汉和维巴的《设计社会调查:定性研究中的科学推理》(*Designing Social Inquiry: Scientific Inference in Qualitative Research*),贝茨等人的《分析性叙事》(*Analytic Narratives*),以及邦内尔和亨特的《超越文化转向:社会和文化研究中的新方向》(*Beyond the Cultural Turn: New Directions in the Study of Society and Culture*)。

我们相信,比较历史分析可以以各种不同的方式受益于它与其他范式的对话。这是真的,最基本的原因是,在让重要的实质性问题定义其研究议程的过程中,比较历史研究者如果依然对使用各种不同的方法和分析工具保持开放,那他们的研究就会做得最好。这些学者必须始终觉得可以自由地在他们的研究工作中利用统计学方法、理性选择模型或文化变量。与此同时,比较历史分析者常常很适合在互相竞争的范式之间扮演调停者的角色。例如,我们已经阐明,比较历史分析如何能调停于文化分析与理性选择理论之间,前者冒着在对行动者的主观性抱有怀疑的理解并放弃因果分析的方向上走得太远的危险,而后者则冒着相反的风险:无视行动者行为的主观维度,发展一种不切实际的普遍有效的理论。同样,比较历史分析可以调停于下面两者之间:一方面是统计学研究者对于假说检验有时候是狭隘的和技术性的关注,另一方面是理性选择理论家和文化研究者对于理论构建和重大规范问题更宏大的关切。当诸如此类的范式之争产生时,比较历史分析者常常发现自己很舒适地处于更极端的立场之间。以这些方式及其他方式,我们希望本书将对关于不同的研究传统如何能够互相丰富彼此的讨论做出进一步的贡献。

前 瞻

接下来的文章将评估比较历史研究过去的贡献、当前的现状和未来的前景。这一评估在互相关联的三个部分进行:一是聚焦于比较历史分析中的实质性研究,二是适合比较历史中反复出现的核心问题的分析工具,三是这种学术研究中所产生的方法论问题。

第一部分的文章探索知识积累的广度,横跨三个实质性的主题——社会供应、革命,以及民主与威权主义,它们是很多比较历史研究的焦点。这些文章提出下列问题:比较历史研究者在经过大约三十年的研究之后学到了什么?他们在何种程度上发展了一项累积性的研究计划?在这项研究计划中,学者们互相构建于别人的发现之上吗?评估积累的标准是什么?我们能不能得出结论:作为比较历史分析的结果,学术共同体如今比三四十年前知道得更多?这些问题很重要,不仅因为这样盘点过去的发现明显有着实质性的意义,而且因为它们对于更广泛的对比较历史分析的分析评估和方法论评估也至关重要。任何研究计划的成败必定最终依赖于其产生关于这个世界的实质性重要发现的能力。这些文章最后反思了对过去工作的回顾所暗示的未来议程。

第二部分的文章探索比较历史研究中有着特定重要性的分析工具。正如前面所暗示的,我们并不相信比较历史分析者信奉任何单一的理论框架。但比较历史分析工作采用截然不同的分析工具来研究世界,其中很多工具关系到大的社会结构和社会过程的暂时性。这些文章考量一些给联合不同理论传统留出空间的工具,比如路径依赖模型和理解制度延续的框架。它们探索了历史模式和历史过程的比较研究中最早在其他社会研究领域使用的某些方法的有效性,比如网络分析。它们问:什么样的分析工具最适合处理历史发展的不同步法——长期展开,迅速转变的接合,以及长期酝酿与迅速结果的结合或突然突破与长期后果的结合?

尽管论述知识积累和分析工具的第一部分和第二部分也以各种不同的方式触及了方法论问题,但第三部分的文章明确地讨论这些问题。这些文章反思了比较历史分析者在其研究中必须做出的选择,包括关于因果评估的特定策略或使用具体理论框架的选择。它们问:方法如何接合关于社会结构和社会过程的潜在模式和相互关系的基本假设即"本体论"假设?它们回顾了定性研究中的方法论进步。它们考量了我们可以预期从试图忠实于历史特性,同时导向分析理解的研究中所得到的不同知识获益。

本书中的不同文章被组织在三个主题之下:研究的积累、分析工具和方法问题。但一定不要把本书的这三个部分看作封闭的片段。大多数文章在聚焦于一组问题的同时,也反思了所有这三个维度,我们认为这三个维度对于评估比较历史研究的当前现状和未来前景是必不可少的。本书最后以比较历史研究复兴的先驱者之一的一篇文章结束。西达·斯科克波指向将当代比较历史分析的"双重使命"——在追求对现实世界主题的实质性研究的同时参与关于途径和方法的争论——作为其最与众不同的特征之一。

参考文献

Abbott, Andrew. 1990. "Conceptions of Time and Events in Social Science Methods: Causal and Narrative Approaches." *Historical Methods* 23:140—150.

——1992. "From Causes to Events: Notes on Narrative Positivism." *Sociological Methods and Research* 20:428—455.

——1997. "On the Concept of Turning Point." *Comparative Social Research* 16:85—105.

Abbott, Andrew and Angela Tsay. 2000. "Sequence Analysis and Optimal Matching Methods in Sociology." *Sociological Methods and Research* 29:3—33.

Abel, Theodore. 1977. "The Operation Called Verstehen." Pp. 81—91 in *Understanding and Social Inquiry*, edited by Fred R. Dallmayr and Thomas A. McCarthy. Notre

Dame, IN: University of Notre Dame Press.

Alexander, Gerard. 2002. *The Sources of Democratic Consolidation*. Ithaca, NY: Cornell University Press.

Amenta, Edwin. 1998. *Bold Relief Institutional Politics and the Origins of Modern American Social Policy*. Princeton, NJ: Princeton University Press.

Aminzade, Ronald. 1992. "Historical Sociology and Time." *Sociological Methods and Research* 20:456—480.

Amsden, Alice. 2001. *The Rise of "the Rest": Challenges to the West from Late-Industrializing Economies*. Oxford: Oxford University Press.

Anders on, Perry. 1974a. *Passages from Antiquity to Feudalism*. London: New Left Books.

1974b. *Lineages of the Absolutist State*. London: New Left Books.

Banaszak, Lee Ann. 1996. *Why Movements Succeed or Fail: Opportunity, Culture, and the Struggle for Women's Suffrage*. Princeton, NJ: Princeton University Press.

Barkey, Karen. 1994. Bandits and Bureaucrats: *The Ottoman Route to State Centralization*. Ithaca, NY: Cornell University Press.

Bates, Robert H. 1981. *Markets and States in Tropical Africa: The Political Basis Agricultural Policies*. Berkeley: University of California Press.

1989. *Beyond the Miracle of the Market: The Political Economy of Agrarian Development in Kenya*. Cambridge: Cambridge University Press.

Bates, Robert H., Avner Greif, Margaret Levi, Jean-Laurent Rosenthal, and Barry R. Weingast. 1998. *Analytic Narratives*. Princeton, NJ: Princeton University Press.

2000. "The Analytic Narrative Project." *American Political Science Review* 94:696—702.

Bendix, Reinhard. 1964. *Nation-Building and Citizenship*. New York: Wiley.

1974. *Work and Authority in Industry: Ideologies of Management in the Course of Industrialization*. Berkeley: University of California Press.

1978. *Kings or People: Power and the Mandate to Rule*. Berkeley: University of California Press.

Bennett, Andrew and Alexander George. 1998. "An Alliance of Statistical and Case Study Methods: Research on the Interdemocratic Peace." *APSA-CP: Newsletter of the APSA Organized Section in Comparative Politics* 9:1 (Winter):6—9.

Bensel, Richard Franklin. 1990. *Yankee Leviathan: The Origins of Central State Authority in America*, 1859—1877. New York: Cambridge University Press.

Bergquist, Charles W. 1986. *Labor in Latin America: Comparative Essays on Chile, Argentina, Venezuela, and Columbia*. Stanford, CA: Stanford University Press.

Berman, Harold. 1983. *Law and Revolution: The Formation of the Western Legal Tradition*. Cambridge, MA: Harvard University Press.

Bonnell, Victoria E. and Lynn Hunt. 1999. "Introduction." Pp. 1—32 in *Beyond the Cultural Turn: New Directions in the Study of Society and Culture*, edited by Victoria E. Bonnell and Lynn Hunt. Berkeley: University of California Press.

Brady, Henry E. and David Collier, eds. 2002. *Rethinking Social Inquiry: Diverse Tools, Shared Standards*. Lanham, MD, and New York: Rowman & Littlefield.

Braumoeller, Bear F. and Gary Goertz. 2000. "The Methodology of Necessary Conditions." *American Journal of Political Science* 44: 844—858.

Brubaker, Rogers. 1992. *Citizenship and Nationhood in France and Germany*. Cambridge, MA: Harvard University Press.

Bunce, Valerie. 1999. *Subversive Institutions: The Design and the Destruction of Socialism and the State*. Cambridge: Cambridge University Press.

Burawoy, Michael. 1989. "Two Methods in Search of Science: Skocpol versus Trotsky." *Theory and Society* 18: 759—805.

Calhoun, Craig J. 1997. *Nationalism*. Minneapolis: University of Minnesota Press.

Carruthers, Bruce G. 1996. *City of Capital: Politics and Markets in the English Financial Revolution*. Princeton, NJ: Princeton University Press.

Castells, Manuel. 1996—1998. *The Information Age: Economy, Society and Culture*. Vols. 1—3. Oxford: Blackwell.

Centeno, Miguel Angel. 2002. *Blood and Debt: War and the Nation-State in Latin America*. University Park: Pennsylvania State University Press.

Charrad, Mourina M. 2001. *States and Women's Rights: The Making of Postcolonial Tunisia, Algelria and Morocco*. Berkeley: University of California Press.

Chaudhry, Kiren Aziz. 1997. *The Price of Wealth: Economies and Institutions in the Middle East*. Ithaca, NY: Cornell University Press.

Clark, Samuel. 1995. *State and Status: The Rise of the State and Aristocratic Power in Western Europe*. Montreal and Kingston: MeGill-Queen's University Press.

Clemens, Elisabeth S. 1997. *The People's Lobby: Organizational Innovation and the Rise of Interest Group Politics in the United States, 1890—1925*. Chicago: University of Chicago Press.

Colburn, Forrest D. 1994. *The Vogue of Revolution in Poor Countries*. Princeton, NJ: Princeton University Press.

Collier, David. 1993. "The Comparative Method." Pp. 105—119 in *Political Science: The State of the Discipline II*, edited by Ada Finifter. Washington, DC: American Political Science Association.

——1998a. "Comparative-Historical Analysis: Where Do We Stand?" *APSA-CP: Newsletter of the APSA Organized Section in Comparative Politics* 9 (Winter): 1—2, 4—5.

——1998b. "Comparative Method in the 1990s." *APSA-CP: Newsletter of the APSA Qrganized Section in Comparative Politics* 9 (Summer): 1—2, 4—5.

Collier, David and Robert Adcock. 1999. "Democracy and Dichotomies: A Pragmatic Approach to Choices about Concepts." *Review of Political Science* 2: 53 7—65.

Collier, David and Steven Levitsky. 1997. "Democracy with Adjectives: Conceptual Innovation in Comparative Research." *World Politics* 49: 430—451.

Collier, David and James E. Mahon. 1993. "Conceptual 'Stretching' Revisited: Adapting Categories in Comparative Analysis." *American Political Science Review* 87: 845—855.

Collier, David and James Mahoney. 1996. "Insights and Pitfalls: Selection Bias in Qualitative Research." *World Politics* 49: 56—91.

Collier, David and Deborah L. Norden. 1992. "Strategic Choice Models of Political Change in Latin America." *Comparative Politics* 24: 229—243.

Collier, Ruth Berins. 1999. *Paths Toward Democracy*. New York: Cambridge University Press.

Collier, Ruth Berins and David Collier. 1991. *Shaping the Political Arena: Critical Junctures, the Labor Movement, and Regime Dynamics in Latin America*. Princeton, NJ: Princeton University Press.

Coppedge, Michael. 1999. "Thickening Thin Concepts and Theories: Combining Large N and Small in Comparative Politics." *Comparative Politics* 31: 465—476.

de Swaan, Abram. 1988. *In Care of the State: Health Care, Education and Welfare in Europe and the USA in the Modern Era*. New York: Oxford University Press.

Deyo, Frederic, ed. 1987. *The Political Economy of the New Asian Industrialism*. Ithaca, NY: Cornell University Press.

Dion, Douglas. 1998. "Evidence and Inference in the Comparative Case Study." *Comparative Politics* 30:127—146.

Dirks, Nicholas B. 1996. "Is Vice Versa? Historical Anthropologies and Anthropological Histories." pp. 17—51 in *The Historic Turn in the Human Sciences*, by Terrence J. McDonald. Ann Arbor: University of Michigan Press.

Dobbin, Frank. 1994. *Forging Industrial Policy: The United States, Britain, and France in the Railway Age*. Cambridge: Cambridge University Press.

Downing, Brian M. 1992. *The Military Revolution and Political Change: Origins of Democracy and Autocracy in Early Modern Europe*. Princeton, NJ: Princeton University Press.

Easton, David. 1965. *A Systems Analysis of Political Life*. New York: Wiley.

Eisenstadt, S. N. 1963. *The Political Systems of Empires: The Rise and Fall of Historical Bureaucratic Societies*. New York: Free Press.

1978. *Revolutions and the Transformation of Society*. New York: Free Press.

Ekiert, Grzegorz. 1996. *The State Against Society: Political Crises and Their Aftermath in East Central Europe*. Princeton, NJ: Princeton University Press.

Elster, Jon. 2000. "Rational Choice History: A Case of Excessive Ambition." *American Political Science Review* 94:685—695.

Emirbayer, Mustafa. 1996. "Durkheim's Contribution to the Sociological Analysis of History." *Sociological Forum* 11:263—284.

Ertman, Thomas. 1997. *Birth of the Leviathan: Building States and Regimes in Medieval and Early Modern Europe*. Cambridge: Cambridge University Press.

Esping-Andersen, Gosta. 1990. *The Three Worlds of Welfare Capitalism*. Princeton, NJ: Princeton University Press.

Evans, Peter. 1995. *Embedded Autonomy: States and Industrial Transformation*. Princeton, NJ: Princeton University Press.

Foran, John, ed. 1997. *Theorizing Revolutions*. London: Routledge.

Friedman, Jeffrey, ed. 1996. *The Rational Choice Controversy: Economic Models of Politics Reconsidered*. New Haven, CT: Yale University Press.

Geddes, Barbara. 1990. "How the Cases You Choose Affect the Answers You Get: Selection Bias in Comparative Politics." Pp. 131—150 in *Political Analysis*, vol. 2, edited by James A. Stimson. Ann Arbor: University of Michigan Press.

——1991. "Paradigms and Sand Castles in Comparative Politics of Developing Areas." Pp. 45—75 in Comparative Politics, Policy, and International Relations, edited by William Crotty. Evanston, IL: Northwestern University Press.

——1994. *Politician's Dilemma: Building State Capacity in Latin America*. Berkeley: University of California Press.

——in press. *Paradigms and Sand Castles: Theory Building and Research Design in Comparative Politics*. Ann Arbor: University of Michigan Press.

Geertz, Clifford. 1973. *The Interpretation of Cultures: Selected Essays*. New York: Basic Books.

George, Alexander L. and Andrew Bennett. in press. *Case Studies and Theory Development*. Cambridge, MA: MIT Press.

Gereffi, Gary and Donald L. Wyman, eds. 1991. *Manufacturing Miracles: Paths of Industrialization in Latin America and East Asia*. Princeton, NJ: Princeton University Press.

Gocek, Muge. 1996. *Rise of the Bourgeoisie, Demise of Empire: Ottoman Westernization and Social Change*. New York: Oxford University Press.

Goldstone, Jack A. 1991. *Revolution and Rebellion in the Early Modem World*. Berkeley: University of California Press.

——1997. "Methodological Issues in Comparative Macrosociology." *Comparative Social Research* 16:107—120.

——1998. "Initial Conditions, General Laws, Path Dependence, and Explanation in Historical Sociology." *American Journal of Sociology* 104:829—845.

——1999. "Analytic Narratives." *American Journal of Sociology* 105:531—533.

Goldthorpe, John H. 1991. "The Uses of History in Sociology: Reflections on Some Recent Tendencies." *British Journal of Sociology* 42:211—230.

——1997. "Current Issues in Comparative Macrosociology: A Debate on Methodological Issues." *Comparative Social Research* 16:1—26.

——1998a. "Rational Action Theory for Sociology." *British Journal of Sociology* 49:167—192.

——1998b. "The Quantitative Analysis of Large-Scale Data-Sets and Rational Action Theory:For a Sociology Alliance. " Pp. 31—53 in *Rational Choice Theory and Large-Scale Data Analysis*, edited by Hans-Peter Blossfeld and Gerald Prein. Boulder, CO:Westview.

Goodwin, Jeff. 2001. *No Other Way Out: States and Revolutionary Movements, 1945—1991*. Cambridge:Cambridge University Press.

Green, Donald P. and Ian Shapiro. 1994. *Pathologies of Rational Choice Theory: A Critique of Applications in Political Science*. New Haven, CT:Yale University Press.

Griffin, Larry J. 1992. "Temporality, Events, and Explanation in Historical Sociology: An Introduction. " *Sociological Methods and Research* 20:403—427.

——1993. "Narrative, Event-Structure, and Causal Interpretation in Historical Sociology. " *American Journal of Sociology* 98:1094—1133.

Griffin, Larry J. and Marcel van der Linden, eds. 1999. *New Methods for Social History*. Cambridge:Cambridge University Press.

Haggard, Stephan. 1990. *Pathways from the Periphery: The Politics of Growth in the Newly Industrializing Countries*. Princeton, NJ :Princeton University Press.

Haggard, Stephan and Robert R. Kaufman. 1995. *The Political Economy of Democratic Transitions*. Princeton, NJ:Princeton University Press.

Hall, Peter A. 1986. *Governing the Economy: The Politics of State Intervention in Britain and France*. New York:Oxford University Press.

Hall, Peter A. and Rosemary C. R. Taylor. 1996. "Political Science and the Three New Institutionalisms. " *Political Studies* 44:936—957.

Haydu, Jeffrey. 1 998. "Making Use of the Past: Time Periods as Cases to Compare and as Sequences of Problem Solving. " *American Journal of Sociology* 104:339—371.

Hechter, Michael. 2000. *Containing Nationalism*. Oxford:Oxford University Press.

Heller, Patrick. 1999. *The Labor of Development: Workers and the Transformation of Capitalism in Kerala, India*. Ithaca, NY:Cornell University Press.

Herbst, Jeffrey. 2000. *States and Power in Africa :Comparative Lessons in Authority and Control*. Princeton, NJ:Princeton University Press.

Hicks, Alexander. 1999. *Social Democracy and Welfare Capitalism :A Century of Income Security Politics*. Ithaca, NY:Cornell University Press.

Hopcroft, Rosemary L. 1999. *Regions, Institutions, and Agrarian Change in European History*. Ann Arbor:University of Michigan Press.

Htun, Mala. in press. *Democracy, Dictatorship, and Gendered Rights*. Cambridge:

Cambridge University Press.

Huber, Evelyne and Frank Safford, eds. 1995. *Agrarian Structure and Political Power: Landlord and Peasant in the Making of Latin America*. Pittsburgh, PA: University of Pittsburgh Press.

Huber, Evelyne and John D. Stephens. 2001. *Development and Crisis of the Welfare State: Parties and Policies in Global Markets*. Chicago: University of Chicago Press.

Hunt, Lynn. 1984. *Politics, Culture, and Class in the French Revolution*. Berkeley: University of California Press.

ed. 1989. *The New Cultural History*. Berkeley: University of California Press.

Immergut, Ellen M. 1992. *Health Politics: Interests and Institutions in Western Europe*. Cambridge: Cambridge University Press.

Isaac, Lany W. 1997. "Transforming Localities: Reflections on Time, Causality and Narrative in Contemporary Historical Sociology." *Historical Methods* 30:4—12.

Itzigsohn, Jose. 2000. *Developing Poverty: The State, Labor Market Deregulation, and the Informal Economy in Costa Rica and the Dominican Republic*. University Park: Pennsylvania State University Press.

Jones, Todd. 1998. "Interpretive Social Science and the 'Native's Point of View': A Closer Look." *Philosophy of the Social Sciences* 28:32—68.

Jones Luong, Pauline. 2002. *Institutional Change and Political Continuity in Post-Soviet Central Asia: Power, Perceptions, and Pacts*. New York: Cambridge University Press.

Kalberg, Stephen. 1994. *Max Weber's Comparative-Historical Sociology*. Chicago: University of Chicago Press.

Karl, Terry Lynn. 1997. *The Paradox of Plenty: Oil Booms and Petro-States*. Berkeley: University of California Press.

Katznelson, Ira. 1997. "Structure and Configuration in Comparative Politics." Pp. 81—112 in *Comparative Politics: Rationality, Culture, and Structure*, edited by Mark Irving Lichbach and Alan S. Zuckerman. Cambridge: Cambridge University Press.

Katznelson, Ira and Aristide R. Zolberg, eds. 1986. *Working Class Formation: Nineteenth Century Patterns in Western Europe and the United States*. Princeton, NJ: Princeton University Press.

Kimeldorf, Howard. 1988. *Reds or Rackets? The Making of Radical and Conservative Unions on the Waterfront*. Berkeley: University of California Press.

Kimmel, Michael. 1990. *Revolution: A Sociological Interpretation*. Philadelphia: Temple University Press.

King, Gary, Robert O. Keohane, and Sidney Verba. 1994. *Designing Social Inquiry: Scientific Inference in Qualitative Research*. Princeton, NJ: Princeton University Press.

Kiser, Edgar and Michael Hechter. 1991. "The Role of General Theory in Comparative-Historical Sociology." *American Journal of Sociology* 97: 1—30.

―――. 1998. "The Debate on Historical Sociology: Rational Choice Theory and Its Critics." *American Journal of Sociology* 104: 785—816.

Kitschelt, Herbert. 1994. *The Transformation of European Social Democracy*. New York: Cambridge University Press.

Kitschelt, Herbert, Peter Lange, Gary Marks, and John D. Stephens, eds. 1999. *Continuity and Change in Contemporary Capitalism*. Cambridge: Cambridge University Press.

Kohli, Atul. 1987. *The State and Poverty in India*. Cambridge: Cambridge University Press.

Lachmann, Richard. 2000. *Capitalists in Spite of Themselves: Elite Conflict and Economic Transitions in Early Modern Europe*, Oxford: Oxford University Press.

Laitin, David D. 1986. *Hegemony and Culture: Politics and Religious Change Among the Yoruba*. Chicago: University of Chicago Press.

―――. 2002. "Comparative Politics: The State of the Subdiscipline." In *Political Sciences: The State of the Discipline*, edited by Helen Milner and Ira Katznelson. New York: W. W. Norton.

Levi Margaret. 1988. *Of Rule and Revenue*. Berkeley: University of California Press.

―――. 1997. *Consent, Dissent, and Patriotism*. Cambridge: Cambridge University Press.

Levine, Ross and David Renelt. 1992. "A Sensitivity Analysis of Cross-Country Growth Regressions." *American Economic Review* 82: 942—963.

Levy, Marion J., Jr. 1966. *Modernization and the Structure of Societies*. Princeton, NJ: Princeton University Press.

Lieberson, Stanley. 1991. "Small N's and Big Conclusions: An Examination of the Reasoning in Comparative Studies Based on a Small Number of Cases." *Social Forces* 70: 307—320.

―――. 1994. "More on the Uneasy Case for Using Mill-Type Methods in Small-N Comparative Studies." *Social Forces* 72: 1225—1237.

1998. "Causal Analysis and Comparative Research: What Can We Learn from Studies Based on a Small Number of Cases. " pp. 129—145 in *Rational Choice Theory and Large-Scale Data Analysis*, edited by Hans-Peter Blossfeld and Gerald Frein. Boulder, CO: Westview.

Lijphart, Arend. 1971. "Comparative Politics and the Comparative Method. " *American Political Science Review* 65: 682—993.

1975. "The Comparable-Cases Strategy in Comparative Research. " *Comparative Political Studies* 8: 158—177.

Linz, Juan J. and Alfred Stepan. 1996. *Problems of Democratic Transition and Consolidation: Southern Europe, South America, and Post-Communist Europe*. Baltimore: Johns Hopkins University Press.

Lipset, Seymour Martin, and Stein Rokkan, eds. 1968. *Party Systems and Voter Alignments: Cross-National Perspectives*. New York: Free Press.

Locke, Richard M. and Kathleen Thelen. 1995. "Apples and Oranges Revisited: Contextualized Comparisons and the Study of Labor Politics. " *Politics and Society* 23: 337—367.

Luebbert, GregoryM. 1991. *Liberalism, Fascism, or Social Democracy: the Political Origins of Regimes in Interwar Europe*. New York: Oxford Press.

Lustick, Ian. 1993. *Unsettled States, Disputed Lands: Britain and Ireland, France and Algeria, Israel and the West Bank-Gaza*. Ithaca, NY: Cornell University Press.

1996. "History, Historiography, and Political Science: Multiple Historical Records and the Problem of Selection Bias. " *American Political Science Review* 90: 605—618.

Mahon, James E. 1990. "Interpretive Social Inquiry and Comparative Politics. " Manuscript.

Mahoney, James. 1999. "Nominal, Ordinal, and Narrative Appraisal in Macrocausal Analysis. " *American Journal of Sociology* 104: 1154—1196.

2000. "Path Dependence in Historical Sociology. " *Theory and Society* 29: 507—548.

2001. *The Legacies of Liberalism: Path Dependence and Political Regimes in Central America*. Baltimore, MD: Johns Hopkins University Press.

Mann, Michael. 1986. *The Sources of Social Power, Volume I: A History of Power from the Beginning to A. D. 1760*. Cambridge: Cambridge University Press.

1993. *The Sources of Social Power, Volume II: The Rise of Classes and Nation-States, 1760—1914*. Cambridge: Cambridge University Press.

Markoff, John. 1996. *The Abolition of Feudalism: Peasants, Lords, and Legislators in the French Revolution*. University Park: Pennsylvania State University Press.

Marx, Anthony W. 1998. *Making Race and Nation: A Comparison of South Africa, the United States, and Brazil*. Cambridge: Cambridge University Press.

McAdam, Doug, Sidney Tarrow, and Charles Tilly. 2001. *Dynamics of Contention*. Cambridge: Cambridge University Press.

McDonald, Terrence J., ed. 1996. *The Historic Turn in the Human Sciences*. Ann Arbor: University of Michigan Press.

McKeown, Timothy J. 1999. "Case Studies and the Statistical Worldview." *International Organization* 53:161—190.

McMichael, Philip. 1985. "Britain's Hegemony in the Nineteenth-Century World-Economy." Pp. 117—150 in *States vs. Markets in the World System*. Vol. 8, *Political Economy of the World System Annuals*. Beverly Hills, CA: Sage.

Meyer, John W, Jolm Bali, George M. Thomas, and Francisco O. Ramirez. 1997. "World Society and the Nation-State." *American Journal of Sociology* 103:144—181.

Migdal, Joel S. 1988. *Strong Societies and Weak States: State-Society Relations and State Capabilities in the Third World*. Princeton, NJ: Princeton University Press.

Migdal, Joel S., Atul Kohli, and Vivienne Shue. 1994. *State Power and Social Forces: Domination and Transformation in the Third World*. Cambridge: Cambridge University Press.

Moore, Barrington, Jr. 1966. *Social Origins of Dictatorship and Democracy: Lord and Peasant in the Making of the Modern World*. Boston: Beacon Press.

Morawska, Ewa and Willfried Spohn. 1994. "'Cultural Pluralism' in Historical Sociology: Recent Theoretical Directions." Pp. 45—90 in *The Sociology of Culture: Emerging Theoretical Perspectives*, edited by Diana Crane. Oxford: Blackwell.

Mouzelis, Nicos. 1994. "In Defense of 'Grand' Historical Sociology." *British Journal of Sociology* 45:31—36.

Munck, Gerardo L. 1998. "Canons of Research Design in Qualitative Analysis." *Studies in Comparative International Development* 33:18—45.

——. 2001. "Game Theory and Comparative Politics: New Perspectives and Old Concerns." *World Politics* 53:173—204.

Munck, Gerardo L. and John Verkuilen. 2000. "Measuring Democracy: Evaluating Alternative Indicators." Paper delivered at the annual meetings of the American Political Science Association, Washington, DC.

North, Douglas C. 1966. *The Economic Growth of the United States, 1790—1860*. New York: W. W. Norton.

O'Counor, Julia S., Ann Shola Orloff, and Sheila Shaver. 1999. *States, Markets, and Families: Gender, Liberalism and Social Policy in Australia, Canada, Great Britain and the United States*. Cambridge: Cambridge University Press.

O'Donnell, Guillermo. 1993. "On the State, Democratization, and Some Conceptual Problems: A Latin American View with Glances at Some Postcommunist Countries." *World Development* 21:1355—1369.

Orloff, Ann Shola. 1993. *The Politics of Pensions: A Comparative Analysis of Britain, Canada, and the United States, 1880—1940*. Madison: University of Wisconsin Press.

Orloff, Ann Shola and Theda Skocpol. 1984. "Why Not Equal Protection? Explaining the Politics of Public Social Spending in Britain, 1900—1911, and the United States, 1880s—1920." *American Sociological Review* 49:726—750.

Orren, Karen. 1991. *Labor, the Law, and Liberal Development in the United States*. Cambridge: Cambridge University Press.

Ortner, Sherry B. 1984. "Theory in Anthropology since the Sixties." *Comparative Studies in Society and History* 26:126—166.

Paige, Jeffery M. 1975. *Agrarian Revolution: Social Movements and Export Agriculture in the Underdeveloped World*. New York: Free Press.

———. 1997. *Coffee and Power: Revolution and the Rise of Democracy in Central America*. Cambridge, MA: Harvard University Press.

———. 1999. "Conjuncture, Comparison, and Conditional Theory in Macrosocial Inquiry." *American Journal of Sociology* 105:781—800.

Parsa, Misagh. 2000. *States, Ideologies, and Social Revolutions*. Cambridge: Cambridge University Press.

Parsons, Talcott. 1951. *The Social System*. Glencoe, IL: Free Press.

Pempel, T. J., ed. 1999. *The Politics of the Asian Economic Crisis*. Ithaca, NY: Cornell University Press.

Pierson, Paul. 1994. *Dismantling the Welfare State? Reagan, Thatcher, and the Politics of Retrenchment*. Cambridge: Cambridge University Press.

2000a. "Increasing Returns, Path Dependence, and the Study of Politics." *American Political Science Review* 94:251—267.

2000b. "Not Just What, but When. Issues of Timing and Sequence in Political Processes." *Studies in American Political Development* 14:72—92.

ed. 2001. *The New Politics of the Welfare State*. Oxford: Oxford University Press.

Pierson, Paul and Theda Skocpol. 2002. "Historical Institutionalism in Contemporary Political Science." In *Political Science: The State of the Discipline*, edited by Ira Katznelson and Helen Milner. New York: W. W. Norton.

Fiore, Michael J. and Charles F. Sabel. 1984. *The Second Industrial Divide: Possibilities for Prosperity*. New York: Basic Books.

Putnam, Robert D. 1993. *Making Democracy Work: Civic Traditions in Modern Italy*. Princeton, NJ: Princeton University Press.

Quadagno, Jill and Stan J. Knapp. 1992. "Have Historical Sociologists Forsaken Theory?: Thoughts on the History/Theory Relationship." *Sociological Methods and Research* 20:481—507.

Rabinow, Paul and William M. Sullivan. 1987. *Interpretive Social Science: A Second Look*. Berkeley: University of California Press.

Ragin, Charles C. 1987. *The Comparative Method: Moving Beyond Qualitative Quantitative Strategies*. Berkeley: University of California Press.

1997. "Turning the Tables: How Case-Oriented Research Challenges Variable-Oriented Research." *Comparative Social Research* 16:27—42.

2000. *Fuzzy-Set Social Science*. Chicago: University of Chicago Press.

Roy, William G. 1997. *Socializing Capital: The Rise of the Large Industrial Corporation in America*. Princeton, NJ: Princeton University Press.

Rueschemeyer, Dietrich. 1973. *Lawyers and Their Society: The Legal Professions in the United States and Germany*. Cambridge, MA: Harvard University Press.

1986. *Power and the Division of Labour*. Stanford, CA: Stanford University Press.

1991. "Different Methods-Contradictory Results? Research on Development and Democracy." *International Journal of Comparative Sociology* 32:9—38.

Rueschemeyer, Dietrich, Evelyne Huber Stephens, and John D. Stephens. 1992. *Capitalist Development and Democracy*. Chicago: University of Chicago Press.

Rueschemeyer, Dietrich and John D. Stephens. 1997. "Comparing Historical Sequences-

A Powerful Tool for Causal Analysis." *Comparative Social Research* 17:55—72.

　　Seidman, G. 1994. *Manufacturing Militance: Workers' Movements in Brazil and South Africa*, 1970—1985. Berkeley: University of California Press.

　　Selbin, Eric. 1993. *Modern Latin American Revolutions*. Boulder, CO: Westview.

　　Senghaas, Dieter. 1985. *The European Experience: A Historical Critique of Development Theory*. Translated by K. H. Kimmig. Leamington Spa, U. K. : Berg Publishers.

　　Sewell, William H. , Jr. 1996. "Three Temporalities: Toward an Eventful Sociology." Pp. 245—280 in *The Historic Turn in the Human Sciences*, edited by Terrence J. McDonald. Ann Arbor: University of Michigan Press.

　　Sikkink, Kathryn. 1991. *Ideas and Institutions: Developmentalism in Brazil and Argentina*. Ithaca, NY: Cornell University Press.

　　Silberman, Bernard S. 1993. *Cages of Reason: The Rise of the Rational State in France, Japan, the United States, and Great Britain*. Chicago: University of Chicago Press.

　　Skocpol, Theda. 1979. *States and Social Revolutions: A Comparative Analysis of France, Russia, and China*. Cambridge: Cambridge University Press.

　　1984a. "Emerging Agendas and Recurrent Strategies in Historical Sociology." pp. 356—491 in *Vision and Method in Historical Sociology*, edited by Theda Skocpol. Cambridge: Cambridge University Press.

　　1984b. "Sociology's Historical Imagination." Pp. 1—21 in *Vision and Method in Historical Sociology*, edited by Theda Skocpol. Cambridge: Cambridge University Press.

　　1985. "Bringing the State Back In: Strategies of Analysis in Current Research." Pp. 3—37 in *Bringing the State Back In*, edited by Peter B. Evans, Dietrich Rueschemeyer, and Theda Skocpol. Cambridge: Cambridge University Press.

　　1992. *Protecting Soldiers and Mothers: The Political Origins of Social Policy in the United States*. Cambridge, MA: Harvard University Press.

　　Skocpol, Theda and Margaret Somers. 1980. "The Uses of Comparative History in Macrosocial Inquiry." *Comparative Studies in Society and History* 22:174—197.

　　Smelser, Neil J. 1963. "Mechanisms to Change and Adjustment to Change." Pp. 32—54 in *Industrialization and Society*, edited by Bert F. Hoselitz and Wilbert E. Moore. The Hague: Mouton.

　　1976. *Comparative Methods in the Social Sciences*. Englewood Cliffs, NJ: Prentice-

Hall.

Snyder, Richard. 2001a. "Scaling Down: The Subnational Comparative Method." *Studies in Comparative International Development* 36:93—110.

2001b. *Politics after Neoliberalism: Reregulation in Mexico.* Cambridge: Cambridge University Press.

Somers, Margaret R. 1998. "'We're No Angels': Realism, Rational Choice, and Relationality in Social Science." *American Journal of Sociology* 104:722—784.

Spruyt, Hendrik. 1994. The Sovereign State and Its Competitors: An Analysis of Systems Change. Princeton, NJ: Princeton University Press.

Stark, David and Laszlo Bruszt. 1998. *Postsocialist Pathways: Transforming Politics and Property in East Central Europe.* Cambridge: Cambridge University Press.

Steinmetz, George. 1993. *Regulating the Social: The Welfare State and Local Politics in Imperial Germany.* Princeton, NJ: Princeton University Press.

ed. 1999. *State/Culture: State-Formation after the Cultural Turn.* Ithaca, NY: Cornell University Press.

Steinmo, Sven. 1993. *Taxation and Democracy: Swedish, British and American Approaches to Financing the Modern State.* New Haven, CT: Yale University Press.

Stinchcombe, Arthur L. 1995. *Sugar Island Slavery in the Age of Enlightenment: The Political Economy of the Caribbean World.* Princeton, NJ: Princeton University Press.

Stryker, Robin. 1996. "Beyond History versus Theory: Strategic Narrative and Sociological Explanation." *Sociological Methods and Research* 24:304—352.

Swedberg, Richard. 2001. "Sociology and Game Theory: Contemporary and Historical Perspectives." *Theory and Society* 30:301—335.

Temple, Jonathan. 1999. "The New Growth Evidence." *Journal of Economic Literature* 37:112—156.

Thelen, Kathleen. 1999. "Historical Institutionalism and Comparative Politics." *Annual Review of Political Science* 2:369—404.

Thelen, Kathleen and Sven Steinmo. 1992. "Historical Institutionalism in Comparative Politics." Pp. 1—32 in *Structuring Politics: Historical Institutionalism in Comparative Analysis*, edited by Sven Steinmo, Kathleen Thelen, and Frank Longstreth. Cambridge: Cambridge University Press.

Tilly, Charles. 1967. *The Vendee: A Sociological Analysis of the Counterrevolution of 1793*. New York: Wiley.

ed. 1975. *The Formation of National States in Western Europe*. Princeton, NJ: Princeton University Press.

1984. *Big Structures, Large Processes, Huge Comparisons*. New York: Russell Sage Foundation.

1990. *Coercion, Capital, and European States, AD 990—1990*. Cambridge, MA: Basil Blackwell.

Tilly, Charles, Louise Tilly, and Richard Tilly. 1975. *The Rebellious Century, 1830—1930*. Cambridge, MA: Harvard University Press.

Wade, Robert. 1990. *Governing the Market: Economic Theory and the Role of Government in East Asian Industrialization*. Princeton, NJ: Princeton University Press.

Waldner, David. 1999. *State-Building and Late Development*. Ithaca, NY: Cornell University Press.

Wallerstein, Immanuel. 1974. *The Modern World-System I: Capitalist Agriculture and the Origins of the European World-Economy in the Sixteenth Century*. New York: Academic Press.

1980. *The Modern World-System II: Mercantilism and the Consolidation of the European World-Economy, 1600—1750*. New York: Academic Press.

1989. *The Modern World-System III: The Second Era of Great Expansion of the Capitalist World-Economy, 1730s—1840s*. New York: Academic Press.

Wickham-Crowley, Timothy. 1992. *Guerrillas and Revolution in Latin America: A Comparative Study of Insurgents and Regimes since 1956*. Princeton, NJ: Princeton University Press.

Williams, Robert G. 1994. *States and Social Evolution: Coffee and the Rise of National Governments in Central America*. Chapel Hill: University of North Carolina Press.

Wood, Elisabeth Jean. 2000. *Forging Democracy from Below: Insurgent Transitions in South Africa and Brazil*. New York: Cambridge University Press.

Yashar, Deborah J. 1997. *Demanding Democracy: Reform and Reaction in Costa Rica and Guatemala, 1870s—1950s*. Stanford, CA: Stanford University Press.

Young, Crawford. 1994. *The African Colonial State in Comparative Perspective*. New Haven, CT: Yale University Press.

第一部分

研究的积累

第二章 比较历史分析与革命研究中的知识积累

杰克·A. 戈德斯通
(Jack A. Goldstone)

两个方法的故事

引人注目的是,那些有着持久影响的论述革命主题的作品几乎完全是围绕比较案例研究而构建的。从克莱恩·布林顿(Crane Brinton 1938)的《革命解剖》(*The Anatomy of Revolution*)到小巴林顿·摩尔(Barrington Moore Jr. 1966)的《独裁与民主的社会起源》(*Social Origins of Dictatorship and Democracy*),再到西达·斯科克波(Theda Skocpol 1979)的《国家与社会革命》(*States and Social Revolutions*),都是这个模式。就连一些理论视角大不相同的著作,比如萨缪尔·亨廷顿(Samuel Huntington 1970)的《变化社会中的政治秩序》(*Political Order in Changing Societies*)、查默斯·约翰逊(Chalmers Johnson 1966)的《革命》(*Revolutionary Change*)和特德·罗伯特·古尔(Ted Robert Gurr 1970)的《人们为何造反》(*Why Men Rebel*),也是围绕简短分析案例解释来构建论证,而不是试图对大数据集进行统计分析的努力。

这不是因为这样的数据集并不存在。尽管有时候证明,革命,特别是大的社会革命,比如1789年的法国大革命或1917年的俄国革命,对于形式数据分析来说太少,但这似乎夸大了事实。杰夫·古德温(Jeff Goodwin 2001)列出了多达 18 次"重大社会革命"（推测起来大概是最具限制性的革命类别）——从 1789 年的法国大革命到 1989 年东欧的共产主义崩溃。约翰·弗兰（John Foran 1997a）只使用一个约束性略少的定义，列出了自 1900 年以来仅第三世界所发生的 31 次革命。如果我们把定义扩大到不仅涵盖革命，而且涵盖革命运动，《政治革命百科全书》（Encyclopedia of Political Revolutions, Goldstone 1998c）列出了世界各地自 16 世纪以来所发生的 150 个实例。研究不仅仅使用革命的案例，而且计算了特定国家经历大规模政治暴力的所有年份，进一步把它们的 n 推到了数百甚至数千。

不乏有人做出努力，着手使用大样本统计分析来进行革命分析。古尔（Gurr 1968）及费尔班德、费尔班德和内斯沃德（Feierabend, Feierabend, and Nesvold 1969）试图发展对革命原因的统计学分析，希布斯（Hibbs 1973）使用精密复杂的递归时间序列模型来探查群众政治暴力之源，韦德（Weede 1987）和米德拉斯基（Midlarsky 1982）使用统计学分析来检查不平等与革命之间的关系。然而，这些努力并没有为推论和知识积累提供一个更坚实的基础，像某些小样本分析的批评者所暗示的那样（Lieberson 1991；Goldthorpe 1997），其本身也没能提供累积性的洞见。正如马克·利奇巴赫（Mark Lichbach 1989）所指出的，对不平等与革命的研究揭示了互相矛盾的结果。在大多数对革命的统计学研究中，结果依据时间周期和模型规格而大不相同，以至于莫衷一是。作为结果，大多数这样的作品如今的引用次数远不如案例研究分析，大样本统计学的革命研究这一研究传统的成果乏善可陈。

本文试图解释这一结果，并表明对革命的比较历史分析如何导致稳定的进步和知识积累。在下面几节，我首先考量比较历史分析的逻辑和方法，指出它研究像革命这样的复杂事件的优势。接下来，我会提供一份简短的革命的学术研究历史，证实对革命的案例研究分析事实上如何成功地以一种严谨的累积方式构建在先前分析的基础之上，在它们深化经验知识的同时不断扩大理论的范围和细节。最后，在本文结束时我将附上一篇简短的汇编，介绍从对革命的比较历史分析中所获得的洞见。

第二章 比较历史分析与革命研究中的知识积累

比较历史分析的目标和推理方法

建立在常规频率分布基础上的大样本统计学推理旨在回答下面这个问题：给定一个巨大的可比较案例的宇宙，我们怎么能从一个更小的样本中推断出这些案例的特征——包括假设的因和果之间的相互关系？从这个问题出发，开始关心样本是不是带有偏见，它是不是大到足以把原因与随机结果区分开来，它是不是大到足以辨明概率关系是不是很重要（Keohane, King, and Verba 1994）。

然而，这不是比较历史分析致力解决的问题。使用比较历史分析的分析者通常面对有限的一组案例，是在理论兴趣的背景下选择的，目标是要决定这些特定案例中产生结果的因果序列和因果模式。一般化当然是一个目标，但一般化的寻求是通过把有限案例集拼合在一起，而不是通过对一个庞大宇宙进行抽样和推理。

这里不妨提供一个日常实例，比方说探险者们在一片很大的领地生存。如果他们采用大样本统计方法来获得关于这片领地的知识，那他们将不得不对足够多的地点抽样，以提供关于整个领地的可靠推论。如果这片领地完全是同质的（或者说，如果它的主要特征按照统计学上的常规分布在整个领地分布），那这样的抽样就会产生一个相当快速、准确而可靠的方法来决定这片领地的主要特征。然而，如果这片领地因地点不同而变化多端，如果探险者们对这些变化就像对任何一般特征一样感兴趣，抽样就没什么用处。此外，正如常见的情况那样，如果这片领地有六七个截然不同的地带，那么抽样只会产生混乱的或非决定性的结果，并且导致观察者想象一个虚构的、实际上在任何地方都得不到的"平均"特征。

相比之下，如果探险者们分散开来，各人去调查并试图理解一个不同地带的特征，他们就可以拼出一幅整个领地的地图，这远比总体抽样所产生的结果更加准确。当然，这要花时间，没有一个探险者靠自己就能得出超越他所研究的地带的可靠推论；但拼在一起，把他们与众不同的地图组合起来，他们就积累了关于这块领地的真实知识。实际上，通过比较笔记，他们可以发现一些深刻的规律性，或者不同地带之间的关系，而整个领地的平均值是不会揭示这些东西的(Tilly 1984)。

我们注意到，迄今为止，大样本革命研究并非成果丰硕。这有力地暗示了我们在这个问题上试图理解的这片"领地"远非同质的。试图通过无视苏联与布隆迪或古巴与柬埔寨之间的差别，通过把所有这些国家作为"同等"案例来对待，来理解革命(和不革命)原因的大样本研究，似乎注定失败。假设某些变量在所有国家都有相同的效应，或者假设特定的结果始终由同样的原因产生，可能不过是一个错误的起始点。

查尔斯·拉金(Charles Ragin 1997)认为，社会现象通常以"原因复杂"为特征，同样的结果常常由千变万化的不同层面的原因和原因组合所产生，以至于特定的结果并不存在单一的一组充分必要条件。比较历史分析从下面这个前提出发：首先必须透彻地理解具体的案例，然后才寻找一般模式，并且从不假设具体案例的同一性、等价性或典型性；相反，案例之间相似或差别的程度被认为是调查研究的一个关键部分。比较历史分析一开始并不假设存在，也不去寻找普遍的因果模式或其他模式，相反，它假设任何特定因果机制或因果模式的一般性程度是可变的，而且正是调查研究需要决定的东西之一。

作为回应，案例研究方法的批评者会问(Goldthorpe 1997 提出了这一论点)：如果没有大量的观察，怎么能希望这样的探险者描绘出哪怕是一个这样的地带或案例？把一大片领地转化为几片小领地可能稍稍简化一般化的问题，但它并没有改变从有限的观察材料得出可靠推论的问题。特别是，确定哪怕是一个案例的因果关系，依然需要大量的观察。这倒是真的，但是，一旦把问题从根据有限样本得出关于一个庞大宇宙的因果关系的推论变成在少量案例中追踪因果模式，新的方法就可能被采用。比较历史分析所使用的最重要的方法有：(1)贝叶斯分析；(2)过程追踪；(3)一致性测试。其中每个方法都使得比较历史分析执行者能够朝着他们的目标前进：在明确限定的少量案例中确立因果关系，作为积累知识的途径。

贝叶斯分析

尽管社会科学家频繁而明确地使用基于常规分布的统计分析，但其他方法,比如非参数统计和贝叶斯统计的使用则要少得多(尽管 Western 2000 相当明确地在比较历史分析中应用贝叶斯统计)。然而,我认为,比较历史分析暗含地使用贝叶斯分析十分广泛,正是这一方法让人明白哪怕是单一案例研究也可能有着巨大的价值和影响(McKeown 1999)。

"常规的"或"频率论的"统计分析假设了一个这样的世界:在这个世界里,一个人拥有的唯一先在知识是一个零假设(null hypothesis),基于对因果关系的无知,并使用数据来识别背离零假设的因果关系。为了建立对零的背离,你需要足够多的案例来证明原因 A 与结果 B 相关联到了这样一种程度,以至于极其不可能从无结果的假设出发。一个或少数几个这样的关联没有为这样的推论提供确定无疑的基础。

相比之下,比较历史分析很少从对因果关系的一无所知出发。完全相反,大多数比较历史分析正好瞄准强大的关于因果关系的先在信念。实际上,使案例分析令人信服的,通常不是它们把未知的因果关系从无知之幕的背后拉出来,而是它们是专门为挑战先在信念而设计的。

贝叶斯方法提出的数据问题不同于频率论方法。频率论方法问:我需要什么样的数据让我自己确信原因 A 确实与结果 B 相关,而不仅仅是随机地与之相关联?贝叶斯分析问:考虑到我强大的关于 A 和 B 之间关系的先在信念,一点点特定的新数据会改变这一信念多少?如果先在信念强大到几乎是确定性的,那么,仅仅一个反例可能让我们对这一先在信念产生相当大的怀疑。

我们不妨考量一下这两个方法会如何看待最近关于法国大革命的学术研究中的趋势。考虑到学者们(比如 Cobban 1964;Taylor 1972;Furet 1981)已经发现了有说服力的证据来证明法国大革命中主要的精英行动者是律师、公证人、军官、政府官员,以及新近受封的贵族,这些贵族追求这样一个理想:政府和军队中的职务向有才能的人开放,而不是作为一种贵族特权,他们反对君主制,主要是针对它增加税收的欲望。然而,商人和银行家——就这个问题而言还有促进私有财产的政策——并没有扮演很重要的角色。基于频率论方法的大样本统计方法的支持者会说:那又怎么样?这对于一般意义上的革命并没有证明任何东西;我们怎么会有任何这样的想法:同样的行动者在其他任何革命中也很重要？因此，这个案例只有历史意义。

现在来考量：这个案例对于一个抱持强大的马克思主义先在信念的学者意味着什么？这个信念是：革命围绕阶级冲突而展开，在反对农业君主制的革命中，关键的行动者和政策应当是资本家及其支持者，他们对提高从私有财产中所获得的利益感兴趣。考虑到这一先在信念，科班（Cobban）、泰勒（Taylor）和傅勒（Furet）的发现就引人注目地重要了。在其他案例中，马克思主义的观点可能依然适用，但是，发现它并不适用于历史上最重要的革命之一（也就是说，那个时代最大、最有影响、最多被效法的国家之一，以及马克思主义理论的一个经常的典范），无疑会动摇一个人对这一先在信念的价值的信任。

比较历史分析因此获得了它的影响力，不是因为尽管按照频率论分析的标准它在统计学上是"有毛病的"，而是因为那种分析只是不适用于大多数比较历史研究的目标和方法。比较历史分析通常承担的任务是研究单一案例或少量案例，目标在于识别这些案例中的因果关系，为的是检验（和潜在地动摇）强大的先在信念。

证明特定因果关系或因果模式存在于单一案例或少量案例之内，比较历史分析以几种方式挑战先在信念。

存在/不存在 这种方式显示，因果关系或因果模式在它们先前没有被看见或被预期的地方很重要，或者在它们先前声称被看见或被预期的地方不存在。这还可以被想象为"最可能的/最不可能的"关键案例分析模式（Przeworski and Teune 1970；Collier 1993）。在这些分析中，比较历史分析识别并仔细检查一个这样的案例：现有理论声称最有可能找到某个模式或因果关系，并显示事实上这一理论主张不可能被证明。或者相反，比较历史分析识别并仔细检查一个这样的案例：现有理论声称最不可能找到某个模式或因果关系，并显示事实上（相反的理论）这个案例显示了那个模式。

趋同/相异 这种方式显示，理论主张在一些重要方面有所不同的案例事实上在先前没有被看见或没有被预期的方面趋同，或者相反，理论主张本质上类似的案例事实上在先前没有被看见或没有被预期的方面相异。

区别对待/调和 这种方式显示，在现有理论相互冲突处，某些案例（或这些案例的某些成分）要么区别对待两个理论，要么通过显示案例的某些方面符合一个理论而另一些方面符合另一个理论来调和它们。

很多最引人注目的和最有力量的比较历史分析作品设法把这些方法中的几种结合起来。西达·斯科克波(Skocpol 1979)的作品不仅证实了自由主义革命和共产主义革命的原因出乎意料的一致性,而且阐明了她所研究的成功社会革命案例与其他种类革命事件(例如1640年的英国革命、日本的明治维新和1848年的德国革命)之间的系统分歧。斯科克波的批评者们极大地误解了她的作品,把它归类为一般意义上的革命研究,仿佛它只是根据一个社会革命结果在少数具有某组变量的案例中的联系(或这些变量之间的相互作用)来论证下面这个结论:这些变量对于整个庞大案例宇宙的那个结果通常是因果性的。那是一个毫无根据的推论,斯科克波(Skocpol 1994)明确地推翻了它。

一些精明的斯科克波作品的批评者指出(Little 1998;Mahoney 1999,2000a),她的成就是证明一些在历史上很重要却完全不同的革命实例中存在某些事件模式——先前的理论没有看见和没有预期这样的模式。此外,她证明了这个事件模式在其他种类的革命中是不存在的(或者在各个不同的方面有所不同)。通过这样做,她极大地改变了我们先前对于与各种不同的革命相关联的重要因果成分的先在信念。

没有必要假设一个确定性的世界,或者以"反驳"现有理论这个严格的波普尔术语来思考这一点。采取一个贝叶斯的视角就足够了,本质上在问:你会赌上什么,确信在对一个给定案例进行比较历史分析之前你会在这个案例中发现某些条件,而且在对这个案例进行比较历史分析之后你会押上同样的赌注?如果答案是否,那么比较历史分析就改变了先在信念,并对我们的知识做出贡献。

过程追踪和一致性测试

然而,我们依然需要追问:比较历史分析怎么说服学者们改变他们的先在信念?何种论证或推理的方法提供关于一个特定案例或案例集中的因果关系的可靠陈述?比较历史分析中使用的主要方法有两个:过程追踪和一致性测试(Bennett and George 1997;George and Bennett 1997)。

过程追踪包括把一个案例分解为一个事件序列（或几个有关联的序列），并显示这些事件如何貌似有理地关联起来，考虑到群体或个体行动者所面对的利益和情境。它并不假设行动总是带来它们的故意后果，只是假设，从做出决策时所盛行的知识、意图和环境的角度，行动是可以理解的。过程追踪涉及事件如何随着时间推移而关联然后得出推论——利用经济学、社会学、心理学和政治学中关于人类行为的一般原理。

例如，在我提出"人口增长在农业官僚国家导致革命"这个论点（Goldstone 1991）时，我并没有通过在这种国家的大样本中人口增长与革命之间存在有统计学意义的关联来论证；考虑到仅仅聚焦于4个重要案例（英国、法国、奥斯曼帝国和帝制中国），那是不可能的。相反，我试图在把人口增长与革命冲突联系起来的因果链中追踪并记录这些关联。

我一开始便注意到，当需求超过供给时，物价通常会上涨，因此，在增长能力受到技术限制的农业经济体中，人口增长很可能产生通胀。[①] 利用经济史文献，我记录了这4个案例中每个案例中人口波动与价格波动之间的这一关联。随后我指出，如果国家有固定的常规收入，通胀会给国家财政造成极大的破坏，迫使国家要么提高税收，要么增加债务。尽管有很多因素影响国家财政，包括战争和贸易，但我能够证明，在物价上涨时期，这些农业官僚国家更有可能依靠不可持续的权宜之计，比如出售资产、推行强制借款、货币贬值、债务违约和/或试图强加新的或非传统的赋税。一般而言，这些权宜之计不仅没能完全恢复国家的财政健康，而且把负担强加给精英阶层或平民群体，导致政治冲突。

关于精英阶层，我注意到，在通胀让某些精英和群体变得富有的同时却侵蚀其他人的收入的时期，人口增长意味着对精英位置的更大竞争；在持续人口增长时期，精英阶层中更快速度的社会流动性——向上和向下——为这一点提供了证据。因此，国家对更大财政收入的要求将会针对精英阶层，而他们自

[①] 当然，相对于相对价格变动，总体物价上涨需要要么增加货币的流动率，要么增加货币供给。我在一篇单独的论文（Goldstone 1984）中已说明，如果人口增长与城市发展和手工业专门化相随，那么货币的流动率就会极大地增加。与此同时，面对不断上涨的正常物价，国家和商人通常会通过货币贬值和扩大公共的和私有的债务来做出回应，从而增加流动性。这个由人口增长助长的需求增长因此伴随着货币流动率和货币供给的增长。

第二章 比较历史分析与革命研究中的知识积累

已正处在动荡之中,被不断提高的上下社会流动性所分裂。与此同时,当不断增长的工人数量限制工资增长时,城市工人将会面对不断下降的实际工资,当已经增长的人数竞争固定的土地供应时,农民将面对支付更高的地租或者失去土地。还有可能记录人口增长时期实际工资不断下降、地租不断上涨和失去土地的模式。

这些趋势的组合结果是,当统治者增加对精英阶层和平民群体的要求时,精英内部的竞争往往使精英阶层分裂成互相竞争的小集团,使国家瘫痪,常常导致某些精英集团寻求平民的支持,对抗政权。这一形势反过来为贫困的城市和农村群体创造机会,在抗议中动员起来。在这样的环境下,一个关键事件,比如国家破产、军事溃败或饥荒——健康国家很容易承受这样的事件——就会触发逐步升级的国家与精英、精英内部及精英与平民之间的冲突,这些冲突结合起来则创造一场革命。

这一比较历史分析如果没有定量分析或大量统计数据无疑是做不出来的。事实上,我使用了数百的统计方面的和历史方面的观察材料,涉及物价、工资、地租、人口、家族的命运、领袖行动者的支持或冲突宣言,以及事件序列,来证明在英国、法国、土耳其和中国,自 1500 年至 1750 年这些人口增长时期,其典型标志是:不断上涨的物价、不断增长的国家债务和财政困难、提高了的精英流动性、不断下降的实际工资,以及不断增长的政治紧张。相比之下,在人口停滞或下降的那几十年里,其典型标志是:稳定或不断下降的物价、不断增加的国家实际收入、急剧减少的精英流动性、不断提高的实际工资,以及政治和解。然而,这些数据主要被用来确立那些被详细探究的复杂案例之内的趋势和关系的有效性,接下来仔细地比较异同,而不是为了确立大量相对而言没有得到探究的案例内的这样一些趋势和关系的统计学意义。

比较历史分析所依靠的正是这个过程追踪,其中调动了数以百计的观察材料来支持关于因果链环节的演绎主张,而不只是从宏观条件之间的关联中得出因果推论。凡是跨案例获得的一般化,都不是对所有时代所有农业官僚国家的普遍一般化(它既不是被断言的也不是被证明的),而只是显示对一组有限的案例适用;凡是先前并没有预期一致性的情况,事实上都可以找到国家动荡的一个共同的因果模式。

一致性测试为有关"共同模式"的断言提供了基础。斯科克波通过对案例的仔细探究证明:国家危机、精英反叛和民众动员的角色在法国、俄国和中国革命中形成了几乎一样的或"一致的"模式。在这样做的过程中,她推翻了这样一个观念:后两场共产主义革命的因果结构不同于自由主义的法国大革命。我已经证实,在大规模叛乱和国家颠覆的时期之前,英国、法国、奥斯曼帝国和中国存在极其相似或一致的模式:持续的人口增长,物价飞涨,国家财政灾难,提高了的精英流动性,不断下降的工资,以及农民失去土地。在亚洲帝国发现的模式与西欧君主国确立的模式之间的一致性,强有力地改变了这样一个先在信念——西方革命与亚洲革命是不同的现象且由不同的原因所导致,并有力地挑战了这样一个观念——西方革命源自只是随着西方资本主义兴起而发现的社会冲突。

因此,一致性测试的目标并不是要确立针对范围广泛的(大概也是没有关联的)案例的普遍一般化。相反,一致性测试使用过程追踪的成果来挑战和提高我们对特定重要案例如何相关或不同的理解。如果我们的目标是要理解民主革命与共产主义革命如何相似或不同,是要确定西方革命是不是真的不同于亚洲革命,或者是要审视军事独裁为什么出现在某些拉丁美洲国家或欧洲国家而不是其他国家,那么,对所选择的案例进行一致性测试可以让我们更接近我们的目标。这样的比较案例研究为社会变革和社会发展的理论提供了坚实的建筑构件,使得我们能通过合并额外的案例和模式而朝着更大的一般化方向努力。

过程追踪和一致性测试通常是通过罗宾·斯特里克(Robin Stryker 1996)所说的"策略叙事"来进行的。策略叙事不同于对历史事件的直截了当的叙述,后者的结构是为了把注意力聚焦于事件模式如何与关于社会现象的先在理论信念关联起来。策略叙事选择它的成分,以回应一个关联清晰的理论背景,并聚焦于与这一理论相关的经验异常。有时候,这样的叙事,其设计旨在证明一个事件序列中不同成分之间的因果关联(Abbott 1990, 1992; Griffin 1992);有时候,其设计旨在证明偶然性或路径依赖在产生有分歧的或意料之外的结果上的影响(Sewell 1996; Haydu 1998; Goldstone 1999; Mahoney 2000b)。不管哪种方式,策略叙事都调动证据来证明:特定的序列或模

第二章 比较历史分析与革命研究中的知识积累

式以特定的方式、出于特定的理由而展开,它把那些数据与我们对现有理论的信心关联起来。

无论是过程追踪还是一致性测试,都不提供对一个超出有限样本的"案例宇宙"进行一般化的手段。相反,它们的目标是检验、质疑和改变关于所研究案例的先在信念。当然,如果先在信念非常强大和普遍,而且过程追踪和一致性测试的结果粉碎了这些信念,它们就可能被大规模地修正和改变,以至于这一改变影响了人们对于其他案例的预期。

因此,比较历史分析在任何特定领域的全面发展都会提供一个具有下列特征的研究程序(Lakatos 1983)。在任何一个时期,令一个研究共同体感兴趣的有限案例正在接受调查研究。使用过程追踪,学者们试图揭示那些产生相关结果或案例的因果序列。使用一致性测试,学者们对于"契合"一个特定因果序列或模式(或"模型")的案例数量做出断言。这个研究程序接下来建立起关于哪些案例被特定模型准确解释的强大的先在信念。

这个研究程序接下来可以在几个方面取得进步。对额外案例做进一步的一致性测试可以扩大至契合一个特定模型的案例的数量。在契合很差的地方,对这些额外案例的新的过程追踪可以揭示新的模式,并导致对旧模型的修订或对新模型的需要。此外,对先前所分析案例的新的过程追踪可以质疑被认可模型的有效性,并导致对它们的修订、修改或丢弃。自始至终,这个过程都是对数量有限的案例进行操作的过程,我们选择这些案例来研究其分析如何改变先在信念(贝叶斯推理),并不是为了确立一个总体群体中的模式而对案例进行抽样(标准的或"常规的"统计推理)。这个方法依然尊重每个案例的历史语境和细节,分阶段缓慢而谨慎地推进一般化,而不是预设一个确定性的世界观。然而,它持续不断地挑战普遍盛行的智慧,让它面对源自对新旧案例的进一步过程追踪的经验细节,根据流行预期测试这些案例的一致性。比较历史分析因此有能力——在最好的科学意义上——扩大和积累知识,同时驳斥与经验证据不一致的理论。

对于革命这个特定领域,我将在下面几节证明这一研究程序产生了稳定而累积的进步。对社会学理论发展的一个常见指控是:它常常是一个不断改变的时尚问题——现代化、马克思主义、女性主义、后现代主义——对经验世界没有多少积累或更大的理解。然而,我相信,革命理论在理解革命的原因、过程和结果上取得了引人注目的进步。很自然,这些进步涉及论战、对某些理论的证伪与抛弃,以及对另外一些理论的取代与合并。然而,重要的是,这些理论改变是被理论与经验事件的对抗所推动的。这一对抗导致对理论的连续修改、新概念的引入,以及新方法的发展。结果是,今天的革命理论比从前任何时候都致力于更多的案例,更忠实于历史事件,以及对组成革命的各种不同成分的更大理解。

革命的定义

我们可能首先要问:什么是革命?再一次,大样本统计学方法需要一个普遍的定义,以便样本可以始终如一地被编码,以反映作为一个因变量(对研究案例)或作为一个自变量(对研究结果)的"革命"。然而,由于比较历史分析并不是通过抽样和寻求变量之间的重要关联,而是通过严密地审视有限数量的案例来进行,因此,我们可以通过最初的案例选择来粗略地甚或是暗含地定义革命。接下来,随着研究程序的推进,我们可以审视额外的案例,并且可以根据案例的哪些特征被证明有着持久的重要性来修改或扩大最初的定义。事实上,革命的定义随着时间的推移而发展,以回应新的经验信息,并回应我们对革命事件的性质和可能性的理解的改变。

在大多数历史中,政府的突然改变被历史学家和政治分析者当作周期性现象来处理(因此才有"革命"这个术语)。这些改变可能涉及遍历不同种类的体制(民主、寡头、专制),正如柏拉图和亚里士多德所讨论的那样。或者,这些改变可能涉及当权的对立集团或政党的交替,正如文艺复兴时期意大利城市国家和17世纪英国内战中所发生的那样。然而,到了18世纪启蒙运动时期,持续改良的观念开始广泛使用,像托马斯·潘恩(Thomas Paine)这样的作者把某些政府改变——用理性所设计的制度取代传统的权威——看作进步行程的组成部分。从1776年美国革命时期起,甚至从1789年法国大革命起,革命开始关联用更新、更理性的体制取代过时的政府。从此之后,革命被定义为制度和价值的一次进步的、不可逆转的改变,而该制度和价值则为政治权威提供

第二章　比较历史分析与革命研究中的知识积累

基础。

1789年的法国大革命,甚至1917年的俄国革命,也提供了一个这样的想象:针对权威的平民起义和暴力是革命的关键。从1789年至1979年,流行的革命定义因此合并了三个因素:社会的价值和制度的一次巨大的和进步的改变、群众行动,以及暴力(Huntington 1968; Skocpol 1979)。

然而,从20世纪70年代到90年代,有一点变得越来越清楚:这些定义对于革命学者所研究的全范围事件是远远不够的。1979年推翻伊朗国王的那场革命,其特征是总罢工及德黑兰、大不里士、库姆和其他重要城市的大规模街头抗议。所发生的暴力主要来自国王的部队朝抗议者开火,或者,在国王垮台之后,发生在针对巴哈教徒、犹太人以及那些其行为看上去违反了日益严格的伊斯兰权威的禁令的伊朗人的攻击中(Arjomand 1988)。1986年在菲律宾推翻费迪南德·马科斯(Ferdinand Marcos)的"人民力量"革命,以及苏联和东欧的反共产主义革命,都有大规模的民众抗议,但暴力少得令人吃惊,以至于某些观察者很奇怪,后来的事件到底是否应该被认为是革命(Garton Ash 1989)。

这些最近的案例促使学者们再次审视暴力在历史案例中所扮演的角色。很快有人认识到,伊朗看到的模式不是例外,而且一般而言,新的革命政权在夺取权力之后犯下的暴力——为了巩固它们对社会的控制,或者是在革命者与反革命分子之间的内战中——远远多于革命行动者在当局被推翻之前对它们犯下的暴力。因此,在法国大革命中,正是恐怖统治和为了镇压旺代省反革命运动而采取的行动,产生了数量最大的死亡人数;在俄国革命中,正是内战和斯大林的"大清洗",而不是工人暴动或农民起义,产生了最大的死亡人数。革命因此不再从针对当局的暴力的角度来定义。相反,暴力在革命中的角色如今被视为复杂的和偶然的,旧政权、革命反对派和新的革命政权全都有暴力或非暴力的能力,在不同的时期程度有所不同。

此外,被学者们作为革命来研究的很多事件并没有导致制度和价值的永久性改变。试图改造社会的努力常常达不到目标,就连夺取权力的革命有时候也被旧秩序的恢复所取代。拿破仑垮台之后,法国大革命的很多关键制度变革被推翻了。君主制恢复了,贵族和天主教会的威信也是如此。对地方财富拥有的研究显示,尽管有革命对贵族阶层的口头攻击,但革命之前在法国各地把持领导位置的家族主要还是 19 世纪 40 年代把持领导位置的那些家族(Forster 1980)。1640 年的英国革命终结了君主制、英格兰教会的垄断权和上议院,但这一切都在 1660 年恢复了,他们的权力延续了几代人。1848 年的欧洲革命在短暂却令人鼓舞的能量爆发之后便在很大程度上被打败了。20 世纪拉丁美洲的大多数游击运动,比如秘鲁的光辉道路运动和萨尔瓦多的法拉本多·马蒂民族解放阵线,尽管明显是革命冲突事件,但没能改变社会。因此,改变价值和制度的成功,像暴力一样,如今也被视为一个革命事件中的程度和偶然结果的问题,而不是定义的组成部分。

一个更晚近的革命定义被这些洞见所指引,聚焦于试图改变价值观和制度的努力,聚焦于群众行动,但并不坚持革命的成功或暴力。从这个角度看,革命是"一次这样的努力:它试图改变一个社会的政治制度和政治权威的正当理由,伴随着……群众动员和非制度化的行动,侵蚀现有权威的基础"(Goldstone 2001, p.142)。这个定义既包括成功的革命,也包括不成功的却明显是革命性的对国家权威的挑战。它把仅仅改变统治者而不改变制度或政治权力结构的政变和内战排除在外(比如非洲和拉丁美洲的军事政变)。它把那些实现改变却没有群众动员和对现有权威的攻击的改革运动排除在外(比如 19 世纪初的普鲁士改革运动,或富兰克林·D. 罗斯福治下的美国新政)。它暗示,革命的关键定义性成分始终是对当局统治权的攻击和群众卷入攻击;但是,成功和卷入暴力的水平是需要解释的偶然因素,而不被视为定义的组成部分。

简言之,正是革命的定义——任何理论的关键部分——随着时间的推移而改变,以回应关于革命事件如何展开的仔细的案例研究。

对革命的比较历史研究从古典时代一直延续到今天。柏拉图、亚里士多德、修昔底德、塔西图、孟德斯鸠、马基雅维利、托克维尔、马克思和托洛茨基,还有其他很多人,都收集和分析过关于政府突然改变和体制崩溃的记述。然而,聚焦于 20 世纪的知识积累是方便的,首先从"自然史"学派开始。

革命的自然史

从这个角度着手研究的学者们,其目标是以生物学家研究自然史(生命史)的方式来研究革命,即通过收集标本、详细记录其主要部分和过程,寻找共同的模式。

这些学者——著名的有爱德华兹(Edwards 1927)、佩蒂(Pettee 1938)和布林顿(Brinton 1938)——比较英国、美国、法国和俄国革命的事件序列,追踪这些案例中重复出现的截然不同的模式。他们设计出了他们认为一切重大革命都遵循的事件模型,范围从原因到结果。简言之,他们注意到,在革命之前,多数"知识分子"——新闻记者、诗人、剧作家、随笔作家、教师、教士团体的成员、律师以及官僚机构中受过专业训练的成员——不再支持现政权,撰写谴责声明,要求重大改革。刚好就在旧政权垮台之前,国家试图通过着手重大改革来回应这一批评。然而,政权的实际垮台始于一场由于政府没有能力处理某个经济的、军事的或政治的问题而导致的重大政治危机,而不是始于革命反对派的行动。

旧政权垮台之后,即使在革命者牢固地统一起来反对旧政权的地方,他们的内部冲突也很快就引发问题。尽管最早抓住国家缰绳的群体通常由温和的改革者组成,他们常常使用旧政权遗留的组织形式,但一些更激进的群众动员中心以新的组织形式脱颖而出(例如法国的雅各宾俱乐部或列宁主义先锋队)。这些激进团体挑战温和派,最终获得民众支持,把温和派赶下台。革命中发生的社会组织和意识形态的重大改变并不是在旧政权最早垮台时,而是在激进的、另类的、群众动员的组织成功取代温和派的时候。

然而,革命和执行激进控制所引发的动乱通常导致高压统治的强制推行,常常伴随着一个国家强制推行恐怖统治的时期。激进派与温和派之间的斗争,以及革命捍卫者与外部敌人之间的斗争,常常使得军事领导人能够接管有权威的,甚至是绝对的新革命政权的领导权(例如克伦威尔、华盛顿或拿破仑)。最后,革命的激进阶段让位于实用主义和新现状之内温和追求进步的阶段,但有一个扩大了的、更集中的政府。

自然史学派对于革命过程的先决条件、动态和结果提供了一幅清晰的、相当广泛的图景。这个模型不仅很好地契合它为之而扩展的那些案例,而且引人注目地契合几十年后出现的案例,比如1979年伊朗的伊斯兰革命。

然而,尽管不断揭示出重大革命过程中持续的、反复出现的模式,但这个方法没能提供一个令人信服的理由，说明革命为什么发生在某些时期和某些地方，而不是发生在别的时期和别的地方。知识分子的背叛，以及开始出现的政治危机，看似只是历史的意外。接下来，旧政权的垮台似乎是理所当然之事。

然而，有些政治学家和社会学家注意到了革命过程中进一步的时间模式。他们把整个历史上革命的蔓延归因于他们所说的"现代化"过程。特别是，他们看到，民众对"传统"体制的不满导致有意识的努力，试图借助革命手段来动员社会。

现代化与革命

自20世纪50年代至70年代，有一个不断发展的信念：长期社会改变最重要的特征可以通过聚焦于一个普遍的转型过程来解释，这个过程被描述为"现代化"（Parsons 1966；Almond 1973）。从这个角度看，整个历史上的大多数社会都是"传统的"——在习俗和遗传的基础上授予权力；其经济中的大多数活动是维持生计的、非市场的和前工业化的；其社会等级制度强调遵守传统的价值和特权。相比之下，"现代"社会的政治权威（不管是民主体制还是独裁统治）是最近审慎地确立的，以提供有效率的官僚统治，其经济是市场导向的和工业化的，其社会等级制度建立在普遍公民权和业绩的基础之上。尽管这些转型有时候是平稳的，但研究革命的现代化理论家们认为，转型常常是刺耳的或不平坦的，传统的权威在已经部分现代化的社会中试图抓住权力不放，这种不平衡随后产生了革命的情势，以及对这些权威的攻击。

有几个不同的革命理论源自基本的现代化框架。查默斯·约翰逊（Johnson 1966）暗示，在很多发展中国家，贸易、旅行和通信往往摧毁传统价值，同时，经济和政治体制的改变更加缓慢，并导致现代化价值与传统的社会和政治组织之间功能失常的断裂。萨缪尔·亨廷顿（Huntington 1968）更贴近地聚焦于政治要求。他注意到，发展中国家常常在市场经济中向它们的人民提供已经增强的教育和参与，同时维持一个封闭的传统政治体制。除非政治参与也被扩大，他相信这种不平衡会导致爆炸性的对改变政治权力结构的要求。

特德·罗伯特·古尔(Gurr 1970)声称,即使经济不断增长,政治体制也在不断发展,不平衡依然可能出现。如果人民期望发生比实际经历的更大的改变,他们就会感觉到"相对剥夺"。这种挫败感可能导致对更迅速、更广泛变革的要求,给革命性的社会转型提供燃料。

所有这些理论都是一个模型的变种,在这个模型中,传统社会中的现代化变革扰乱了关于社会和政治生活的既定模式和预期。这听上去可能类似于马克思的主张:经济变革导致革命性的阶级冲突。然而,约翰逊、亨廷顿和古尔全都回避了阶级分析,认为经济变革没有占首要地位;价值、教育和预期的改变都是社会瓦解的组成部分,而并不仅仅只有经济变革。这些理论家更多地从政府与整个社会之间被失衡的社会变革所刺激的冲突,而不是阶级冲突的角度来思考,并与马克思主义理论保持距离。

此外,由于现代化理论暗示:存在一些普遍的转型过程适用于所有社会,它似乎是大样本全球统计学研究的一个绝佳的候选者,能够证明转型的张力与政治暴力之间的重要关联,并且进行过几项这样的研究(Gurr 1968; Feierabend et al. 1969; Hibbs 1973)。然而,它们得出的结果五花八门。以一种区别对待现代化理论互相竞争的版本的方式来度量独立变量几乎是不可能的。你如何决定,与政治暴力相关联的,究竟是人民的价值观改变,还是他们的政治参与愿望,抑或是相对于他们的预期对经济增长的不满?要在全球基础上处理这些问题,需要刚好在革命爆发之前在世界上每个国家进行广泛的民意调查。大样本研究因此使用更容易度量的朝着现代化方向进步的代理变量,比如能源使用、工业产出和消费。尽管这些研究显示了那些"较不"现代的国家比那些"更"现代的国家有着更高水平的政治暴力,但在解释这些结果上依然有三个重大难题。

第一,有一点并不十分清楚:究竟是什么样的因果机制把物质条件的改变与革命关联起来?是不是那些感觉"被剥夺"最为严重者或者被现代进步甩在最后面的人创造了革命?或者,是不是那些价值观上最现代化,因此对依旧有部分传统的制度最不满的个体?或许,革命与价值观或不满根本没有多少关系,而是一个精英阶层竞争不断增长的经济产出的成果的问题,或者是当社会的经济结构改变时体制失去了对精英阶层的影响力。就大部分而言,现代化理论很少关注究竟是哪些精英或哪些平民团体最多地卷入冲突,因此它不可能回答这些问题。

第二,我们并不清楚,因变量——"政治暴力"——和革命是不是一回事。很多国家有着很高水平的持续不断的政治暴力,但它们的政府并没有屈服于革命(例如柬埔寨,以及20世纪70年代和80年代的南非)。此外,有些革命,比如1979年的伊朗革命和1986年的菲律宾革命,主要是通过群众对政权的背叛和城市街头示威而发生的,相对较短暂、较温和的政治暴力的间隔产生了重大的政府改变。此外,在有些重大革命中,比如1911年的墨西哥革命和1917年的俄国革命,所有重大的政治暴力都发生在1911—1920年和1917—1921年的内战中,是在旧政权已经被推翻之后。在这些案例中,革命明显导致了政治暴力,而不是相反。亨廷顿(Huntington 1968)注意到,有些革命在旧政权垮台之前涉及社会边缘的漫长的游击战争时期,而在另一些革命中,中央政权经历了突如其来的崩溃。很显然,聚焦于政治暴力的相关性,对于重大革命的原因、模式和动态并没有透露多少有用的东西。

第三,一个令人吃惊却前后一致的发现是,最好的政治暴力预报器几乎始终是先前政治暴力的存在。换句话说,有些国家——不管其现代化水平如何——比其他国家更倾向于政治暴力。这一发现质疑了整个前提:所有国家都可以同样处理,而不论它们主要依据现代化水平的不同而改变,有着不同水平的政治暴力。实际上,即使在现代化革命理论家的作品中,也越来越多地出现这样的情况:不同的国家在一些重要方面大不相同,革命本身在它们如何展开、它们的暴力水平以及哪些精英和群体卷入其中等方面也大不相同。

这些要点最清楚地出现在两个比较历史学者的作品中,他们的著作——都细心地以特定国家和特定冲突为根据——批评了现代化理论的方法。

查尔斯·蒂利(Tilly 1973,1978)直接追随亨廷顿和古尔,他认为民众的不满绝不可能靠自身发动一场革命。在陈述这个观点时,他详细阐述了列夫·托洛茨基(Leon Trotsky)的洞见,后者在俄国革命中为列宁的布尔什维克党组织和领导了红军,他为这场革命撰写了一部才华横溢、理论敏锐的编年史(Trotsky 1959)。托洛茨基指出,民众的痛苦和挫折,其本身从来不曾导致革命,如果导致革命的话,那么,所有时代在每个地方,群众都会揭竿造反。正如列宁(Lenin 1973)坚持认为的,需要一个革命组织来把民众的不满引导到政治怨恨中,来动员群众采取革命行动。托洛茨基进一步指出,在革命的过程中,一个关键性的竞争时期发生在革命力量与政府之间,在此期间,革命力量不断获得支持和资源,但还没有掌权。这个"双重权力"时期的解决是革命的关键,只要革命力量能够增强实力并打败政府的力量,就能赢得革命的胜利。

蒂利(Tilly 1978)从这些观察材料中构建了一个更正式的革命动员和革命竞争的理论。他认为,只有当组织化竞争者出现,并有能力动员民众的支持来反对政府、打败政府、控制社会时,革命才能发生。现代化可能导致这样的竞争者出现,但它不会自动确保其成功。需要竞争者采取行动,聚集革命力量,获取政治的、军事的、经济的和其他的资源来对抗政府,然后打败政府。只有在现代化让这个特定序列运转起来的地方,革命才会随之而来。

对现代化革命理论的进一步挑战来自小巴林顿·摩尔的研究(Moore 1966)。摩尔认为,尽管现代化可能是所有国家的宿命,但事实上有几条截然不同的路径通向现代化,有着大不相同的经济和政治结果。摩尔强调了以下几条路径:一是民主的路径,建立在自由主义革命的基础之上,比如英国和法国发生的革命;二是共产主义的路径,建立在列宁主义革命的基础之上,比如俄国和中国发生的革命;三是法西斯主义的途径,建立在国家主义革命的基础之上,比如法西斯意大利、纳粹德国和明治日本发生的革命。

正如马克思所认为的那样,一个特定国家究竟采取哪条路径取决于它的阶级关系模式。然而,尽管流行的马克思主义理论把这些阶级简化为地主、农民、工人和资本家,并假设所有社会都有类似的阶级冲突模式,但摩尔认为阶级力量和阶级冲突的模式可能千变万化。追踪几个案例中各不相同的模式,摩尔证实,新兴的资本主义精英可能与旧的地主精英联合起来,为的是压制民众,创造法西斯主义;在另一些案例中,它可能与民众联合起来,推翻地主阶级,创造民主的资本主义;还有一些案例中,它可能依然非常弱小,以至于可能被平民革命所淹没,并创造社会主义。一个国家遵循哪条路径,不仅取决于其初始条件,这在他的1500年前后的所有案例中都是类似的;而且取决于接下来准确的事件序列。在有些地方,农业较早地转向资本主义组织并依赖自由的工薪劳动力,同时工业化来得较晚,那个时候劳动力容易被工业招募,在工薪劳动者与工业雇主当中创造了共同的利益，反对地主对国家的政治控制。这条路径导致反对贵族政府的资产阶级革命，正如在英国、法国和美国那样（摩尔把美国19世纪60年代的内战视为北方工业家颠覆南方农场主对国民政府的控制而发动的一场革命）。在有些地方，农业继续依靠强制劳动，直至工业化开始，工业家需要与地主结成同盟，为的是获得使用劳动力的机会，这导致一个保守同盟，将阻止自下而上的革命动员，反而产生法西斯主义体制，正如在德国、意大利和日本那样。最后，在有些地方，工业出现得很晚、很弱并高度依赖国家，而地主继续控制国家和强制的农村劳动力，革命党可能作为地主的主要反对者出现，这导致共产主义革命，既推翻地主政权，又夺取工业控制权，正如在俄国和中国那样。

摩尔的这个互异的路径依赖演化导致不同类型革命的模型标志着相对自然史和更早的现代化理论的几个重大进步。第一，摩尔合并了更多的案例，实际上，对有些案例，很多学者并不是作为革命情境来处理（纳粹德国、法西斯意大利、内战时期的美国）。第二，他证明阶级冲突和联盟是各种各样的和偶然的，这不同于马克思主义看待一致的社会和政治发展的固定观点，用更加丰富和灵活的观点取而代之。第三，他证明不同类型的革命必须区分开来，不仅依据它们的原因，而且要根据它们不同的结果，这呈现了革命冲突和变革的多重轨道，提供了远比那些仅仅指向现代化或国家权力增强作为革命的主要结果的理论更加准确的观点。

到20世纪70年代晚期，那些简单地把革命的风险等同于现代化转型的理论逐渐隐退。蒂利的动员理论得到认可，并被视为任何对革命及其他社会抗议的解释中的一个关键成分。摩尔通过证明现代化革命并非只有一种，而是有着明显不同的结果，反映了有不同种类的现代性转型，从而对现代化理论构成了一个至关重要的挑战。

然而，对更多历史案例以及新近出现的第三世界的革命冲突进行的额外的过程追踪揭示了它们令人吃惊地很少与现代化一致，实际上大概和现代化根本没有关系。1808年至1825年拉丁美洲的独立革命发生在那些很少有明显迹象表明经济或价值现代化的国家。更晚近，刚果民主共和国20世纪60年代的分离主义叛乱、苏丹内战，以及柬埔寨革命，都发生在现代化似乎才刚刚开始的国家。相比之下,第二次世界大战之后在古巴和东欧发动共产主义的革命却发生在这样一些国家:与世界上大多数国家相比,以及与17世纪40年代的英国和1789年的法国相比,它们已经十分现代化了。因此,现代化转型本身似乎是一根柔弱的芦苇,任何关于革命为什么在特定时期发生在某些社会的分析都寄托在这根芦苇之上。

现代化革命理论因此正在经受一场致命的"大火"。明显需要更好地说明革命情境的原因,同时把蒂利的理论与摩尔关于革命结果多样性的洞见吸收进来,借此改进现代化理论。革命理论接下来向前跨出的重大一步——西达·斯科克波的社会结构理论,迎接了这个挑战。

社会结构理论及其批评者

1979年,西达·斯科克波出版了《国家与社会革命》一书,立即被认为是革命理论的一个里程碑。尽管之前有另外几本书采用了有点类似的方法(Wolf 1970;Paige 1975;Eisenstadt 1978),但这本书在解决20世纪70年代末革命理论的两难处境上远比其他任何作品都更为成功。

为了其理论的准确性并涵盖革命过程很多截然不同的成分,斯科克波限制了她的涵盖范围。她选择聚焦于重大的社会革命,即法国、俄国和中国的革命。她随后把这些革命与其他不那么广泛、不那么成功的革命变革进行了比较:英国革命、1848年的德国革命、法国改革运动,以及日本的明治维新。斯科克波还限制了她的方法论范围和理论范围。她的工作几乎完全是通过比较历史叙事来进行,聚焦于革命,把其他任何种类的社会抗议和集体行动排除在外。然而,在这些约束之内,她在探索革命过程新的(或者说之前没有被认识的)成分上,以及在创造一个远比基于现代化的理论所提供的更加符合这些重大革命的事实的理论上,都取得了强有力的进展。

跟随沃勒斯坦(Wallerstein 1974)的引导,斯科克波的第一步是把现代化从个别国家抽离出来,把它推向作为整体的世界体系。斯科克波认为,不是一个国家内部的现代化变革扰乱了政治稳定;相反,正是处于不同现代化水平的国家之间国际性的军事压力和经济竞争制造了破坏稳定的压力。一个政权,面对来自处于更先进发展水平的邻国的军事压力或经济竞争，别无选择，只能通过重组其财政、军事和经济体系来增加它自身的资源。在斯科克波的案例中，法国面对更先进的英国对其贸易和殖民地的压力，沙皇俄国被德国的军事力量所压倒，中国不得不应付来自欧洲强国和日本的帝国主义入侵的洪流。斯科克波指出，如果一个处在这一情境中的国家遭遇来自本国强大精英阶层对改革的抵制，这一冲突就可能触发一次政治危机，促成一场革命。说来也怪，国际压力依然在很大程度上缺席于先前的革命理论。添加这个新的成分，使得革命理论更符合已经观察到的国家所面对的情况，同时帮助解决那些仅仅聚焦于内部改变的现代化理论所提出的难题。

斯科克波的第二个创新是强调国家统治者与国家的政治精英和经济精英之间的冲突。先前的革命理论或多或少地认为国家统治者与国民精英理所当然地是天然的盟友。即使在摩尔对阶级冲突的略微不同的解释中，问题依然是——究竟是哪个精英联合取得国家权力，而不是——统治者和精英如何可能自己加入冲突。精英政治理论，例如帕累托（Pareto）和莫斯卡（Mosca）的理论，谈到了权力在不同精英之间轮转，以及他们之间的冲突，但没有谈到自治的统治者与精英集团的正面相对。在指出国家统治者有其自己的议程和资源并且需要筹集更多的资源才能加入与精英阶层对这些资源的权利主张的冲突时，斯科克波提出了一个很少被认识到的革命动力之源。回到托克维尔，革命过程理论的这个方面远比任何现代化理论更符合已经观察到的法国君主与精英议会之间的冲突，这些冲突导致1789年三级议会的召开，或者更符合已经观察到的大清帝国统治者与军阀之间的冲突，后者在1911年之后接管了中国。

就算一个需要推行改革的国家统治者与抵制改革的精英集团之间的冲突可能促成一场危机，斯科克波也依然认识到，这对一场革命来说是不够的。遵循蒂利的动员理论，斯科克波认为，只有组织化的框架才能让平民团体在政治中心利用冲突和危机。这个组织化的框架可能是一个列宁主义政党，正如中国共产党的情况那样。然而，斯科克波还指出，凡是农民有自己的乡村组织和领导者——他们习惯于对诸如赋税或土地分配这样的问题做出决策——的地方，这个乡村结构就都可能构成地方农村起义的基础。因此，在一些像18世纪法国和 20 世纪俄国那样的国家,当政治中心由于冲突而陷入瘫痪时,强大的地方农民村庄可能采取行动,发动农村起义,侵蚀政治秩序和社会秩序的基础。

斯科克波因此提出了她的理论,对于一场重大的社会革命,规定了一个国家的社会结构和政治结构中的三个充分必要条件:来自先进国家的国际压力,有力量抵制国家主导的改革并制造一场政治危机的经济精英或政治精英,有能力动员农民举行平民起义以反对地方当局的组织(要么是村庄,要么是政党)。缺少这些条件之一的国家可能发生不那么广泛的或不那么成功的革命事件,但它们不可能经历重大的社会革命。

斯科克波并没有止步于对革命原因的分析。她继续考量结果的千变万化。她认为,社会结构也约束了结果。凡是经济中的财富之源(比如土地、小商店和手工业作坊)分布广泛的地方,任何革命政权都不可能夺取对经济的控制权。在这样的国家,革命会产生保护私有财产的新政权(正如在 17 世纪 40 年代的英国和 1789 年的法国)。然而,凡是工业化已经以大工厂、电力网络和铁路的形式产生了经济权力大集中的地方,革命政权可能并且是最有可能在争夺权力时夺取这些资源,创造一个政府控制经济的共产主义体制。在这里,现代化水平的差别促成了革命结果的差别,她在尊重摩尔的洞见的同时,把现代化理论吸收到了对革命结果而不是革命原因的解释中。

斯科克波的三因素革命原因理论,以及她对结果的解释,看来似乎对先前理论的问题提供了一个简单而优雅的解法。即使她只涵盖少数案例,也成功地阐释了新成分——国际压力和国家-精英冲突——看来广泛适用于别的案例。她从国际竞争和约束结果的角度处理现代化,这一处理似乎远比先前的现代化革命理论的主张更为准确。

斯科克波列出了社会革命的一组充分必要条件,她的这一论证并不仅仅基于说明她的主要案例中所呈现的这些原因。实际上,正如斯科克波的批评者所阐明的(Nichols 1986),她的案例事实上无关乎因果关系。法国和中国面对中等水平的国际压力和来自国内精英对变革的强大抵制,而俄国在第一次世界大战中面对极大的压力,大到足以使政府没有能力对付哪怕是非常弱的来自国内精英的压力。斯科克波承认这一点,她的论点是:在各种不同的组合中,她识别出了现代史上产生重大革命(既有自由主义革命,也有共产主义革命)的共同条件(Skocpol 1994)。借助过程追踪和一致性测试,她证明了这些条件比之前的理论能更好地解释这些重大案例的细节。

斯科克波的社会结构理论成了20世纪最后二十年里占支配地位的革命理论。然而,几乎就在它刚刚发表之后,这一理论立即遭遇了新的经验事件的挑战。1979年伊朗和尼加拉瓜的革命、1986年的菲律宾革命,以及东欧和苏联共产主义国家的革命,提出了一些关于革命的原因、过程和结果的新问题。

伊朗革命很快就引发了一场关于斯科克波理论适用性的争论(Skocpol 1982)。伊朗在国王的统治之下,并没有经受来自先进国家的竞争压力,是波斯湾地区最强大、最先进的国家,有世界上最重要的超级大国——美国——强大而坚定的支持。但国王的政府还是激怒了伊朗精英阶层的几乎所有部门。尽管这一反对有经济和政治的理由,但意识形态明显发挥了其主要作用,尤其是国王促进西化与精英阶层捍卫传统伊斯兰教的实践和法律之间的冲突。斯科克波的理论没有考虑国家危机的意识形态根源所发挥的作用,声称革命不是制造出来的,而是外部军事或经济压力的结果。在伊朗,革命似乎是反对派制造出来的,国家危机似乎是围绕被意识形态所驱动的冲突的升级(Kurzman 1996; Rasler 1996; Parsa 2000)。

鉴于一些新的事件,斯科克波的理论开始看上去是有缺陷的。伊朗革命没有农民造反,也没有政党领导或基于农村村庄的组织。菲律宾革命也没有农民造反,或者更准确地说,组织农村叛乱的革命党在把独裁者马科斯赶下台上没有扮演什么重要角色,甚或根本没有发挥作用。无论是在伊朗还是在菲律宾,正是压倒性的城市抗议者为革命提供了民众基础(Gugler 1982)。把注意力转向城市群众让下面这一点变得清楚起来:斯科克波在其法国案例和俄国案例中大概低估了城市抗议的重要性,巴黎和圣彼得堡的关键事件相对于农民造反来说被低估了。在颠覆法国和俄国社会主义运动的民众抗议的事件中,城市叛乱的作用甚至更加不可否认。在这里,无论是先锋政党还是任何其他形式的组织,在民众动员中似乎都没有扮演什么重要角色。莱比锡、布拉格和莫斯科那些几乎是自发的抗议,不过是爆发自一次呼吁抗议的公共号召,之后不断发展,直至国家的崩溃(Oberschall 1994a; Opp, Voss, and Gern 1995;

第二章 比较历史分析与革命研究中的知识积累

Urban, Igrunov, and Mitrokhin 1997)。

最后，斯科克波的结构约束革命结果理论似乎没有能力处理新近出现的各种不同的革命变革模式。约翰·马尔科夫(John Markoff 1996)证实，对于斯科克波的核心案例之一——法国大革命，废除封建主义的关键结果并不是君主利益与革命精英利益之间的结构性对抗的结果，它是刚刚出现的农民抗议的爆发与革命精英试图回应和约束它的努力之间相互作用的产物。这导致比农民或精英于1789年所要求或预见的对精英特权更加彻底的攻击。

结构对结果的约束这个观念还与20世纪70年代、80年代和90年代的革命所产生的千变万化的结果相冲突。在伊朗，革命者建立了伊斯兰共和国。在尼加拉瓜，社会主义革命者建立了一个尊重和保护私有财产的国家，在那里，桑地诺民族解放阵线党向民主选举认输。在菲律宾，革命也导致民主，正如在东欧和波罗的海国家那样。然而，在俄国和其他大多数苏联继承国，民主要么摇摇晃晃，要么不存在；即使所有这些国家都有很高程度的工业集中，而且大多数国家在努力创造自由市场经济，取消国家控制。看来，是革命政权的理想和计划，而不是不可避免的结构约束，决定了革命结果的模式(Foran and Goodwin 1993; Selbin 1993)。

尽管有这些缺陷，但是学者们并没有迅速抛弃斯科克波的社会结构视角。关于国际影响和国家-精英冲突的关键洞见似乎是坚实可靠的，即使最近事件的细节有点背离斯科克波的历史案例模式。人们相信，对民众抗议的处理可以扩大，把城市抗议吸收进来。因此，学者们努力拓展斯科克波的视角，涵盖各种不同的额外案例，包括伊朗革命和尼加拉瓜革命(Farhi 1990)、反殖民主义的革命(Goodwin and Skocpol 1989)，以及拉丁美洲的游击战争(Wickham-Crowley 1992)。

然而，社会结构方法的缺点变得越来越明显，尤其是随着上述体制的崩溃。在这些案例中，尤其是在苏联这个核心案例中，有一点并不清楚：你究竟能不能提及国家统治者与精英阶层之间的冲突，因为在苏联的执政党之外，并不存在独立的经济精英或政治精英；相反，正是党内的分裂，让改革者与保守的军事精英小集团和政治精英小集团抗衡，导致苏联政权垮台。

因此，一些新的对革命的比较研究似乎以各种不同的方式背离了斯科克

067

波具体的结构理论,同时吸收了其方法的很多成分。我提供了对欧洲、中东和亚洲自1500年至1800年的革命和大规模叛乱的分析(Goldstone 1991),在这部作品中,我证明,只有当国家已经被财政紧张所削弱时,国际压力才创造国家危机。此外,我指出,仅仅有国家与精英之间的冲突,未必产生一场革命,强大的国家可以战胜精英反对派,而紧密团结起来的精英阶层可能只是坚持改变统治者或改革。只有当精英阶层围绕如何应对这些压力而产生严重分裂时,才会出现一次令国家瘫痪的革命危机。

还有,尽管斯科克波认为群众总是有理由造反,但在这些案例中,无论是城市抗议还是农村抗议,都明显根源于不断下降的经济机会。在危机中,不断增长的失业率和不断下降的实际工资使得工人向革命动员敞开怀抱;在农业村庄,土地的不足和不断提高的地租同样让农民倾向于抗议行动。此外,一个策划民众行动的正式组织,不管它是先锋党还是村庄社区组织,并非总是必要的。至关重要的是,民众团体认为国家是脆弱的,在精英阶层的鼓励下要求变革,并声称变革是必需的。接下来,民众团体可能要求范围广泛的社会网络——村庄、地区、工厂、职业团体、宗教团体——动员起来,采取抗议行动。格伦(Glenn 1999)、古尔德(Gould 1995)、奥萨(Osa 1997)、帕萨(Parsa 2000)和普法夫(Pfaff 1996)的研究使得有一点变得清楚起来:没有一种形式的正式组织是抗议动员所必需的;相反,五花八门的正式网络和非正式网络可以履行这个角色。

或许,对重大欧洲革命与亚洲叛乱的最重要方面的比较是证明了国家动乱的模式不同于斯科克波的理论所预言的模式:先进国家对弱小国家的国际压力产生了导致革命的关键压力。相反,从1500年至1800年,欧洲和亚洲各地的革命和重大叛乱发生在资本主义发展水平大不相同的国家,当时的国际冲突有大有小,这些国家的人口波动有升有降。从1500年至17世纪50年代,人口增长,从16世纪初后期至17世纪60年代,在欧洲、奥斯曼帝国和中国有一波革命动荡增长。从1650年至1730年,人口增长减缓,革命十分罕见,尽管存在几乎是连续不断的和分布广泛的国际冲突。但是,从1730年至1850年,人口增长恢复,而从18世纪晚期至19世纪40年代和50年代,革命冲突在欧洲、中东和中国各地再次蔓延。展示人口增长如何影响国家危机、精英冲突和民众骚乱的关键机制，使得我们有可能解释上述三地的革命危机起伏模式。此外，它把革命理论的涵盖范围扩大到了新的国家崩溃案例，比如奥斯曼帝国的宗教叛乱和明王朝的垮台。

正如前面已经指出的，斯科克波的革命结果理论的结构基础也需要根据这些案例进行修订。欧洲的重大革命和亚洲的主要叛乱似乎有非常类似的经济起源和政治起源，它们也都导致了重大的制度变革。但在欧洲，这些变革常常伴随着重大的价值观改变和谴责旧政权已经过时，必须取而代之；在亚洲，这些变革通常伴随着很少的甚至没有价值观改变，谴责旧政权也主要是因为它没能践行传统的价值观和理想。因此我认为，仅社会结构条件并不能解释革命结果的不同特征；相反，前政权的垮台提供了独一无二的流动情境，在这一情境中，新的革命领袖对于如何展现自身、如何重建社会秩序和经济秩序是有选择余地的。因此，新革命政权的意识形态在决定后革命国家的结果和轨道上可能是决定性的。

对斯科克波方法的这些修订因此延续了革命理论的进步。历史案例的范围如今涵盖了从欧洲的专制主义国家到中东和中国的大帝国。革命过程的成分如今扩大到了包含国际压力、财政紧张、精英集团的内部冲突、范围广泛的民众抗议和动员、人口对资源的潜在压力，以及反对派精英与民众抗议之间的协作以产生革命情势，还有革命意识形态在引导结果上所发挥的关键作用。当国家行动、精英冲突和民众行动的各种不同的细节可以为革命理论奠定基础时，与经验事实的一致性继续提高。这一理论为前工业化时期欧洲各地革命危机的起伏模式提供解释的能力是惊人的。

斯科克波对国际因素的强调还为一个重要的研究领域开辟了道路。包括艾克斯坦（Eckstein 1982）、瓦尔特（Walt 1996）、哈利戴（Halliday 1999）、阿姆斯特朗（Armstrong 1993）和斯尼德尔（Snyder 1999）等人的著作都阐明了现代革命的起源、发展和结果如何受国际因素的影响，以及国家之间的国际关系如何受革命的影响。这些学者证明了国际经济关系约束革命结果。他们还证实，战争和国际结盟的改变很有可能在革命之后接踵而至，因为革命政权往往不仅与旧政权的国内政治保持距离，而且与它们的国际政治和同盟保持距离。

然而，革命理论中的缺点依然存在。把斯科克波的方法或我的方法（二者都聚焦于农业官僚国家的动态)应用于东欧和苏联的革命是很成问题的,在这些地方,传统农业经济的局限不再适用。尽管我提出了意识形态在引导革命结果上所发挥的关键作用,但结构理论的批评者们进一步坚持认为意识形态在革命的起源上、在形成反对派和引导革命动员上所发挥的作用更加关键(Sewell 1985; Foran 1992; Selbin 1993; Emirbayer and Goodwin 1994; Katz 1997; Mahoney and Snyder 1999)。特别是,他们指出,结构解释太过轻视统治者和革命者的领导力及自觉决策的作用。正如斯科克波所证明的那样,有一点或许是真的:列宁对俄国共产主义的确切设计不可能得到执行。然而,从这一观察进行推理,仿佛列宁的决策和行动完全与俄国革命的发展和结果无关,几乎是不可信的。有几个学者因此承担了一些对现代革命的重要研究,证明了意识形态和领导力在革命过程的多个阶段所发挥的关键作用(Selbin 1993; Foran 1997a; Goodwin 1997; Katz 1997; Parsa 2000)。

最后,正在使用博弈论(也被称作"理性选择分析")的政治学家当中发展了一条完全单独的对革命理论化的路线。理性选择分析者不是详细研究经验案例,而是创造形式数学结构,其逻辑被认为体现了行动者在革命情势中所面对的选择。说来也怪,这些形式模型最初的阐述预言:革命根本不应该发生。奥尔逊(Olson 1965)和图洛克(Tullock 1971)指出,对任何考虑加入革命行动的个人来说,他所面对的抗议的风险和努力通常相当大,而他对抗议成功所做出的贡献通常很小。事实上,对大部分个人而言,他们的贡献很有限,以至于结果对社会而言——不管革命是否成功——无论他们是否加入,结果都很可能是一样的。因此,对任何个体而言,当个人面对实实在在的风险却不大可能改变结果时,逻辑动机强有力地偏向于不参加革命抗议。

这个集体行动悖论被认为说明了基于大规模国家革命轨道分析的社会学革命理论中的一个重大缺陷。理性选择理论家没有说明如何克服集体行动悖论,反倒指控社会学理论家提供的理论在个人行为中缺乏坚实的基础(Kiser and Hechter 1991)。

在整个 20 世纪,对革命的比较历史研究,在识别前工业时期重大革命背后的因果模式上,在解释它们的时机和结果上,取得了巨大进步。然而,尽管取得了这些胜利,但社会结构方法受到了猛烈的攻击。

拓展社会结构方法：新视角和新案例

正如之前所发生的那样，当基于比较历史分析的革命理论面对新的经验和理论挑战时，学者们便深入探究新案例，并重新审视旧案例。尽管因过于迅速而不可能识别一个占主导地位的审视革命的新视角，但新视角的构件已经出现。老一辈理论家，比如弗兰、古尔德、利奇巴赫、古德温、威克姆-克劳利（Wickham-Crowley）和帕萨，都使用额外的案例分析来测试先前的理论，为理解范围更加广泛的革命实践制定原则。

我们不妨从理性选择理论所提出的挑战开始。马克·利奇巴赫（Lichbach 1995）带头展示了如何能克服集体行动难题。他识别了一打以上不同的机制，通过这些机制，反对派团体可以推动人民加入革命运动，与全国性行动保持一致。不管是通过契约、激励、之前的承诺，还是运用先前存在的对个人的权威，反对派运动有各种不同的工具，可以用来促进动员。这些方法的关键是要认识到，个人对于是否参加革命抗议并不是做出孤立的选择，像早期理性选择理论家所暗示的那样。相反，参与社会互动的个人已经结成一个社会关系和社会义务的网络。正是通过在这些外部联系和承诺的基础上不断构建，革命动员才得以发生（Opp and Roehl 1990；Goldstone 1994a；Gould 1995）。

然而，对学者们来说，仅有形式模型是没有说服力的。需要在详细案例研究的语境中测试这些模型，并使用过程追踪证明符合理性选择模型的预期，才能说服革命分析者相信理性选择方法的价值（Kiser 1996）。这些案例研究特别聚焦于奥斯曼帝国（Opp 1989；Kuran 1991，1995；Oberschall 1994b；Opp, Voss, and Gern 1995），并证明群众动员可以解释为回应一个已经感觉到有所增加的抗议并推翻该国体制的机会。然而，正如奥普（Opp 1999）所认为的，这个方法涉及发展出"厚重"理性——对于人民在特定案例中做决策的决定因素有着丰富的案例研究洞见并且可补充抽象形式模型的"稀薄"理性。实际上，很多赞同把理性选择模型应用于理解政治变革的重要支持者如今争相支持综合方法，并使用"分析叙事"，把来自理性选择逻辑的洞见与对具体历史案例的仔细研究结合起来（Bates et al. 1998）。

另一个把革命过程的案例研究与相邻领域的工作结合起来的领域,是试图把革命理论与社会运动理论联系起来。正如麦克亚当、塔罗与蒂利(McAdam, Tarrow, and Tilly 1997)和我(Goldstone 1998a)所指出的,对重大社会运动(例如 McAdam 1982)和革命的案例研究分析,事实上涵盖了类似的条件集以及抗议和革命的过程。社会运动理论认为,当三个条件结合起来时,抗议运动便会出现:(1)政治机会——这个机会是国家弱势或精英内部冲突所带来的;(2)活跃的动员网络——依靠先前存在的社会联系或社会组织;(3)一个认知框架——显示抗议的必要性和效力,它是由那些把抗议的需要"框定"在一种有说服力的意识形态中的领导人创造的(Tarrow 1998)。其中,前两个条件实际上已经是革命理论的组成部分,最后一个条件即意识形态,明显需要被纳入革命理论中。

然而,意识形态的作用极其复杂,尚待探索。塞尔宾(Selbin 1993)在对现代拉丁美洲革命(玻利维亚、古巴、尼加拉瓜和格林纳达)进行的一组比较案例研究中证明,意识形态与领导力有关联,而且,无论是通过有说服力的意识形态来鼓舞革命者,还是构建和维护革命制度,都需要有效的领导。使用证明那些在过去的理论看来很类似的案例之间存在差异的方法,塞尔宾证实,只有在古巴,革命转变才被制度化并得以巩固。在其他每个案例中,要么革命成果被逆转,要么革命政权本身没能被制度化。塞尔宾证明,结构理论不能解释这些差异,领导力的有效性(或缺乏有效性),无论在维持聚焦于革命目标的幻想上,还是在构建制度来实现这些目标上,对于决定革命结果都是关键性的。弗兰和古德温在对尼加拉瓜和伊朗的革命结果的比较中进一步说明,民主特色和经济变革的出现受到下面这个因素的强大影响,"推翻旧政权之后,在革命同盟内部,究竟是哪一批组织化政治领导人能够巩固其对国家权力的掌控"(1993, pp. 210—211)。

很多学者还是用比较案例研究来解释意识形态在革命起源中的作用。弗兰(Foran 1997a)和威克姆-克劳利(Wickham-Crowley 1992)证明,几乎所有社会都用权威来维护一批来自过去冲突的抗议或反叛意识形态,而且,革命领导人需要利用这些对他们自己社会中的冲突经验的记忆来构建有说服力和吸引力的反叛意识形态。威克姆-克劳利(1991)、弗兰(1997a)和帕萨(2000)认

第二章 比较历史分析与革命研究中的知识积累

为,正是意识形态为精英阶层和民众团体之间的结盟提供了黏合剂。卡尔霍恩(Calhoun 1994)进一步指出,意识形态伴有身份和团体义务的观念,帮助维护和动员人民加入革命行动的社会网络并使之充满活力。有一点很清楚:意识形态在革命过程中扮演了很多角色,以至于把意识形态整合到革命理论中的任务才刚刚开始。

对革命理论的最大挑战是要准确地把20世纪晚期的重大革命都包含在内,包括反殖民主义的、民族主义的和反独裁的革命,比如古巴、伊朗、菲律宾等的革命。在此,革命理论也取得了重大进步,有很多学者努力抓住不同的案例集。

弗兰(1997b)、威克姆-克劳利(1992)、古德温(2001)、古德温和斯科克波(1989),以及戈德斯通、古尔和莫希里(1991)全都证实:现代革命与更早的农业君主国和帝国的革命具有一些共同特征。其中大多数特征已经在社会结构方法中得到呈现。即使在现代体制中,国际压力、国家危机、精英内部冲突和民众动员依然是革命形势发展的关键成分。然而,这些宽泛的因素需要修改,以更准确地符合现代革命中已经观察到的事件。尽管这些学者在识别现代革命的重要因素上有很大程度的重合,但他们在究竟是哪些条件构成革命理论的核心上并不一致。

例如,国际压力并没有从国际军事或经济竞争的角度得到充分描述。直接的外国干涉或支持抑或收回支持越来越常见。在古巴、伊朗、尼加拉瓜和菲律宾,美国最初支持独裁者而接下来减少支持或收回支持的模式,导致了革命冲突爆发(Halliday 1999;Snyder 1999)。

国家危机也不仅仅是国家遭遇精英阶层抵制改革的问题。在现代国家,统治者与精英阶层的关系五花八门。精英阶层可能因为资助没有兑现、经济发展的问题、被排除在政治权力之外或者民族主义的目标没有进展而反对统治者。古德温(1994,2001)、戈德斯通(1994b)、威克姆-克劳利(1992)和斯尼德(1998)的研究全都是构建在迪克斯(Dix 1983,1984)的研究基础之上,他们认为,有一种类型的现代独裁——个人独裁或新世袭独裁,一个单一个体积累了巨大的权力,主要通过提供恩赐和职位来获得精英的忠诚——尤其容易受到社会革命的攻击。这种体制在独裁者能够让精英阶层保持分裂并依赖其恩惠时看上去可能十分强大。然而,当经济压力或国际政治压力削弱了独裁者控制精英的能力时,其政权就没有其他的传统或制度支持了。因此,这样的政权在失去支持时就会以引人注目的速度迅速垮台。此外,由于独裁者没有建立组织或制度来获得和维持民众的支持,因此只能靠警察和军队的镇压,如果镇压制度看上去被削弱了,或者不愿意保卫政权,精英阶层就可以轻而易举地鼓励民众反对。这个新世袭体制崩溃的模式可以在古巴(1959)、尼加拉瓜(1979)和伊朗(1979)的革命中识别出来,并预期出现在菲律宾(1986)、印度尼西亚(1998)和刚果民主共和国(1998)——事实上确实发生了。相比之下,独裁体制如果与一个特定的社会群体——军人、土地精英、工业家或政党组织——相关联并得到它强有力的支持,该体制就更为稳定。

对现代革命的研究还显示,如果说,精英内部冲突对于创造有利于革命的条件是必要的,那么,一场强大的革命运动通常需要跨阶级联盟把精英与民众团体联结起来(Foran 1992,1997a;Parsa 2000;Goodwin 2001)。在革命运动采取游击战的形式来对抗政府的地方,则尤其如此。这样的运动要想成功,农村游击队必须在精英阶层和城市团体中找到盟友;否则,他们依然孤立在农村叛乱中(Wickham-Crowley 1991,1992)。

学者们已经证明,就连体制的崩溃也可以纳入革命理论的范畴。在对苏联崩溃的分析中,我曾使用过程追踪来证明先前革命中所熟悉的因果模式和因果序列的作用(Goldstone 1998b)。来自西方的国际竞争所带来的军事压力和经济压力导致米哈伊尔·戈尔巴乔夫(Mikhail Gorbachev)领导的一个苏联精英小集团寻求其体制的重大改革(开放和改革)。然而,到这些改革发生时,苏联经济增长的急剧收缩已经削弱了国家为人民提供持续的就业改善和更高生活水平的能力。此外,专业就业的停滞导致大量受过教育的有大学学历的精英(专业人士)沦为蓝领工人,被排除在政治晋升或经济晋升之外。因此,一个财政吃紧的政权面对的是四分五裂的、对国家政策和社会流动问题感到痛苦的精英阶层。

自20世纪70年代中期以来,经济衰退,以及严重污染和低效的卫生保健,还产生了预期寿命的显著下降。对健康和安全的关切在那些污染最严重、危险最大的工厂和矿山的地区特别强烈。城市团体和矿工们因此成了苏联反僵化体制的民众动员的特定来源。

技术精英、城市工人和矿工把戈尔巴乔夫的改革视为一个机会，不仅仅是改革的机会，而且是摆脱苏联对政治和经济生活控制的机会。他们支持改革派集团，在俄罗斯由鲍里斯·叶利钦（Boris Yeltsin）领导，在波罗的海、高加索和中亚的苏联共和国由其他民族主义领导人领导，要求终结苏联的控制。这个过程中的关键成分——国际压力、国家衰弱、精英之间的冲突、面对令人沮丧的生活条件的精英改革者与平民团体之间的跨阶级同盟，以及把体制反对者团结起来并鼓励造反的反叛意识形态（民主和民族主义）——恰好就是在其他重大革命中找到的那些成分。作为结果，我提出，正如其他重大革命一样，争夺权力的斗争可能继续，如果缺少坚定忠诚于民主的领导人——这一情况在大多数原苏联的体制中都可以感觉到，除了东欧和波罗的海少数几个国家之外——民主不可能得到发展，不管西方援助的捐助者和祝福者的希望是什么。

古德温（2001）在对东欧巨变的比较案例研究中进一步指出，这些革命展开方式的差别反映了国家结构的差别。反齐奥塞斯库新世袭体制的罗马尼亚革命最像其他个人独裁者突然被暴力推翻，而在东德和捷克斯洛伐克，原有体制进行的有限抵抗意味着这些事件的展开更像社会抗议运动。

新的综合：聚焦稳定的原因

尽管这些努力已经说明革命理论可以如何修改并用来解释现代革命，但它们也制造了自己的问题——源于把理论扩展到涵盖更多案例所带来的复杂性。在此努力过程中，识别一份简短而一致的导致革命的原因清单这个早期目标似乎已经丢失。例如，尽管国家的衰弱或危机经常被识别为革命的条件，但产生这些条件的原因是什么呢？学者们把这些条件列举为：军事失败或军事竞争、经济衰退、国债过高或财政紧张、长期的人口压力、不平稳甚至不成功的经济发展、殖民强国的资源紧张或国内支持的紧张、统治者背离宗教的或民族主义的原则、外国干涉、国家资源由于不断变动的进出口价格而发生转变、种族冲突、统治者反复无常的或过度的压制、国际人权标准的改变，以及作物歉收或其他自然灾害(包括地震、洪水和干旱)。没有两次革命的原因恰好一样。类似地,精英阶层的内部冲突可能源于种族分裂、政治排斥、支持特定群体的国家行动、宗教分裂、围绕资源或经济发展的冲突,或者社会流动性的改变,这些改变产生新的渴望成为精英的人或侵蚀现有精英家族共同体的基础。

简言之,在这些革命"条件",比如国家危机或精英冲突的背后寻找具体的历史原因就变得更加困难。后者太过五花八门,不同的案例变化太大,不可能充当一个一般理论的基础。此外,有这样一种认识:革命的展开有一些意外出现的属性;一旦革命形势开始,统治者和革命者的行动和决策就会影响未来的事件。某些机制在不同的革命形势下延续了下来——民众动员、领导力、意识形态架构、构建跨阶级同盟、以群众行动面对当局——但它们在不同的案例中可能以不同的方式发展。因此,简单地列举革命的条件并没有告诉我们革命如何发展,因为这些条件以不同的方式组合并关联。

例如,在俄国,在第一次世界大战导致沙皇军队崩溃之前,精英内部冲突并不重要;列宁和托洛茨基的领导力,以及对工人的动员,被证明在随后精英内部为争夺后沙皇时代的国家的控制权上才是至关重要的。相比之下,在伊朗,军队从未被国际冲突所削弱;相反,精英内部冲突促成了对国王的宗教政策及与美国结盟的抗议,这些抗议随后导致美国的支持更受约束,以及国王的军队决定撤出保护国王对抗民众反对派的行动。在其他案例中,革命通过游击战来发展;还有一些案例中则是通过相对和平的罢工和抗议。一份革命原因清单太过静态化,不可能捕捉到革命过程的现实,在这个过程中,因果要素以不同的组合和时间模式出现,与统治者和革命者的决策相互作用,产生五花八门的革命轨道。因此,在数量不断增加的案例中,学者们试图在理解革命原因上实现更大准确性的努力看来是以牺牲简洁性和一般性为代价而取得了成功(Przeworski and Teune 1970, pp. 20—23)。

我曾试探性地提出(Goldstone 2001)破解这个僵局的一条出路,就是绕开革命原因的问题。革命理论通常基于这样一个假设:国家以大量不同的方式正常运转,但只有一组很少的特定条件足够具有破坏性从而产生革命。然而,如今超过一个世纪的经验事实和调查研究暗示,事情可能并非如此。实际上,看来在产生革命情势的变化上,关乎以各种不同组合的五花八门的事件。

因此,我不是把稳定性视为不成问题,并堆砌一组导致革命的条件,而是证明,通过把稳定性作为问题来处理,把革命视为丧失或削弱维护稳定的条件的结果。数量很少的条件事实上可能对维护国家稳定是关键性的,同时很多不同的组合和因果模式可能侵蚀这些条件的基础,并导致国家崩溃。发生这种崩溃的不同方式将会产生不同的轨道,通向抗议和/或革命的各种不同的过程和结果。

稳定的条件似乎相当容易列举,只要抽取数量更大的革命条件清单并反之就行。这些条件有:(1)被广泛认为有效和公正的统治者(或执政组织);(2)统一并忠诚于政权的精英阶层;(3)能够以可信的方式确保其惯常生活水平的民众团体。满足这些条件的国家确实是稳定的,越不能满足这些条件的国家,就越有可能经历冲突、抗议和革命。

背离这些条件接下来就会创造出某些情境,在这样的情境中,革命领导人能够开始动员反对派,统治者计划做出回应。统治者和革命者的决策和行动、特定的精英分裂和被动员起来的团体,用来获取支持的特定意识形态,以及国际反应,随后便产生我们所观察到的抗议和革命模式的多样化:有些涉及游击战,有些涉及国家的突然崩溃,有些发生在新世袭独裁体制中,有些发生在一党执政国家,有些发生在民主国家。

通过聚焦于稳定条件的丧失或削弱,革命理论能够给动态过程留出更大的空间,比如领导力、动员以及统治者和革命反对派所做出的决策,并考虑到这些过程与时俱变的相互作用。此外,具体说明稳定的条件使我们能显示范围广泛的具体因素在革命中发挥的作用是重要的,例如军事或经济失败,没能维护宗教的或民族主义的原则,或者对灾难过度的或不充分的压制或回应等,而不必具体说明所有革命中所涉及的相同的因果要素集。以这种方式,斯科克波所提出的具体因素——削弱国家效率的军事压力、削弱精英团结和对国家支持的国家改革,以及面对更繁重的赋税和地租的乡村社区组织——简单地变成了削弱国家稳定性的一组特定条件。我在前工业时代晚期社会所观察到的人口压力,以及可能降低效率或失去精英忠诚的个人独裁,通常成了归入更宽泛的体制稳定理论之下的具体案例。导致纳粹革命的魏玛政权的低效和大清帝国朝廷的软弱、17世纪英国精英宫廷与国家的分裂和20世纪苏联执政党改革派集团与保守派集团的分裂,以及不同时间和空间的人口压力和商业化农业对农民的冲击,全都被纳入了削弱国家稳定条件的因素这个共同框架。当所有这三个稳定条件同时失去时——不管借助什么手段,革命的情势便是结果。

不妨回想一下韦伯的观点:革命需要新价值的制度化,革命的过程和结果随后可以被概念化为一次正在进行的试图重新创造稳定条件的努力。革命领导人使用意识形态斗争和动员来获得精英阶层对革命的支持,而构建一个更强大的国家,对于新的革命政权,增进效率是必不可少的。确保全体人口稳定的物质生活常常是最难满足的条件,因此,预期反复出现的民众抗议是革命过程的组成部分是正常的。实际上,重建稳定条件的困难意味着革命斗争常常会持续多年,甚至几十年,而且,旧政权的垮台,其本身通常不会给社会带来民众的兴旺、精英的忠诚和有效而公正的政府(Stinchcombe 1999)。

判断一个基于稳定条件的理论是否会被证明有能力在简化理论的同时涵盖范围广泛的案例和革命过程的方方面面,为时尚早。然而,这似乎是很有希望的,因为有范围广泛的杰出作品论述意识形态、新世袭国家的革命、游击战以及苏东体制的崩溃。因此,革命理论看来已经走在了迎接当前挑战的路上。

通过聚焦国际压力、国家衰弱、精英内部冲突、跨阶级同盟、个人独裁体制、反叛意识形态、动员网络、民众生活水平和革命领导力,对革命的比较历史分析已经走向一个一个共同的解释框架,涵盖范围广泛的事件——从法国的革命到苏联的崩溃。这个框架根源于社会学理论先辈们的深刻洞见,但它与时俱进,以回应新的事件,并不断拓展以吸收新的案例和新增的革命过程细节。

让我们结束在一个胜利的音符上,但我们应该清楚,对革命研究的进一步的重大挑战依然存在。尽管受到越来越多的关注,但女人和性别问题在革命中的作用尚未得到足够的分析(Moghadam 1997;Tétreault 1994;Wasserstrom 1994)。尽管理性选择理论提供了一定的指引,但没有任何革命理论的数学形式化被广泛接受。尽管有一些充满希望的开端(Scott 1990;Goodwin 1997),但宏观层面的革命理论依然需要与个人行为的社会心理学理论相协调。正如在任何成果丰硕的领域一样,更远的边界正在召唤我们。

革命研究中的知识积累

在本节,我希望简短地总结一下学者们对革命使用比较历史分析所得出的一些关键发现。我相信,有一点是显而易见的:如果不对分离的历史案例进行认真细致的过程追踪和一致性测试,这些发现就不可能被揭示出来。

接合的因果关系

对革命的比较历史分析显示,在所有革命的背后不存在单一的一组充分必要原因。相反,革命是截然不同的因果流接合的结果,革命的类型和发展取决于这些因果流中的组合和成分。理解强大权威崩溃从而可能导致革命的关键是,它们涉及几个社会层面上的权威的崩溃:国家对精英阶层的掌控失效;精英阶层的团结或合作被分裂;民众对政治权威和/或某些特权的接受被积极的拒绝所取代。

范围广泛的事件和条件可能促成这样的接合。在千变万化的案例中,下列成分常常被学者们认为是重要的:国家财政的健康和效率所承受的国际军事压力;农业经济和传统身份招募所承受的人口压力;源自个人独裁体制所实施的政治排斥的精英结盟;因政权所实施的引人注目的压制或对文化和宗教的背离而导致的民众结盟、经济下滑或自然灾害——它们不仅带来巨大的民众痛苦,而且让人们觉得是体制导致了这些痛苦或使之恶化;跨阶级或多阶级的反对派同盟的发展;令人信服的反对派意识形态的传播——这些意识形态根源于民族主义的、宗教的或其他传播广泛且深受欢迎的文化特色;令人鼓舞的和有实用主义效率的领导力的出现;利用个人联系纽带或团体结盟来打造反对派身份的动员网络——不管是形式网络还是非形式网络。

上述清单的复杂性与那些被我们集体地贴上革命标签的事件的复杂性密不可分。然而,这并不意味着它们复杂到了无法解释甚至简单分析的程度。通过对具体案例(例如前面几个段落中列举的那些案例)提取要点,并聚焦于标示使国家稳定崩溃的一般条件,我们可以得出列有以下五个关键条件的清

单,对于一个即将开始的革命事件,这些条件必定出现:[1]

(1)一次国家权威的危机,在这样的危机中,精英阶层和平民团体普遍感觉到国家既无效率又不公正。

(2)一次精英关系的危机,在这样的危机中,精英阶层变得四分五裂,互相疏远,分化为不同的小集团,对于如何重建国家权威意见不一致。

(3)一次平民福利危机,在这样的危机中,城市群体和/或农村群体发现很难通过惯有手段维持惯常的生活水平。

(4)一个精英-平民同盟的出现是为了攻击国家的权威。

(5)一个反对派意识形态,让精英阶层和平民团体团结起来攻击权威,证明这一攻击是有道理的,并提出替代性的权威基础。

尽管其中的任何一个或几个条件所带来的压力都可能导致一场政治危机,比如农民造反、城市起义、精英叛乱或政变,或者内战,但要出现真正的革命情境,似乎需要所有这些条件。

过程和结果的多样化

对革命的比较历史分析最关键的洞见之一是清晰地分离革命的起源、过程和结果的研究。革命的因果起源,即侵蚀体制稳定基础的那些因素,与先在条件及国家、反对派团体和国际行动者的行动相互作用,产生偶然而意外的革命过程:同盟形成、革命的战术及对抗,以及派系斗争。这些革命冲突过程可能持续几十年,然后才达到一个稳定的结果。这个结果反过来高度取决于特定的领导人、同盟、意识形态和经验,这些都是从逐步展开的革命过程中作为优势因素而出现的。

我们已经提到,有些革命是从看得见的、逐步获得力量的积极革命运动中缓慢发展出来的,而另一些革命则是从旧政权的内部崩溃中突然而意外地爆发的。每个模式都反映了因果成分的不同组合。在国家保持了相当大的精英支持和财政实力但不公正地和压制性地行动的地方,革命运动常常建立在边缘地带,等待国家实力或外部同盟的改变提供一个成功造反的机会。它们由

---

[1] 这份相当抽象的清单,主要编自下列作品:Skocpol 1979, Goldstone 1991, Foran 1997a, Goodwin 2001, Wickham-Crowley 1992。

边缘的或有异议的精英领导,需要战斗,打赢占优势的精英,扩大民众的支持。这是古巴革命、尼加拉瓜革命的模式。在国家的物质资源不断衰弱、被视为越来越低效,而精英背叛十分普遍的地方,可能发生国家权威的突然崩溃,由精英阶层动员平民团体,先是要求改革,然后是号召推翻政权。这是英国、法国、墨西哥、俄国和反苏联的革命的模式。

这两种模式都可能反过来产生结果的多样性。在这里,造反的意识形态、面对革命的外部和内部斗争的群雄,以及革命领导层的品格,都是决定性的。相信民主作为首要目标正在战胜其他目标的革命领导人对于创造民主的结果似乎是必不可少的。如果他们有这个目标,比如南非的纳尔逊·曼德拉(Nelson Mandela)、尼加拉瓜的桑地诺民族解放阵线或菲律宾的科拉松·阿基诺(Corazon Aquino),即使是反革命的威胁、严重的种族冲突和可怕的经济条件,也阻止不了民主制度的构建。相比之下,愿意让构建民主制度屈居于其他目标——不管是经济的、宗教的还是军事的目标——之下的领导人,即使面对的威胁小很多,也往往会产生党国专政或独裁政体,正如伊朗霍梅尼(Ayatollah Khomeini)的后革命政权。

革命结果的另外一些经济和政治方面也和革命领导层的意识形态以及如何与他们的经历及他们面对的条件相交叉密切相关。每个革命领导层都会面对如何恢复稳定的问题,这反过来需要新政权采取有效的财政和军事行动,获得精英的忠诚,减少民众的不满。领导层如何制订这些问题的解决方案常常决定了体制结果。与旧政权相比,新政权得到增强的集中化和官僚化对于有效地动员金钱和人力常常是必要的。然而,更重要的是领导层如何看待旧政权的过失。如果认为旧政权是因为背离了过去的美德而失败,如今需要恢复这些美德,那么,即使当它创造新的治理制度时,革命也可能有高度保守的特点,正如明治维新的日本。相比之下,如果认为旧政权是因为坚守旧的、过时的、无效的理想和原则而失败,那么,即使它在很多方面只是扩大和修改了旧政权的制度,革命也会采取激进的立场,正如法国和俄国的革命。

最后,必须指出的是,革命的很多过程和结果是突然出现的,在它们为回应革命过程本身的事件而产生之前,是不可能知道的。很多革命本质上是改革性的,只是在温和派没能确保稳定的情况下,或者在与国内外反革命敌人战斗最激烈的时候，才变得激进。例如在墨西哥，弗朗西斯科·马德罗（Francisco Madero）反对波费里奥·迪亚斯（Porfirio Diaz）的改革派革命，仅仅因为强加德·拉·维尔塔（de la Huerta）的反革命政权，才导致大规模的农民叛乱和内战。同样，紧跟在俄国革命温和的新经济政策和列宁去世后，那些希望更激进地回到共产主义的人与那些试图继续走渐进社会主义道路的人之间爆发了一场权力斗争。约瑟夫·斯大林（Joseph Stalin）领导的前者把俄国革命推上了一条更明显的专政之路。

结　论

革命就其具体原因、展开模式及结果而言有着深刻的差别。此外，一场特定的革命，其发展模式和结果有着突然出现的属性，依赖于逐步展开的革命内部的事件和斗争，依赖于特定领导人、国际行动者和民众团体的行动。考虑到这一复杂性，比较历史分析是理解革命所涉及的因果机制的范围和变化的一个基本方法。

过程追踪可以揭示这些因果机制，以及它们在千变万化的语境下如何运转，而一致性测试则可以证明革命事件之间的异同。这些比较历史分析方法持续不断地让关于革命的先在信念面对新的经验发现，从而挑战和拓展我们的视野。这些过程肯定还要继续，因为我们似乎不大可能穷尽革命可能产生的原因或结果的千变万化。尤其是面对这样的前景，比较历史分析对于延续我们关于革命和革命运动的知识累积进步是至关重要的。

参考文献

Abbott, Andrew. 1990. "Conceptions of Time and Events in Social Science Methods: Causal and Narrative Approaches." *Historical Methods* 23:140—150.

1992. "From Causes to Events: Notes on Narrative Positivism." *Sociological Methods and Research* 20:428—155.

Almond, Gabriel A., ed. 1973. *Crisis, Choice, and Change: Historical Studies of Political Development*. Boston: Little, Brown.

Arjomand, Said A. 1988. *The Turban for the Crown: The Islamic Revolution in Iran*.

第二章 比较历史分析与革命研究中的知识积累

New York: Oxford University Press.

Armstrong, David. 1993. *Revolution and World Order: The Revolutionary State in International Society*. Oxford: Oxford University Press.

Bates, Robert H., Avner Greif, Margaret Levi, Jean-Laurent Rosenthal, and Barry R. Weingast. 1998. *Analytic Narratives*. Princeton, NJ: Princeton University Press.

Bennett, Andrew and Alexander L. George. 1997. "Process Tracing in Case Study Research." Paper presented at the MacArthur Foundation Workshop on Case Study Methods, Belfer Center for Science and International Affairs (BCSIA), Harvard University, October 17—19.

Brinton, Crane. 1938. *The Anatomy of Revolution*. New York: W. W. Norton.

Calhoun, Craig. 1994. *Neither Gods Nor Emperors: Students and the Struggle for Democracy in China*. Berkeley: University of California Press.

Cobban, Alfred. 1964. *The Social Interpretation of the French Revolution*. Cambridge: Cambridge University Press.

Collier, David. 1993. "The Comparative Method." Pp. 105—119 in *Political Science: The State of the Discipline II*, edited by Ada Finifter. Washington, DC: American Political Science Association.

Dix, Robert. 1983. "The Varieties of Revolution." *Comparative Politics* 15:281—295.

——1984. "Why Revolutions Succeed and Fail." *Polity* 16:423—446.

Eckstein, Susan. 1982. "The Impact of Revolution on Social Welfare in Latin America." *Theory and Society* 11:43—94.

Edwards, Lyford P. 1927. *The Natural History of Revolutions*. Chicago: University of Chicago Press.

Eisenstadt, S. N. 1978. *Revolution and the Transformation of Societies*. New York: Free Press.

Emirbayer, Mustafa and Jeff Goodwin. 1994. "Network Analysis, Culture and the Problem of Agency." *American Journal of Sociology* 99:1411—1454.

Farhi, Farideh. 1990. *States and Urban-Based Revolution: Iran and Nicaragua*. Urbana and Chicago: University of Illinois Press.

Feierabend, Ivo K., Rosalind L. Feierabend, and Betty A. Nesvold. 1969. "Social Change and Political Violence: Cross-National Patterns." Pp. 606—668 in *Violence in America: Historical and Comparative Perspectives*, edited by Hugh D. Graham and Ted

R. Gurr. New York: Praeger.

Foran, John. 1992. "A Theory of Third World Social Revolutions: Iran, Nicaragua, and El Salvador Compared." *Critical Sociology* 19:3—27.

———. 1997a. "The Comparative-Historical Sociology of Third World Social Revolutions: Why a Few Succeed, Why Most Fail." Pp. 227—267 in Foran 1997b.

———. ed. 1997b. *Theorizing Revolutions*. London: Routledge.

Foran, John and Jeff Goodwin. 1993. "Revolutionary Outcomes in Iran Nicaragua: Coalition Fragmentation, War, and the Limits of Social Transformation." *Theory and Society* 22:209—247.

Forster, Robert. 1980. "The French Revolution and the New Elite, 1800—1850." Pp. 182—207 in *The American and European Revolutions, 1776—1850*, edited by J. Pelenski. Iowa City: University of Iowa Press.

Furet, Francois. 1981. *Interpreting the French Revolution*. Cambridge: Cambridge University Press.

Garton Ash, Timothy. 1989. "Refolution in Hungary and Poland." *New York Review of Books* 36 (August 17):9—15.

George, Alexander with Andrew Bennett. 1997. "The Role of the Congruence Method for Case Study Research." Paper presented at the 38th Annual Convention of the International Studies Association, Toronto, March 18—22.

Glenn, John K. 1999. "Competing Challengers and Contested Outcomes to State Breakdown: The Velvet Revolution in Czechoslovakia." *Social Forces* 78:187—212.

Goldstone, Jack A. 1984. "Urbanization and Inflation: Lessons from the English Price Revolution of the 16th and 17th Centuries." *American Journal of Sociology* 89:1112—1160.

———. 1991. *Revolution and Rebellion in the Early Modern World*. Berkeley: University of California Press.

———. 1994a. "Is Revolution Individually Rational?" *Rationality and Society* 6:139—166.

———. 1994b. "Revolution in Modern Dictatorships." Pp. 70—77 in *Revolutions: Theoretical, Comparative, and Historical Studies*, 2nd ed., edited by Jack A. Goldstone. Fort Worth, TX: Harcourt Brace.

———. 1998a. "Social Movements or Revolutions? On the Evolution and Outcomes of Collective Action." Pp. 125—145 in *Democracy and Contention*, edited by Marco Guigni, Doug

McAdam, and Charles Tilly. Boulder, CO: Rowman & Littlefield.

1998b. "The Soviet Union: Revolution and Transformation." Pp. 95—123 in *Elites, Crises, and the Origins of Regimes*, edited by Mattei Dogan and John Higley. Boulder, CO: Rowman & Littlefield.

ed. 1998c. *The Encyclopedia of Political Revolutions*. Washington, DC: Congressional Quarterly Press.

1999. "Initial Conditions, General Laws, Path Dependence, and Explanation in Historical Sociology." *American Journal of Sociology* 104: 829—845.

2001. "Toward a Fourth Generation of Revolutionary Theory." *Annual Review of Political Science* 4: 139—187.

Goldstone, Jack A., Ted Robert Gurr, and Farrokh Moshiri, eds. *Revolutions of the Late Twentieth Century*. Boulder, CO: Westview.

Goldthorpe, John H. 1997. "Current Issues in Comparative Macro-Sociology: A Debate on Methodological Issues." *Comparative Social Research* 16: 1—26.

Goodwin, Jeff. 1994. "Old Regimes and Revolutions in the Second and Third Worlds: A Comparative Perspective." *Social Science History* 18: 575—604.

1997. "The Libidinal Constitution of a High-Risk Social Movement: Affectual Ties and Solidarity in the Huk Rebellion, 1946 to 1954." *American Sociological Review* 62: 53—70.

2001. *No Other Way Out: States and Revolutionary Movements, 1945—1991*. Cambridge: Cambridge University Press.

Goodwin, Jeff and Theda Skocpol. 1989. "Explaining Revolutions in the Contemporary Third World." *Politics and Society* 17: 489—507.

Gould, Roger V. 1995. *Insurgent Identities: Class, Community, and Protest in Paris from 1848 to the Commune*. Chicago: University of Chicago Press.

Griffin, Larry J. 1992. "Temporality, Events, and Explanation in Historical Sociology: An Introduction." *Sociological Methods and Research* 20: 403—427.

Gugler, Josef. 1982. "The Urban Character of Contemporary Revolutions." *Studies in Comparative International Development* 17: 60—73.

Gurr, Ted Robert. 1968. "A Causal Model of Civil Strife: A Comparative Analysis Using New Indices." *American Political Science Review* 62: 1104—1124.

1970. *Why Men Rebel*. Princeton, NJ: Princeton University Press.

ed. 1980. *Handbook of Political Conflict*. New York: Free Press.

Halliday, Fred. 1999. *Revolution and World Politics*. London: Macmillan.

Haydu , Jeffrey. 1998. "Making Use of the Past: Time Periods as Cases to Compare and as Sequences of Problem Solving. " *American Journal of Sociology* 104: 339—371.

Hibbs, Douglas A. 1973. *Mass Political Violence: A Cross-National Causal Analysis*. New York: Wiley.

Huntington, Samuel P. 1968. *Political Order in Changing Societies*. New Haven, CT: Yale University Press.

Johnson, Chalmers. 1966. *Revolutionary Change*. Boston: Little, Brown.

Katz, Mark. 1997. *Revolutions and Revolutionary Waves*. New York: St. Martin's Press.

King , Gary, Robert O. Keohane, and Sidney Verba. 1994. *Designing Social Inquiry: Scientific Inference in Qualitative Research*. Cambridge: Cambridge University Press.

Kiser, Edgar. 1996. "The Revival of Narrative in Historical Sociology: What Rational Choice Theory Can Contribute. " *Politics and Society* 24: 249—271.

Kiser, Edgar and Michael Hechter. 1991. "The Role of General Theory in Comparative-Historical Sociology. " *American Journal of Sociology* 97: 1—30.

Kuran, Timur. 1991. "Now out of Never: The Element of Surprise in the Eastern European Revolution of 1989. " *World Politics* 44: 7—48.

1995. *Private Truths, Public Lies: The Social Consequences of Preference Falsification*. Cambridge, MA: Harvard University Press.

Kurzman, Charles. 1996. "Structural Opportunity and Perceived Opportunity in Social Movement Theory. " *American Sociological Review* 61: 153—170.

Lakatos, Imre. 1983. *The Methodology of Scientific Research Programs*, edited by John Worrall and Gregory Currie. Cambridge: Cambridge University Press.

Lenin, Vladimir Ilich. [1973]. *What Is to Be Done? Burning Questions of Our Movement*. Translation of the 1st ed. of 1902. Peking: Foreign Languages Press.

Lichbach, Mark I. 1989. "An Evaluation of 'Does Economic Inequality Breed Political Conflict?' Studies. " *World Politics* 41: 431—470.

1995. *The Rebels' Dilemma*. Ann Arbor: University of Michigan Press.

Lieberson, Stanley. 1991. "Small *N*'s and Big Conclusions: An Examination of the Reasoning in Comparative Studies Based on a Small Number of Cases. " *Social Forces* 70:

307—320.

Little, Daniel. 1998. *Microfoundations, Method, and Causation: On the Philosophy of the Social Sciences*. New Brunswick, NJ: Transaction Publishers.

Mahoney, James. 1999. "Nominal, Ordinal, and Narrative Appraisal in Macrocausal Analysis." *American Journal of Sociology* 104:1154—1196.

2000a. "Strategies of Causal Inference in Small-N Analysis." *Sociological Methods and Research* 28:387—424.

2000b. "Path Dependence in Historical Sociology." *Theory and Society* 29:507—548.

Mahoney, James and Richard Snyder. 1999. "Rethinking Agency and Structure in the Study of Regime Change." *Studies in Comparative International Development* 34:3—32.

Markoff, John. 1996. *The Abolition of Feudalism*. University Park: Pennsylvania State University Press.

McAdam, Doug. 1982. *Political Process and the Development of Black Insurgency, 1930—1970*. Chicago: University of Chicago Press.

McAdam, Doug, Sidney Tarrow and Charles Tilly. 1997. "Toward a Comparative Perspective on Social Movements and Revolution." Pp. 142—173 in *Comparative Politics: Rationality, Culture, and Structure*, edited by Mark Lichbach and Alan Zuckerman. Cambridge: Cambridge University Press.

2001. Dynamics of Contention. Cambridge: Cambridge University Press.

McKeown, Timothy J. 1999. "Case Studies and the Statistical Worldview." *International Organization* 53:161—190.

Midlarsky, Manus I. 1982. "Scarcity and Inequality: Prologue to the Onset of Mass Revolution." *Journal of Conflict Resolution* 26:3—38.

Moghadam, Val M. 1997. "Gender and Revolutions." Pp. 137—167 in Foran 1997c.

Moore, Barrington, Jr. 1966. *Social Origins of Dictatorship and Democracy*. Boston: Beacon Press.

Muller, Edward N. 1985. "Income Inequality, Regime Repressiveness, and Political Violence." *American Sociological Review* 50:47—61.

Nichols, Elizabeth. 1986. "Skocpol on Revolution: Comparative Analysis vs. Historical Conjuncture." *Comparative Social Research* 9:163—186.

Oberschall, Anthony. 1994a. "Protest Demonstrations and the End of Communist Regimes in 1989." *Research in Social Movements, Conflict, and Change* 17:1—24.

1994b. "Rational Choice in Collective Protests." *Rationality and Society* 6:79—100.

Olson, M., Jr. 1965. The Logic of Collective Action: Public Goods and the Theory of Groups. Cambridge, MA: Harvard University Press.

Opp, Karl-Dieter. 1989. *The Rationality of Political Protest*. Boulder, CO: Westview.

1999. "Contending Conceptions of the Theory of Rational Action." *Journal of Theoretical Politics* 11:171—202.

Opp, Karl-Dieter and Wolfgang Roehl. 1990. "Repression, Micromobilization, and Political Protest." *Social Forces* 69:521—547.

Opp, Karl-Dieter, Peter Voss, and Christianne Gern. 1995. *Origins of a Spontaneous Revolution: East Germany*, 1989. Ann Arbor: University of Michigan Press.

Osa, Maryjane. 1997. "Creating Solidarity: The Religious Foundations of the Polish Social Movement." *East European Politics and Society* 11:339—365.

Paige, Jeffery M. 1975. *Agrarian Revolution*. New York: Free Press.

Parsa, Misagh. 2000. *States, Ideologies, and Social Revolutions: A Comparative Analysis of Iran, Nicaragua, and the Philippines*. Cambridge: Cambridge University Press.

Parsons, Talcott. 1966. *Societies: Evolutionary and Comparative Perspectives*. Englewood Cliffs, NJ: Prentice-Hall.

Pettee, George S. 1938. *The Process of Revolution*. New York: Harper & Row.

Pfaff, Steven. 1996. "Collective Identity and Informal Groups in Revolutionary Mobilization: East Germany in 1989." *Social Forces* 75:91—110.

Przeworski, Adam and Henry Teune. 1970. *The Logic of Comparative Social Inquiry*. New York: Wiley-Interscience.

Ragin, Charles C. 1997. "Turning the Tables: How Case-Oriented Research Challenges Variable-Oriented Research." *Comparative Social Research* 16:27—42.

Rasler, Karen. 1996. "Concessions, Repression, and Political Protest in the Iranian Revolution." *American Sociological Review* 61:132—152.

Scott, James C. 1990. *Domination and the Arts of Resistance: Hidden Transcripts*. New Haven, CT: Yale University Press.

Selbin, Eric. 1993. *Modern Latin American Revolutions*. Boulder, CO: Westview.

Sewell, William, Jr. 1985. "Ideologies and Social Revolutions: Reflections on the French Case." *Journal of Modern History* 57:57—85.

第二章 比较历史分析与革命研究中的知识积累

1996. "Three Temporalities: Toward an Eventful Sociology." Pp. 245—280 in *The Historic Turn in the Human Sciences*, edited by Terence J. McDonald. Ann Arbor: University of Michigan Press.

Skocpol, Theda. 1979. *States and Social Revolutions*. Cambridge: Cambridge University Press.

1982. "Rentier State and Shi'a Islam in the Iranian Revolution." *Theory and Society* 11:265—303, with responses by Nikki Keddie, Walter Goldfrank, and Eqbal Ahmed.

1994. *Social Revolutions in the Modern World*. Cambridge: Cambridge University Press.

Snyder, Richard. 1998. "Paths out of Sultanistic Regimes: Combining Structural and Voluntarist Perspectives." Pp. 49—81 in *Sultanistic Regimes*, edited by H. E. Chehabi and J. J. Linz. Baltimore, MD: Johns Hopkins University Press.

Snyder, Robert S. 1999. "The U. S. and Third World Revolutionary States: Understanding the Breakdown in Relations." *International Studies Quarterly* 43:265—290.

Stinchcombe, Arthur L. 1999. "Ending Revolutions and Building New Governments." *Annual Review of Political Science* 2:49—73.

Stryker, Robin. 1996. "Beyond History versus Theory: Strategic Narrative Sociological Explanation." *Sociological Methods and Research* 24:304—352.

Tarrow, Sidney. 1998. *Power in Movement: Social Movements and Contentious Politics*, 2nd ed. Cambridge: Cambridge University Press.

Taylor, George V. 1972. "Noncapitalist Wealth and the Origins of the French Revolution." *American Historical Review* 67:956—977.

Tetreault, M. A., ed. 1994. *Women and Revolution in Africa, Asia, and the New World*. Columbia: University of South Carolina Press.

Tilly, C. 1973. "Does Modernization Breed Revolution?" *Comparative Politics* 5:425—447.

1978. *From Mobilization to Revolution*. Reading, MA: Addison-Wesley.

1984. *Big Structures, Large Processes, Huge Comparisons*. New York: Russell Sage Foundation.

Trotsky, Leon. 1959. *The Russian Revolution*, selected and edited By F. W. Dupee, translated by Max Eastman. New York: Doubleday/Anchor Books.

Tullock, G. 1971. "The Paradox of Revolution." *Public Choice* 1:89—99.

Urban, M., V. Igrunov, and S. Mitrokhin. 1997. *The Rebirth of Politics in Russia*. Cambridge: Cambridge University Press.

Wallerstein, Immanuel. 1974. *The Modern World System*, Vol. 1. New York: Academic Press.

Walt, Stephen M. 1996. *Revolution and War*. Ithaca, NY: Cornell University Press.

Wasserstrom, Jeffrey N. 1994. "Gender and Revolution in Europe and Asia." *Journal of Women's History* 5:170—183; 6:109—120.

Weede, Eric. 1987. "Some New Evidence on Correlates of Political Violence: Income Inequality, Regime Repressiveness, and Economic Development." *European Sociological Review* 3:97—108.

Western, Bruce. 2000. "Bayesian Thinking About Macrosociology." Estudio/Working Paper 2000/152. Madrid: Juan March Institute.

Wickham-Crowley, Timothy. 1991. *Exploring Revolution: Essays on Latin American Insurgency and Revolutionary Theory*. Armonk, NY: M. E. Sharpe.

———. 1992. *Guerrillas and Revolution in Latin America*. Princeton, NJ: Princeton University Press.

Wolf, Eric. 1970. *Peasant Wars of the Twentieth Century*. New York: Harper.

第三章 关于社会政策的发展我们知道什么：从比较历史视角看比较历史研究[*]

埃德温·阿门塔
（Edwin Amenta）

1975年，有两部重要的社会政策比较分析著作出版了。哈罗德·维伦斯基（Harold Wilensky）的《福利国家与平等》(*The Welfare State and Equality*)研究了20世纪60年代六十多个国家在社会支出效果上的差别，并发现经济发展水平与居民工资水平解释了大多数效果差别。这项研究是一连串对不同国家和美国各州的截面分析中最好的和最新的，研究显示，经济和社会现代化过程决定了社会政策（Skocpol and Amenta 1986中的评论）。第二项研究即戴维·科利尔和理查德·梅西克（Richard Messick）的"前提对扩散：检验社会保障政策采用的另类解释"，其中审视了一组类似的国家，但在更广阔的时间范围内，致力于研究社保政策的采用。他们的发现让人严重怀疑现代化假说，怀疑从研究多个国家在单一时间点上的社会支出中得出的一般化策略。就在一年之前，休·赫克洛（Hugh Heclo）出版的《英国和瑞典的现代社会政治》(*Modern Social Politics in Britain and Sweden*)，是最早把比较历史方法应用于社会政策发展的研究之一。

在那之后的一代人的时间里，我们学到了很多关于社会政策的东西——

---

[*] 本文的最早版本呈于2000年4月布朗大学的比较历史分析会议上，以及2000年11月于旧金山召开的美国政治学会年度会议上。在此感谢对本文提出有益评论的Ellen Benoit, Chris Bonastia, David Collier, Marshall Ganz, Jack Goldstone, Jeff Goodwin, Roger Gould, Peter Hall, Ira Katznelson, Bonnie Meguid, Gerardo Munck, Paul Pierson, Theda Skocpol, Kathy Thelen, Dietrich Rueschemeyer, and James Mahoney。这项研究还得到National Science Foundation Grant SBR-9709618的资助。

在很大程度上是通过小样本比较历史作品。在经验的一面,我们学到了各个不同的国家何时采用社会计划,这些计划何时扩大或缩小,社会政策所采取的形式,各个国家何时完成它们的社会政策体系,不同时间点上各国之间社会支出的差别,以及哪些国家在何种社会政策上有重大削减。更重要的是,这一领域的比较历史工作增加了我们的理论知识。它是三个主要的社会政策和福利国家理论的来源,或者对其做出了贡献,其中两个理论是在对现代化命题的理论研究的回应中出现的。与此同时,比较视角的社会政策史为基于这些理论的假说充当了一个经验验证的根据。反过来,比较历史研究导致了对理论论证的修正,帮助学者们给理论一般化加上范围条件,这是学术研究能够取得进步的另一种方式。比较历史学者发展出了一些新的方法论途径,特别是通过在个别研究计划中综合比较的、历史的和定量的技术。最重要的大概是对社会政策的比较历史研究,通过提出一些大问题并识别要解决的经验难题,通过深化社会政策的概念,推动了各种不同的研究路线。在改变我们对社会政策的理解上,这些计划有助于这一领域的理论精细化,并推进了具体研究议程。

  为什么有这样大的进步?部分原因是对下面这个问题达成了广泛的概念一致:什么东西对于研究来说很重要?在进行研究时,学者们往往把社会政策视为国家行动路线,为的是减少收入的不稳定,提供最低收入和服务标准,并因此减少不平等。以这些方式运转的国家计划被称作"社会计划",有时候被更满怀希望地称作"福利国家计划",全套这样的计划被称为"社会政策"。[①]这一理解依赖于经验分析。还有一点很重要,学者们对于哪些理论论证最适合解释社会政策莫衷一是,而对于哪一组理论论证被认为值得发展和评估却达成了广泛的一致。学者们聚焦于少数几个社会经济的、政治的或制度的论证,这些论证常常被表述为范围更大的国家理论或政治理论的组成部分。还有一些信息前提即广泛的历史记录和比较数据方便可用。最后,作为个人和作为一个群体的学者对方法论和理论有着开放的视野。在这一领域,比较历史研究与定量跨国研究之间展开了不同寻常的、成果丰硕的对话。进步的方

---

① 国家通常被理解为运用政治权威、控制经过界定的领土及其居民的统治组织。把其财政努力和官僚努力用于这些方向的国家被认为是"福利国家"。比较历史研究聚焦于解释重大社会计划的采用、形式、扩大,有时候还有削减的差别。

向主要归因于比较历史方法相对的强项和弱项，即使在对一般假说提供有力检验上相对较弱，这些方法也很适合识别和解决大问题，使用比较来排除某些答案，通过随时追踪政策采用和发展的进程来评估理论论证的机制，并发展新的理论论证。

在接下来的篇幅中，我将讨论一些我们认为对社会政策的比较历史分析和这一领域的知识积累很重要的事情，包括经验的、理论的和方法论的发展。我还致力于解决这样的问题：我们为什么知道我们现在所知道的这么多？知识为什么能够积累？我通过一种比较历史的方法来做这件事，随着时间的推移，把社会政策的比较历史分析与相关领域的比较历史研究进行比较。这主要是一项知识社会学的理论构建计划。最后我将致力于一些新的、大有前途的社会政策比较历史研究路线，以及它们所面对的挑战。

比较历史因果分析及其进展

要弄清楚比较历史因果研究对社会政策决定性因素的影响，你就需要识别它。我并不把它看作一个理论或者一个具体的方法或技术，而是视为一个由学者们承担的研究路径，这些学者有着各种不同的学术的、理论的和方法论的联系和偏好。我说的"比较"，指的是那些致力于两个或两个以上国家案例的经验的研究（Lijphart 1971），但也指某些一个国家的研究，这些研究把经验问题置于一个比较语境中，或者在因果论证中进行重要的宏观比较。比较研究不一定要使用穆勒法（Lieberson 1992），对案例有着全局理解（Ragin 1987），或使用系统层面的变量来解释系统关系内部的差异（Przeworski and Teune 1970）。我说的"历史"，指的是研究者把研究置于相关历史语境之内，采用精密复杂的史学方法，严肃思考过程、时机和历史轨道的问题，获得对案例的深度理解。[①] 历史研究未必要回溯五十年以上，使用的数据也不是研究者自己创造的（Miriampolski and Hughes 1978），而是依靠二手材料（Lustick 1996），采用叙事形式，或做出基于事件序列的因果论证（Abbott 1992；Grif-

---

[①] 这个术语是彼得·哈尔（Peter Hall）向我提出的。

fin 1992)。最后,要想适合,研究必须在双重意义上严肃对待因果性:努力解释重要的历史差异或历史轨道,评估、修改或产生理论上很轻便的东西——一条能适用于其他案例或其他时期的概念化的因果论证路线。[1]

社会政策的比较历史因果分析见表 3.1 的左上角。这个类别我称为"类型 1",包括一些重要的小样本分析专论,比如加斯顿·里姆林格(Gaston Rimlinger)的《欧洲、美国和俄国的福利政策及工业化》(*Welfare Policy and Industrialization in Europe, America, and Russia*,1971)和赫克洛的《英国和瑞典的现代社会政治》。这个类别还包括定量的比较历史分析,比如约翰·史蒂芬斯(John Stephens)的《从资本主义过渡到社会主义》(*The Transition from Capitalism to Socialism*,1979),以及基于比较的案例研究,比如西达·斯科克波的《保护士兵和母亲》(*Protecting Soldiers and Mothers*,1992)(另外还有一些美国的实例,可参看 Katznelson and Pietrykowski 1991; Quadagno 1994; Howard 1997; Lieberman 1998)。这些研究把美国的发展定位于比较的视角,使用比较的方法,并使用一些可以用于美国语境之外的论证。没有因果推动的研究落在表 3.1 之外,离我们的关切最远的研究位于表的右下角(类型 4)。这个类别包括大多数国家内定量研究,包括检验关于美国各州经验或个别国家时间序列的一般假说,以及缺乏历史视角的单一国家案例研究。仅有比较的研究(表 3.1 的左下方,类型 3)中,最引人注目的实例是很多论述第二次世界大战战后时期社会政策支出的跨国定量分析文章。[2] "仅有历史的"类型 2 包括研究社会政策的史学,著名的美国实例包括迈克尔·卡茨(Michael Katz)的《在济贫院的阴影里》(*In the Shadow of the Poorhouse*,1986)和詹姆斯·帕特森(James Patterson)的《美国战胜贫困的斗争》(*America's Struggle Against Poverty*,1986)。

---

[1] 界限之外是斯科克波和萨默尔斯(Skocpol and Somers 1980)所说的"语境对照"或查尔斯·蒂利(Tilly 1984)所说的"个人化比较"。

[2] 在这个类别中,我还放入了跨国定量比较分析研究(Ragin 1994)和主要依靠安德鲁·阿博特(Andrew Abbott)的序列分析(Abbott and DeViney 1992)的跨国研究——因为每个方法论技术都是基于那些可以用于先前已经存在的或容易创造的数据集的运算法则。当然,这些方法可以用在宽泛的比较历史工作中(例子参见 Wickham-Crowley 1992:结论部分)。

表 3.1　依据方法论途径的因果研究

历史方法	比较方法：是	比较方法：否
是	严格意义上的比较历史研究（类型1）	仅历史研究：史学；历史案例研究（类型2）
否	仅比较研究：定量或形式定性方法的跨国分析（类型3）	二者都不是：国家内定量研究；当前导向的案例研究（类型4）

要弄清楚我们究竟从社会政策的比较历史研究中学到了什么,就要问:如果没有这一领域的比较历史研究,我们会失去什么?这个问题的任何答案都涉及如何定义学术进步。就我的思考方式而言,如果一个领域的重大问题被识别出来并被致力破解,且借助经验证明得出了有根有据的、有理论意义的答案,而且学者们使用结果来构想其他问题,并以精密的方式回答这些问题,使理论精细化从而导致新的问题,如此等等,那么在这个领域也就取得了进步。在这个过程中,我们评估和发展新的理论论证,查明哪些条件下适用或不适用,沿着这个路子精细化理论论证,揭示新的经验事实和模式,并将此作为新的问题和理论发展的结果。这种进步不仅仅是在一个主题上出了多少作品或多么频繁地被引用的问题。

把它分解为一些更小的问题,这个问题可能更容易说明。从论述社会政策的比较历史作品中经验知识的核心收获是什么?这项工作在何种程度上增加了我们的理论知识?这项工作广泛检验因果假说是不是以那种让其精细化的方式进行?无论是在创造理论上还是在拓展理论上,这项工作是不是都发展了理论?学者们是不是从应当解释什么的角度深化了他们的概念并使用这些概念去发展或限制理论论证?学者们是不是增加了经验和理论知识去发展推进或实现进步的新的研究议程?使用这一领域取得的新的方法论进步和理论论证是否给其他领域也带来良好效应?

这些问题都不容易回答,但回答这些问题的任何努力都说明我们从社会政策的比较历史研究中所学到的东西是实实在在的和累积性的。从经验知识领域获得的一些重要收获比人们在比较历史工作中通常预期的收获多得多。经验知识基于我们对于什么值得知道的共同理解,并弥合了学者们在想要知道什么上的差距。有一些更重要的理论收获:比较历史研究对中层理论(源自包罗万象的理论框架)解释社会政策做出了贡献。理论收获还来自对不同案例集和时间周期的假说的评估。尤其在排除广泛一般化的某些方面和评估随时间而展开的理论论证机制上取得了进步。通过假说检验,理论论证也得到了修改——这是知识积累的另一个重要组成部分。然而,这一领域的一些最大获益来自比较历史研究中所提出的那些问题——这些问题在定量研究中并不容易设计出一个合适的答案——和这一领域的研究议程的累进式发展。这一发展是通过下面这个过程实现的:提出研究问题,得出日益精密的、在经验上得到支持的答案,在这个过程中发现新的异常,提出新的问题,得出试探性的答案,如此等等。对其他研究领域和方法论技术的发展也有一些重要影响。尽管这些收获是作为一个过程的结果而得到的,尽管个别计划产生了全面的贡献,但我们还是从经验进步开始吧。

比较历史研究的经验贡献

根据某些标准观点,比较历史研究涉及劳动分工,在这一分工中,历史学家为社会科学家干活。历史学家撰写的专著集中于特定的国家和问题,围绕民主的发展、革命的进步,以及诸如此类。比较历史社会科学家把问题重新概念化,提出一些大的比较问题,如民主或革命为什么发生在这里而没有发生在那里,以及诸如此类,并就周边问题针对几个不同的国家和时期厘清史学,然后产生更具比较性的解释来解释这些不同国家的发展。在这个过程中,他们可能摒弃那些仅对一个国家的专家来说貌似有理的但实则无关紧要的、有时候是眼界狭隘的论证。这样的努力尽管可能受限于他们所依靠的史学的数据或解释(Lustick 1996),但是,就算学者们使用现有的所有史学著作,它依然可能包含数据或解释上的冲突。

用社会政策比较历史模式工作的社会科学家常常偏离这一模型。重要的

第三章 关于社会政策的发展我们知道什么:从比较历史视角看比较历史研究

是,他们常常收集这样的高阶分析所依据的关键信息,并能够干预原始文献,得出并捍卫他们自己的解释。社会政策学者们做了很多最初的挖掘工作,使得他们能够架构并致力于解答比较性问题。而且,只要需要,比较历史学者就用他们自己的文献工作来补充史学,填补信息的空缺,或者在不同的历史解释之间做出裁决。为了理解这些过程如何运转,以及如何通过它们来增进知识,这里有必要讨论一些我所说的"社会政策共识"——社会科学家们使用的概念,以及使社会政策在经验研究中可以操作的典型方式。

一致的观点是:现代社会政策意味着国家努力通过提供收入和服务的某些最低标准,防止由于某些风险而造成收入损失,从而减少经济不平等。这些危险包括年老体弱,工伤,生病、健康欠佳或伤残、失业或就业不充分,或者出生在这样的一个家庭:其主要劳动力由于这些其他风险而丧失劳动能力或被解职,或者根本没有主要劳动力。收入的不平等与不稳定之间有着紧密的关联,因为缺乏抵御收入风险的程序被认为是不平等和贫困的一个主要原因。后来,有人认为,缺乏或破坏确保安全的程序会增加不平等。不平等或安全通常是参照家庭来理解的。研究问题和研究计划就是基于对社会政策的这一共同理解。直至 20 世纪 90 年代,社会政策的比较历史分析典型地聚焦于两件事情——重大社会保险计划的制定和社会支出数额或社会支出"努力"的差异(参见 Skocpol and Amenta 1986;Amenta 1993)。注意力的焦点是现代社会保险和社会援助计划。这一共识的来源不是十分清楚,但最有可能的猜测是收集了大量信息供比较历史学者和定量分析学者使用的美国社会保障署(Rimlinger 1971;Wilensky 1975)和威廉·贝弗里奇(William Beveridge),后者的影响远远超出了设计后来在英国被称作"福利国家"的那种东西。

对社会政策的这一理解相当有吸引力。很容易提出理由来证明社会政策很重要,因为它是 20 世纪国家巨大发展和很多国家品质改变的中心。如果不理解社会政策,就不可能理解和解释这些国家的发展,即使仅仅因为在国家老年计划和健康计划上所耗费货币的绝对数量和官僚机构的努力——尤其是与一个世纪之前相比。很多国家转变成了福利国家——这是一次十分有意义的重大转变,无论对于善于思考的公众还是对于学者都是如此。

对社会政策和研究社会政策的理由的这一概念化,帮助指引了比较历史学者的研究努力的方向。诚然,他们依靠历史学家的研究,但他们也着手通过政府记录来查明关于社会保险计划在不同国家何时被采用以及它们何时被扩大到包含新的公民成分的信息。简言之,它们帮助设定了一些参数,根据这些参数,可以提出比较历史的问题。历史数据收集服务于概念理解的最引人注目的实例是彼得·弗洛拉(Peter Flora)及其助手们的研究项目,包括《欧洲和美国福利国家的发展》(*The Development of Welfare States in Europe and America*,1981)和《增长极限》(*Growth to Limits*,1986),以及比较数据集《西欧的国家、经济和社会,1815—1975》(*State, Economy, and Society in Western Europe, 1815—1975*)。

然而,个体比较历史研究者也通过补充二手材料增加我们的经验知识,并通过参与二手材料的研究,追寻问题的答案。例如,尽管西达·斯科克波(Skocpol 1992)在她对整个20世纪20年代美国社会政策的研究中,在吸引人们关注内战退伍老兵福利替代老年和伤残补助的作用上,都依据很多二手材料进行工作,但她也求助于一手档案,包括数不清的政府记录,来获得二手材料中不可用的信息,因为这些信息的收集不是依据关于社会政策意义的概念一致。通过使用这些原始材料和利用社会科学对社会政策的理解,她能够提供她自己对美国社会政策发展的解释和分析史学,而不是依靠历史学家的解释。另外一些学者做了同样的事,避开历史和比较研究的某些问题,选择性地依靠现有史学著作中的解释或数据(参见 Amenta, Bonastia, and Caren 2001 中的评述)。

彼得·弗洛拉和延斯·阿尔伯(Peter Flora and Jens Alber 1981)也在他们的研究中很有名地识别了欧洲和美国社会保险计划发展的四个时期:20世纪第一个十年前后对社保计划的采用、两次世界大战期间的巩固、战后时期的完善,以及战后几十年里的扩充。如今人们大概会同意,包括20世纪最后二十年的那个时期见证了研究社会政策的持续努力(Mishra 1990;Pierson 1994)。这项研究使得描画19世纪很多国家现代社会政策发展的"群像"更加方便,尤其是关于重大社会计划何时采用。这一时期化还被证明有助于设定经验研究议程,使得学者们更容易构想新的研究问题和提出理论。

第三章 关于社会政策的发展我们知道什么:从比较历史视角看比较历史研究

理论进步

社会政策的比较历史研究还做出了一些重大的理论贡献——大概比其他主题范围的比较历史研究的贡献更为广泛。这是因为,社会政策的比较历史研究提出和发展了对社会政策的中层理论解释,在一个实例中发展了解释异常的全景视角。理论成就在部分程度上还来自对一些基于现代化理论的假说和论证的检验和扬弃。这里的进步还包括通过比较各国案例的社会政策并追踪历史进程来检验假说,从而使理论精细化。理论的完善还通过评估某些因果要素在什么条件下发挥影响,这个过程与社会政策的概念深化携手并进。由于比较历史学者的工作常常结合了定量比较学者的研究,因此在某些情况下比较历史方法与定量方法在单一研究中结合在一起,很难把比较历史研究的贡献挑出来。但这样做并非不可能,即使是按照保守的标准,比较历史对理论构建和完善的贡献也是坚实的。

论述社会政策的有影响力的早期作品(例如 Titmuss 1958;Peacock and Wiseman 1961;Marshall 1963)聚焦于第二次世界大战之后英国对广泛的公共社会供应的采用和"福利国家"这个术语。这些研究落在了我对比较历史的定义之外,因为它们缺乏比较的敏感性,它们从一个案例进行论证,这就是现代战争中打造的公民权利或社会团结的拓展对社会供应的累进影响。

或许并不令人奇怪的是,到 20 世纪 70 年代中期,那些在解释社会政策发展上有着最好的比较经验支持的论证,并不是那些以英国为中心的观念,而是基于现代化和工业化过程的理论论证。简单地说,这个观念是,经济现代化是一系列事件的原因,而这些事件包括人口老龄化、对核心家庭的采用,以及增长了的经济剩余,它们将在每个地方导致现代社会政策的兴起和发展,以及随之而来的国家性质的改变。这条论证路线主要涉及以美国为中心的比较定量研究(参见 Skocpol and Amenta 1986 中的评述),尽管它在比较历史研究中并没有发展到一定的程度(Rimlinger 1971)。这些论证还检验和发现了定量研究者的欠缺,他们使用这些论证来解释第二次世界大战之后先进资本主义民主国家的千变万化(参见 Alnenta 1993 中的评述)。但是,为了评估它们而发展这些论证的历史含义的工作留给了比较历史学者（例如 Flora and Alber 1981；Kuhnle 1981；Orloffand Skocpol 1984）。

最近二十年里，两个主要理论论证主宰了关于比较社会政策的思考，其中一个论证主要是通过比较历史研究发展出来的，另一个则完全如此。其中一个可称为"政治组织"论证，这一论证基本上认为政治团体动员的变化决定了社会政策的命运。这些论证中得到最有力的支持的解释是基于马克思主义理论的社会民主或权力资源的命题。根据这一解释，那些有着大规模集中化的与社会民主党相关联的劳工运动的国家，是广泛再分配社会支出最有可能的候选者。尽管这一论证是以各种不同的方式陈述的，但对它最有影响力的论述大概是在约翰·D. 史蒂芬斯的《从资本主义过渡到社会主义》中，这部作品既使用了比较历史的方法也使用了定量方法。所谓皮文-克劳沃德假说（Piven-Cloward hypothesis, 1977）是一个关于社会运动影响社会政策的另类政治论证，在以美国为中心的定量研究中很有影响，是通过在比较历史学术边界上的研究工作而发展出来的（参见 Skocpol and Amenta 1986 中的评述）。

另外一条主要的论证路线是制度主义的或以国家为中心的，基于韦伯和托克维尔的理念（Skocpol 1985；Thelen and Steinmo 1992；Thelen 1999），几乎完全是从比较历史工作中发展而来的。这些论证最早、最广泛的版本出现在赫克洛的《现代社会政治》（1974）中，出现在斯科克波的论文《为什么不同等保护？》（1984）中，并在斯科克波的《保护士兵与母亲》（1992）中有所扩展。另外还提出了一些政治制度论证，尤其是在艾伦·伊默古特（Ellen Immergut）的《健康政治》（*Health Politics*, 1993）和斯文·斯坦莫（Sven Steinmo）的《税收与民主》（*Taxation and Democracy*, 1993）中。再次简单而言，这些学者暗示，社会支出政策的采用和发展得到了集中化的政治制度和有着更大官僚和财政能力的政府的鼓励，而受阻于碎片化的政治制度和无能政府。这一论证还明确说明了国内官僚在哪些条件下以及在哪些方向上会影响政策制定。这些与国家或政体相关的论证得到了另外一些关于不同形式的政党体系对社会政策的影响的政治制度论证的补充（Amenta 1998；参见 Amenta et al. 2001 中的评述）。就大部分而言，这条论证路线是结构的和系统的，有助于解释不同国家政策的形成及其过程的长远差别。

第三章 关于社会政策的发展我们知道什么:从比较历史视角看比较历史研究

通过比较历史的经验评估和社会政策的概念深化,中层理论论证已经超越创造理论视角,走向了理论论证的精细化。社会民主假说随着时间的推移而得到了比较历史研究的重要修正和改变。从聚焦于掌权的左翼或社会民主党出发,学者们考量了统一右翼政党(Castles 1985)、农民-劳工同盟(Esping-Andersen 1990)、专家-劳工联盟(Orloff 1993a)和基督教民主统治(van Kersbergen 1995)所发挥的作用。类似地,商业组织在影响社会政策上所发挥的作用以更精密的方式得到了处理(例如 Swenson 1996; n. d.),试图厘清资本家在哪些条件下反对或支持某个版本的社会政策。比较历史工作暗示,资本家对政策选项的支持或次优偏好的作用在政策发展的后来阶段可能尤为重要,到那时,政策已经实施了很长时间,比起在初始阶段发现资本家组织在很大程度上反对社会政策(Orloff and Parker 1990; Amenta 1998; Huber and Stephens 2001a),更有机会重构偏好(参见 Pierson 2000a 中的评述)。左翼政党假说还在研究后共产主义东欧的社会政策的作品中得到了拓展(Cook and Orenstein 1999; Rueschemeyer and Wolchik 1999)。

比较历史学者还继续构建理论上更具综合性或构造性的论证。其中一些更有前途的论证把制度派主张的结构力量与那些基于政治身份和政治行动的主张结合起来(Skocpol 1992; Amenta 1998; Hicks 1999; Huber and Stephens 2001a;参见 Amenta et al. 2001 中的评述)。这些论证依靠接合的或组合的因果关系(Ragin 1987; Katznelson 1997),在这样的因果关系中,不同的因素组合被假设带来特定的结果。基本上,政治行动据称在某些制度条件下,而不是在其他制度条件下影响社会政策的发展(Amenta 1998)。有时候,这些论证借助形式定性比较技术来评估(Hicks, Misra, and Ng 1995; Amenta and Poulsen 1996; Amenta and Halfmann 2000)。

这些理论论证在很大程度上是通过比较历史工作中的假说评估而得出的。在应用经验检验上,使用比较历史方法的社会科学家与使用定量跨国分析的学者之间存在某种类似于劳动分工的东西。搞历史研究的社会科学家常常致力于制定和解释"五大"社会保障计划——工人的工伤赔偿、老年保障、失业保险、健康保险以及家庭补助(Flora and Heidenheimer 1981)——及其发展。对于少量经过仔细选择的经济发达国家的政策轨道和命运,有数不清的

社会科学中的比较历史分析

案例研究和贴近比较（例如，Rimlinger 1971；Heclo 1974；Stephens 1979；Flora and Heidenheimer 1981；Orloff and Skocpol 1984；Castles 1985；Esping-Andersen 1985，1990；Baldwin 1990；Immergut 1992；Orloff 1993a；Steinmo 1993；Pierson 1994；Rueschemeyer and Skocpol 1996；Amenta 1998）。在后面这些研究中，经济环境被认为相对恒定。政策创新运用上的差异和社会支出体系形式上的差异，借助一系列因素得以解释，尤其是国家和政治制度的某些方面，比如官僚机构和政党体系的形式和性质。

在检验假说上，比较历史研究可以做很多定量研究做不了的事。首先，它们可以检查个别计划被采用的历史过程。尤其是，对于这些假说明确的或暗含的机制可以给予贴近的仔细审视。不妨举社会政策领域的一个重要实例，有可能弄清楚社会民主党是不是对最初社会计划的采用负有责任，或者这些计划是不是紧跟着组织化工人为之而开展的斗争之后出现。这个证据的优势是：社会民主党直至最初计划采用之后才掌权——五花八门的自由主义的和中间派的政党才是制订这些计划的政党（参见 Amenta 1993 中的评述）。这导致某些学者发展了关于社会政策起源的不同论证（Hicks 1999）。不妨再举一个实例，就有可能弄清楚与经济现代化相关联的社会问题是不是带来相同的社会政策回应，正如现代化理论所暗示的那样。然而，在两次世界大战之间的那个时期，对公民收入构成在政治上很重要的威胁的东西千变万化，各国采用不同的方法来保护公民，规避收入和就业的风险，在致力于解决这些风险上不存在一致（Kuhnle 1981；Orloff and Skocpol 1984；Amenta 1998）。

更一般地说，通过审视历史序列，可以看出发展是不是在很大程度上符合理论主张（Rueschemeyer and Stephens 1997）。这一可能性得到了下面这个事实的帮助：小样本研究常常有着"最类似的体系"类型（Przeworski and Teune 1970），其中的案例在很多理论相关的维度上是类似的。很多研究（始于 Orloff and Skocpol 1984）就是为了理解下面这个问题：与一些有着类似的经济、政治、法律和文化背景的国家相比，比如加拿大和英国，美国为什么没有在发展特定社会计划上向前走？如今做案例研究的方式已经大大不同于蒂特姆斯（Titmuss）和马歇尔（Marshall）的开拓性研究。新的研究暗含地是比较的，因为一个国家的政策发展是在启发这些发展的其他国家的经验的背景下分析

第三章　关于社会政策的发展我们知道什么：从比较历史视角看比较历史研究

的。这就是说，对假说的评估主要不是通过学者们检查一个或更多案例看上去究竟是契合还是反驳理论论证的过程，就像在论述民主化和威权主义的研究文献中那样（参见 Mahoney，本书），而是典型地通过不同研究中的不同国家案例来评估，使用配对比较和基于像穆勒法那样的方法的论证。

尽管穆勒法及类似方法让人怀疑某些论证的最一般的主张，但这种类型的工作的主要优势在于评估关于理论机制的假说。通过这一工作还有可能看出理论论证是不是与社会政策的起源相一致——考虑到数据困难，这是定量研究很难做到的。从这里出发，学者们能够进一步发展中层理论。因此，社会政策的比较历史研究利用了这种分析与生俱来的优势。

然而，比较历史研究在评估假说上也有一些众所周知的劣势。它很难给予论证一个跨越案例全部人口的严格检验，因为考虑到比较历史工作过高的知识和信息要求，所以很少有比较历史研究可以致力于理论相关案例的全体人口（不妨比较 Ertman 1997）。经常是太多的假说寻求太少的观察材料，从而很难排除某些貌似有理的可选假说。而且，案例选择几乎从来都不是随机的，有导致偏见的潜在可能。然而，正如我会证明的，这一领域的比较历史研究以一种与定量研究共时的方式提高了每个评估和发展理论论证的手段的价值。

概念深化、大问题和新的研究议程

小样本研究和基于比较的案例研究的最大优势大概是，它们让学者们能够提出关于社会政策发展的大问题，启动发展和/或评估理论的过程，与此同时，研究中的理论完善和概念深化又导致新问题的提出。比较历史研究者有可能问：在社会政策上为什么有些国家是先行者和落后者，为什么有些国家的社会政策类型完全不同于其他国家？考虑到需要跨越不同人口和大样本的比较数据，定量研究者很难解决这些问题。比较历史学者还可以放开手脚重新思考社会政策意味着什么，通过探索它的边界来深化概念，把它分解为不同的过程，或者把社会政策发展归并为更大的类型。从社会政策的概念化和可操作化着手工作，并对之加以质疑，帮助深化概念，借此，比较历史学者帮助了理论和研究的进步。在这个过程中，比较历史学者构想新的问题，开启新的研究议程,帮助发展和完善理论论证。

比较历史研究者提出了一些社会政策发展的大问题,他们并没有局限于仅仅提出那些有足够的案例群数据来得出答案的问题。这些问题包括下列问题:社会政策为什么在它启动的时候大受欢迎,它为什么变得如此盛行?在社会政策发展的不同阶段,为什么有些国家领先而有些国家落后?为什么有些国家采用了截然不同的社会政策形式?通过把不同国家的经验置于"群像"的背景上,比较历史学者凸显了要解决的历史异常和难题。在致力于解决这些问题的过程中,这些学者还致力于解决建立在更大理论论证基础上的假说,正如前面已经指出的,并在他们的历史研究中质疑社会政策研究的焦点。

学者们发展这一研究议程并推进理论的一个重要途径是通过认真对待社会政策发展的不同阶段和这样一种可能性:社会政策的不同方面有着不同的决定因素。从这个观点看,由于它们的过程各不相同,社会政策的采用可能取决于不同的原因,而不是取决于它的扩大或削减。把社会政策分解为不同的过程不仅增加了我们的经验知识,而且帮助学者提出貌似有理的研究问题。你可能审视一个国家在标准社会政策的采用、巩固和完成上为什么较晚或较早。在这里我们想到了奥尔洛夫(Orloff 1993a)以及奥尔洛夫和斯科克波(Orloff and Skocpol 1984)对社会政策采用所做的比较研究。然而,就连案例研究也受到了这种思考的启发。特别是,人们撰写过很多作品来论述美国采用标准社会政策的迟缓及其政策框架的不完善。这些研究暗含地把目光投向欧洲福利国家,试图解释究竟是什么使得美国的政策发展如此不同——"不同"这个说法通常被理解为在某些方面落后(Skocpol 1992; Weir 1992; Quadagno 1994)。

这一概念化以另一种方式反映在理论上。通过把社会政策分解为不同的过程,预期条件和变量对不同的过程会有不同的影响。党派偏见在采用和巩固阶段的影响可能最大,政策反馈在扩大和完善阶段有影响,国家的更系统性的影响很可能自始至终都有调停效应。例如,对于社会民主模型,有人认为,社会政策制定之后的一个社会民主党统治时期的影响可能小于当国家已经成为福利国家时。因此,20世纪90年代社会民主党统治的一个给定任期的影响会小于20世纪30年代或40年代,那个时候社会政策正在被采用,或者在

第三章　关于社会政策的发展我们知道什么:从比较历史视角看比较历史研究

形式上有所改变(例子参见 Hicks 1999)。

分别理论化不同过程的实例中最著名的是针对社会政策的削减而提出来的。皮尔森(Pierson 1994)令人信服地证明,社会政策的削减所包含的过程不同于社会政策的采用。基本观念是:削减社会政策是一个比采用社会政策更难的过程,并且决定性地依赖于被该项政策的性质所启动的过程。这个论证被认为适合解释自 20 世纪 80 年代以来社会政策的发展(还可参看 Huber and Stephens 2001a;Swank 2001)。到这时,大多数社会支出体系已经完成并扩大——变得"工业化"了,很多政治体制开始大规模地着手削减它们的努力。尽管这一时期所有国家都有国际压力,但下面这个看法可能是有用的:把削减看作整个社会政策史上一个反复出现的可能性,其决定因素在社会政策确立时不同于它处在工业化的早期阶段时。不管你如何处理它,对社会政策的这一概念化暗示了:理论论证必须发展,以解释社会政策的特定过程。

比较历史研究者对社会政策不同阶段的概念化对社会科学理论有一个重要影响。有人证明,社会政策的初始构造在一个重要方面影响了它的未来——社会政策的结构对社会政策的政治有着重要影响,因此也影响了它的未来(Esping-Andersen 1990;Skocpol 1992;Pierson 1994)。从这一思考方式看,政策有着影响后来社会政治的反馈效应。这回到了西奥多·罗维(Theodore Lowi)在 20 世纪 60 年代围绕分配和再分配政策的政治所提出的区分。为穷人制订的计划造就了扶贫计划,因为其背后能够组成的联合可能很弱。这些论证被概念化的方式使得构建和评估理论上一致的路径依赖论证成为可能(参见 Abbott 1992;Griffin 1992;Mahoney 2000;Pierson 2000b)。显然,很多作品中提出了这种主张并着手处理它,范围从解释社会政策(Skocpol 1992)和经济政策(Weir 1992)的起源,到解释削减社会政策的努力(Pierson 1994)。

比较历史学者还能通过致力于社会计划而不是定量研究通常总结的重大社会计划来评估理论论证。比较历史学者还注意到解决经济不平等或不安全的其他国家计划,这些学者反过来审视了其他国家政策对失业、收入和经济安全所面临的基本社会风险的回应(Weir, Orloff, and Skocpol 1988)。这些学者还认识到,现代资本主义和民主世界的社会关系给收入带来了很多风险,超出了国家已经做出回应的标准风险。因此，他们探索了关于新的经验地带的社会政策决定因素的因果论证。

现实中并不缺少提供给比较历史研究者进行分析的社会计划。可能的研究包括：退伍军人的福利(Skocpol 1992)、教育(Heidenheimer 1981; Katznelson and Weir 1985; de Swaan 1988)、税收政策(Steinmo 1993; Howard 1997)、住房政策(Pierson 1994; Castles 1998; Bonastia 2000)、经济政策(Hall 1986; Weir 1992)、毒品政策(Benoit 2000)，以及就业计划(Amenta 1998)。在每个实例中，研究者们认为国家行动路线对经济的不安全和不平等都有着重要影响，他们却忽视了这些自担风险的政策。

实际上，在致力于研究标准边界之外的计划时，学者们常常认为，应当重新解释整个国家的案例或案例集。更著名的观点之一是斯科克波(Skocpol 1992)声称，内战退伍军人的福利比欧洲的老年和伤残计划更慷慨，尽管局限于产业工人之外的其他群体。另外一些人(Steinmo 1993; Howard 1997; Myles and Pierson 1998)认为，为了理解社会政策，需要研究税收支出。考虑到这一理论所付出的巨大努力，美国的社会政策不可能是落后的，而只是在形式上有所不同。举一个我最喜欢的例子，我(Amenta 1998)通过衡量支出努力的传统模式证明：新政期间的就业政策使得美国成为20世纪30年代晚期的世界先行者之一。然而，有时候，美国的政策被视为比先前所认为的更落后，正如经济政策中那样(Weir 1992)。对教育作为社会政策的分析(Heidenheimer 1981; Katznelson and Weir 1985)，以及对房屋所有权作为社会保险计划的一个可能替代所做的解释(Castles 1998; Conley 2000)，也意味着重新诠释。这些研究把社会政策置于不同的构想之下，此外还显示了个体案例的独特性，并促进了新问题的提出。

比较历史研究在社会政策另外两个概念化的发展上也很重要：作为整个政策的典型特征的理想类型。埃斯平-安德森(Esping-Andersen 1990)的"福利国家体制"构建于先前的社会政策模型之上，致力于社会政策对劳动-市场关系的影响。根据这一方案，经常在北欧国家看到的"社会民主"体制对工人是最好的，它基于普遍主义和"去商品化"的原则，工人摆脱了由于需要取得劳动力市场所提供的东西而带来的不平等。欧洲大陆通常看到的是次优的"保守社团主义"体制，它也是普遍的，但并没有抹平群体之间的身份差别并维持传统家庭——有一个养家糊口的男人给家里带来家庭收入。最差的是"自由主义"福利体制，它被设计得让劳动力市场平稳运行，而以牺牲人民的利益为代价；公共社会政策的比例很小，经济状况审查的成分很大，而且，私人部门对某些领域的控制强化了这一体制，而在别的地方，这些领域是由国家掌握的（还可参看 Castles and Mitchell 1993；Huber and Stephens 2001a）。尽管这些概念作为历史研究指引一直广受争论，但它们在最近二十多年的削减研究中一直被使用得很好，正如社会政策的不同构造被拿出来，为削减提供不同的可能性（Pierson 2000c）。

女性主义学者也为社会政策提供了新的概念化（参见 Orloff 1996；Haney 2000；Pierson 2000a），其中很多人按照比较历史的模式工作（Skocpol 1992；Pedersen 1993；Sainsbury 1996；O'Connor, Orloff, and Shaver 1999）。主要的回应是为了修改埃斯平-安德森的类型，或者用基于性别的政策体制取而代之。例如，奥尔洛夫（Orloff 1993b）采用埃斯平-安德森的类型，但改变了它们，增加了新的维度，包括参与有薪劳动的权利和建立自治家庭的能力。实际上，去商品化对很多女性来说可能没什么帮助，而参与有薪劳动的权利对女性来说，实际上把她们"商品化"了，却常常促进她们的财务独立，不依赖男人（O'Connor 1993；Orloff 1993b）。因此，政策支持平等参与有薪劳动大军，正如反歧视和有类似价值的计划，往往让女性摆脱了对男人作为养家糊口者的潜在严重依赖。相比之下，塞恩斯伯里（Sainsbury 1996）用两个基于不平等性别关系的模型——养家糊口者模型和个人模型——取代了埃斯平-安德森的类型，并使用很多不同的维度把这些类型区分开来。然而，所有人都同意，聚焦于政策与性别不平等之间的关系而提出一些困难的问题，它们不同于那些关于政策与经济不平等的问题。国家转移支付计划往往缓解了家庭之间的经济不平等，而对性别之间的不平等影响甚微，甚至可能强化这种不平等（还可参看 Esping-Andersen 1999）。

对其他类型的研究和方法论的影响

比较历史研究对其他类型的因果研究也有影响，包括对社会政策的跨国定量历史研究及其他领域的工作。显然,社会政策领域的比较历史工作有助于产生根据更大数据集来检验的理论论证,正如跨国定量研究为比较历史的评估提供了假说。比较历史研究对严格意义上的历史研究也有影响,正如历史学家使用这一研究的结果来概念化、架构、证明和发展他们自己的研究计划。比较历史研究还带来了方法论的贡献。

比较定量研究致力于处理社会政策支出相对于国家收入或国民产出的数额——显示有多少努力被投入到消除不平等和不安全的国家行动中,它使用国家(或国家-年度)作为分析单位。毫不留情地总结一下,首先开始对战后世界各国进行定量跨国研究的社会科学家(例如 Cutright 1965;Wilensky 1975)通常发现,社会经济的"现代化",尤其是工业化和人口老龄化,奠定了社会支出差别的基础。美国各州——有庞大的人口和广泛的社会经济变化——也被用作定量研究的实验室,来检验关于政策创新和支出的命题及其他命题(例如 Dye 1966;Sharkansky and Hofferbert 1969)。然而,定量分析学者很快开始聚焦于资本主义民主国家的战后经验,这些经验为因果断言提供了理论的而不是数名(proper name)的范围条件;学者们认为,富裕的资本主义民主国家所具有的社会政策决定因素不同于其他种类的政体。得到最广泛支持的论证是社会民主论证的一个版本。这些研究,尤其是那些组合截面时间序列(pooled cross-sectional time series)数据的研究,提供了大量的观察材料,足以通过互相对照来检验假说,而且 20 世纪 60 年代之后的数据在涉及范围上相对完善(参见 Amenta 1993 中的讨论)。

对战后资本主义民主国家的定量分析已经做得很好,能尝试着评估小样本历史研究中常常见到的制度论证的某些方面。胡贝尔、拉金和史蒂芬斯的一篇很有影响的文章(Huber, Ragin, and Stephens 1993)致力于研究政治结构或宪法结构的效应,而这些结构阻碍微弱选举多数制定政策,并且怒恿来自小团体的阻挠——从制度理论那里拿来的一个洞见并试图把它与关于社会民主政党和基督教民主政党的影响的论证融合起来(例如 Amenta and Poulsen 1996;Cauthen and Amenta 1996;Amenta and Halfmann 2000)。我在审视从历史研究的角度被认为很重要的结果时致力于处理难以操作的统计学论证。

第三章 关于社会政策的发展我们知道什么:从比较历史视角看比较历史研究

然而,这条研究路线即使在解决关于这些类型的政体中社会政策扩张的争论上也遭受了限制。一个基于数据不足的限制是很难评估某些理论。考虑到它们的结构性质(有时候更复杂),统计学理论和制度理论比政治理论更难以评估。问题的部分在于,相关数据实际上并不可用,因为没有哪个国际组织收集它们。即使在政治论证当中,更容易评估的也是那些基于选举、组阁和劳工运动等制度政治的论证,而不是那些信息贫乏的社会运动。即使在使用相同指标的研究中,研究者对于它们的意义也莫衷一是,正如希克斯和米什拉(Hicks and Mishra 1993)及胡贝尔等人(Huber et al. 1993)对经济指标的认识互不相同,也不同于现代化理论家的解释。更重要的限制在于研究类型及其面对的经验场景。这些国家中,自1960年之后很少有国家发展出新的庞大的社会支出计划。因此,这一类型的研究不能解释一些至关重要的现象,比如公共支出创新的时机和内容。

对早年的社会计划有一些重要的定量比较研究(例如 Collier and Messick 1975; Schneider 1982; Hage, Hanneman, and Gargon 1989)和国家内的定量研究(Wright 1974; Skocpol et al. 1993; Steinmetz 1993; Cauthen and Amenta 1996),但是,考虑到假说的案例范围和数据范围较少的广泛性,像这样的工作远不是决定性的。然而,作为比较历史研究的结果,定量研究是以不断增加的、相当可观的历史精密性来进行的。对时间周期给予了密切的关注。这一研究的一个特别有力的例证是希克斯的《社会民主与福利资本主义》(*Social Democracy and Welfare Capitalism*, 1999),在这部作品中,针对福利国家的不同发展时期使用了比较定量分析和布尔定性比较分析。在把理论概念与历史适用指标相匹配上,尤其是在我所说的"综合的分析模式"上,学者们做得更好。

比较历史研究者做出了重要的方法论贡献,尤其是对定量比较历史分析的真正综合。我所说的这一综合,不同于金、基欧汉和维巴(King, Keohane, and Verba 1994)强制使用不同的数据集来检验同样的论证路线(还可参看 Ragin 1987, pp. 82—84)。一些研究已经能够通过在比较语境中检查少量案例或一个案例来处理那些关于时机、轨道或结果上的差别的大问题。在这些分析中,有可能得出并试探性地评估相对复杂的论证,有时候涉及多重接合因果关联(Ragin 1987),有时候涉及过程机制。标准定量技术在处理这些更复杂的论证上有困难,就像标准比较历史的工作只能提供初步的假说检验。有些比较历史研究一直就尽其所能地根据相关跨国数据集或一国之内的数据子集来评估这些复杂论证。通过把一者的结果与另一者的结果并列,你可以修改这些论证。在社会科学中,大多数学者满足于一种研究风格,因此在这一研究中,个别学者组合方法论途径——有时候是在单一作品中——的意愿和能力十分引人注目。

开拓性的作品是约翰·史蒂芬斯(Stephens 1979)的《从资本主义过渡到社会主义》,在这部作品中,通过对几个国家的比较历史分析,比较定量研究得以增强。约翰·迈尔斯(John Myles)的《福利国家的老年》(*Old Age in the Welfare State*,1984/1989)也有一点这种特征。另外几个实例来自那些在不同的研究工作中针对同样的主题使用不同技术的学者(Pampel and Williamson 1989; Skocpol 1992; Skocpol et al. 1993; Williamson and Pampel 1993)。例如,在《大胆的救济》(*Bold Relief*,1998)中,我借助对20世纪30年代和40年代美国的历史分析并与英国相比较,评估了一个接合的制度政治理论。我还检查了四个不同国家社会政策的历史轨道,并根据国家层面的数据集评估了论证,其社会政策的指标是历史研究提供的。在相关研究项目中,我使用了布尔定性比较分析,这些分析可以处理制度和政治论证中的构造(Amenta and Poulsen 1996; Amenta and Halfmann 2000)。伊芙琳·胡贝尔(Evelyne Huber)和约翰·史蒂芬斯在《福利国家的发展与危机》(*Development and Crisis of the Welfare State*,2001a)中回到了分析的综合这个分析模式,这一模式致力于处理福利国家的兴起以及最近几十年来的削减努力。他们把组合截面回归分析与不同类型高度发展的福利国家详细的案例史结合了起来。后者的使用是为了绕开回归分析中的短期偏见,并仔细审视政策发展的关键时期。

社会政策的比较历史研究启发了另外一些使用其他形式定性的中等样本方法的研究,比如序列分析和布尔定性比较分析(Abbott and DeViney 1992; Ragin 1994; Hicks et al. 1995)。尽管使用定性比较分析和序列分析这类方法论技术就其本身而言无助于比较历史研究,但学者们能够因为比较历史研究而针对社会政策案例探索这些分析。正如我稍后提出的,这种工作是可能的,因为在应该解释什么上达成了共识,而且结果和论证很容易被操作成分类变量或序列变量。正如我前面指出的,在某些实例中,即使这些学者并不是以严格的综合方式工作,这些研究也受到了比较历史工作的影响。

对社会政策的比较历史分析对标准史学和一国研究也有影响。再次以美国为例,社会政策的史学研究如今经常借助比较历史工作的发现和概念化来找出关于社会政策发展的历史问题。例如,把爱德华·伯克维茨(Edward Berkowitz)和金·麦克奎德(Kim McQuaid)的《创造福利国家》(Creating the Welfare State,1980)与它的第二版或者与伯克维茨的《美国的福利国家》(America's Welfare State,1991)进行比较,就可以看出这一改变。类似地,一些以美国为中心的论述社会政策的史学经典,比如弗朗西斯·福克斯·皮文(Frances Fox Piven)和理查德·A. 克洛沃德(Richard A. Cloward)的《管控穷人》(Regulating the Poor,1971/1993),借助反思这一研究而进行了修订。例如,最近对美国税收的历史研究(Brownlee 1997; Zelizer 1999)受到了福利国家的比较历史研究的影响。作为这一交叉"受精"的结果,把比较历史工作对这一新的史学研究的影响分离出来就变得困难了,因为它如今常常类似于比较历史工作,关心把历史发展置于一个比较语境中,为的是解释它们。

自20世纪70年代以来,我们通过比较历史作品已经学到了关于社会政策的很多东西。1975年,哈罗德·维伦斯基能够审视各个国家的横截面,并证明工业化过程推动社会支出。今天,没有任何定量研究会认为,对大量国家的概况分析能评估复杂的理论论证。与此同时,由于比较历史工作,有很多新的经验发现、新的理论视角、跨越不同案例和时期的经验方法,通过集合和分解深化社会政策的概念、因经验评估和概念深化而带来理论的精细化,以及从问题走向问题的研究议程。怎么解释这个过程以及已经得到极大提高的精密复杂呢?

社会政策的比较历史研究为何如此成果丰硕

为了回答这个问题,我把20世纪80年代和90年代初期的社会政策的比较历史研究置于比较历史的视角。也就是说,我把它与走在前面的研究计划以及当前的某些研究路线并列在一起,我把社会政策的比较历史研究与相关领域的比较历史研究进行比较。我研究的另外一个政治社会学领域——社会运动——得到了像早期的比较历史研究或定量研究一样多的关注(即便不是更多),但我承认,取得的进步没有那样大。我还敢斗胆地说,社会政策领域比本书中评述的其他领域前进得更远,并且是通过比较历史工作而前进得更远。我的讨论是推测性的,因为我没有详细审查其他的研究文献,主要是理论建构上的一次练习,但为了容易演示,我会尽可能直言不讳地陈述要点。

尽管社会政策的标准定义更像是一个锚,而不是一个固定的立足点,但是,社会政策的研究前进到现在的地步,在部分程度上是因为对于应当解释什么相对比较一致,而对于可能的解释则莫衷一是。这种关于应当解释什么的共识使得每个人的注意力都转到类似的方向上。与此同时,学者们对于潜在的解释往往意见不同。这一情境首先促进了假说检验和中层社会科学理论的发展,因为它让研究者偏爱不同的理论视角,并用这些视角来评估他们的论证。当学者们评估他们为了解释某个一致认为重要的东西要走多远并思考论证为什么受到限制时,它还提供了让论证变得更锋利的方法,让致力于不同理论论证的学者对于经验支持的程度和性质确保活跃的争论,让关于应当解释什么的一致意见也帮助学者找出经验异常并寻求对它们的解释。

关于应当解释什么和潜在解释是什么的一致和不一致,表 3.2 勾勒了不同的可能性。表 3.2 的左上角是 20 世纪 80 年代和 90 年代研究社会政策和福利国家的学者们发现的自己所处的情境。对于应当解释什么——重大社会计划的采用和扩大——有相对较高的一致性,但理论视角相对不一致。社会经济现代化理论与五花八门的马克思主义政治理论和以国家为中心的理论或制度主义的理论并列在一起评估。这一情境并没有阻止有着完全不同视角的其他人也一试身手。它还有助于大多数理论论证成为那种中层理论。这一情境导致我所说的"对可选假说的反复评估"。学者们能够找到不同的研究场所来评估和发展论证。这种对一个以上论证的考量,可以帮助不同的学者远离相对片面的理论论证,比如严格意义上的社会民主论证或国家主义论证,走向更混杂的论证(不妨比较 Orloff and Skocpol 1984 和 Skocpol 1992;比较 Stephens 1979 和 Huber et al. 1993)。

表 3.2 依据在应当解释什么和潜在解释是什么上的一致和不一致的研究计划

		潜在解释	
		不一致	一致
应当解释	一致	对可选假说的反复评估：社会政策	反复的假说检验
	不一致	概念增生	根据新的结果评估某些假说：社会运动

相比之下，在社会运动领域，对于应当解释什么相对较少一致，对于理论视角则有更多的一致。"社会运动"没有一个学者们普遍赞同的意义。它被认为指任何东西，从民意对改变的渴望，到具体组织的创立，到矫正相对无权者当中的不平等，再到这样的群体所参与的非制度政治行动。大概出于这个理由，学者们致力于范围广泛的各种社会运动结果，包括社会运动出现的时机，通过社会运动获得的资源，谁参与，参与者数量，他们的抗议技术，运动的潜在结果，以及诸如此类（参见 McAdam, McCarthy, and Zald 1988 中的评述）。即使你说运动的出现是最重要的问题，由于社会运动的定义莫衷一是，因此这个问题也难以着手。对道格·麦克亚当（Doug McAdam）、约翰·D. 麦卡锡（John D. McCarthy）和迈耶·扎尔德（Mayer Zald）提出的理论程序（McAdam, McCarthy, and Zald 1996）多少有些一致：社会运动现象可以借助构架过程、动员结构和政治机会来理解和解释。再一次，这个匹配并不完美，但一般而言，这个情境就是一个相同论证被应用于不同结果集以便看看是否存在经验契合的情境。这一领域的大多数研究是借助对个别运动或组织的案例研究，但也有一些比较历史研究。这里有可能创造不同种类的资产负债表，对于一组并列的不同假说，有着不同的结果。然而，由于各种各样的概念和数据难题，因此这样的资产负债表更难构建。

社会政策进步的第二个理由是：在应当解释什么上所取得的共识的性质。在某些方面，超越一致性的优势是有益的。社会政策以容易操作却并非简化的方式被概念化。它有时候可以用要么全有要么全无的方式来研究，正如计划采用的时机,这个问题比社会运动的出现更容易准确定位。但是,还有更加五花八门的方式把它变得更实际一点。学者们聚焦于一组特定的国家活动和计划,考虑到它们对不安全和不平等的影响,它们可能比其他的东西更为重要。以有意义的方式把社会政策加总起来是可能的。这些计划相对较少,使得发展审视所有这些计划的研究项目成为可能。但是,其中每一项计划都有足够多的材料可用,以至于你可以写一整部历史专著来论述一项具体的计划,更不用说写一篇定量研究论文了。在社会政策的可操作化上取得基本一致也使得有一点变得清楚:一个人何时何地与它不一致——有可能从这里面也学到一些东西。概念有时候以其他方式分解或集合,正如我们审视社会政策的不同过程或更理想的社会政策类型时那样。我相信,这些优势更多地是认识论的,而不是本体论的,也就是说,因为理解现象的方式不同于现象本身的性质(比较见 Hall 本书)。

第三个理由是关于社会政策有大量的相关信息可用。倒不是说汗牛充栋的新数据都是研究者收集的——几乎所有数据在下面这个意义上都是历史数据:它们都是从机构组织——主要是国家和政府间组织——的数据收集项目中搜集来的。有大量相关历史档案可用,正如一个其分析对象是国家活动的人所预期的那样,它们大概比古典文献中所使用的档案更加丰富,因为国家官僚化在 20 世纪已经大有增进。这笔信息财富使得撰写高质量的史学著作及其他二手材料来源更加容易,比较历史工作在很大程度上依靠这些材料。政府记录方便的可用性还为社会科学家做他们自己所需要的目标档案工作而无须过高的成本开辟了道路。这些数据对于理论目的也是有用的,因为观察材料的单位并不仅仅是一个方便,一个给定国家边界之内活动和关系的集合,而是国家所采取的行动路线,它标示了国家与公民之间的关系。政府保存优良记录和定量数据的能力很重要,对穷国的广泛比较研究的相对缺乏或许可以证明这一点(有一些例外,参见 Pampel and Williamson 1989;Skocpol and Amenta 1986 中的评述)。

对于数据形式的易变性和可用性也有一些特殊的好处。适合定量研究的系统性的硬数据只有扩大和削减的时期才存在,而不那么完善的这种信息对于采用、巩固和完成的时期是可用的。这导致各种各样的劳动分工,正如表

第三章　关于社会政策的发展我们知道什么:从比较历史视角看比较历史研究

3.3所暗示的。定量比较研究者的主要分析来自20世纪60年代及更晚的数据,而比较历史研究者则负责20世纪的上半叶。比较历史研究者往往在历史视角有最大机动空间的地方工作,他们更有可能把更晚近的发展留给那些使用定量技术的人。硬数据在早期的相对缺乏大概妨碍了定量研究者抢先取得历史研究的可能性。然而,在表3.3的非对角位置上还有大量有意义的工作,这些研究常常是创新的场所,激发其他种类的分析。例如,玛丽·罗杰(Mary Ruggie 1984)致力于社会政策对性别关系的影响,保罗·皮尔森(Pierson 1994)开辟了关于削减的新的思考和研究路线,提供了定量研究者后来致力于解决的假说。科利尔和梅西克(Collier and Messick 1975)的定量分析文章严重质疑了关于社会政策采用的现代化命题,刺激了对这个问题的比较历史研究。

表3.3　　　　　依据时期和方法的社会政策研究

		方法	
		比较/历史	定量/形式定性
时期	第二次世界大战前	历史视角扩大:大多数比较历史研究	硬数据缺乏:Collier and Messick 1975; Schneider 1982; Abbott and DeViney 1992; Hicks et al. 1995; Cauthen and Amenta 1996
	1950年后	Ruggie 1984; Hall 1986; Pierson 1994; O'Connor et al. 1999	硬数据丰富:大多数比较定量研究

第四个理由是这一领域很多杰出研究者开阔的方法论视野。研究社会政策的社会科学家都很精通围绕比较历史方法的争论,很少有人采取非此即彼的强硬路线。尽管学者们对不同的研究路线有自己的偏好,但他们很少诋毁别人的工作。很少有定量研究者把比较历史研究者的工作描述为软性的或缺乏严谨。很少有比较历史研究者把定量分析学者的工作看作简化的和缺乏深度和效力。调子早就定好了,加斯顿·里姆林格(Rimlinger 1971)使用定量研究的金本位——社会支出"努力"的度量——来定位他开拓性的比较历史研究。研究者们以不同模式工作的意愿和能力是关键性的。约翰·史蒂芬斯、

115

伊芙琳·胡贝尔、西达·斯科克波和哥斯塔·埃斯平-安德森是精通一种类型的方法却愿意或有时被迫使用其他方法的学者当中最突出的。尝试以不同的模式研究并不是这一领域大多数个体学者的典型回应,但是,一组学者的研究需要为了另一组学者而阅读。这些学者懂得不同的方法各有优劣,学者们不是强调各个方法的劣势,而是探索各个方法的优势,为的是让取得的进步比一个或另一个方法所能实现的更大。

社会政策上的概念一致,以精密的方式操作概念的能力,做这项工作所需要的不同类型数据的可用性,以及学者们致力于这两种分析类型的意愿——所有这一切产生了比较历史研究和比较定量研究之间的协同合作。那些研究社会政策的人所面对的有利情境被描绘在表 3.4 的左上角,那里排列了定量研究的存在及其与比较历史工作的接合。这里有定量工作的强大存在及其与比较历史研究的强大接合。结果是每个研究类型的优势让另一种类型受益,导致比它们靠自己可能实现的成就更大。

表 3.4　依据定量研究的存在及其与比较历史研究的接合的比较历史研究计划

		定量研究的存在	
		强	弱
与比较历史工作接合	强	协同合作: 社会政策与福利国家的研究文献	减弱的协同合作: 论述革命的研究文献
	弱	协同合作失败: 不可用	协同不可能: 社会运动研究文献

另外一些研究领域并没有比较历史工作与定量研究之间相同类型的关联。在表 3.4 右下角的类别中,很少有定量比较工作,它和比较历史研究之间的关联也甚少,这种协同合作是不可能的。我把最近论述社会运动的学术文献放在这里(参见 McAdam et al. 1988 中的评述;Guigni 1998)。在这个实例中,定量比较工作的相对缺乏在部分程度上是由于这一领域的研究者之间对于解释什么很重要缺乏一致。此外,大概是由于运动组织和活动相对转瞬即逝的性质,没有大量的数据可以用来产生对各国社会运动最基本的理解。有一些调查利用了自我报告的对少数几个时期某些国家不同种类的政治行动的参与(Dalton 1988),但这些衡量似乎不大可能在学者当中赢得共识的地位,

第三章 关于社会政策的发展我们知道什么:从比较历史视角看比较历史研究

从而作为社会动员概念化的指标。由于概念不一致和缺少数据,谁也不能令人信服地说出社会运动究竟是不是更多地出现在某些国家而不是另外一些国家,或者它们是不是随着时间推移在个别国家变得越来越重要。出于同样的理由,比较历史研究受到了限制——主要是跨国广泛比较战后时期个别社会运动的规模和影响(例如 Kitschelt 1986;Kriesi *et al.* 1995;Banaszak 1996)。

在另外一些研究领域,不同类型的研究工作之间似乎可能有一定的协同合作,但没有多少潜力或未实现的潜力。大概用不着说,凡是定量比较工作很少或前景不大的地方,这种协同合作的机会就很少。就革命而言,有一定的定量研究在很大程度上与研究文献中主要的对革命的概念化相一致(参见 Goldstone,本书)。但这一领域协同合作的可能性被减少了,在部分程度上大概是由于把革命标准概念化为要么全有要么全无的结果或事件。论述集体暴力的更广泛的研究文献——对这一研究数据是可用的——并没有致力于相同的主题。似乎有可能在某些领域既有定量研究也有比较历史工作,但是,只要研究者由于概念化分析对象而错过了协同合作的机会,就很难或很少互相关注对方。

在研究社会政策的原因时,做比较历史工作的学者们在异乎寻常的程度上接受了定量跨国研究以及历史学家们的工作。这种关注得到了回报,社会政策研究因此做得更好。对关于什么值得解释的老共识质疑的新的研究路线已经产生结果。然而,这里面并非仿佛没有改进的空间,因为概念化社会政策的新方式带来的问题比答案更多。最后我将对这一新兴研究议程进行一些反思,并提议比较历史研究可能做出的贡献。随着这些研究路线的发展,我希望学者们能反思过去所做的工作,以及我们从中学到了什么。

结　论

社会政策领域的比较历史研究取得了如此巨大的进步,其理由之一是,在对社会政策的理解上有一些有益的共识。这一共识在过去十年里已经开始改变,并导致重要的洞见和经验发现,从而开拓了新的研究主题,正如学者们已经在很大程度上回答了某些基于老共识的问题,并继续向前推进。但值得反思的是，过去所做的工作从概念上说，是看出对社会政策的新理解如何可以被使用或被改变，以刺激更大的进步。

可能取得更大进步的一种方式是审视那些在通常理解的社会政策之外的政策和计划。一直有大量的比较历史工作显示，不同于标准计划的那些计划对不同种类的贫困或不平等有影响，这一研究使得对社会政策和关于社会政策的理论主张有了新发现。这项工作似乎很值得追求，因为它进一步深化了社会政策的概念，提供了额外的机会来评估和完善理论。例如，有些比较历史研究(Steinmo 1993；Howard 1997)提出了很好的理由来说明在社会政策研究中为什么必须把用于社会目的的税收支出纳入考量，因为这些税收减免常常是支出计划的功能性替代。但还需要做一些工作让这一观念适用于其他研究场景中，为的是在税收支出之间做出有用的比较。一些税收支出的再分配性质十分可疑，对这些支出的处理应当不同于社会政策，正如很多政府支出不能被视为社会政策的组成部分。这里需要一定的思考，以分离出什么东西明确归因于社会政策，以及如何确定它。从这里，应该有可能表明这些政策与针对诸如减少贫困这种问题的标准转移支付计划和服务比起来究竟有多么重要。这将有助于把社会政策这些另类方面的比较历史研究所带来的好处最大化。

在有着比较历史敏感性的工作中发展出体制的概念化，但还可以以那种对于社会政策的采用已经发生的方式继续推进。在这里，比较历史研究可以帮助弄清楚不同的案例何时在这些方向上厘清自己，以及评估关于此事为何发生的理论思考。然而，关于福利国家类型的初始发展的研究则不是这样。埃斯平-安德森(Esping-Andersen 1990)关于类型发展的假说没有得到他自己的或其他人的研究的仔细评估。考虑到它们的起源更晚近，对福利国家的女性主义分析更多地聚焦于最近的发展。设计比较历史研究项目来处理不同类型的基于性别的社会政策长期发展的问题也是值得的。

社会政策体制类型在社会政策领域已经有了超前的研究，但还可以像先前对社会政策的理解一样做得更灵活一些。提高概念的灵活性和可用性的一个方式是修改两个主要类型——埃斯平-安德森的基于把工人从市场中解放出来的体制，以及与国家政策对性别平等的影响有关联的女性主义模型。正

第三章 关于社会政策的发展我们知道什么:从比较历史视角看比较历史研究

如奥尔洛夫(Orloff 1993b)和奥康纳(O'Connor 1993)所暗示的,国家在何种程度上提供获得有薪劳动的平等权利并提高建立自治家庭的可能性似乎就像成果最丰硕的推进概念发展的路线。这些维度可以被用来构建有点介于政策体制与个体计划之间的概念范畴。这种概念化对于那种可以通过比较历史研究和定量研究及形式定性研究来评估的理论论证的发展是很有用的。

像埃斯平-安德森所提出的那些体制模型在解释削减努力的跨国差别上是有帮助的(Pierson 2000c; Huber and Stephens 2001b),而且这些论证都是从下面这个前提开始:社会政策的结构将影响任何种类政治的潜力。沿着这些路线做更多的工作似乎大有前途,学者们仔细关注那些对不同国家和政策有着清晰的、可评估的含义的结构论证。而这是一个比较历史学者可以发挥理论影响的领域,以同等可评估的方式详细说明"反馈"论证,而这种论证已经成为这一研究文献很大的组成部分,并使用比较历史技术来评估这些论证。

然而,以不同的方式全盘思考国家可能是有用的。研究国家的学者们几乎完全聚焦于社会政策。据假设,当社会政策占支配地位时,国家更类似于福利国家,国家的惩罚和训诫方面将会缩减。但情况未必是这样。最近的美国经验表明,增加社会支出不仅与减少军事支出携手并行,而且与加大监禁的努力携手并行。国家的概念化和理论可能需要致力于整个国家的特征,而不仅仅是国家的那些提供服务和收入的风险保护方面。社会政策的比较历史研究常常基于国家和政治的理论,也可以通过致力于研究国家与论述国家构建的文献相衔接。

我想,我们应当努力认识不同类型研究的力量,正如本领域的学者所做的那样。如果每个人都采取这一路径,那我在这里的任务——整理比较历史研究对一个给定的研究子领域的贡献——就是不必要的,大概也是不可能的。因为学者们已经在这一领域如此良好地一起工作,幸运的是这种运用殊非易事。

参考文献

Abbott, Andrew. 1992. "From Causes to Events: Notes on Narrative Positivism." *Sociological Methods and Research* 20:428—455.

Abbott, Andrew and Stanley DeViney. 1992. "The Welfare State as Transnational Event: Evidence from Sequences of Policy Adoption." *Social Science History* 16:245—274.

Amenta, Edwin. 1993. "The State of the Art in Welfare State Research on Social Spending Efforts in Capitalist Democracies Since 1960." *American Journal of Sociology* 99:750—763.

——. 1998. *Bold Relief Institutional Politics and the Origins of Modern American Social Policy*. Princeton, NJ: Princeton University Press.

Amenta, Edwin, Chris Bonastia, and Neal Caren. 2001. "U. S. Social Policy in Comparative and Historical Perspective: Concepts, Images, Arguments, and Research Strategies." *Annual Review of Sociology* 27:213—234.

Amenta, Edwin and Drew Halfmann. 2000. "Wage Wars: Institutional Politics, the WPA, and the Struggle for U. S. Social Policy." *American Sociological Review* 64:506—528.

Amenta, Edwin and Jane D. Poulsen. 1996. "Social Politics in Context: The Institutional Politics Theory and Social Spending at the End of the New Deal." *Social Forces* 75:33—60.

Baldwin, Peter. 1990. *The Politics of Social Solidarity: Class Bases of the European Welfare State 1875—1975*. Cambridge: Cambridge University Press.

Banaszak, Lee Ann. 1996. *Why Movements Succeed or Fail: Opportunity, Culture, and the Struggle for Woman Suffrage*. Princeton, NJ: Princeton University Press.

Benoit, Ellen. 2000. "Controlling Drugs in the Welfare State: American Policy in Comparative, Historical Perspective." Ph. D. dissertation, Department of Sociology, New York University.

Berkowitz, Edward. 1991. *America's Welfare State: From Roosevelt to Reagan*. Baltimore, MD: Johns Hopkins University Press.

Berkowitz, Edward and Kim McQuaid. 1988 [1980]. *Creating the Welfare State: The Political Economy of Twentieth-Century Reform*. Lawrence: University Press of Kansas.

Bonastia, Christopher. 2000. "Why Did Affirmative Action in Housing Fail During the Nixon Era?: Exploring the 'Institutional Homes' of Social Policies." *Social Problems* 47:523—542.

Brownlee, W Elliot, ed. 1997. *Funding the Modern American State, 1941—1995: The Rise and Fall of the Era of Easy Finance*. Washington, DC: Woodrow Wilson Center Press and New York:Cambridge University Press.

Castles,Francis G. 1985. *The Working Class and Welfare:Reflections on the Political Development of the Welfare State in Australia and New Zealand*. Sydney and London:Allen & Unwin.

1998. "The Really Big Trade-off:Home Ownership and the Welfare State in the New World and the Old." *Acta Politica* 33:5—19.

Castles,Francis G. and Deborah Mitchell. 1993. "Worlds of Welfare and Families of Nations." Pp. 93—128 in *Families of Nations:Patterns of Public Policy in Western Democracies*,edited by Francis G. Castles. Aldershot,U. K. :Dartmouth.

Cauthen,Nancy K. and Edwin Amenta. 1996. "Not for Widows Only:Institutional Politics and the Formative Years of Aid to Dependent Children." *American Sociological Review* 61:427—448.

Collier,David and Richard Messick. 197 5. "Prerequisites versus Diffusion:Testing Alternative Explanations of Social Security Adoption." *American Political Science Review* 69:1299—1315.

Cook,Linda J. and Mitchell Orenstein. 1999. "The Return of the Left and Its Impact on the Welfare State in Russia,Poland,and Hungary." Pp. 47—108 in *Left Parties and Social Policy in Post-Communist Europe*,edited by Linda J. Cook,Mitchell Orenstein,and Marilyn Rueschemeyer. Boulder,CO:Westview.

Conley,Dalton. 2000. *Home Ownership,the Welfare State and Cross-National Poverty Comparisons. Conference on Saving,Intergenerational Transfers,and the Distribution of Wealth*. Presented at the Jerome Levy Economics Institute of Bard College,Annandale-on-Hudson,NY.

Cutright,Phillips. 1965. "Political Structure,Economic Development,and National Social Security Programs." *American Journal of Sociology* 70:537—550.

Dalton,Russell. 1988. *Citizen Politics in Western Democracies:Public Opinion and Political Parties in the United States,Great Britain,West Germany,and France*. Chatham,NJ:Chatham House.

de Swaan,Abram. 1988. *In Care of the State:Health Care,Education and Welfare in Europe and the USA in the Modern Era*. New York:Oxford University Press.

Dye,Thomas R. 1966. *Politics,Economics,and the Public:Policy Outcomes in the American States*. Chicago:Rand McNally.

Ertman, Thomas. 1997. *Birth of the Leviathan: Building States and Regimes in Medieval and Early Modem Europe*. New York: Cambridge University Press.

Esping-Andersen, Gosta. 1985. *Politics Against Markets: The Social Democratic Road to Power*. Princeton, NJ: Princeton University Press.

——1990. *The Three Worlds of Welfare Capitalism*. Princeton, NJ: Princeton University Press.

——1999. *The Social Foundations of Postindustrial Economies*. New York: Oxford University Press.

Esping-Andersen, Gosta and Kees van Kersbergen. 1992. "Contemporary Research on Social Democracy." *Annual Review of Sociology* 18:187—208.

Flora, Peter, ed. 1986. *Growth to Limits: The Western European Welfare States since World War II*. New York: Aldine de Gruyter.

Flora, Peter and Jens Alber. 1981. "Modernization, Democratization and the Development of Welfare States in Western Europe." pp. 37—80 in *The Development of Welfare States in Europe and America*, edited by P. Flora and A. Heidenheimer. New Brunswick, NJ: Transaction Books.

Flora, Peter, Jens Alber, Richard Eichenberg, Jürgen Kohl, Franz Kraus, Winfried Pfenning, and Kurt Seebohm. 1983. *State, Economy, and Society in Westem Europe 1815—1975: The Growth of Mass Democracies and Welfare States*. Chicago: St. James.

Flora, Peter and Arnold J. Heidenheimer, eds. 1981. *The Development of Welfare States in Europe and America*. New Brunswick, NJ: Transaction Books.

Giugni, Marco G. 1998. "Was It Worth the Effort? The Outcomes and Consequences of Social Movements." *Annual Review of Sociology* 24:371—393.

Griffin, Larry. 1992. "Temporality, Events, and Explanation in Historical Sociology: An Introduction." *Sociological Methods and Research* 20:403—427.

Hage, Jerald, Robert Hanneman, and Edward Gargon. 1989. *State Responsiveness and State Activism*. London: Unwin Hyman.

Hall, Peter A. 1986. *Governing the Economy: The Politics of State Intervention in Britain and France*. New York: Oxford University Press.

Haney, Lynne. 2000. "Feminist State Theory: Comparing Gender Regimes Across Apparatuses." *Annual Review of Sociology* 26:641—666.

Heclo, Hugh. 1974. *Modern Social Politics in Britain and Sweden: From Relief to*

第三章 关于社会政策的发展我们知道什么：从比较历史视角看比较历史研究

Income Maintenance. New Haven,CT:Yale University Press.

Heidenheimer,Arnold J. 1981. "Education and Social Security Entitlements in Europe and America." Pp. 269—305 in *The Development of Welfare States in Europe and America*,edited by Peter Flora and Arnold J. Heidenheimer. New Brunswick, NJ:Transaction Books.

Hicks,Alexander. 1999. *Social Democracy and Welfare Capitalism:A Century of Income Security Politics*. Ithaca,NY:Cornell University Press.

Hicks,Alexander and Joya Misra. 1993. "Political Resources and the Growth of Welfare in Affluent Capitalist Democracies, *1960 — 1982.*" *American Journal of Sociology* 99:668—710.

Hicks,Alexander,Joya Misra, and Ta ng Nah Ng. 1995. "The Programmatic Emergence of the Social Security State." *American Sociological Review* 60:329—349.

Howard,Christopher. 1997. *The Hidden Welfare State:Tax Expenditures and Social Policy in the United States*. Princeton,NJ:Princeton University Press.

Huber,Evelyne,Charles Ragin, and John D. Stephens. 1993. "Social Democracy,Christian Democracy,Constitutional Structure, and the Welfare State." *American Journal of Sociology* 99:711—749.

Huber,Evelyne and John D. Stephens. 2001a. *Development and Crisis of the Welfare State:Parties and Policies in Global Markets*. Chicago:University of Chicago Press.

2001b. "Welfare State and Production Regimes in the Era of Retrenchment." Pp. 107—145 in *The New Politics of the Welfare State*,edited by Paul Pierson. New York:Oxford University Press.

Immergut,Ellen M. 1992. *Health Politics:Interests and Institutions in Western Europe*. Cambridge:Cambridge University Press.

Katz,Michael. 1986. *In the Shadow of the Poorhouse:A Social History of Welfare in America*. New York:Basic Books.

Katznelson,Ira. 1997. "Structure and Configuration in Comparative Politics." Pp. 81—112 in *Comparative Politics:Rationality,Culture,and Structure*, edited by Mark Irving Lichbach and Alan S. Zuckerman. New York:Cambndge University Press.

Katznelson,Ira and Bruce Pietrykowski. 1991. "Rebuilding the American State:Evidence from the 1940s." *Studies in American Political Development* 5:301—399.

Katzn elson,Ira and Margaret Weir. 1985. *Schooling for All:Class,Race,and the De-*

123

cline of the Democratic Ideal. New York: Basic Books.

King, Gary, Robert O. Keohane, and Sidney Verba. 1994. *Designing Social Inquiry: Scientific Inference in Qualitative Research*. Princeton, NJ: Princeton University Press.

Kitschelt, Herbert P. 1986. "Political Opportunity Structures and Political Protest: Anti-Nuclear Movements in Four Democracies." *British Journal of Political Science* 16: 57—85.

Kriesi, Hanspeter, Ruud Koopmans, Jan Willem Duyvendak, and Marea G. Giugni. 1995. *New Social Movements in Western Europe: A Comparative Analysis*. Minneapolis: University of Minnesota Press.

Kuhnle, Stein. 1981. "The Growth of Social Insurance Programs in Scandinavia: Outside Influences and Internal Forces." Pp. 269—305 in *The Development of Welfare States in Europe and America*, edited by Peter Flora and Arnold J. Heidenheimer. New Brunswick, NJ: Transaction Books.

Lieberman, Robert C. 1998. *Shifting the Color Line: Race and the American Welfare State*. Cambridge, MA: Harvard University Press.

Lieberson, Stanley. 1992. "Small *N*'s and Big Conclusions: An Examination of the Reasoning in Comparative Studies Based on a Small Number of Cases." pp. 105—118 in *What Is a Case?: Exploring the Foundations of Social Inquiry*, edited by Charles C. Ragin and Howard S. Becker. Cambridge: Cambridge University Press.

Lijphart, Arend. 1971. "Comparative Politics and the Comparative Method." *American Political Science Review* 65: 691—693.

Lustick, Ian. 1996. "History, Historiography, and Political Science: Historical Records and Selection Bias." *American Political Science Review* 90: 605—618.

Mahoney, James. 2000. "Path Dependence in Historical Sociology." *Theory and Society* 29: 507—548.

Marshall, T. H. 1963. *Class, Citizenship, and Social Development*. Chicago: University of Chicago Press.

McAdam, Doug, John D. McCarthy, and Mayer N. Zald. 1988. "Social Movements." Pp. 695—737 in *The Handbook of Sociology*, edited by Neil J. Smelser. Beverly Hills, CA: Sage.

1996. "Introduction: Opportunities, Mobilizing Structures, and Framing Processes — Toward a Synthetic, Comparative Perspective on Social Movements." Pp. 1—22 in *Com-*

第三章 关于社会政策的发展我们知道什么:从比较历史视角看比较历史研究

parative Perspectives on Social Movements: Political Opportunities, Mobilizing Structures, and Cultural Framings, edited by Doug McAdam, John D. McCarthy, and Mayer N. Zald. New York: Cambridge University Press.

Miriampolski, Hyman and Dana C. Hughes. 1978. "The Uses of Personal Documents in Historical Sociology." *The American Sociologist* 13:104—113.

Mishra, Ramesh. 1990. *The Welfare State in Capitalist Society: Policies of Retrenchment and Maintenance m Europe, North America, and Australia*. Toronto: University of Toronto Press.

Myles, John. 1989[1984]. *Old Age in the Welfare State: The Political Economy of Public Pensions*, 2nd ed. Lawrence: University Press of Kansas.

Myles, John and Paul Pierson. 1998. "Friedman's Revenge: The Reform of 'Liberal' Welfare States in Canada and the United States." *Politics and Society*:25:443—472.

O'Connor, Julia S. 1993. "Gender, Class and Citizenship in the Comparative Analysis of Welfare State Regimes: Theoretical and Methodological Issues." *British Journal of Sociology* 44:501—518.

O'Connor, Julia S., Ann Shola Orloff, and Sheila Shaver. 1999. *States, Markets, Families: Gender, Liberalism and Social Policy in Australia, Canada, Great Britain, and the United States*. Cambridge: Cambridge University Press.

Orloff, Ann Shola. 1993a. *The Politics of Pensions: A Comparative Analysis of Britain, Canada, and the United States, 1880—1940*. Madison: University of Wisconsin Press.

——1993b. "Gender and the Social Rights of Citizenship: The Comparative Analysis of Gender Relations and Welfare States." *American Sociological Review* 58:303—328.

——1996. "Gender in the Welfare State." *Annual Review of Sociology* 22:51—78.

Orloff, Ann Shola and Eric Parker. 1990. "Business and Social Policy in Canada and the Umted States, 1920—1940." *Comparative Social Research* 12:295—339.

Orloff, Ann Shola and Theda Skocpol. 1984. "Why Not Equal Protection? Explaining the Politics of Public Social Welfare in Britain and the United States 1880s—1920s." *American Sociological Review* 49:726—750.

Pampel, Fred C. and John B. Williamson. 1989. *Age, Class, Politics, and the Welfare State*. Cambridge: Cambridge University Press.

Patterson, James. 1986. *America's Struggle against Poverty*. Cambridge, MA: Harvard University Press.

Peacock, Alan R. and Jack Wiseman. 1961. *The Growth of Public Expenditure in the United Kingdom*. Princeton NJ: Princeton University Press.

Pedersen, Susan. 1993. *Family, Dependence, and the Origins of the Welfare State: Britain and France, 1914—1945*. Cambridge: Cambridge University Press.

Pierson, Paul. 1994. *Dismantling the Welfare State? Reagan, Thatcher, and the Politics of Retrenchment*. Cambridge: Cambridge University Press.

——2000a. "Three Worlds of Welfare State Research." *Comparative Political Studies* 33: 822—844.

——2000b. "Path Dependence, Increasing Returns, and the Study of Politics." *American Political Science Review* 94: 251—267.

——2000c. "Coping with Permanent Austerity: Welfare State Restructuring in Affluent Democracies." Pp. 410—456 in *The New Politics of the Welfare State*, edited by Paul Pierson. New York: Oxford University Press.

Piven Frances Fox and Richard A. Cloward. [1971] 1993. *Regulating the Poor: The Functions of Public Welfare*, updated ed. New York: Vintage Books.

Przeworski, Adam and Henry Teune. 1970. *The Logic of Comparative Social Inquiry*. New York: Wiley-Interscience.

Quadagno, Jill. 1987. "Theories of the Welfare State." *Annual Review of Sociology* 13: 109—128.

——1994. *The Color of Welfare: How Racism Undermined the War on Poverty*. New York: Oxford University Press.

Ragin, Charles C. 1987. *The Comparative Method*. Berkeley: University of California Press.

——1994. "A Qualitative Comparative Analysis of Pension Systems." Pp. 320—445 in *Methodological Advances in Comparative Political Economy*, edited by Thomas Janoski and Alexander Hicks. New York: Cambridge University Press.

Rimlinger, Gaston V. 1971. *Welfare Policy and Industrialization in Europe, America, and Russia*. New York: Wiley.

Rueschemeyer, Dietrich and Theda Skocpol. 1996. *States, Social Knowledge and the Origins of Modem Social Policies*. Princeton, NJ: Princeton University Press.

Rueschemeyer, Dietrich and John D. Stephens. 1997. Comparing Historical Sequences—A Powerful Tool for Causal Analysis. "*Comparative Social Research* 17: 55—

第三章 关于社会政策的发展我们知道什么:从比较历史视角看比较历史研究

72.

　　Rueschemeyer, Marilyn and Sharon L. Wolchik. 1999. "The Return of Left-Oriented Social Parties in Eastern Germany and the Czech Republic and Their Social Policies." Pp. 109—143 in *Left Parties and Social Policy in Post-Communist Europe*, edited by Linda J. Cook, Mitchell Orenstein, and Marilyn Rueschemeyer. Boulder, CO: Westview.

　　Ruggie, Mary. 1984. *The State and Working Women*. Ithaca, NY: Cornell University Press.

　　Sainsbury, Diane. 1996. Gender, Equality and Welfare States. Cambridge: Cambridge University Press.

　　Schneider, Saundra K. 1982. "The Sequential Development of Social Programs in Eighteen Welfare States." *Comparative Social Research* 5:195—219.

　　Shalev, Michael. 1983. "The Social Democratic Model and Beyond: Two 'Generations' of Comparative Research on the Welfare State." *Comparative Social Research* 6:315—351.

　　Sharkansky, Ira and Richard Hofferbert. 1969. "Dimensions of State Politics, Economics, and Public Policy." *American Political Science Review* 63:867—878.

　　Skocpol, Theda. 1985. "Bringing the State Back In: Strategies of Analysis in Current Research." Pp. 3—37 in *Bringing the State Back In*, edited by Peter B. Evans, Dietrich Rueschemeyer, and Theda Skocpol. Cambridge: Cambridge University Press.

　　1992. *Protecting Soldiers and Mothers*. Cambridge, MA: Harvard University Press.

　　Skocpol, Theda, Marjorie Abend-Wein, Christopher Howard, and Susan G. Lehmann. 1993. "Women's Associations and the Enactment of Mothers' Pensions in the United States." *American Political Science Review* 87:686—701.

　　Skocpol, Theda and Edwin Amenta. 1986. "States and Social Policies." *Annual Review of Sociology* 12:131—157.

　　Skocpol, Theda and Margaret Somers. 1980. "The Uses of Comparative History in Macrosocial Inquiry." *Comparative Studies in Society and History* 22:174—197.

　　Steinmetz, George. 1993. *Regulating the Social: The Welfare State and Local Politics in Imperial Germany*. Princeton, NJ: Princeton University Press.

　　Steinmo, Sven. 1993. *Taxation and Democracy: Swedish, British and American Approaches to Financing the Modern State*. New Haven, CT: Yale University Press.

　　Stephens, John D. 1979. *The Transition from Capitalism to Socialism*. London: Macmillan.

Swank, Duane. 2001. *Diminished Democracy? Globalization, Political Institutions, and the Welfare State in Advanced Market Economies*. New York: Cambridge University Press.

Swenson, Peter. 1996. "Arranged Alliance: Business Interests in the New Deal." *Politics and Society* 25:66—116.

———. n. d. "Labor Markets and Welfare States: Employers in the Making of the American and Swedish Systems." Unpublished manuscript, Department of Political Science, Northwestern University.

Thelen, Kathleen. 1999. "Historical Institutionalism in Comparative Politics." *Annual Review of Political Science* 2:369—404.

Thelen, Kathleen and Sven Steinmo. 1992. "Historical Institutionalism in Comparative Politics." Pp. 1—32 in *Structuring Politics: Historical Institutionalism in Comparative Analysis*, edited by Sven Steinmo, Kathleen Thelen, and Frank Longstreth. New York: Cambridge University Press.

Tilly, Charles. 1984. *Big Structures, Large Processes, Huge Comparisons*. New York: Russell Sage.

Titmuss, Richard. 1958. "War and Social Policy." Pp. 75—87 in Richard Titmuss, *Essays on the Welfare State*. London: Allen and Unwin.

Van Kersbergen, Kees. 1995. *Social Capitalism*. London: Routledge.

Weir, Margaret. 1992. *Politics and Jobs: The Boundaries of Employment Policy in the United States*. Princeton, NJ: Princeton University Press.

Weir, Margaret, Ann Shola Orloff, and Theda Skocpol. 1988. "Understanding American Social Politics." Pp. 3—27 in *The Politics of Social Policy in the United States*, edited by Margaret Weir, Ann Shola Orloff, and Theda Skocpol. Princeton, NJ: Princeton University Press.

Wickham-Crowley, Timothy P. 1992. *Guerrillas and Revolution in Latin America: A Comparative Study of Insurgents and Regimes since 1965*. Princeton, NJ: Princeton University Press.

Wilensky, Harold L. 1975. The Welfare State and Equality: Structural and Ideological Roots of Public Expenditures. Berkeley and Los Angeles: University of California Press.

Williamson, John B. and Fred C. Pampel. 1993. *Old-Age Security in Comparative*

Perspective. New York: Oxford University Press.

Wright, Gavin. 1974. "The Political Economy of New Deal Spending: An Econometric Analysis." *Review of Economics and Statistics* 56:30—38.

Zelizer, Julian E. 1999. *Taxing America: Wilbur D. Mills, Congress, and the State, 1945—1975*. New York: Cambridge University Press.

第四章 比较历史研究中的知识积累：民主与威权主义的案例

詹姆斯·马汉尼
（James Mahoney）

奇怪的是人们很少致力于思考社会科学中的知识积累。尽管很多社会科学家同意其研究的一个基本目的是要产生关于这个世界的知识积累，但他们并不经常思考这种积累的性质，以及积累是如何发生的。眼下，对于下面这样的问题我们缺乏一个清晰的答案：是什么构成了社会科学中的知识积累？怎么能衡量和比较不同学术研究计划的知识积累？是什么促进或阻碍了社会科学中的知识积累？你可能倾向于把这些问题看作不断提出的认识论问题，不可能跨越分离的学术共同体来解决。然而，我将在本文中证明，大多数社会科学家在如何回答这些问题上事实上达成了一致，至少是暗含地、在宽泛的意义上达成了一致。在试着概述这一共同立场时，我试图启动一次关于如何研究社会科学分析中的知识积累的更大讨论。

我的直接目标是要评估比较历史分析领域已经发生的知识积累的程度，这一研究领域有时候被批评为没能实现累积的知识。我把我的讨论局限于民主和威权主义国家政权的起源研究。尽管这是一个相对比较具体的焦点，但很少有学者会否认对民主和威权主义的研究提出一些"一阶问题"，即那些"首先吸引人们研究社会生活、不断浮现在非专家的头脑中的问题"（Rule 1997, p. 46）。任何试图对学术成就提出真实主张——并最终吸引非专家关注——的社会研究计划都必须在处理这样的一阶问题上取得进展。在比较历史分析的领域，关于一批相当可观的研究聚焦于民主和威权主义的原因，接下来的调查不是为了成为一篇广泛的综述而设计的。实际上，我将专注于某些作品，我认为它们是体制变革研究中特别显著的里程碑，其很多的注意力被奉献给了对欧洲和拉丁美洲的分析,我自己的兴趣在很大程度上也落在这两个地理区域。特别是,我识别并讨论三个主要研究计划,我称之为巴林顿·摩尔(Barrington Moore)研究计划、吉列尔莫·奥唐纳(Guillermo O'Donnell)研究计划,以及胡安·林兹(Juan Linz)和阿尔弗雷德·斯捷潘(Alfred Stepan)研究计划。在他们之间,这些研究计划包含大量论述民主和威权主义的比较历史文献,包括其领军人物、研究发现和争论的中心轴。

在审视这些研究计划时,我主要关注知识积累是不是已经发生。尽管对于积累为什么已经发生或没有发生我也做了一定的探讨,但这不是我的主要兴趣;我主要只是寻求记录已经产生的知识积累。同样,就大部分而言,我把探索那些在比较历史领域之外工作的学者们在何种程度上产生了关于民主和威权主义的知识积累的工作留给其他人。例如,我也考量理性选择理论和统计分析领域的工作,但主要涉及它们对比较历史分析的知识积累轨道的影响。

定义知识积累

为了评估知识积累,在"积累"的意义和"知识"的意义上达成某种共识是有益的。让我首先从讨论积累开始。在最小限度上,大多数学者会同意,积累意味着理解和学识的进步;为了积累的发生,必须产生新的、有用的知识(Cohen 1989,p. 319)。然而,大多数分析者还会同意,积累并不只是需要引入新的知识或产生新的经验洞见。在这个意义上,知识的积累并不等于知识的产生。如果新的知识不是从先前已有的知识中产生的,那么,把它添加到一项研究计划中并不意味着积累(Freese 1980,pp. 18,41—42;Rule 1997,p. 27)。因此,只有当新知识的产生依赖于先前已经获得的知识时,积累才会发生。[1]

---

[1] 正如李·弗里斯(Lee Freese)所言,"当一个时间点上产生的发现依赖一个更早时间点上得出的发现时,知识便是累积性的"(Freese 1980,p. 18)。弗里斯接下来继续持强硬立场:新知识必须包含和取代更早的知识。他因此得出结论:知识积累"意味着今天最好的知识在未来将是次等的。当它变成次等品时,它的发现者只具有历史意义。一个知识实体是不是累积性的,最可靠的衡量是其最重要的贡献者变得无关紧要的速度"(1980,p. 18)。我倾向于不同意下面这个观点:进步必定意味着主要贡献者的工作完全被后来的进步所取代。在很多情况下,新知识的产生被最初研究者的工作所刺激,但这一新知识并没有直接挑战最初研究中发现的所有主张,或者使之变得完全无关。此外,阅读位于发展总体轨道上的早期作品对于新知识的提出是有益的。例如,很多生产知识的生物学家依然发现,研究达尔文的著作是有益的。

是什么构成知识,这个问题大概不可能以取悦所有学者的方式得到解决。在这里,我打算提出一个更适度的目标——识别某些成分,很多社会科学家乐意承认这些成分是其工作的重要组成部分。我强调四个基本成分:描述性发现、因果发现、方法和元理论(参见图4.1)。其中前两个成分涉及正在进行研究的社会科学家所提出的具体知识主张,而后两个成分是社会科学家产生知识主张时发展和使用的工具。代表不同传统的学者对其中每个成分的相对重要性会莫衷一是。此外,有些学者,尤其是后现代主义学者,可能摒弃其中一个或更多成分的相关性。但我认为,这些成分包含了大量大多数社会科学家认为是知识的东西。

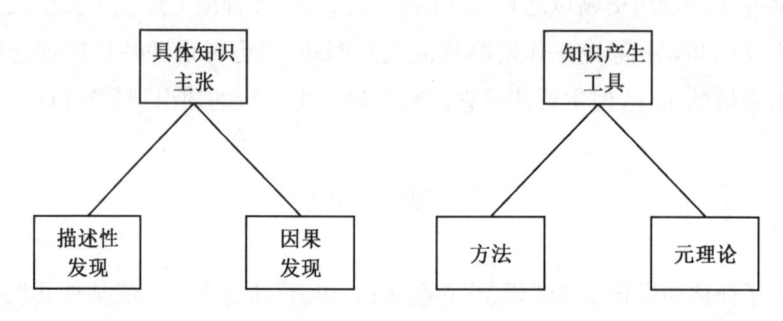

图4.1　一个研究传统中知识积累的成分

第一,关于社会世界的描述性发现通常被认为是我们的社会科学知识储备中的一块。这些发现包括各种不同的数据收集,不管是定性的还是定量的,是当代的还是历史的。当分析者搜集越来越多的关于这个世界的数据时,添加新的描述性材料几乎是持续不断地发生的。然而,新的描述性知识的产生未必意味着积累,因为新的数据经常并不依赖于任何先在信息的存在。相反,正如我们经常注意到的,关于社会世界的很多描述性信息是碎片化的,没有关联的。例如,在最近论述发展中国家的民主的研究文献中,快速的数据收集常常超出分析者系统地组织发现的能力,以至于我们如今有大量关于很多国家的未经整合的信息。当学者们使用界定清晰的概念、类型学和定量指标来对现有信息进行分类时,通过描述来实现知识积累就变得更为方便。这些分类工具使得分析者能够阐述新的、有用的知识,这些知识系统地关联到并依赖于先前的知识。例如,正如我们将会看到的,胡安·J.林兹对不同类型政治体

第四章　比较历史研究中的知识积累：民主与威权主义的案例

制的分类对很多描述性知识的积累至关重要。当政治体制随着时间推移而演化时，学者们能够根据林兹先前分类的体制类型来系统地组织新的信息。这一发展与民主化的跨国统计研究相平行，在那里，民主指标的创造给学者们提供了工具，可以条理清晰地组织关于民主自由和民主过程的数据，从而促进了知识积累。

第二，关于因果过程的发现是社会科学知识的一个必不可少的组成部分。有些分析者甚至说，因果发现是社会科学研究的终极点。不管你是不是同意，不可否认的是，大量的学术活动致力于这一目的。然而，你依然听到这样的抱怨：社会科学家没能在彼此的因果发现的基础上继续增进。怀疑者立即声称，关于社会过程我们有很多碎片化的、不确定的知识，却很少有经过整合的、坚实的、能够为解释事件提供可靠向导的知识。

当社会研究者积累关于因果发现的知识时，他们在其因果分析中系统地利用先前的知识。在这样做的过程中，他们常常追求两种不同的活动：迭代假说检验和假说细化。用迭代假说检验，一个或多个研究者对先前发展出来的并经过不同研究者检验的一个因果假说（或一组假说）进行检验。[1] 新的研究者可能试图准确地重复最初的发现，或者使用新的数据和案例重新检验最初的假说。不管是哪种方式，迭代假说检验的目标都是要仔细检查先前已经存在的假说，为的是提高对其有效性的学术信心。值得指出的是，累积研究并不依赖于对一个给定假说反复的经验证实；知识进步通常通过对一个初始假说的证伪而发生（Cohen 1989, p. 301）。

当分析者把一个原初假设用作发展和检验新假说的一块垫脚石时，假说细化的过程便发生了（参见 Wagner and Berger 1985, p. 707）。例如，学者们可以引入新的独立变量，与先前已经辨别的假说协同工作，以便更好地解释正在考量的结果。同样，学者们可以把用来解释一个给定结果的独立变量延伸到一组新的结果，借此探索最初解释的一般性。假说细化的发生还可以通过准确识别来控制一个假说的范围条件（即更清晰地描述一些变量，这些变量构

---

[1] 这类似于科恩（Cohen 1989, chap. 15）所说的"横向积累"，其典型标志是对一个给定知识主张的反复检验，还类似于瓦格纳和贝格尔（Wagner and Berger, 1985, pp. 702—704）所说的"单位理论"，在这一理论中，通过探索一个给定理论与经验数据之间的关联来评估知识积累。

成一个给定假说可以预期操作的条件）。在这些假说细化的每一个实例中，一个原初假说都充当了一个跳板，借助这个跳板，可以创造一个新假说，产生关于因果模式的额外信息。

描述性发现和因果发现都是大多数从事研究的社会科学家所产生的基本知识。但是，在评估一个研究传统——比如比较历史分析——所产生的总体知识时，考量关于阐述描述性发现和因果发现所使用工具的进步就很重要了。一个进步的研究传统，其典型特征应该是这些工具的积累。方法和元理论——前文所说明的知识的第三个和第四个成分——是此类工具的重要实例。

方法包含范围广泛的程序，分析者使用这些程序来产生描述性推论和因果推论。这里包括关于数据收集、案例选择、变量操作、度量、假说检验以及记录和报告结果的五花八门的规则。归根到底，很多方法所关注的是为产生有效发现制定缜密的程序，不管是描述性发现还是因果发现。相比之下，元理论指的是包罗万象的假设和导向，可以用来构想经验难题和可检验的假说，并帮助分析者构建更具体的研究问题。元理论提出导向性的概念，瞄准某些种类的变量作为重要目标，并指向研究和解释的风格。然而，它们并不一定需要说明任何直接可检验的命题集。正如我们将会看到的，研究民主和威权主义的比较历史学者广泛使用包罗万象的元理论导向，比如结构主义和自愿主义。

方法论和元理论发展中的累积进步需要学者们有意识地在彼此工作的基础上构建。当这种构建发生时，它可能反过来使得产生关于具体因果过程和描述性过程的知识更加方便。[1] 科学哲学中的很多讨论聚焦于通过范式或研究计划的改变而实现的元理论积累（例如，Kuhn 1970；Lakatos and Musgrave 1970）。尽管学者们对于这些观念在何种程度上可以应用于社会科学争论不休，但至少，他们为思考比较历史分析领域的元理论演化提供了有益的启发。例如，有些学者把论述政治体制的文献描述为从结构主义元理论向自愿主义元理论演化，向整合的元理论演化。关于方法论，这些工具常常被很好地用于知识积累，正如在统计学领域可以清楚地看出的那样，在那里，最近的

---

[1] 关于元理论阐述和方法论的知识积累使得更有用、更可信的实质性知识主张的产生变得可能（但不是确保）。当元理论被阐述得更好时，学者们就有更好的位置去构想令人信服的假说。当方法论发展时，学者们就更有能力可靠地检验他们的知识主张。

第四章　比较历史研究中的知识积累：民主与威权主义的案例

创新高度依赖于早期的发展。在比较历史分析领域，从 J. S. 穆勒的论证和推理方法向布尔代数演化，向模糊集技术演化，可能传达了类似进步的信号。当这些工具被用于实质性的研究时，关于方法论的知识积累尤其显著。当此事发生时，新的方法或许很快就变得"不可或缺"了，以至于分析者"必须了解它们"，"没有它们就什么也做不了"(Rule 1997, pp. 5—6)。

要强调的是，知识生产工具所产生的描述性发现和因果发现始终包含一个不确定的成分。不管元理论或方法论工具多么有力，知识积累的过程并非在产生确定为真的主张上达到顶峰。相反，知识在任何时间点上总是可能随后遭到质疑。在这个意义上，读者别指望比较历史分析——或者就这个问题而言也包括任何其他研究传统——产生某个由被证明毋庸置疑的发现组成的清单。

接下来的分析将探索知识积累的这些标准，其最中心的焦点是关于民主和威权主义体制的起源的因果发现。① 我将专注这一领域，因为很多在这一领域工作的学者——包括比较历史分析的口头批评者——授予因果分析作为社会科学研究终极目标的特权。比较历史分析的批评者或许承认，这一领域积累了一些关于描述性发现、元理论构想和可能方法的知识。但他们对于因果发现不大可能得出类似的结论。因此，因果发现的标准为民主与威权主义的比较历史研究提供了一个"很难对付的实例"。

巴林顿·摩尔研究计划

小巴林顿·摩尔的《独裁与民主的社会起源：现代世界形成中的领主与农民》(*Social Origins of Dictatorship and Democracy: Lord and Peasant in the Making of the Modern World*, 1966)常常被认为是比较历史研究传统中最重要的单本著作。然而，从当代的视角看，摩尔作品的重要性并不在于其关于议会民主、法西斯独裁的起源的那些因果假说的有效性。事实上，摩尔的具体假说是以一种相对比较含糊的方式陈述的，这使得后来的学者很难从经验上评估他的主张。此外，在迭代假说检验的过程中，后来的学者常常找不到这

---

① 关于因果发现，有一批不断增长的比较历史研究文献论述民主体制与威权主义体制的结果，以及民主的性能和稳定性。在这里我并不致力于讨论这批文献。

些假说的经验支持。

然而,摩尔的工作当之无愧地在比较历史研究的编年史中占据着首屈一指的地位。因为摩尔的核心贡献并非决定性地终结了关于独裁与民主的起源的讨论,而是启发了后来的假说细化和元理论发展,其程度几乎超过了现代社会科学领域的其他任何作品。

迭代假说检验与摩尔论点的证伪

摩尔的完整论证不容易概述。他强调不同事件相对于彼此的时机(例如,商业化农业相对于农业国家危机的时机),这使得很难用静态变量来说明他的论证。此外,他关注的是不同变量以何种方式结合起来影响结果,以及制度和时代的语境如何影响这些变量的作用。结果,学者们很难概述《独裁与民主的社会起源:现代世界形成中的领主与农民》一书,从而导致关于这本书的主要论证的一组有点莫衷一是的解释(例如,不妨比较 Skocpol 1973; Stephens 1989; and Paige 1997)。然而,尽管对于作为整体的论证有些混乱,但在指导研究的特定论证上有着广泛的一致。由于我所关注的是民主与威权主义,在这里我考量关于这些体制建立这个结果的两个假说。这两个假说并没有涵盖摩尔的所有论证,但对它们的证伪将会质疑分析的重要成分。

首先,摩尔认为,一个强大的资产阶级(主要被理解为从事工商业的城市居民)对于民主的创造很重要。特别是,法国、英国和美国之所以发展出了民主,是因为资产阶级最终避免了与土地精英结成同盟来反对农民(假说1)。在摩尔研究的民主国家,这个反农民同盟之所以得以避开,是因为土地精英在农业和/或政治转型的革命时期被削弱和取代(即英国革命、法国大革命和美国内战前后的事件)。随着土地精英被削弱,资产阶级能够履行其历史职责,建立议会民主制。

其次,在反动威权主义的案例中,压制劳工的地主与资产阶级结成了反农民同盟。具体说来,日本和德国发展出了反动的威权主义,是因为压制劳工的地主在与力量中等的资产阶级结成的反农民同盟中始终占上风(假说2)。在这些案例中,压制劳工的地主没有被资产阶级革命赶走,农民缺少团结的结构来成功地自下而上领导革命。结果,压制性的威权主义在有些国家发展起来

第四章　比较历史研究中的知识积累：民主与威权主义的案例

了，在那里，土地精英在农业商业化的过程中利用国家增加了来自农民阶级的剩余劳动力。

为数众多的比较历史研究者直接或间接地评估了这些假说。来自后来这些检验的证据并非一致支持摩尔的假说(参见表 4.1 和表 4.2)。一些最有力的挑战来自那些对《社会起源》中所分析的原初案例提供了新数据的学者。[①]例如，摩尔对英国的讨论受到了质疑，因为英国的地主在欧洲属于政治上最强大的，直至 19 世纪，而英国却发展出了民主政体(Skocpol 1973；Stephens 1989)。[②] 此外，尽管有很多证据支持摩尔的以下主张——到 19 世纪英国的资产阶级在经济上十分强大，但学者们对于光荣革命能不能被认为是一场资产阶级革命表示怀疑，即使是从在遥远的将来促进资产阶级的利益这个有限的意义上讲(Plumb 1966；Stone 1967)。还有一些分析者质疑资产阶级在 19 世纪是不是自动地推动民主，而没有受到其他行动者的压力(Stephens 1989，pp. 1032—1034；还可参看 Collier 1999，pp. 96—101)。

学者们还批评摩尔的这样一个论证：美国内战对民主制的建立至关重要。在摩尔看来，内战是一场"资产阶级革命"，在这场革命中，北方工业家与西部农场主的联盟打败了南方的压制劳工的种植园主。然而，分析者指出，美国在内战之后重新强加了压制劳工的农业，以至于国家避开了威权主义的路径(Wiener 1976，1978)。有些学者甚至声称，联邦的胜利阻碍了社会的进步和政治的发展(Bensel 1990)。无论如何，有几个评论者相信，美国内战期间打造的阶级同盟模式对于民主化并不是决定性的，即使在南方也是如此，而且，民主的真正推动力来自完全不同于摩尔所分析的社会力量和同盟(Rueschemeyer，Stephens，and Stephens 1992，pp. 122—132)。

[①] 使用摩尔最初的案例很重要，因为摩尔并不打算让他的论证适用于所有国家。控制《社会起源》中的论证的范围条件从未得到清楚的说明(不过可以参看摩尔对一些"更小国家"的评论，参见 p. xiii)。

[②] 摩尔试图绕开这个问题，声称圈地使得土地上层阶级能够成功地使农业商业化，并避免压制劳工的农业。因此，他声称，把地主的政治力量转变成威权主义的那些有用的镇压机制并不适用于英国。然而，斯科克波(Skocpol 1973)对下面这个结论的经验根据提出了担忧：英国的土地精英比其他国家的土地精英更具市场导向，更少压制劳工。

表 4.1　　摩尔研究计划中的迭代假说检验：民主制的建立

假说：一个避免了与压制劳工的土地精英结成反农民同盟的强大资产阶级促进民主制

	新证据与摩尔假说的关系			
	证实	部分支持	证伪	
英国			×	Skocpol 1973
				J. Stephens 1989
				Stone 1967
美国			×	Wiener 1976
				Wiener 1978
				Bensel 1990
法国		×		Skocpol 1979
				Huber/Stephens 1995
瑞典		×		Castles 1973
				Tilton 1974
				J. Stephens 1989
瑞士	×			J. Stephens 1989
丹麦		×		J. Stephens 1989
挪威		×		J. Stephens 1989
荷兰		×		J. Stephens 1989
				Downing 1992
比利时		×		J. Stephens 1989
哥斯达黎加	×			Gudmundson 1995
				Paige 1997
				Mahoney 2001
智利			×	Val enzuela 2001
				Huber/Stephens 1995
乌拉圭		×		Huber/Stephens 1995
阿根廷	×			Halperin 1995

表 4.2　摩尔研究计划中的迭代假说检验:威权主义体制的建立

假说:一个反农民同盟让压制劳工的土地精英与政治上处于从属地位的资产阶级团结起来,促进威权主义

	新证据与摩尔假说的关系			
	证实	部分支持	证伪	
德国			×	J. Stephens 1989
				Luebbert 1991
日本			×	Skocpol 1973
				Huber/Stephens 1995
澳大利亚	×			J. Stephens 1989
西班牙		×		J. Stephens 1989
				Schatz 2001
意大利		×		J. Stephens 1989
危地马拉	×			Mahoney 2001
萨尔瓦多	×			Paige 1997
				Mahoney 2001
尼加拉瓜			×	Paige 1997
				Mahoney 2001
洪都拉斯			×	Mahoney 2001
巴西	×			Huber/Stephens 1995
哥伦比亚		×		Huber/Stephens 1995
厄瓜多尔			×	Huber/Stephens 1995
墨西哥			×	Huber/Stephens 1995
巴拉圭			×	Huber/Stephens 1995

　　关于法国案例的新证据正反都有。摩尔低估了资产阶级在法国大革命中的直接作用,他认为,大革命最重要的影响是摧毁了土地精英的领主特权和政治权力。这些事实是有争议的,但很多学者认为,摩尔高估了革命之后贵族被削弱,低估了19世纪中叶的事件对民主化的重要性(Rueschemeyer et al. 1992,pp.88—90;Huber and Stephens 1995,pp.214—215)。同样,斯科克波

(Skocpol 1979,p.332)认为,摩尔没有认识到,革命创造了一些新的国家结构,而且这些新的国家结构后来成为民主化的重要障碍。

摩尔关于德国法西斯主义的论证也受到了质疑,有很多的经验根据。利用更晚近的历史材料,史蒂芬斯(Stephens 1989,pp.1044—1047)证明,尽管易北河以东的土地上层阶级——所谓的容克(Junker)——和工业资产阶级的同盟发展起来了,但这个同盟中最有影响力的合伙人正是资产阶级,而不是压制劳工的土地精英。这个证据导致史蒂芬斯得出结论:摩尔高估了资产阶级对民主制的重要性。然而,尽管史蒂芬斯坚持认为压制劳工的土地精英对德国法西斯主义的创立很重要,但吕贝特(Luebbert 1991,pp.308—209)甚至对这个更有限的主张提出疑问。吕贝特提出了证据证明,土地精英常常没有拉到很大数量的农民选票来支持法西斯主义,法西斯主义最强大的支持恰恰来自那些没有被土地精英控制的地区,比如德国中北部。[①]

最后,关于摩尔对日本的论证,有人提出严重质疑。从最基本上讲,学者们指出,日本缺少一个有影响力的、政治上很强大的大地主阶级(Skocpol 1973;Huber and Stephens 1995,pp.216—217)。因此,摩尔下面这个论点是站不住脚的:地主阶级对建立反动的威权主义至关重要。充其量,地主扮演了一个相对消极的角色:允许强大的官僚和军事精英攫取国家权力,着手工业扩张,最终让现代资产阶级受益。

考虑到摩尔假说在应用于他自己的案例时存在一些经验限制,因此一点也不奇怪,后来的分析在审视其他案例时提出了问题。有两次早期的努力试图应用摩尔的命题,却得出了相反的结论,它们分别是卡斯特雷斯(Castles 1973)和蒂尔顿(Tilton 1974)对瑞典民主化的分析。蒂尔顿认为,17世纪晚期查理十一世的改革削弱了瑞典土地精英的权力,古斯塔夫三世在18世纪晚期阻止了后来的土地精英与资产阶级结成同盟。因此,他的分析支持摩尔论证的主旨。相比之下,卡斯特雷斯认为,土地精英在政治上依然强大,尽管有查理十一世的改革,而且,到19世纪早期,他们与工业精英和官僚精英结成了同盟,十分类似于摩尔所说的"钢铁与黑麦的联姻",进而导致了威权主义。因

[①] 然而,有证据表明,德国后来的民主转型可以根据摩尔关于民主发展的假说来解释(参见 Bernhard 2001)。

此，卡斯特雷斯提出，如果摩尔的论证是正确的，瑞典就应该发展出一个反动的威权主义体制。在这两项研究中，卡斯特雷斯的研究看来基于更系统的证据。

根据多个案例检验摩尔假说的最实质性的努力是鲁施迈耶等人的研究(Rueschemeyer et al. 1992；还可参看 Huber Stephens 1989；Stephens 1989；and Huber and Stafford 1995)。这些作者检验了摩尔论证的很多不同的含义，对于它们的有效性得出的结论有细微的差别，即便确定无疑地正反都有。在摩尔没有研究的两次世界大战之间欧洲威权主义的案例中[①]，奥地利似乎对摩尔的命题提供了最大的支持。在奥地利，政治上强大的压制劳工的地主与王室和军队缔结了一个同盟，来监管高度威权主义的体制。此外，奥地利的资产阶级作为处于从属地位的合伙人与这些土地精英联系在一起(Stephens 1989, p. 1057)。相比之下，威权主义在西班牙和意大利的开始仅仅给摩尔的论证提供了部分支持。在这些案例中，尽管土地高度集中于土地上层阶级，但是就像摩尔在关于威权主义的同盟论证中所暗示的那样，他们并不直接从事压制劳工的农业，政治上也没扮演什么领导角色。此外，在西班牙和意大利，资产阶级并不依赖于土地精英(Stephens 1989, pp. 1040—1041, 1060—1061；还可以参看 Schatz 2001)。

鲁施迈耶等(Rueschemeyer et al. 1992)还就丹麦、挪威、瑞典、瑞士、比利时及荷兰的民主化，分析了摩尔的命题。来自这些案例的证据通常更有证明力，即使这些作者相信，摩尔没有强调的其他解释性因素是发挥作用的最重要变量。在这些国家，压制劳工的土地精英并没有强大到足以领导威权主义同盟，而资产阶级尽管未必很强大，但它在民主制的建立上是一个重要的行动者。或许，关于资产阶级在民主化中的作用，最好的案例是瑞士，在那里，较早的工业化使得城市居民能够在民主变革中扮演主要角色(Rueschemeyer et al. 1992, pp. 85—86；还可参看 R. Collier 1999)。城市中产阶级与农民之间的结盟对于丹麦和挪威的民主化在其早期阶段也很重要。同样，在比利时与

[①] 在这里，我聚焦于西欧。关于针对西欧的情况评估摩尔假说，参见 Stokes 1989。斯托克斯在他对比利时、匈牙利和捷克的分析中为摩尔的命题找到了部分支持，而在他对罗马尼亚和塞尔维亚的分析中找到的支持甚少。

荷兰,资产阶级在早期投票权扩大和政治改革的从属行动者的广泛同盟中扮演了重要角色(R. Collier 1999, chap. 3)。然而,据鲁施迈耶等人(Rueschemeyer et al. 1992, pp. 142—143)所述,在后面这四个国家,资产阶级积极地抵制重要从属团体的政治联合。因此,他们的结论是,资产阶级在促进民主上的作用是不明确的,对于摩尔的假说只提供了部分支持。

有几位学者还评估了摩尔关于实质性政治变异的假说,这些变异是中美洲国家的典型特征(Gudmundson 1995; Paige 1997; Mahoney 2001)。其中三个国家的体制结果——危地马拉和萨尔瓦多的威权主义、哥斯达黎加的民主制——的大多数证据支持摩尔的同盟论证。在危地马拉和萨尔瓦多,根基牢固的咖啡精英与一个更弱小的资产阶级集团组成了一个反农民同盟,这是威权主义创立和持久的一个重要因素。同样,符合摩尔论证的是,与哥斯达黎加建立民主制相关联的是相对缺少压制劳工的农业,以及正在进步的商业精英的相对强大位置,这个证据对于尼加拉瓜和洪都拉斯的威权主义更成问题,在那里,土地精英在20世纪早期美国干预事件之后失去了他们的大部分政治权力。①

在拉丁美洲的其他地方,摩尔的命题也得到了系统的关注(参见 S. Valenzuela 2001, Huber Stephens 1990, Huber and Stafford 1995,尤其是 Huber and Stephens 1995 中的相关章节)。对于20世纪上半叶的智利,大多数分析者同意,不管是不是存在压制劳工的农业和一个强大的土地寡头统治集团,民主制都能够发展起来(参见 J. S. Valenzuela 2001)。在阿根廷,资产阶级避免了与土地精英结成同盟,可以认为前者在20世纪初期建立民主制上扮演了一个重要角色(Halperin 1995),不过对于大致同一时期的乌拉圭,最初民主化的故事就更加复杂了,因为大地主与刚刚发展起来的资产阶级一起积极地支持民主(Huber and Stephens 1995, p. 201)。在20世纪早期和中叶的威权主义案例中,只有老共和国治下的巴西强有力地支持摩尔,其他国家都发展出了威权主义体制,而并没有明确的压制劳工的土地精英扮演一个重要角色(巴拉圭、厄瓜多尔和墨西哥)或仅仅扮演一个相对次要的角色(秘鲁和哥伦比亚)

---

① 尼加拉瓜和洪都拉斯实际上更符合摩尔对印度的讨论中所提出的隐含发展模式。有一篇讨论,参见 Mahoney 2001。

(参见 Huber and Stephens 1995)。

从这一研究中得出的几个结论值得强调一下：

第一,对于最近三十多年来出现的新证据,摩尔关于民主和威权主义的具体假说只得到了十分有限的和有条件的支持。考虑到比摩尔假说更优的选项如今已经存在(参见后文),我相信,这些新证据足以证伪本节考量的两个假说作为体制结果的一般性解释。

第二,大多数反证据并非来自摩尔没有考量的新案例,而是来自《社会起源》中已经分析过的那些国家的新数据。考虑到小样本难题从比较历史分析的批评者那里得到的所有关注,发人深省的是,这个研究模式中的假说证伪可以通过对原初案例的再分析来实现。

第三,在重新审视摩尔假说的努力中,产生了大量关于民主和威权主义起源的新信息。就连得出"否定"意见的假说检验也教给我们很多东西,只要这些假说一开始在理论上是有意义的。

第四,摩尔的工作启发了关于描述性范畴的知识积累,尤其是社会阶级范畴。这一点可以从很多学者的工作看出,这些学者把摩尔的范畴应用于摩尔本人并没有考量的新案例。此外,学者们无疑在他们后来的研究中修改了摩尔的阶级范畴。例如,佩奇(Paige 1997)对中美洲咖啡精英的分析导致他定义了一个新的阶级范畴——农业资产阶级,它结合了摩尔的土地阶级和资产阶级的特征。同样,鲁施迈耶等人(Rueschemeyer et al. 1992)在理解压制劳工在农业地主的概念化的作用上做出了重要改进,这些修改影响了其他的比较历史研究者(例如 Wood 2000, pp. 8—9)。

第五,当然,这一概述显示,通过迭代假说检验实现的知识积累在论述民主和威权主义的比较历史文献中大规模地发生。尽管学者们常常为下面这个事实而哀叹——因果发现在社会科学中很少经受住复制和迭代检验,但这一指控并没有应用于巴林顿·摩尔的研究计划。

假说细化与知识进步

摩尔著作的核心贡献是刺激一个学者共同体精心细化他的假说,使得我们现在有了很多关于民主和威权主义原因的连贯知识。这样的假说细化不仅仅涉及对摩尔最初主张的特定修改,而且重估的过程导致了摩尔没有考量的新假说,而这些假说有很多可检验的含义。当这些新假说被发展出来时,后来的研究者便重新检验它们,借此启动新的迭代假说检验过程。

在这个论述民主和威权主义的摩尔研究计划中,鲁施迈耶等人的《资本主义发展与民主》(*Capitalist Development and Democracy*)大概是最重要的作品。这本书尤其有意义,因为它是构建于民主的定量研究的基础上。特别是,几位作者首先从资本主义发展与民主之间的统计学关联开始,这一关联在定量研究文献中已经被反复证实。① 通过对历史序列的叙事分析,他们的目标是找出一些中间过程,能够解释为什么存在这一关联。

几位作者对摩尔的论证做了很多成果丰硕的修改。他们最基本的假说是:资本主义的发展与民主有关联,因为它改变了社会中阶级实力的相对平衡。② 特别是,发展往往增强工人阶级及其他处于附属地位的阶级,同时削弱土地上层阶级。几位作者假设:工人阶级通常会带头要求民主,尽管成功地建立民主制可能需要与农民、中产阶级或资产阶级结成同盟。相比之下,在对摩尔的研究进行的一次微妙的细化中,他们假设:依赖廉价劳动力大量供应的土地精英——未必是压制劳工的地主——是最持久的反民主力量。几位作者通过审视令人印象深刻的一连串先进资本主义国家和拉美国家来检验这一论证。

鲁思·贝林斯·科利尔(Ruth Berins Collier 1999;还可参看 Bermeo 1997)最近对工人阶级在民主化中所扮演的具体角色提供了一幅更复杂一点的肖像。一方面,科利尔强调,工人阶级在很多对当代民主化的解释中被低估了(还可参看 Collier and Mahoney 1997)。但另一方面,她重新检验了鲁施迈耶等人对于 19 世纪和 20 世纪早期的案例所提出的假说,发现工人阶级的作用对于某些国家被高估了。她的结论是:尽管民主化在部分程度上是一个基于阶级的过程,但它也是一个政治和策略的过程,在这个过程中,政党和精英

---

① 最近一篇对这批研究文献的评论参见 Bunce 2000。关键性的早期作品包括 Lipset 1959,Cutwright 1963,and Bollen 1979。更晚近的研究暗示,经济发展可能随着时间的推移而影响民主制的可持续性,而不是民主本身的出现。参见 Londregan and Poole 1996,Gasiorowski and Power 1998,Przeworski *et al.* 1996,Przeworski and Limongi 1997。

② 除了阶级权力之外,这几位作者还考虑用国家的自治权力与跨国权力的关系来解释民主化。

第四章 比较历史研究中的知识积累:民主与威权主义的案例

所发挥的作用常常比摩尔研究计划中认识到的更大。

像这样的工作,连同摩尔传统中其他很多相关的书籍和文章(例如 Huber and Stafford 1995；Paige 1997；Yashar 1997；Skocpol 1998；Wood 2000),告诉了我们关于基于阶级的民主和独裁起源的很多东西。我们如今有扎实的证据证明:依赖劳工的土地精英——即便不像摩尔假设的那样是压制劳工的土地精英——与民主制的建立和持久有着负面关联。例如,在欧洲,我们从史蒂芬斯的研究(Stephens 1989)中得知,对于两次世界大战之间农业精英的力量与民主制存活之间的逆向关系,英国大概是唯一的重要例外。在拉丁美洲,三个有着明显重要的民主史的国家——乌拉圭、阿根廷和哥斯达黎加——全都以相对较弱势的地主为特征。相比之下,至少在20世纪80年代之前,那些有着更重要的劳工依赖型土地精英阶层的国家通常更为专制,包括巴西、玻利维亚、秘鲁、厄瓜多尔、危地马拉和萨尔瓦多(参见 Huber and Stafford 1995)。拉丁美洲最大的例外大概是智利,它有着漫长的民主史,但常常被认为有着一个强大的劳工依赖型土地精英阶层。[①] 与此同时,有几项研究提出,地主在形成拉丁美洲威权主义方面的影响必须放到政治同盟形成所涉及的更广泛的历史序列的角度来看(例如 Collier and Collier 1991；Yashar 1997)。例如,如果处于从属地位的阶级不能组成同盟,弱势地主就可能成功地阻止民主。然而,考虑到这些总体发现,下面这个说法是公平的:对于跨国定量研究中资本主义的发展为什么与民主制的出现和/或持久有关联,土地精英的削弱可能是最貌似有理的解释。[②]

关于其他阶级在民主化中的作用,我们有很多了解。例如,我们知道,资产阶级并没有扮演摩尔及其他马克思主义分析者所构想的推动历史进步的角色。同样,我们知道,中产阶级在支持民主化上远没有很多现代化理论家所认为的那样持续一致(参见 Rueschemeyer et al. 1992)。一般而言,资产阶级和

---

① 然而,史学中的分歧使得我们很难没有歧义地描述智利土地精英的性质。参见 J. S. Valenzuela 2001。

② 然而,正如埃特曼(Ertman 1998)所指出的,有时候很难支持下面这个论证:地主的直接"作用"在阻止民主制建立或促进民主崩溃上很重要。最近研究拉丁美洲的比较历史工作暗示,地主的权利可以视为一个影响民主化的变量,这一影响主要是通过塑造其他行动者——尤其包括军人——的战略计算和作用来实现。无论如何,需要做更多的研究来解释一些中间变量,土地精英的权力本身正是通过这些变量来影响民主。

中产阶级支持他们自己的政治成员,当分裂和面对党派竞争时,这些阶级的小集团有时候提倡从属团体的成员去动员政治支持。然而,在很多历史的和当代的案例中,资产阶级和中产阶级不愿意把民主权利授予范围更广泛的社会(D. Collier 1979a; Luebbert 1991; Rueschemeyer et al. 1992; Huber and Stafford 1995; Paige 1997; R. Collier 1999)。比较历史研究者因此证明,不可能简单地坚持下面这个一般性的主张——资产阶级或中产阶级是民主的核心运载者,更谈不上对民主必不可少了。

我们有相当可观的证据表明,在很多历史的和当代的民主进程中,工人阶级是几个重要行动者之一。同样,有很好的证据表明,即使当工人阶级采取反民主的立场时有一些重要的例外,工人阶级也是一个持续支持民主的阶级行动者(Therborn 1977,1979; Rueschemeyer et al. 1992; R. Collier 1999)。实际上,我们现在对形成工人阶级对民主的态度的一些关键变量有了一些理解,这些变量中包括贵族的特权(例如 Bellin 2000)。但我们还知道,民主化很少是一场自下而上的胜利,在这样的胜利中,工人及其他底层群体承担了唯一责任,哪怕是主要责任。首先,正如达尔(Dahl 1971)所提出的,民主化的历史过程常常涉及很多步骤,在这个过程中,不同的阶级和行动者在不同的阶段有不同的影响力。作为对欧洲案例的一般化,你可以说,工人和从属群体往往在最后阶段扮演最重要的角色,而精英则在早期阶段发挥主要作用。总的来说,欧洲工人阶级的作用在那些民主制建立相对较晚的历史实例中往往最大(例如1918年的瑞典、1919年的芬兰、1849年的丹麦、1864年的希腊)(R. Collier 1999)。

除了关于特定阶级行动者的知识之外,接触摩尔的假说还导致很多学者发展出关于体制结果的阶级同盟基础的新洞见。尽管这些研究未必提供可以应用于所有时间和地点的普遍性论证,但它们告诉我们关于特定案例集的很多东西。例如,吕贝特关于两次世界大战之间那段时间产生欧洲自由主义民主制、社会民主制和法西斯主义的社会阶级同盟的论证给政治党派塑造阶级同盟构造的方式投射了一束新的光亮。尽管迭代假说检验对吕贝特针对具体案例的某些命题提出了质疑(参见 Kitschelt 1992; Ertman 1998),但是,有实质性的经验证据支持他的下列一般性论证:(1)第一次世界大战之前自由主义

第四章 比较历史研究中的知识积累：民主与威权主义的案例

政党与劳工运动之间的结盟帮助促进了两次世界大战之间那段时间的自由主义民主；(2)农民政党与工人政党或极右翼政党结成同盟的决定极大地影响了发展起来的究竟是社会民主制还是法西斯主义。吕贝特对摩尔的研究最重要的修改是关注政治党派如何调停社会阶级的利益和要求，并着重于范围更广泛的阶级行动者，而不只是摩尔的土地阶级、资产阶级和农民。

另外一些细化假说的努力涉及比《社会起源》中更彻底地把社会阶级原因置于与国际体系原因的关系中。这方面的一个重要实例是唐宁（Downing 1992）论述现代早期欧洲民主与威权主义起源的作品，这部作品的"每一页……写的时候都留意巴林顿·摩尔的经典研究"（p. 241）。尽管他欠摩尔的情，但唐宁认为，现代欧洲体制结果的根源更多地在于国际战争和国内军事力量的建立，其意义远比摩尔认为的更为重要。特别是，唐宁坚持认为，在那些面对重大战争并动员广泛国内资源为现代军队筹集资金的欧洲国家，都发展出了威权主义，而当其中任何一个条件缺乏时，民主制便是结果。尽管唐宁详细解释了这些变量与摩尔所强调的阶级同盟因素之间的关系，但这本书的主要解释首先凸显的是国际军事压力。巴林顿·摩尔本人认识到了这一差别，他写道，唐宁的工作"跨出了一大步，超越了我的《独裁与民主的社会起源》"[1]。

还有一些更激进的试图细化摩尔假说的努力——尽管依然接受他的基本研究导向——包括聚焦于未必能简化为社会阶级的公民社会中的行动者和过程。在最近对这一立场的阐述中，埃特曼（Ertman 1998）提出，社团生活和政党竞争的模式可以解释为什么某些西方国家在两次世界大战之间那段时间维持了民主制，而另外一些国家则沦为右翼威权主义。特别是，他提出，民主制的维持既需要高度发展的社团景观，也需要牢固确立的政党和政党竞争。尽管这个"托克维尔式的"论证肯定超越了摩尔的假说，但埃特曼是通过与摩尔之间的明确对话而发展了它。现在的挑战是，其他学者应当通过迭代假说检验来评估埃特曼的论证。

正如这篇分析所暗示的，比较历史研究者已经大大超越了摩尔试图理解

---

[1] 转引自唐宁著作（Downing 1992）封底上所引用的摩尔的话。

民主与威权主义起源的研究。在这一研究中，那些只在最大化一般性的研究与那些贴近聚焦于少量案例的研究之间一直有成果丰硕的互动。一个很好的实例是摩尔对土地精英的强调，这最初是针对范围有限的案例发展起来的，但后来针对数量更大的国家群落一般化了，包含在最近的统计学研究中（例如 Vanhanen 1997）。同样，聚焦于少量案例的工作使用了来自统计学研究的洞见，为的是最大化我们对在特定案例中发挥作用的因果力的理解。一个很好的实例是鲁施迈耶等人的书（Rueschemeyer et al. 1992），它基于资本主义民主与民主制之间的统计学关联——最初由利普塞特（Lipset 1959）阐述，为的是对民主制提出新的比较历史解释。

关于元理论和方法论的一个注释：结构主义与序列分析

不可否认《社会起源》一书对社会科学中"结构主义"传统的重要意义。尽管结构主义根源可以一路追溯到卡尔·马克思，甚至更远，但是，当《社会起源》出版时，在这一传统内工作的学者寥寥无几。实际上，当时大多数学者要么避开关于宏观社会发展的比较问题，要么在自然史方法及其功能主义理论变种的局限之内处理这些问题。《社会起源》提供了一个非常引人入胜的选项，以至于复活了整个结构主义传统，至今影响着政治学和社会学中一系列经验主题的学术研究工作。

结构主义是作为一个元理论而构想的，或者是一个一般性的导向，为构想假说和理解社会现象而无须接受任何具体的可检验命题提供向导。结构主义的核心是关注分析群体与社会之间的客观关系。结构主义认为，社会关系的构造以可预测的方式塑造、限制和赋权行动者。结构主义通常贬低或拒绝对社会现象的文化解释和基于价值的解释。同样，结构主义反对完全或主要从心理状态、个人决策过程或其他个人层面的特征的角度来解释社会现象的方法。

摩尔的结构主义在强调阶级关系作为现代化驱动力上利用了马克思主义政治经济学。摩尔的诸多创新之一是把古典马克思主义扩大到农业部门。许多年来，很多学者发现，这个集中于农业阶级的焦点很有用（例如 Paige 1975, 1997; Skocpol 1979; Wickham-Crowley 1992; Yashar 1997）。与此同时，学者们把摩尔对阶级的强调扩大到了其他种类的社会关系,尤其包括国家结构和国际结构(例如 Skocpol 1979; Collier and Collier 1991; Rueschemeyer et al. 1992)。已经出现的结构主义元理论强调阶级之间的关系、阶级与国家之间的关系,以及国家之间的关系(阶级-阶级关系、阶级-国家关系、国家-国家关系)。比较历史研究(如今还有其他种类的宏观分析)中很多解释性假说源自对这些关系的分析。

除了向结构主义元理论转变之外,摩尔还复活了比较历史研究中对历史序列和时机的方法论强调。与那些强调变量在多大程度上影响结果的平常论证比起来,摩尔探索的是变量在序列之内的时间位置如何影响结果。正如皮尔森(Pierson 2000)所言,对摩尔来说,问题"不只是为何,而且有何时"。例如,摩尔认为,在农业官僚国家,政治危机爆发相对于农业商业化的时机至关重要。摩尔假设,当政治危机在商业化农业发展之后出现时,资产阶级会更强大,因此民主制更有可能出现。相比之下,如果政治危机在商业化农业确立之前出现,农业阶级余威犹存的力量更有可能产生威权主义结果。自《社会起源》出版以来,几乎所有比较历史学者都开始对事件和过程的时间排序以何种方式对结果产生重要影响予以理论化。实际上,我们现在有了丰富的累积文献来讨论这种序列分析中提出的方法论问题。

奥唐纳和林兹-斯捷潘研究计划

比较历史分析领域另外两个高度可见的研究计划是随着吉列尔莫·奥唐纳以及胡安·林兹和阿尔弗雷德·斯捷潘的工作而启动的。奥唐纳计划在元理论重点上类似于摩尔计划,但它对于拉丁美洲政治体制的演化提出了一组截然不同的概念和假说。相比之下,林兹-斯捷潘计划构建在完全不同的元理论基础之上,聚焦于领导力、战略选择和偶然性。

测试官僚威权主义模型

奥唐纳(O'Donnell 1973)的拉丁美洲官僚威权主义(B-A)体制的起源理论受到了一系列关于拉丁美洲依赖型资本主义发展和社会政治变革的论证的

影响。[①] 他的名作《现代化与官僚-威权主义：南美政治研究》(*Modernization and Bureaucratic-Authoritarianism: Studies in South American Politics*)及相关著作都是从"依赖理论"传统中产生的。依赖理论是作为一个元理论而不是一组可直接检验的假说而构想的。它的支持者们抵制这样的努力：试图把方法等同于关于不同水平和类型的依赖所产生的效应的假说（例如Cardoso1977；Palma 1978）。依赖理论认为，一个国家在全球资本主义经济中的位置通常影响它的发展前景。处于全球经济边缘的国家往往变得依赖"核心"国家，并经历高度扭曲形式的资本主义发展。除了这些一般化外，依赖的实际情况各国之间有所不同，因此应根据真实国家的结构来分析依赖型国家的结果。这样做需要关注国内社会群体和阶级、国家及外部行动者之间不断演化的关系(Cardoso and Faletto 1979；Evans 1979)。

奥唐纳对一种特别严酷的技术专家型威权主义体制的起源提出了具体论证，并借此鼓吹依赖理论，这种类型的国家于20世纪60年代开始出现在南美洲一些经济最发达的国家——1964—1985年的巴西、1966—1970年和1976—1983年的阿根廷、1973—1985年的乌拉圭，以及1973—1990年的智利。为了解释这些B-A型体制如何能够出现，尽管有实质性的经济发展，但是奥唐纳聚焦于依赖型现代化的三个关键方面：工业化、民众部门的政治活跃，以及国家和社会中技术角色的增长（参见Collier 1979a, pp. 25—28）。第一，他强调与依赖型国家工业化"深化"相关联的问题，这些问题涉及从简单消费品生产向中间品和资本品制造转型所带来的挑战。尽管消费品轻工业在关税保护和国家津贴时期可以繁荣兴旺，但最终的通胀、支付平衡问题和饱和的国内需求将会迫使政策制定者追求更先进的资本品生产。在此过程中，他们很可能会采用更具市场导向的政策，并积极地寻求外国投资。第二，在轻工业化早期的容易阶段，工人及其他平民行动者在平民主义国家政策的保护下发展出了实质性的政治力量。然而，随着经济危机和正统政策的引入，这些政治

[①] 特别是，奥唐纳是基于另外一些学者的研究，比如费尔南多·恩里克·卡多佐(Fernando Henrique Cardoso)和恩佐·法莱托(Enzo Faletto)、菲利普·施密特(Philippe Schmitter)、阿尔弗雷德·斯捷潘，托马斯·斯基德莫尔(Thomas Skidmore)、塞尔索·富尔塔多(Celso Furtado)、托尔夸托·迪泰拉(Torcuato di Tella)，以及其他很多人。参见O'Donnell 1973, p. 53, fn. 2。

第四章 比较历史研究中的知识积累：民主与威权主义的案例

上活跃的群体往往会举行罢工和抗议，从而加剧不断出现的经济和政治问题。第三，最初的工业化导致私人部门和政府（包括军队）中的技术专家剧增。军事和平民技术专家之间的这些先前已经存在的同盟可能促进一个政变同盟的形成，最终建立一个高压 B-A 型体制。

20 世纪 70 年代中期，当奥唐纳的理论——最初只是在阿根廷和巴西有 B-A 型体制时构想的——似乎正确预言了智利和乌拉圭的官僚威权主义的出现及其在阿根廷的再次出现时，这些论证就吸引了大量的关注。这一理论的预测在学者中引发了进行迭代假说检验的努力，其中最严肃的努力随着《拉丁美洲的新威权主义》(*The New Authoritarianism in Latin America*, Collier 1979a)的出版而发生。戴维·科利尔(David Colliees 1979b)的第一章把奥唐纳五花八门的论证放到一起，纳入一个逻辑一致的模型中，提供了一个清晰的概念框架和一组假说，供其他撰稿人评估。该书的后面几章严格地评估、细化和驳回了这些概念和假说。正如摩尔的研究一样，奥唐纳的模型遇到的一些最重要的挑战来自那些根据官僚威权主义案例本身来重估证据的分析。例如，关于深化的假说，赫希曼(Hirschman 1979)、塞拉(Serra 1979)和考夫曼(Kaufman 1979)在阿根廷之外找到的支持很少。相反，这些学者证明，对深化工业化的关切对于 B-A 型体制内部的关键政治行动者的重要性常常很小。另外一些假说，比如那些关于平民部门抗议和技术专家的作用的假说，得到的支持有正有反，后来通过与另外的拉美国家进行比较而在一些成果丰硕的方向上被细化了。例如，后来的学者发现，平民部门日益重要的角色是 B-A 型体制创造中的一个要素。然而，在拉美国家中，平民部门的力量千变万化，并非所有官僚威权主义案例都以强大的平民部门为标志(例如巴西)。另外一些具体假说更持续一致地得到拉美国家的支持。对奥唐纳下面这个论证的一般性证明也是这样：特别严重的"需求-执行鸿沟"与巴西、阿根廷、乌拉圭和智利的官僚威权主义的开始有关联。在该书的结论那一章，科利尔(Collier 1979c)很实用地综合了书中的发现，为评估奥唐纳的假说提供了一种类似"记分卡"的东西，并指向未来研究的优先事项。

后来一些致力于检验奥唐纳假说的努力评估了奥唐纳最初模型的另外一些具体含义（例如 Remmer and Merkx 1982; Cammack 1985; Remmer

1989)。然而,其中大多数分析把奥唐纳的假说用作他们自己关于拉美威权主义的论证的一个起始点。例如,蒙克(Munck 1998)把奥唐纳的研究用作理论化拉丁美洲从官僚威权主义向民主转型的一个基础。在这样做的过程中,他强调体制如何通过一系列生命周期阶段(起源、进化和转变)来演化,一些可确认的变量(政府精英之间的凝聚程度、反对派的力量,以及制度安排)如何推动从一个阶段走向下一个阶段。雷默的研究(Remmer 1989)在奥唐纳模型的基础上构建,假设排他性的威权主义体制很可能在相对较低和相对较高的社会经济现代化水平上出现,而更具包含性的威权主义体制很可能在社会经济现代化的中等水平上出现。雷默提出的调停这些关系的过程,比如国际整合、政治动态和社会不平等,是对奥唐纳模型的扩充。

奥唐纳并没有以一种毫无歧义地为检验 B-A 模型而定义一个案例集的方式来指定范围条件。一点也不奇怪,对于把 B-A 论证扩大到拉丁美洲之外的其他案例,后来出现了争论。例如,有人提出这样的问题:能不能有意义地用来自诸如土耳其和韩国这样的国家和来自诸如南欧和非洲这样的地区的证据来检验这个论证(O'Donnell 1973, pp. 92—93; Collier 1979b, pp. 395—397; Mouzelis 1986, pp. 177—181; Im 1987; Richards and Waterbury 1990, p. 359)? 大多数把奥康纳的论证扩大到拉丁美洲之外的学者并不特别关注用新证据来驳倒 B-A 模型。相反,他们将这个模型作为一组敏感化概念和导向性假说,并发现,在经过打磨以应用于新的语境时,奥唐纳的观念有着实质性的效用。在这个意义上,即使奥康纳模型的很多具体假说受到来自拉丁美洲的证据的质疑,研究拉美之外地区的专家也能成果丰硕地利用奥唐纳提出的描述性发现和元理论导向。

在拉丁美洲政治领域,奥唐纳的研究是科利尔和科利尔的《打造政治竞技场》(*Shaping the Political Arena*, 1991)的一个重要刺激,这本书帮助把如今很多比较历史分析中所使用的"关键节点"方法具体化了。在《新威权主义》的结论那一章,D. 科利尔(D. Collier 1979c)提出,应当在体制变革更长周期的框架之内来看威权主义的兴衰。《打造政治竞技场》捡起了这个主题,证明 20 世纪早期和中期拉丁美洲发生劳工结社的不同方式对第二次世界大战战后时期有重大影响。例如,在巴西,劳工结社在 20 世纪 30 年代和 40 年代是由国

第四章 比较历史研究中的知识积累：民主与威权主义的案例

家施行的,目标是要把劳工运动去政治化并加以控制。结果,到20世纪50年代晚期,巴西的典型特征是相当可观的政治两极化和政策墨守成规,这些条件直接促成了1964年的民主崩溃和军人统治的出现。相比之下,在委内瑞拉,一个以动员并积极促进劳工运动的政党在20世纪30年代和40年代施行了劳工结社。结果,到20世纪50年代,委内瑞拉建立了一个相对和平的选举制度,以两党之间的竞争为典型标志。

科利尔和科利尔的论证在范围和细节上是包罗万象的,对八个国家提供了细致入微的分析,跨越数个十年。这一论证的宽广和细微使得学者们很难追求迭代假说检验程序。然而,《打造政治竞技场》中发展出来的关键节点框架被几个研究拉丁美洲体制变革和政党体系演化的学者明确采用了(例如Scully 1992；Yashar 1997；Mahoney 2001)。这些研究发出了一个信号,说明和摩尔相关联的比较历史分析的古典传统与和研究拉丁美洲的工作相关联的政治经济学及依赖视角之间有一个重要交叉。如今很难甚至不可能把那些落入摩尔传统的体制变革研究与那些落入奥唐纳传统的研究区分开来。

自愿主义元理论：领导力及之外

有一个完全不同的研究计划,其起源在胡安·J.林兹和阿尔弗雷德·斯捷潘编辑的名作《民主体制的崩溃》(*Breakdown of Democratic Regimes*, 1978)中。这个林兹-斯捷潘计划被对政治代理人和自愿主义的关切所推动,包括一次这样的努力:试图背离正在出现的摩尔和奥唐纳研究计划之内所发现的更具"决定论的"结构主义方法。这个系列丛书的目标是把领导力和视情况而定的政治选择纳入进来,与一些更结构主义的因素,比如阶级冲突并列。正如林兹(Linz 1978)在《崩溃》系列的理论卷中所解释的那样,"我们觉得,社会的结构特征……构成了社会和政治行动者的一系列机会和约束"。然而,他继续说,"我们将从下面这个假设开始:有些行动者,他们的某些选择可能增加或减少一个体制的持久和稳定的可能性……领导力……可能是决定性的,而且不能被任何模型所预测"(pp. 4, 5)。在《崩溃》项目的案例分析部分,这本书的参与者发展了这个自愿主义的主题,强调领导力作为体制变革过程中"非必然王国"的重要性(Stepan 1978；还可参看A. Valenzuela 1978)。

考虑到对政治精英和自愿主义的这一强调,几乎一点也不奇怪,林兹和斯捷潘既关注描述民主崩溃形态阶段的核心成分,同样也关心通过界定清晰的自变量来解释这些事件。很多注意力聚焦于作为民主崩溃典型特征的政治过程和顺序。例如,林兹(Linz 1978)描画了民主体制在崩溃、演化成威权主义体制过程中的典型阶段。这些阶段包括已经降低的体制效能和效率、"不可解决"问题的出现、不断下降的总体体制合法性水平、强大的不忠诚反对派的出现、忠诚反对派向半忠诚反对派的转变,最后是民主体制的颠覆。中心重点被放在在职者的作用上,他们执行能够解除体制危机的行动,借此阻碍运动向后来阶段发展,并终止崩溃过程。此外,在崩溃的形态模式内,很多的学术能量被耗在了发展那些为林兹特别感兴趣的特定案例量身定做的子模式、细微差别和变异上(例如 Linz 1978, pp. 75—76)。

在此过程中,林兹-斯捷潘计划还提供了——至少是暗含地提供了——几个关于威权主义原因的假说。其中很多假说是基于关于政权体系合法性的假设,不断下降的合法性被理解为导致民主崩溃的原因。另外几个假说整理了一些对于向威权主义转变之前出现的政治趋势的传统却重要的理解。例如,林兹识别了选民转向极右翼政党,以及重要精英作为民主崩溃的敏锐感知者对政府的谴责。这些假说在刺激一个相当于摩尔和奥唐纳的计划所描述的聚焦于迭代评估的程序上不是那么成功。例如,在建立完全独立于体制稳定性的合法性措施的过程中提出了一些难题,学者们并没有投入实质性的努力来检验林兹所识别的政治事件事实上是不是与体制变革有持续一致的关联。

关于林兹-斯捷潘计划中的因果过程相对有限的知识积累,部分程度上被这个程序在通过描述性发现刺激知识积累上的成功所抵消。或许,林兹-斯捷潘计划最基本的贡献是概念发展和体制分类。林兹(Linz 1975)论述民主体制、威权主义体制和极权主义体制的定义性维度的著名作品影响了数不清的体制变革研究。他对威权主义体制的定义——有限多元主义和统治精英当中缺少一种紧密复杂的意识形态,以及社会内部有限的政治动员(Linz 1975, p. 264)——依然是这类研究文献中最有影响力的。这个定义使得创造威权主义子类型更加便利,比如官僚威权主义、军事威权主义和个人威权主义(即苏丹主义)。这些概念属于这个领域更稳定的分析范畴,代表了大量学术工作的关键基础。林兹的类型学还帮助学者们从形式上辨别威权主义体制之间的差别,比如弗朗哥的西班牙与像苏联那样的体制。林兹指出,后者的典型标志是一元主义和统治精英当中精密复杂的指导性意识形态,以及社会内部很高水平的引导强制参与。

或许仅次于罗伯特·达尔(Robert Dahl 1971),林兹是民主的最小程序定义的主要创立者,这个定义成了当前被用在民主化研究中的共识。林兹把民主定义为"阐述和提倡替代性政治选项的法定自由,伴随性的结社和言论的自由及其他基本人身自由的权利;领导人之间自由的、非暴力的竞争,周期性地确认他们对统治权的主张;把所有现行的政治职务都包含在民主过程中;为政治共同体的所有成员提供参与,不管他们的政治偏好如何"(1978, p. 5)。对今天的很多或大多数学者来说,民主是从类似的角度被理解为有广泛投票权的、不存在重大舞弊的、有竞争的选举,连同对公民自由的有效担保,包括言论、集会和结社的自由。尽管很多当代比较历史研究者使用这个定义,把民主理解为一个二分变量,但是他们还惯常使用体制子类型(例如选举民主、限制性民主和软威权主义)来捕捉不同的渐变(参见 Collier and Levitsky 1997)。

至于林兹-斯捷潘计划的自愿主义元理论,其影响力很容易在论述当代民主化的"转型研究文献"中看出。在他们如今已成为经典的研究——《关于不确定民主的试探性结论》(*Tentative Conclusions about Uncertain Democracies*)中,奥唐纳和施密特(O'Donnell and Schmitter 1986)扩大了林兹和斯捷潘的反结构主义导向,他们提出,"正常社会"可能不适合解释当代发展中世界的民主。这两位作者同样遵循林兹和斯捷潘的研究,提供了一个主要是描述性的方法,一个以识别形态模式为导向的方法,威权主义体制通过这个模式演化成民主。如果与结构主义解释相比较,就有一个清晰的焦点转变,转向了精英、条约、政治手腕和有效的领导力——这些主题很快就被另外一些作者捡起来了(例如 Baloyra 1987; Di Palma 1990; Higley and Gunther 1992)。[1] 当越来越多的国家变得民主时,出现了一大批研究文献,它们给不同的几组国家可

---

[1] 还可参看《发展中国家的民主》(*Democracy in Developing Countries*)中戴蒙德、林兹和利普塞特(1988—1989)编辑的那几卷。尽管这项研究纳入了范围广泛的变量,但它缺少一个系统框架来整合这些变量。结果,它的主要价值是对特定案例的过程提供了丰富的描述。

选的民主路径和"转型模型"分类,其区别性特征常常是基于政治当权者和反对派行动者所扮演的不同角色(Linz 1981; Share and Mainwaring 1986; Stepan 1986; Karl 1990; Karl and Schmitter 1991)。

你可以合情合理地提出一些问题,涉及林兹-斯捷潘计划究竟在何种程度上落在本书导言中所定义的比较历史研究传统之内。一方面,这个计划在阐述概念和分类方案上十分成功,已经成了这一领域研究的基本构件。这个程序还把历史用作说明体制变革总体形态模式的一个基础。然而,另一方面,比较历史研究的定义性特征是对仔细描述的案例中界定清晰的结果进行因果分析。林兹-斯捷潘计划较少地聚焦于这一活动。特别是,转型研究文献不是关于因果发现的实质性积累研究的场所。正如南希·贝尔梅奥(Nancy Bermeo 1990)、卡伦·雷默(Karen Remmer 1991)和杰拉尔多·蒙克(Gerardo Munck 1994)这些学者所认为的,这项工作的自愿主义基础导致很多分析者把每个转型都描述为独一无二的和不可预测的,同时相对较少地努力致力于提供可能刺激迭代假说检验过程的一般化。结果,关于最近民主转型的因果过程,学者们彼此之间学到的东西并不多,不如那些基于更具结构主义性质的元理论的研究计划。

在最近几年里,民主转型研究发生了两次成果丰硕的拓展,可能为未来更成功的研究计划奠定基础。首先,一些来自其他方法论导向和分析导向——理性选择分析——的学者被这一研究的谈判和协商方面所吸引。在奥唐纳和施密特最初的阐述中,转型过程被描述为一个四方博弈,被体制内的强硬路线派和温和路线派及反对派的最高纲领主义者和最低纲领主义者的策略所驱动。这些观念更正式地使用博弈论的工具提出(Bova 1991; Colomer 1991)。此外,一些分析者使用各种不同的博弈论模型,比较和对照多个国家的转型过程(例如 Przeworski 1991; Cohen 1994; Geddes 1999)。

第二个很有希望的拓展涉及试图在转型研究中的自愿主义重点与摩尔和奥唐纳计划中更具结构主义性质的研究关切之间架设一座桥梁。塞缪尔·P. 亨廷顿(Huntington 1991)的《第三次浪潮:20世纪晚期的民主化》(*The Third Wave:Democratization in the Late Twentieth Century*)试图通过区分两种不同的民主"原因"来做这样的综合,第一种原因对应于一些历史因素和

第四章　比较历史研究中的知识积累：民主与威权主义的案例

结构因素，比如经济发展、全球经济的改变和国际规范的传播，第二种原因对应于体制内行动者和反对派小集团，他们在转型时期做出了产生民主体制的关键选择（参见 Mahoney and Snyder 1999）。亨廷顿的书对于现有结构主义的和集中于过程的论述民主化的作品提供了一份非常好的回顾，其本身对于清点当前的发现做出了很大贡献。然而，这本书并没有提供一个明确的机制来整合转型文献和结构主义文献各种不同的发现。结果，尽管《第三次浪潮》因其庞大的文献和案例范围而引人注目，但不能说它提供了一个框架，其他人可以直接用它来架通自愿主义和结构主义。对于拉里·戴蒙德（Larry Diamond 1999）对民主转型和巩固所做的笼统分析，也可以给出类似的评语，这一分析把亨廷顿的工作扩大到了 20 世纪 90 年代晚期，探索了发展中世界民主的持久和民主的未来。[①]

斯蒂芬·哈格德（Stephan Haggard）和罗伯特·R. 考夫曼（Robert R. Kaufman）的《民主转型的政治经济学》（*The Political Economy of Democratic Transitions*, 1995）是另一个有意义的实例，说明了更具结构主义性质的因素如何可能被带入转型研究中。这两位作者利用转型研究文献证明：威权主义体制内的分化和关键精英中的背叛是民主化的关键推力。然而，他们指出：这些分裂通常发生在可以辨别的和可以预测的结构条件之下，特别是在重大经济危机的条件下（如阿根廷、玻利维亚、巴西、秘鲁、乌拉圭和菲律宾）。相比之下，当经济危机没有伴随转型时（如智利、韩国、土耳其和泰国），对威权主义统治的挑战就更有可能围绕自由化的政治要求来解决，而不是转型文献中所说明的完整形态模式。[②] 尽管哈格德和考夫曼的论证至今尚没有（据我所知）接受迭代假说检验，但他们提供了一个潜在可传递的途径把结构语境与战略行动者的选择结合起来。

另外一些学者使用政治制度变量作为一种手段，在转型研究文献与更具结构主义性质的方法关切之间架构一座桥梁。一个很好的实例是林兹和斯捷潘最近的贡献——《民主转型和巩固的难题》（*Problems of Democratic Transition and Consolidation*, 1996）。这本书证明，先前的威权主义体制塑造了民

[①] 戴蒙德的书（Diamond 1999）主要关注民主的巩固，因此落在了这里考量的问题之外。
[②] 哈格德和考夫曼还证实，"危机转型"对"非危机转型"与后来出现的民主体制的质量有关联。

主转型时期行动者的战略和成功转型的前景。在这样做的时候,它说明了林兹的威权主义体制类型学与民主解释的相关性。因此,林兹和斯捷潘显示了不同种类的非民主体制(如威权主义体制、极权主义体制和苏丹主义体制)如何以不同的制度属性为特征,以及这些制度差别如何反过来给威权主义体制当权派和亲民主挑战者提供了截然不同的障碍和机会。其中几个观念在格迪斯(Geddes 1999)论述不同种类威权主义体制消亡的重要作品中得到了进一步的阐述和检验。

林兹和斯捷潘的新书是一次更广泛努力的组成部分,在这次努力中,学者们试图"把旧体制带回"体制变革的研究中(例如 Roeder 1993;Bratton and Van de Walle 1997;还可参看 Snyder and Mahoney 1999)。作为这次重新聚焦的结果,我们现在对于政治制度变量的因果效应比几年前知道得更多了。[①] 例如,我们有很好的理由相信,苏丹主义体制中的民主转型尤其困难,因为亲民主的行动者必须几乎完全从无到有地构建公民社会、法治和选举制度(Linz and Stepan 1996,pp. 56—58)。同样,我们知道,社会抗议在何种程度上伴随民主化过程取决于先前体制的性质。特别是,苏丹主义体制尤其容易遭受暴力颠覆,而官僚威权主义体制则很少遭遇这样的死法(例如 Bratton and Van de Walle 1997)。至于极权主义体制,我们有足够的证据证明,它们往往先崩溃、演化成一种"后极权主义体制",然后才能建立民主体制。那么,从这样的后极权主义体制向民主体制转型常常需要当权者丧失使用镇压选项的能力(Linz and Stepan 1996,pp. 57—61)。

总结一下,奥唐纳论述官僚威权主义的作品刺激了 20 世纪 70 年代和 80 年代聚焦于迭代假说检验和假说细化的研究计划。此外,奥唐纳的研究对 20 世纪 70 年代的依赖理论,以及对更晚近的关键节点和路径依赖的研究,做出了重要的理论贡献和方法论贡献。尽管民主体制在世界范围的蔓延让人们的注意力离开了对奥唐纳的威权主义解释的进一步细化,但他的研究依然是研究这个主题的学者的一个基本起始点。相比奥唐纳对因果分析的关注,林兹-

---

[①] 最近,有很多学者,尤其是政治学领域的学者,强调一些制度变量如宪法和选举规则在他们对政治结果的解释中的重要性(例如 Shugart and Carey 1992;Mainwaring and Shugart 1997)。这些种类的制度变量逐步被纳入了体制变革的研究中。

第四章 比较历史研究中的知识积累：民主与威权主义的案例

斯捷潘计划更多地聚焦于描述和分类，结果是并没有直接刺激基于因果发现的累积性研究计划。然而，最近一些更多地集中于比较历史传统的研究工作，成果丰硕地利用了林兹和斯捷潘的研究的一些重要方面，为民主和威权主义研究发展令人兴奋的新的研究议程，包括架通自愿主义和结构主义元理论导向的挑战，以及把理性选择理论所启发的工作吸收到比较历史分析的领域中来。

结 论

大多数社会科学家相信，知识积累是一项研究计划成功与否的重要衡量。然而，知识积累的衡量常常很含糊，或者只是暗含地被理解。在本文中，我认为，当新知识的产生依赖于先前知识的存在时，积累便产生了。我认为，诸如比较历史分析这样一个研究传统中的知识包括描述性发现、因果发现、方法论和元理论阐述。在提出知识积累的这个定义时，我试图着手一次范围更大的关于社会科学研究中知识积累性质的讨论。

本文提出了证据证明，在民主与威权主义的比较历史研究中产生了知识积累。并详细审视了三个研究计划：摩尔计划、奥唐纳计划和林兹-斯捷潘计划。其中每个计划的典型特征都是多位学者在彼此工作的基础上构建，得出关于民主与威权主义之源的结论。摩尔计划在支撑聚焦于因果分析和结构主义元理论的迭代研究议程上尤其引人注目，但奥唐纳和林兹-斯捷潘的传统凭借其自身的品质做出了很多有价值的贡献，包含在概念阐述和方法论的重要领域。

在探索这一研究的发现之前，我想要反思一下社会科学家为什么应该关心知识积累的问题。一个产生累积性知识的研究共同体，相对于提供非累积性知识的研究共同体，具体的获益是什么？答案必定是，与非累积性计划相比，累积性研究计划提供的知识更有效、更实质性地具有启发意义。实际上，生产这样的知识可以被认为是评估社会科学中学术进步的终极标准（Coser 1975）。

有十分清楚的理由相信，累积性研究计划所产生的重要启发的总量将会超过很多在非累积性计划中工作的独立学者所产生的启发。这是真的,部分程度上是因为社会科学发现始终是不确定的,一项累积性研究计划通过复制和再测试帮助消除其中某些(但并非全部)不确定性。更重要的是,一项累积性研究计划考虑到了有意识地使用其他人发展出来的知识,借此从先前的研究者那里学习。在某种程度上,我们相信,学者们可以互相学习,而且这种学习有助于知识生产,累积性研究共同体比其非累积性竞争对手有着与生俱来的优势。

基于科塞尔(Coser)的工作,詹姆斯·鲁尔(James Rule 1997)提供了一个有趣的思想实验来衡量一个研究共同体中任何个人工作所产生的重要启发的程度。他问:"假如把这条研究路线简单地从知识记录中划掉,将会损失什么?"(p.15)对于鲁尔的问题,累积性研究计划比非累积性计划好很多。在累积性计划中,每一项研究都很重要,这不仅仅是因为它所提供的发现,而且因为后来研究的结论依赖于这些发现。因此,从一个累积性计划的知识记录中消除一项重要研究会造成巨大的知识损失,从知识记录中划掉巴林顿·摩尔的研究不仅会造成摩尔发现的损失,而且会损失其他数不清的论述民主和威权主义的作品。相比之下,在非累积性计划中,撤掉一项给定的研究只会损失这项特定研究所提供的发现。

在比较历史分析领域,很多学者试图弄清楚民主体制和威权主义体制的起源和运转。要评估他们成功与否,你可以把鲁尔的标准应用于整个领域。如果把所有比较历史工作从记录中划掉会损失什么?基于前面的证据,答案看来是,我们当前关于民主和威权主义所知道的很多东西会受损。首先,就描述性发现而言,我们将会损失很多让学术交流成为可能的基本概念和概念类型学。学者们之所以能够有意义地讨论民主体制和威权主义体制及其五花八门的子类型,部分程度上是因为比较历史研究者阐述了这些概念并在不同时期多少前后一致地应用了它们。如今对于把国家分类为民主体制和威权主义体制存在一个基本共识,后来关于这些体制的因果性起源的发现依赖于这一概念发展。

如果没有比较历史研究文献,那么我们对民主体制和威权主义体制的了解将会少得多。诚然,关于民主与一些容易量化的变量,比如经济发展和教育

第四章 比较历史研究中的知识积累：民主与威权主义的案例

之间的关系，我们还是可以有一些有价值的统计学发现。然而，对于其他种类的解释变量，比如社会阶级、国家和国际结构，我们知道的就会少很多。我们关于这些变量所拥有的信息，即便不是错的，常常也是高度误导性的。例如，我们可能依然以为，资产阶级或中产阶级是民主化背后的主要原动力。或者，我们可能依然错误地想象，民主化基本上是一个城市化过程，在这个过程中，农村阶级没有扮演什么重要角色。我们甚至不可能认为，某些因素，比如国家独立于占支配地位的阶级而自治，可以影响民主化过程。

就肯定性主张而言，我们现在有很多坚实的发现，远比我们过去的发现更为可靠。我们有很好的证据证明，工人阶级在推动民主上扮演了一个重要角色，尤其是在历史上北欧的转型中，以及在当代南欧、拉丁美洲及非洲的转型中。我们现有的知识表明，作为一个一般性命题，工人阶级的力量与民主有着正面的关联。然而，关于工人阶级的力量在哪些条件下不会与民主有正面关联，我们也有一些很好的假说。这些条件包括：工人阶级没有能力通过诸如政党这样的工具与其他阶级行动者结成同盟，劳工被包含在威权主义体制的统治同盟中，以及在一个威权主义体制国家的社会内部，劳工运动享有特权身份地位。此外，我们还知道，在发展中国家，不管是向民主转型还是向威权主义过渡，工人阶级的动员都常常直接先于体制改变。尽管工人的罢工和抗议并没有确保第三世界的体制转型，但我们有很好的证据表明它们让转型变得更有可能。

还有实质性的证据表明，控制重要农民劳工的强大地主阶层的存在与民主有负面的关联。事实上，在最近这一波民主化之前，这个条件的缺乏几乎始终充当了民主制创造和持久的一个必要条件（或者换个不同的说法，强大的控制劳工的地主阶层的存在几乎始终是威权主义结果的一个充分条件。）对于统计学关联所暗示的经济发展水平很高的民主体制很少变成威权主义体制，这个发现目前是最貌似有理的解释。也就是说，经济发展水平很高的民主往往有着弱势的土地精英，这减少了任何威权主义崩溃的可能性。

关于国家结构对民主和威权主义的影响，有一些分析是成果丰硕的重要发现的场所。一些论述拉丁美洲体制的比较历史研究者提出，军事的发展与民主负相关。最近，这一发现在结合定性与定量分析的细致工作中得到了证实(参见 Bowman 2002),尽管据我所知,不可能针对第三世界的其他地区对它进行检验。很多研究暗示,资产阶级与军人的同盟在发展中国家可能容易导致威权主义,包括在经济快速发展的语境中。当前的发现还暗示,在第三世界某些地区,国家机器中缺乏官僚机构的发展与个人威权主义体制的持续存在有密切关联(如19世纪的拉丁美洲和当代非洲)。尽管一定的独立于主导阶级的国家自治对于民主是必要的,但我们有很好的理由相信,如果其他条件并不有利于民主化,那这样的自治实际上就可能促进个人威权主义体制。例如,追溯到马克思论述波拿巴主义的作品,比较历史研究者发现,个人威权主义体制常常出现在主导阶级自身四分五裂的国家。

比较历史研究文献使得我们对国际条件对体制结果的潜在影响更加敏感。尽管国际事件有时候可能直接推动体制变革(如战后的日本),但它们常常被国内的条件所调停,特别是比较历史研究者探索的阶级和国家结构的类型。例如,国际事件如果削弱土地精英、强化工人阶级、削弱军人和/或侵蚀主导阶级与军人之间的同盟,它们就更有可能促进民主(这些变量的反值使得威权主义更有可能)。世界史的改变也影响民主和威权主义的结果。比较历史研究者对我们认识这些改变的效应做出了贡献。例如,他们设定了当前分析民主"浪潮"的研究议程,这个概念被定义为从威权主义体制向民主体制转型的数量大大超过反向转型数量的时期。[①] 此外,他们还发展出了关于民主转型的过程如何与时俱变的关键洞见。例如,在19世纪和20世纪初,民主化常常是一个递增的、缓慢发展的过程,在这个过程中,几十年的改革累积起来产生了一个民主体制,而到20世纪晚期,民主化常常是一个快速发展的、戏剧化的过程,在这个过程中,全盛的威权主义体制在几个月的时间里改弦更张,转变成民主制。现有的知识暗示,民主过程的这一差别本身与相关知识的传播密切相关,这些知识涉及民主制度、支持民主的规范,以及社会中有能力支撑民主行为的行动者和机构。

[①] 例如,参见 Huntington 1991,Markoff 1996,Diamond 1999,and Doorenspleet 2000。除了系统地组织起来的关于民主浪潮的描述性信息之外,比较历史研究者还构想了几个貌似有理的假说来解释最近的民主化浪潮,同时凸显了一些因素,比如新的信息技术、冷战之后来自美国的民主化压力,以及作为单一世界文化的全球同构的扩张。

第四章 比较历史研究中的知识积累:民主与威权主义的案例

大多数关于民主与威权主义的比较历史研究试图针对仔细选择的案例范围辨别因果模式,它们并没有提供适用于所有案例和所有时间的一般性论证。因此,充分认识比较历史分析的贡献需要了解具体国家的民主与威权主义的起源,评估这一研究传统关于这些具体国家告诉了我们什么。尽管在这里不可能做这样的工作,但前面的分析暗示,比较历史研究者从根本上塑造了我们思考世界上很多国家的民主与威权主义起源的方式。如果要打听法国(或哥斯达黎加、瑞典、印度或其他任何个别国家)民主制的原因,那么大多数研究体制变革的学者的回答大概会严重依赖比较历史分析的发现。

多亏了比较历史研究者的工作,我们现在对于民主与威权主义的起源已经有了大量的了解。现在依然有更多的工作要做,但未来洞见的前景是大有希望的:很多比较历史研究者继续把他们对民主与威权主义的研究锚定在前面描述过的研究计划中。这些学者常常是年轻人,在年龄上距离像摩尔、奥唐纳和林兹这样的开路者常常相隔一代或更多(例如 Downing 1992; Ekiert 1996; Yashar 1997; Snyder 1998; Gould 1999; Grzymala-Busse 2002; Angrist 2000; Brownlee 2001; Mahoney 2001; Bowman 2002; Luong 2002)。我相信,这些年轻学者的研究将会大大超越他们的老师——倒不是因为早期研究的发现,而是因为新一代能够直接在现有知识的基础上构建,而用不着重复前人走过的路。那些探索民主与威权主义问题的现代比较历史研究传统的创立者几乎不可能有希望实现更多的东西了。

参考文献

Angrist, Michele. 2000. "Political Parties and Regime Formation in the Middle East: Turkish Democratization in Comparative Perspective." Ph. D. dissertation, Princeton University.

Baloyra, Enrique, ed. 1987. *Comparing New Democracies: Transition and Consolidation in Mediterranean Europe and the Southern Cone*. Boulder, CO: Westview Press.

Bellin, Eva. 2000. "Contingent Democrats: Industrialists, Labor, and Democratization in Late-Developing Countries." *World Politics* 52:175—205.

Bensel, Richard Franklin. 1990. *Yankee Leviathan: The Origins of Central State Authority in America, 1859—1877*. New York: Cambridge University Press.

Bermea, Nancy. 1990. "Rethinking Regime Change. " *Comparative Politics* 22:359—377.

———. 1997. "Myths of Moderation: Confrontation and Conflict during Democratic Transitions. " *Comparative Politics* 29:305—322.

Bernhard, Michael. 2001. "Democratization in Germany: A Reappraisal. " *Comparative Politics* 33:379—400.

Bollen, Kenneth. 1979. "Political Democracy and the Timing of Development. " *American Sociological Review* 44:572—587.

Bova, Russell. 1991. "Political Dynamics of the Post-Communist Transition: A Comparative Perspective. " Pp. 113—138 in *Liberalization and Democratization: Change in the Soviet Union and Eastern Europe*, edited by Nancy Bermea. Baltimore, MD: Johns Hopkins University Press.

Bowman, Kirk. 2002. *Militarization, Democracy, and Development: The Perils of Praetorianism in Latin America*. University Park: Pennsylvania State University Press.

Bratton, Michael and Nicolas Van de Walle. 1997. *Democratic Experiments in Africa: Regime Transition in Comparative Perspective*. Cambridge: Cambridge University Press.

Brownlee, Jason M. 2001. "And Yet They Persist: Explaining Survival and Transitions in Patrimonial Regimes. " Manuscript, Princeton University.

Bunce, Valerie. 2000. "Comparative Democratization: Big and Bounded Generalizations. " *Comparative Political Studies* 33:703—734.

Cammack, Paul. 1985. "The Political Economy of Contemporary Military Regimes in Latin America: From Bureaucratic Authoritarianism to Restructuring. " Pp. 1—36 in *Generals in Retreat*, edited by Philip O'Brien and Paul Cammack. Manchester: Manchester University Press.

Cardoso, Fernando Henrique. 1977. "The Consumption of Dependency Theory in the United States. " *Latin American Research Review* 12:7—24.

Cardoso, Fernando Henrique and Enzo Faletto. 1979. *Dependency and Development in Latin America*. Berkeley: University of California Press.

Castles, Francis G. 1973. "Barrington Moore's Thesis and Swedish Political Development. " *Government and Opposition* 8:313—331.

Cohen, Bernard P. 1989. *Developing Sociological Knowledge: Theory and Method*. Chicago: Nelson-Hall.

第四章 比较历史研究中的知识积累:民主与威权主义的案例

Cohen, Youssef. 1994. *Radicals, Reformers, and Reactionaries: The Prisoner's Dilemma and the Collapse of Democracy in Latin America*. Chicago: University of Chicago Press.

Collier, David, ed. 1979a. *The New Authoritarianism in Latin America*. Princeton, NJ: Princeton University Press.

——1979b. "Overview of the Bureaucratic-Authoritarian Model." Pp. 19—32 in *The New Authoritarianism in Latin America*, edited by David Collier. Princeton, NJ: Princeton University Press.

——1979c. "The Bureaucratic-Authoritarian Model: Synthesis and Priorities for Future Research." Pp. 363—397 in *The New Authoritarianism in Latin America*, edited by David Collier. Princeton, NJ: Princeton University Press.

Collier, David and Steven Levitsky. 1997. "Democracy with Adjectives: Conceptual Innovation in Comparative Research." *World Politics* 49: 430—451.

Collier, Ruth Berins. 1999. *Paths Toward Democracy: The Working Class and Elites in Western Europe and South America*. New York: Cambridge University Press.

Collier, Ruth Berins and David Collier. 1991. *Shaping the Political Arena: Critical Junctures, the Labor Movement, and Regime Dynamics in Latin America*. Princeton, NJ: Princeton University Press.

Collier, Ruth Berins and James Mahoney. 1997. "Adding Collective Actors to Collective Outcomes: Labor and Recent Democratization in South America and Southern Europe." *Comparative Politics* 29: 285—303.

Colomer, Josep M. 1991. "Transitions by Agreement: Modeling the Spanish Way." *American Political Science Review* 85: 1283—1302.

Coser, Lewis. 1975. "Presidential Address: Two Methods in Search of a Substance." *American Sociological Review* 40: 691—700.

Cutwright, Philips. 1963. "National Political Development: Measurement and Analysis." *American Sociological Review* 28: 42—59.

Dahl, Robert. 1971. *Polyarchy: Participation and Opposition*. New Haven, CT: Yale University Press.

Di Palma, Giuseppe. 1990. *To Craft Democracies: An Essay on Democratic Transitions*. Berkeley: University of California Press.

Diamond, Larry. 1999. *Developing Democracy: Toward Consolidation*. Baltimore,

MD: Johns Hopkins University Press.

Diamond, Larry, Juan J. Linz, and Seymour Martin Lipset, eds. 1988—1989. *Democracy in Developing Countries*. Four volumes. Boulder, CO: Lynne Rienner.

Doorenspleet, Renske. 2000. "Reassessing the Three Waves of Democratization." *World Politics* 52:384—406.

Downing, Brian M. 1992. *The Military Revolution and Political Change: Origins of Democracy and Autocracy in Early Modern Europe*. Princeton, NJ: Princeton University Press.

Ekiert, G. 1996. *The State Against Society: Political Crises and Their Aftermath in East Central Europe*. Princeton, NJ: Princeton University Press.

Ertman, Thomas. 1997. *Birth of the Leviathan: Building States and Regimes in Medieval and Early Modern Europe*. Cambridge: Cambridge University Press.

1998. "Democracy and Dictatorship in Interwar Western Europe Revisited." *World Politics* 50:475—505.

Evans, Peter B. 1979. *Dependent Development: The Alliance of Multinational, State, and Local Capital in Brazil*. Princeton, NJ: Princeton University Press.

Freese, Lee. 1980. "The Problem of Cumulative Knowledge." Pp. 13—69 in *Theoretical Methods in Sociology: Seven Essays*, edited by Lee Freese. Pittsburgh, PA: University of Pittsburgh Press.

Gallie, W. B. 1956. "Essentially Contested Concepts." *Proceedings of the Aristotelian Society* 56. London: Harrison and Sons.

Gasiorowski, Mark and Timothy J. Power. 1998. "The Structural Determinants of Democratic Consolidation: Evidence from the Third World." *Comparative Political Studies* 31:740—771.

Geddes, Barbara. 1999. "What Do We Know about Democratization after Twenty Years?" *Annual Review of Political Science* 2:129—148.

Gould, Andrew. 1999. *Origins of Liberal Dominance: State, Church, and Party in Nineteenth Century Europe*. Ann Arbor: University of Michigan Press.

Grzymala-Busse, Anna Maria. 2002. *Redeeming the Communist Past: The Regeneration of Communist Parties in East Central Europe*. New York: Cambridge University Press.

Gudmundson, Lowell. 1995. "Lord and Peasant in the Making of Modern Central

第四章 比较历史研究中的知识积累:民主与威权主义的案例

America." Pp. 151—176 in *Agrarian Structure and Political Power: Landlord and Peasant in the Making of Latin America*, edited by Evelyne Huber and Frank Safford. Pittsburgh: University of Pittsburgh Press.

Haggard, Stephan and Robert R. Kaufman. 1995. *The Political Economy of Democratic Transitions*. Princeton, NJ: Princeton University Press.

Halperin Donghi, Tulia. 1995. "The Buenos Aires Landed Class and the Shape of Argentine Politics (1820—1930)." Pp. 39—66 in *Agrarian Structure and Political Power: Landlord and Peasant in the Making of Latin America*, edited by Evelyne Huber and Frank Safford. Pittsburgh, PA: University of Pittsburgh Press.

Higley, John and Richard Gunther, eds. 1992. *Elites and Democratic Consolidation in Latin America and Southern Europe*. Cambridge: Cambridge University Press.

Hirschman, Albert O. 1979. "The Turn Toward Authoritarianism in Latin America and the Search for Its Determinants." Pp. 61—98 in *The New Authoritarianism in Latin America*, edited by David Collier. Princeton, NJ: Princeton University Press.

Huber, Evelyne and Frank Safford, eds. 1995. *Agrarian Structure and Political Power: Landlord and Peasant in the Making of Latin America*. Pittsburgh: University of Pittsburgh Press.

Huber, Evelyne and John D. Stephens. 1995. "Conclusion: Agrarian Structure and Political Power in Comparative Perspective." Pp. 183—232 in *Agrarian Structure and Political Power: Landlord and Peasant in the Making of Latin America*, edited by Evelyne Huber and Frank Safford. Pittsburgh: University of Pittsburgh Press.

Huber Stephens, Evelyne. 1989. "Capitalist Development and Democracy in South America." *Politics and Society* 17: 281—352.

——1990. "Democracy in Latin America: Recent Developments in Comparative-Historical Perspective." *Latin American Research Review* 25: 157—176.

Huntington, Samuel P. 1991. *The Third Wave: Democratization in the Late Twentieth Century*. Norman: University of Oklahoma Press.

Im, Hyug Baeg. 1987. "The Rise of Bureaucratic Authoritarianism in South Korea." *World Politics* 39: 231—257.

Karl, Terry Lynn. 1990. "Dilemmas of Democratization in Latin America." *Comparative Politics* 23: 1—21.

Karl, Terry Lynn and Philippe Schmitter. 1991. "Modes of Transition in Latin America, Southern and Eastern Europe. " *International Social Science Journal* 128:269—284.

Kaufman, Robert R. 1979. "Industrial Change and Authoritarian Rule in Latin America: A Concrete Review of the Bureaucratic-Authoritarian Model. " Pp. 165—254 in *The New Authoritarianism in Latin America*, edited by David Collier. Princeton, NJ: Princeton University Press.

Kitschelt, Herbert. 1992. "Political Regime Change: Structure and Process-Driven Explanations?" *American Political Science Review* 86:1028—1034.

Kuhn, Thomas. 1970. *The Structure of Scientific Revolutions*, 2nd ed. Chicago: University of Chicago Press.

Lakatos, Imre and Alan Musgrave, eds. 1970. *Criticism and the Growth of Knowledge*. Cambridge: Cambridge University Press.

Linz, Juan J. 1975. "Totalitarian and Authoritarian Regimes. " Pp. 175—373 in *Handbook of Political Science*, vol. 3, edited by Nelson Polsby and Fred Greenstein. Reading, MA: Addison-Wesley.

——. 1978. *The Breakdown of Democratic Regimes: Crisis, Breakdown, and Reequilibration*. Baltimore, MD: Johns Hopkins University Press.

——. 1981. "Some Comparative Thoughts on the Transition to Democracy in Portugal and Spain. " Pp. 25—46 in *Portugal since the Revolution: Economic and Political Perspectives*, edited by Jorge Braga de Macedo and Simon Serfaty. Boulder, CO: Westview Press.

Linz, Juan J. , and Alfred Stepan, eds. 1978. *The Breakdown of Democratic Regimes*. Baltimore, MD: Johns Hopkins University Press.

——. 1996. *Problems of Democratic Transition and Consolidation: Southern Europe, South America, and Post-Communist Europe*. Baltimore, MD: Johns Hopkins University Press.

Lipset, Seymour Martin. 1959. "Some Social Requisites of Democracy: Economic Development and Political Legitimacy. " *American Political Science Review* 53:245—259.

Londregan, John B. and Keith T. Poole. 1996. "Does High Income Promote Democracy? " *World Politics* 49 :1—30.

Luebbert, Gregory M. 1991. *Liberalism, Fascism, or Social Democracy: Social Classes and the Political Origins of Regimes in Interwar Europe*. New York: Oxford University Press.

Luong, Pauline Jones. 2002. *Institutional Change and Political Continuity in Post-Soviet Central Asia: Power, Perception, and Pacts*. New York: Cambridge University Press.

第四章　比较历史研究中的知识积累:民主与威权主义的案例

Mahoney, James. 2001. *The Legacies of Liberalism: Path Dependence and Political Regimes in Central America*. Baltimore, MD: Johns Hopkins University Press.

Mahoney, James and Richard Snyder. 1999. "Rethinking Agency and Structure in the Study of Regime Change." *Studies in Comparative International Development* 34:3—32.

Mainwaring, Scott and Matthew Soberg Shugart, eds. 1997. *Presidentialism and Democracy in Latin America*. Cambridge: Cambridge University Press.

Markoff, John. 1996. *Waves of Democracy: Social Movements and Political Change*. Thousand Oaks, CA: Pine Forge Press.

Moore, Barrington, Jr. 1966. *Social Origins of Dictatorship and Democracy: Lord and Peasant in the Making of the Modern World*. Boston: Beacon Press.

Mouzelis, Nicos P. 1986. *Politics in the Semi-Periphery: Early Parliamentarism and Late Industrialisation in the Balkans and Latin America*. Pittsburgh, PA: University of Pittsburgh Press.

Munck, Gerardo L. 1994. "Democratic Transitions in Comparative Perspective." *Comparative Politics* 26:355—375.

——1998. *Authoritarianism and Democratization: Soldiers and Workers in Argentina, 1976—1983*. University Park: Pennsylvania State University Press.

O'Donnell, Guillermo. 1973. *Modernization and Bureaucratic-Authoritarianism: Studies in South American Politics*. Berkeley: Institute of International Studies, University of California.

O'Donnell, Guillermo and Philippe Schmitter. 1986. *Tentative Conclusions about Uncertain Democracies*. Baltimore, MD: Johns Hopkins University Press.

Paige, Jeffery M. 1975. *Agrarian Revolution: Social Movements and Export Agriculture in the Underdeveloped World*. New York: Free Press.

——1997. *Coffee and Power: Revolution and the Rise of Democracy in Central America*. Cambridge, MA: Harvard University Press.

Palma, Gabriel. 1978. "Dependency: A Formal Theory of Underdevelopment or a Methodology for the Analysis of Concrete Situations of Underdevelopment." *World Development* 6:881—924.

Pierson, Paul. 2000. "Not Just What, But When: Issues of Timing and Sequence in Comparative Politics." *Studies in American Political Development* 14:72—92.

Plumb, J. H. 1966. "How It Happened." *New York Times Book Review* 71:11.

Przeworski, Adam. 1991. *Democracy and the Market: Political and Economic Reform in Eastern Europe and Latin America*. New York: Cambridge University Press.

Przeworski, Adam, M. Alvarez, J. A. Cheibub, and Fernando Limongi. 1996. "What Makes Democracies Endure?" *Journal of Democracy* 7:39—55.

Przeworski, Adam and Fernando Limongi. 1997. "Modernization: Theories and Facts." *World Politics* 49:155—183.

Remmer, Karen L. 1989. *Military Rule in Latin America*. Boston: Unwin Hyman.

1991. "'New Wine or Old Bottlenecks?': The Study of Latin American Democracy." *Comparative Politics* 23:479—493.

Remmer, Karen L. and Gilbert W. Merkx, 1982. "Bureaucratic-Authoritarianism Revisited." *Latin American Research Review* 17:3—40.

Richards, Alan and John Waterbury. 1990. *A Political Economy of the Middle East: State, Class, and Economic Development*. Boulder, CO: Westview Press.

Roeder, Philip G. 1993. *Red Sunset: The Failure of the Soviet Union*. Princeton, NJ: Princeton University Press.

Rueschemeyer, Dietrich, Evelyne Huber Stephens, and John D. Stephens. 1992. *Capitalist Development and Democracy*. Chicago: University of Chicago Press.

Rule, James B. 1997. *Theory and Progress in Social Science*. Cambridge: Cambridge University Press.

Schatz, Sara. 2001 "Democracy's Breakdown and the Rise of Fascism: The Case of the Spanish Second Republic, 1931—1936." *Social History* 26:145—165.

Scully, Timothy R. 1992. *Rethinking the Center: Party Politics in Nineteenth and Twentieth Century Chile*. Stanford, CA: Stanford University Press.

Serra, Jose. 1979. "State and Regime: Comparative Notes on the Southern Cone and the 'Enclave' Societies." Pp. 255—182 in *The New Authoritarianism in Latin America*, edited by David Collier. Princeton, NJ: Princeton University Press.

Share, Donald and Scott Mainwaring. 1986. "Transitions through Transaction: Democratization in Brazil and Spain." Pp. 175—216 in *Political Liberalization in Brazil: Dynamics, Dilemmas, and Future Prospects*. Boulder, CO: Westview Press.

Shugart, Matthew S. and John M. Carey. 1992. *Presidents and Assemblies: Constitutional Design and Electoral Dynamics*. Cambridge: Cambridge University Press.

Skocpol, Theda. 1973. "A Critical Review of Barrington Moore's Social Origins of Dictatorship and Democracy." *Politics and Society* 4:1—35.

—— 1979. *States and Social Revolutions:A Comparative Analysis of France,Russia,and China*. Cambridge:Cambridge University Press.

—— ed. 1998. *Democracy,Revolution,and History*. Ithaca,NY:Cornell University Press.

Snyder,Richard. 1998. "Paths out of Sultanistic Regimes:Combining Structural and Voluntarist Perspectives." Pp. 49—81 in *Sultanistic Regimes*,edited by H. E. Chehabi and Juan J. Linz. Baltimore,MD:Johns Hopkins University Press.

Snyder,Richard and James Mahoney. 1999. "The Missing Variable:Institutions and the Study of Regime Change." *Comparative Politics* 32:103—122.

Stepan,Alfred. 1978. "Political Leadership and Regime Breakdown:Brazil." Pp. 110—137 in *The Breakdown of Democratic Regimes*,edited by Juan J. Linz and Alfred Stepan. Baltimore:Johns Hopkins University Press.

—— 1986. "Path Toward Redemocratization." Pp. 64—84 in *Transitions from Authoritarian Rule:Comparative Perspectives*,edited by Guillermo O'Donnell,Philippe C. Schmitter, and Laurence Whitehead. Baltimore:Johns Hopkins University Press.

Stephens,John D. 1989. "Democratic Transition and Breakdown in Western Europe, 1870—1939:A Test of the Moore Thesis." *American Journal of Sociology* 94:1019—1077.

Stokes,Gale. 1989. "The Social Origins of East European Politics." Pp. 210—251 in *The Origins of Backwardness in Eastern Europe:Economics and Politics from the Middle Ages Until the Early Twentieth Century*,edited by Daniel Chirot. Berkeley:University of California Press.

Stone,Lawrence. 1967. "News from Everywhere." *New York Review of Books* 9:32—34.

Therborn,Goran. 1977. "The Rule of Capital and the Rise of Democracy." *New Left Review* 103:3—41.

—— 1979. "The Travail of Latin American Democracy." *New Left Review* 113—114:71—109.

Tilton,Timothy A. 1974. "The Social Origins of Democracy:The Swedish Case." *American Political Science Review* 68:561—584.

Valenzuela,Arturo. 1978. *The Breakdown of Democratic Regimes:Chile*. Baltimore, MD:Johns Hopkins University Press.

Valenzuela, J. Samuel. 2001. "Class Relations and Democratization: A Reassessment of Barrington Moore's Model." Pp. 240—286 in *The Other Mirror: Grand Theory Through the Lens of Latin America*, edited by Miguel Angel Centeno and Fernando Lopez-Alves. Princeton, NJ: Princeton University Press.

Vanhanen, Tatu. 1997. *Prospects of Democracy: A Study of 172 Countries*. London: Routledge.

Wagner, David G. and Joseph Berger. 1985. "Do Sociological Theories Grow?" *American Journal of Sociology* 90: 697—728.

Wickham-Crowley, Timothy P. 1992. *Guerrillas and Revolution in Latin America: A Comparative Study of Insurgents and Regimes since 1956*. Princeton, NJ: Princeton University Press.

Wiener, Jonathan M. 1976. "Review of Reviews." *History and Theory* 15: 146—175.

―――. 1978. *Social Origins of the New South: Alabama, 1860—1885*. Baton Rouge: Louisiana State University Press.

Yashar, Deborah J. 1997. *Demanding Democracy: Reform and Reaction in Costa Rica and Guatemala, 1870s—1950s*. Stanford, CA: Stanford University Press.

第二部分

分析工具

第二部分

分析工具

第五章 大的、慢的和……看不见的：比较政治学研究的宏观进步

保罗·皮尔森
(Paul Pierson)

> 我们必须质疑特定时刻是不是事关重大。政治学的起源在很大程度上要归功于政治新闻。而且像政治新闻一样，我们有一个过分的倾向就是专注此时此地，却对更宏大时间刻度上的运动失明。过程不是那么容易捕捉，但这部作品所立足的假设是：它们更重要。
>
> ——爱德华·卡明斯和詹姆斯·斯蒂姆森(1989)

> 研究是一场对大自然的博弈，在这场博弈中，大自然以隐瞒策略相抗衡……很明显，一个给定的发现策略，其效力将依赖研究工作者所选择的策略。到一定的时候，将会显示，给定某个发现策略，未免有点简单的隐瞒策略可能十分有效。作为第一步，我们可能会问：社会学家最喜爱的策略是什么？社会学研究的典型特征是：它专注于对小单位的、常常是个体的截面研究。
>
> ——约斯塔·卡尔松(1972)

> 政治就是有力而缓慢地给硬板钻孔。
>
> ——马克斯·韦伯(1946[1921])

很多重要的社会过程要花很长时间——有时候是极其漫长的时间——来

展开。对于当代社会科学来说，这是一个很成问题的事实，特别是在个人策略行动已经成为架构关于社会生活的问题和答案的核心优势的调查领域。尤其在经济学和政治学中，大多数分析者的时间视野变得越来越受限。在选择我们力图解释什么时，在搜寻解释时，我们聚焦于当下，我们寻找时间上邻近的和迅速展开的原因和结果，我们错过了很多东西（Goldstone 1998；Kitschelt 1999）。有一些重要的东西，我们根本没有看见，而对于看见的东西，我们又常常误解。

先简短回顾一下自然科学的四个实例可能是有帮助的。首先考量一场龙卷风。典型地，对这些风暴的记述暗示，它们的发展相对比较迅速，风暴本身只持续很短一段时间。这是一个"快/快"案例：因果过程在很短的时间周期里展开，重要的结果亦复如此。

对地震的考察通常看上去不同。像龙卷风一样，相关结果——地震本身——在一段很短的时间内发生，也就几秒钟的事。然而，通常提供的解释或因果说明涉及一个发展非常缓慢的过程——在一段漫长的时间周期里，一道裂纹所承受的压力不断累积。我们不大可能把我们的解释性说明集中在地震之前的那几天或几周里发生了什么——触发这一事件的压力最后的、非常小的增加。在这个实例中，我们有了一个"快"结果，却有一个缓慢发展的长期因果过程。

第三个实例是发生巨变的生态事件，比如那颗假想中的6 500万年前击中地球的陨星，触发了巨大的气候改变和大规模的灭绝。标准解释大概会把这一事件作为一个"快/慢"案例处理。在这里，一个原因（流星撞击）在很短的时间周期里发生，接下来是缓慢展开的结果（气候改变＋灭绝）。如果相关对象是大型哺乳动物的发展，就可以认为结果的展开甚至更"慢"，这只有在恐龙腾出的生态龛中才成为可能。

最后一个实例是全球变暖。一些把碳排放的增长与全球气温升高相关联的模型暗示，即使碳排放明天停止增长，下个世纪我们依然会看到气温的实质性升高。看来，其中很多升高已经"在酝酿中"——储存在海洋里，再逐步从那里释放到大气中（Stevens 2000）。因此，结果（地球大气层温度升高）是缓慢发展的，距离关键性因果力量的运转有一段相当长的时间滞后。正如在地震

第五章 大的、慢的和……看不见的:比较政治学研究的宏观进步

的实例中那样,因果过程本身(逐步上升的碳排放水平)也是缓慢发展的。那么,这就是一个长期因果过程(碳排放增长)和一个长期结果(气温上升)的案例。

这些解释性说明的"时间结构"因此揭示了实质性的多样化,正如表5.1中所总结的。被认为产生相关结果的因果过程可能或不可能在很短的时间周期内展开。结果本身同样服从于这一变化,有些在很短时间内显露,而另一些则只有经过漫长的时间周期才完全产生结果。在每个案例中,我们都可以提到一个变量或一束变量的"时间视野"——重要改变发生的时间周期(Abbott 1988)。要大致捕捉不同解释性说明中原因和结果的时间视野这种多样化,我们可以把可能性分为四个象限,每个自然科学实例各占一个象限。

表5.1　　　　　　　　　　　不同因果解释的时间视野

		结果的时间视野	
		短	长
原因的时间视野	短	Ⅰ 龙卷风	Ⅱ 陨星/灭绝
	长	Ⅲ 地震	Ⅳ 全球变暖

正如本文稍后将会更深入地探索的那样,重要的是要强调,援引特定时间结构的决定依赖分析者如何架构研究问题。在陨星的实例中,结果的持续时间部分程度上取决于关注对象究竟是恐龙灭绝,还是大型哺乳动物的出现。类似地,如果分析者把陨星撞击作为关注的中心因果过程来处理,它的展开就非常迅速。如果你还觉得有必要解释陨星如何在那个特定瞬间到达空间里那个特定地点,因果过程就在更长的时间周期里展开。典型地,处理特定过程的分析者会发现,一个或另一个时间结构对于说明相关问题更有帮助,更令人信服。当前讨论的关键点是,这些因果解释有各种不同的时间结构,这些不同的结构让分析者的注意力集中于不同的现象。

强调这一多样化的理由是,当代政治学中有那么多研究似乎契合象限Ⅰ。典型地,无论是因果过程还是结果,都被描述为在很短的时间周期内完全展开。这种框架常常是适用的。然而,没有理由认为,大多数政治过程,或者最

有趣的政治过程,必须援引有这种时间结构的解释才能得到最好的理解。在很多情况下,我们想要把我们的时间视域扩大到考量那些看上去更像是象限Ⅱ～Ⅳ中的实例的社会动态。在本文的第一部分,我将讨论那些在漫长时间周期里逐步发生的因果过程——评述一些理由,说明某些原因为何发展缓慢,并提供一些来自比较研究的实例。在第二部分,我将针对长期结果探索同一组问题。第三部分的讨论超出了表5.1引入的简单框架,它将聚焦于两种类型的过程,在这些过程中,核心原因的开始与相关结果的开始之间可能存在重大的时间滞后。

本文自始至终的讨论重点都是区分和勾勒那些可能在漫长的时间周期内运转的不同类型的过程。这样的区分可以有助于给未来试图把长期过程整合到理论解释中的努力提供基础。也就是说,它们为经验研究提供导向——问题和潜在假说之源。它们还帮助厘清长期过程研究所面对的具体方法论挑战。最后,也是最关键的,识别不同类型的长期过程可以充当一个重要的架桥装置。也就是说,它可以把聚焦于不同经验问题的研究关联起来,厘清不同研究文献在何种程度上依靠类似的因果过程的概念(Hall,本书)和类似的分析技术,来打造和评估解释(Pierson and Skocpol 2002)。在本文的最后一节,我将简略讨论为什么很多当代研究——至少在政治学领域——似乎在朝象限Ⅰ移动,我还将总结这一专注的某些重要成本。

一、缓慢发展的因果过程

社会过程以不同的速度发生。正如安德鲁·阿伯特(Andrew Abbott)所言,"有着同等因果重要性的事件,它们的发生并不总是花费相同数量的时间"(Abbott 1988,p.174)。在这一部分,我聚焦于那些在一段漫长时间周期里发展的因果力。至少有三个不同类型的因果过程可以描述为缓慢发展的。缓慢发展的过程可能是累积性的,涉及临界效应,或需要展开漫长的因果链。我将依次审视其中每个可能性。

累积性原因

缓慢发展的因果过程的最简单类型可以称为"递增性的"或"累积性的"。

第五章 大的、慢的和……看不见的：比较政治学研究的宏观进步

在这里，变量的变化是连续的，却是极其逐步的。技术变革的很多方面提供了很好的实例。丹尼尔·贝尔(Daniel Bell)对后工业主义的分析(Bell 1974)把缓慢的技术改变呈现为重要政治变革的关键原因——这个主题最近被纳入比较政治经济学的重要工作中(Iversen and Wren 1998)。类似地，在罗伯特·普特南(Robert Putnam)最近对社会资本不断下降的分析中，一个核心论证涉及电视的影响，这在过去半个世纪里逐步成为美国流行文化中一个更具有渗透力的方面(Putnam 2000)。这一改变源自两个累积性的过程——电视的逐步蔓延以及在电视无处不在的语境中长大成人的新生代对更早几代人的逐步取代。累积性经济过程的另一个重要类别是相对价格的变化，这可能有着重大的政治后果(Rogowski 1989；North 1990)。

然而，我心里惦记的大多数累积性案例是"社会学"案例——在漫长时间周期内以很慢的速度极大地改变的重要社会条件。人口统计是一个绝佳的实例。移民、郊区城市化、识字率(Deutsch 1961；Rokkan 1974；Ertman 1996)、语言与国家身份的关联概念(Gellner 1983)，以及基本的文化景观(Tarrow 1992)，全都是典型地缓慢改变的重要社会变量。

对于政治学家来说，累积性社会学过程常常与选民的长期改变相关联，包括他们的党派忠诚。例如，凯(Key)引入了"长期重新站队"的概念——"在不同党派之间来来去去，延伸几届总统选举，看上去独立于在个别选举中影响投票的特定因素"(Key 1959, p. 199)。正如爱德华·卡明斯和詹姆斯·斯蒂姆森所证明的，推动长期重新站队的，可能是一些"基本上非政治的力量，比如党派同盟之间不同的出生率、地区间迁徙模式，或者经济技术转变"(Carmines and Stimson 1989, p. 143)。

很难否认，当代政治学家通常让这些类型的过程退到背景上，基本上忽略它们对相关结果的潜在影响。一个研究短时架构的分析者很可能把这些递增的或累积的变量作为基本固定的变量来处理。如果这种递增性/累积性因素出现在一个分析者的"雷达屏幕"上，他就有可能把它们纳入审视更长时间视野的研究中，要么是定量研究，要么是定性研究。因此，至关重要的是，分析者要考量那些把注意力吸引到累积性原因的潜在影响的理论架构。

临界效应

理论产生的机敏性对于缓慢发展的因果过程的第二个密切相关的类型甚至更重要,这个类型涉及临界效应(threshold effect)。在很多实例中,递增的或累积的力量可能并不产生相关结果的递增改变。实际上,这些过程在达到某个触发重大改变的关键水平之前,它们的影响是适度的或者是可以忽略的。本文引言中提出的地震实例是这种过程的一个明显实例。另一个深受人们喜爱的来自物理学的解释,是导致一场雪崩的过程——压力的缓慢累积,一旦达到某个关键水平,便导致一次迅速的"状态改变"。

这恰好是戈德斯通(Goldstone 1991)在他对革命的比较分析中提出的解释。一个缓慢发展的因素(人口统计改变)是一个迅速展开的结果(革命)的主要原因。戈德斯通注意到,社会分析者常常有强烈的偏见反对带有这种结构的解释。"那些试图线性思考历史原因的人可能……不考虑人口增长的作用。毕竟,这样的增长是逐渐的,数量并不巨大。诸如革命和叛乱这样的事件既重大又突然,它们的性质似乎要求不同种类的解释。"[①](p.32)

然而,没有理由把下面这个可能性排除在外:即使我们试图解释迅速出现的结果,这种缓慢发展的变量也可能极其重要。理论家们如今暗示,临界模型常常很有意义。这种模型已经成了论述集体行动的理论工作中的显著特征(Granovetter 1978;Marwell and Oliver 1993),包括那些聚焦于利益集团(例如 Baumgartner and Jones 1993)和更松散的社会运动(McAdam 1982)或者诸如语言共同体(Laitin 1998)这样的集体的分析。更一般地说,临界动态在某些环境下很可能盛行,在这样的环境中,行动者面临双重选择,而他们偏爱的选择在部分程度上依赖他们对其他人可能做什么的认识。

---

① 戈德斯通注意到另一个理由,认为像人口统计改变那样缓慢发展过程的影响常常可能非常重要。他指出(Goldstone 1991,p.33),人口增长"对于边缘群体——面对某种边界条件的群体,比如试图获得新土地的农民,或精英家族中正在寻求新的精英位置的年轻子弟——有一个实际上非线性的影响"。这里运转的社会压力是弗雷德·赫希(Fred Hirsch)所说的"地位竞争"的增加——在这些场景中,人们看重的某个东西的可用性基本上是固定的(Hirsch 1977)。如果在一场抢椅子游戏中,座位的数量不可能增加,再增加少数几个玩游戏的人就可能极大地改变社会动态。在戈德斯通的人口统计学解释中,"总人口的增长通常导致边缘人口(也就是说,在那些竞争某个相对稀缺的资源的群体中)的增长远远大于作为整体的人口增长"(Goldstone 1991,p.33)。

格兰诺维特(Granovetter)的经典文章实际上援引了一个比这里所暗示的更受限制的论证。他的焦点是个人偏好的异质性,以及作为结果的他们个人的特定行动临界点的差别(例如,"如果我预期别人会跟我一起去,我就会去游行示威")。格兰诺维特的文章要点是:考虑到个人临界点重要的异质性,有可能产生一些模型,在这些模型中,即使是一个行动者的临界点的很小变动也可能导致集体行为的巨大改变。相比之下,我感兴趣的是集体临界点,在这个临界点上,一旦某个社会变量达到一个特定水平,它就触发巨大的效应。关键点是,在很多导致非线性的社会过程中,有一些分割点或倾斜点(Schelling 1978)。这些过程可能——但未必——涉及格兰诺维特所惦记的异质偏好的相互作用。

道格·麦克亚当(Doug McAdam)的《政治进程与黑人暴动的发展:1930—1970》(*Political Process and the Development of Black Insurgency, 1930—1970*,1982)提供了集体行动临界分析的一个强有力的实例。然而,不像很多提出临界点或临界质量论证的人,麦克亚当更感兴趣的并不是标识倾斜点的显著动态,而是这之前不那么戏剧化的过程。麦克亚当着重强调那些发展缓慢的大过程在确立成功动员黑人的先决条件上所起的作用:

> ……1955—1956年间的蒙哥马利联合抵制公交运动……和1954年最高法院对布朗案的裁决……是标志性的事件。然而,把它们挑出来,所起到的作用是……遮蔽一些不那么戏剧性的、最终却更重要的历史趋势,这些趋势为后来的暴动打造了前景。尤其关键的是……在1933至1954年的那段时间,有几个更大范围的历史过程,使得政治当权派更容易受到黑人抗议活动的伤害,同时还为黑人提供了制度力量,发起这样的挑战。后来的事件,比如1954年的决议和蒙哥马利联合抵制公交运动,只不过给这些过程充当了戏剧性的(尽管很难说是无足轻重的)高潮。(p. 3)

处在麦克亚当分析核心的是1925年之后的25年里棉花经济的衰落。这一衰落既降低了反黑人暴动的力量,也产生了一些移民模式,提高了长期受压制的少数派的组织化能力[如黑人教堂、大学和全国有色人种协进会

(NAACP)南方分部的大规模扩张]。正是这些逐步的、互相关联的社会过程,为一组触发性事件创造了成熟的条件。

尽管临界点式论证在集体行动的研究中特别显著,但有很好的理由预期:当那种缓慢发展的社会变量在既定的制度或组织场景中运转时,这种类型的动态将会盛行。各种不同派别的与"新制度主义"相关联的社会科学家都强调很多现有社会安排强大的惯性品质。这些倾向于持续存在的趋势意味着,压力常常会累积一段时间,而不会产生立即的效应。当它达到某个关键水平时,行动者便重新评估他们对其他人可能采取行动的看法或预期,导致相对比较迅速的改变。此外,一个制度的改变可能很快侵蚀其他制度的基础,这个点上的动态类似于格兰诺维特和谢林描述的那些动态。然而,这些分析强调长期而缓慢的压力累积,而不是触发机制本身,也不是随后的颠覆过程的展开方式。①

这种关于临界效应的主张,在胡贝尔和史蒂芬斯为解释先进工业社会福利国家结果而对政府长期控制权集中所做的分析中发挥了重要作用(Huber and Stephens 2001)。例如,在概括斯堪的纳维亚半岛社会民主党称霸的根源时,他们强调,一次选举结果不大可能对先前已经牢固制度化的安排产生很大影响。另外,一段漫长时间里的选举胜利会导致重大改变,包括社会行动者预期的改变。在某个时间点上,这些行动者会调整他们的政策偏好,以适应新的环境。通过这样做,他们围绕他们的预期帮助推动协调合作,巩固新政权。

关于临界效应的类似论证对于批评性的重新站队理论至关重要,这些理论在美国选举政治研究中发挥了非常突出的作用(Burnham 1970;Brady 1988)。戴维·梅休(David Mayhew)总结了这一论证路线(下面这段引文出自 Burnham 1970):

> 简言之,所发生的事情是:政治"压力"或"紧张"在大约三十年的时间里不断累积,直至达到一个"燃点"或"沸点",在这个时间点上,一个"触发性事件"便导致选举重新站队。……说得更

---

① 值得强调的是,本文第三部分讨论的路径依赖或自我强化的过程全都是基于临界点模型——相对较小的移动可能推高到某个关键性的水平之上,并触发一个正反馈过程,导致更巨大的(非线性的)改变。重要的是要把这两个论证区分开来,因为路径依赖过程不需要牵涉一个像麦克亚当那样的模型中所暗示的那种漫长而缓慢的压力累积。援引路径依赖过程根本不必涉及启动正反馈的因果要素的时间视野。

第五章 大的、慢的和……看不见的：比较政治学研究的宏观进步

精巧些，这里存在一个"动态,即使长期惰性与变革的集中爆发之间存在两极化……"通常,除了当前"正常的"政策产出之外，美国的制度往往"生产不足"。它们可能持续不断地倾向于忽视并因此也不会合计群体性的紧迫政治要求,直至达到某个沸点。

（Mayhew 2000, p. 8）

我要强调的是,梅休对美国选举政治的这一解释十分不满。实际上,他坚持认为,短期过程所具有的因果意义常常比重新站队理论所承认的更大。据梅休说,"这种类型的压力累积模型……[有]一个这样的趋势:毫无道理地在时间上把政治麻烦向后延伸"（Mayhew 2000, p. 24; cf. Bartels 1998）。他正确地强调了为这种压力逐渐累积提供证据的必要性,以及考量下面这个可能性的必要性:短期过程足以产生这样的燃点。

这种论证的另一个可能的危险是,它们可能呈现一幅过于决定论的社会压力图景。正如麦克亚当所指出的,参照沸点或临界点可能暗示,"运动的出现……类似于把水煮沸的过程,而且像它一样不可阻挡"（McAdam 1982, p. 9）。但这些模型在把长期过程与短期过程结合起来的方式上还可以更加微妙。不妨考量一下图 5.1,它审视的是一个特定社会变量（比方说一个弱势群体的组织资源）不断逼近一个触发一场社会运动的临界水平。在时间周期 T_1 至 T_3,有些波动,但还是有一个趋势,源自各种不同的缓慢发展的过程逐步接近触发相关结果的临界水平。当它在时间周期 T_4 逼近这个临界水平时,趋势线上方的特定波动变得越来越有可能充当触发装置。一个分析者可能把这些波动的来源视为基本上是随机的（Macy 1990）。或者,她也可能试图解释这些波动。然而,把这种临界模型区别开来的是它并不分析时间周期 T_4 之内的波动的来源,除非与分析之前的长期过程结合起来,而正是这些过程创造了这些波动可能产生重大影响的语境。而这恰好是麦克亚当对黑人暴动的分析中所提出的那种论证。

关于临界点在具体语境中的作用的特定主张必须小心证实。然而,即使是一个像梅休那样的批评性分析者也会同意,这样的论证有时候提出了一个貌似有理的现实模型,这个模型需要留意足够长的时间跨度。在这方面,梅休的观点符合大量的理论工作,以及关于社会运动和体制崩溃的重要经验研究。

社会科学中的比较历史分析

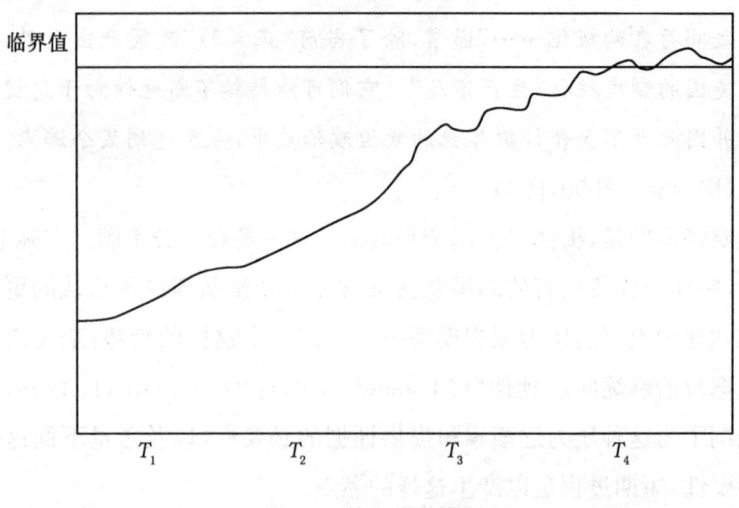

图5.1 基本临界模型

因果链

我们常常认为因果过程涉及一个简单的关联,在这个关联中,x 直接产生 y。然而,在很多案例中,故事更像是下面这种情况:"x 触发序列 a、b、c,然后产生 y。"(Mahoney 2000;Pierson 2000b)如果 a、b、c 花一定的时间产生各自的结果,x 与 y 之间可能就有一段可观的时间滞后。科利尔和科利尔在论述拉丁美洲劳工结社的重要作品中提出了这种论证,在这种论证中,相关的最终结果反映了漫长时间周期里的一系列关键发展(Collier and Collier 1991)。这种类型的关于多阶段长期因果过程的主张在论述国家构建(Flora 1999a,1999b)或民主化(Luebbert 1991;Collier 1999)的作品中经常被援引。

斯旺克(Swank 2001)提供了一个特别有教益的最近实例。在评估政治制度对福利国家削减支出的影响时,他批评了下面这个传统观点:碎片化的制度与社会计划的有限削减有关联。标准解释认为,制度碎片化通过增加现状捍卫者可用的否决点的数量,限制了社会政策变革。斯旺克同意,就目前的情况来说,这是真的。但他指出,制度碎片化长期间接影响的因果链走在另外的方向上。制度碎片化不仅限制了福利国家最初的扩张,而且强化了社会的异质性,阻碍了包容性利益集团的发展,削弱了对普世主义的文化担当。所有这

第五章 大的、慢的和……看不见的:比较政治学研究的宏观进步

些长期效应都强化了福利国家的反对者,削弱了它的提倡者。简言之,斯旺克认为,制度碎片化很多最重要的影响只是间接地在漫长的时间周期里产生结果。很多分析者试图分析制度的影响,同时让其他变量保持恒定,他们没有看到这些变量的值本身在部分程度上是制度结构的长期结果。象限Ⅰ的研究因此很可能系统地误读制度结构对当代福利国家的政治的影响。

皮尔森(Pierson 1994)在评估当代福利国家削减支出的过程时提出了类似的因果链论证。在评估保守派政府对福利国家的影响时,简单地审视它对削减社会计划("计划削减")的直接影响是不够的。实际上,必须考量这样一种可能性:改革(例如,试图截断赋税收入流)将会触发特定的因果链,使得序列后面的计划削减("系统削减")更加便利。在这样的情况下,保守派政府对福利国家的主要影响可能要在它"下台"十年甚至更长时间之后才能被感觉到。

当关键的制度、政策或组织结果在时间上与关键性政治选择隔着一段距离时,常常使用因果链论证。在政治行动有着多重后果、重大长期结果是故意行动的副产品而非主要焦点的语境中,它们常常尤其大有希望。在这样的环境下,分析者很容易被聚焦于最直接的、高度可见的、意图清晰的结果所误导(Jervis 1997)。然而,正如皮尔森对保守派削减动议的分析所显示的,因果链论证也可能聚焦于故意的而非间接的策略,这些策略仅仅通过一个与时俱进的发展序列而逐步展开。

因果链论证提出了一些棘手的问题。一个关键挑战是要显示:这样的因果链中的环节都是强大的(正如 Mahoney 2000 所说,是"联结紧密的")。如果有很多阶段,如果与任何特定阶段相关联的可能性并不很高,一个因果链论证的说服力就迅速下降(Fearon 1996;Lieberson 1997)。即使一个因果链只有三个链环,每个环有效的可能性是80%,那整个因果链运转的可能性也不会超过50%。因此,只有当所援引的因果链有很少链环、我们有可靠的理论理由或经验理由相信这些链环十分强大时,这些论证才有可能是有说服力的。

正如我对陨星实例的讨论中所暗示的,基于因果链的论证也面对无穷回归的问题:这个链条中始终有更早的链环,那么,是什么让你避免没完没了地追寻更早的阶段呢?有三个合理的方式来回答这个问题:

第一，分析者可以选择在"关键节点"中断这个链条，这些关键节点标志着一个点，在这个点上，他们的案例开始在一些重要方面出现分岔。

第二，分析者可以在因果关联很难锁定的点上中断链条。如果关于因果链的论证的说服力依赖链环之间相对紧密关联的证实，那么，在不能建立这种关联的地方终结链条是有意义的。

为了当前的目的，第三个大概也是最有指导意义的回应：根据分析者的理论兴趣来限制因果链的终点。因此，一个对人口统计感兴趣的社会学家可能处理一些长期过程，它们与一个政治学家感兴趣的过程部分重叠。但各人都会研究一条略有不同的因果链。不妨考量下面这个实例。伊朗当前正在经历重大的社会动乱，与大批失业年轻人的出现有关联。这个人口统计上的骤增，部分源于1979年之后采取强有力的鼓励生育政策。当前紧张的一个结果是新政策的引入使得家庭计划和生育控制更加方便——在伊斯兰世界是规模最大的。这个实例因此涉及一组政治学家和人口统计学家都相当感兴趣的发展。然而，人口统计学家的链条多半会随着人口剧增的结束而终结，并可能随着另外一些社会变量而开始（例如社会对最初那套鼓励生育政策的回应）。一个政治学家的链条很有可能随着政治现象而开始和/或结束：革命或鼓励生育的政策在链条的开端，社会动乱或新家庭计划政策在链条的终端。这个实例说明因果解释的时间结构如何在相当程度上依赖分析者的知识关切及其使用的基本理论框架。这些塑造了要考量的关键结果的成形、分析者所涵盖的时间框架以及被探究的假说。

所有这三个因果过程论证的类别——关于累积性过程主张、临界效应和因果链——都需要分析者转身离开象限Ⅰ。每个类别都提出了截然不同的方法论挑战。每个类别都可能只有当分析者的研究设计和方法对下面这个可能性开放时才可见：这样的过程在因果意义上很重要。有强大的理论理由相信，每个过程都以范围可观的社会现象为特征。但这只是故事的一部分。当我们转到考量结果时，我们还会面对相当大的时间差异。社会学家感兴趣的很多结果要花很长时间展开。那些产生这种大的、缓慢发展的结果的过程是下一部分的主题。

第五章　大的、慢的和……看不见的：比较政治学研究的宏观进步

二、缓慢发展的结果

缓慢发展的结果有很长的时间视野，也就是说，因变量发生重大改变的过程只在很长时间里发生。这种过程在社会科学中的主要范畴反映在前面对累积性或递增性原因的讨论中。正如原因可能有一个缓慢的、累积性的品质，社会学家感兴趣的结果也是如此。例如，如果社会科学家试图解释第一部分讨论过的任何缓慢发展的社会学变量，他们只会探究这样一个累积性的结果。如果某些因素引发了（比方说）出生率的改变，那么，对人口的影响就只有经过非常漫长的时间周期才会被认识到。

以类似的方式，政治结果可能有一个缓慢发展的、累积性的结构。例如，如果所涉及的主要因果机制是更替机制，情况便是这样。因为个人的党派忠诚显示出相当大的惰性，环境的改变通常对新投票人有着最强大的影响。所以，党派重新站队常常通过极其缓慢的政治上的代际更替来运转。例如，一些关于代际更替率的论证聚焦于特定年龄群体暴露于有着持久后果的刺激（Mannheim 1952；Putnam 2000）。缓慢发展的结果源自这几代人随着时间的推移在总人口当中不断改变的分布。

这个更替机制适用于各种不同的语境，暗示了一个核心理由，说明为什么很多政治结果有着缓慢发展的品质。不妨考量政治精英的案例。如果精英位置的占据者拥有资源使得他们在面对挑战时能够捍卫自己的位置，精英构成中的重大改变就常常会通过缓慢发展的替代过程来运转。例如，在美国国会中，在职议员拥有巨大的优势，以至于他们很少被投票选下台。精英层面重组的主要机制实际上就是更替：当特定政治家退休或死亡时，继任他们的是那些更适合新的社会环境的政治家。因此，就连特定类别的政治家的运气的重大改变（例如1960年之后温和民主党人在东北地区和所有派别的民主党人在南方不断黯淡的前景）也可能要花几十年的时间才产生结果。

正如这段文字所暗示的，这种论证的一个很好的类别是那些基于革命过程理论的论证，它们假设了一个在漫长时间周期里运转的选择机制（Spruyt 1994；Nelson 1995；Kahler 1999）。公司、政治家和民族国家都可能追求很多

目标,使用很多策略,但社会科学家常常认为,随着时间的推移,那些追求特定目标、使用特定策略的更有可能生存。类似的分析在社会学中很常见。在社会学中,组织生态学领域有一个强健的研究计划。这样的分析聚焦于庞大人口中生育和死亡的长期模式,导致与众不同的方法论策略和理论命题的发展(Hannan and Freeman 1989; Carroll and Hannan 2000)。

累积性结果在公共政策的发展中可能也很明显(Rose and Davies 1994)。例如,收入转移上的公共支出是早期政策选择的一个递增的、缓慢展开的结果(Steuerle and Kawai 1996)。这与当代政治经济学领域的很多研究高度相关,因为1975年之后很多的公共支出增长反映了这些滞后的政策投入,而不是更慷慨的新政策的引入。不妨考量养老金政策的案例(Pierson 2000c; Huber and Stephens 2001)。公共养老金账户大约占社会保障支出的40%,因此在当前影响先进福利国家的预算压力中有很深的牵连。在这一政策领域,政策制定与其重大公共支出结果之间常常存在很长的时间滞后。在雇主与受雇人共同出钱的养老金案例中,可能要过70年——要花这长的时间,养老人口的主体才会由那些其完整的职业生涯都是在新规则之下度过的人组成——政策选择才会充分反映在正在发生的支出中。

没能认识到公共政策结果在何种程度上是累积性的和缓慢发展的,可能导致社会科学家误入歧途。想当然地以为政策改变很快就转变为支出水平(即假设迅速展开的结果),分析者就可能错误地构建时间收缩的因果解释。尤其是,他们可能把政策改变(从不断升高的支出水平推断出来的)归因于社会发展(例如全球化),而事实上,这些发展是在政策改变发生之后才发生的。

正如在前文精英更替的实例中那样,这个公共政策结果也是缓慢发展的,因为它也是通过更替机制来运转的。只有在政策改变之后进入劳动市场的那个群体才会在新规则下工作毕生。因此,直到这些新工人完全取代了养老金人口之内的老工人,新政策的支出含义才会充分实现。然而,不像很多建立在更替基础上的论证,这个论证在用一个决定"适合性"的"选择机制"的意义上不是进化的。像前文讨论的代际更替论证一样,它强调:不同人群将会受到不同刺激的影响。相比那些仅仅基于人群更替的结果,基于竞争选择的缓慢发展的结果,很可能要求完全不同的理论策略和方法论策略,例如,在普特南对社会资本和代际更替的研究和汉南(Hannan)等人对组织生态学的研究这两个截然不同的分析中,差别就很明显。

通过把这些分析叠加到表5.1所呈现的框架上,表5.2总结了迄今为止提出的论证。它暗示,正如物理学中的案例一样,并非社会学家感兴趣的所有过程都有可能轻松、舒适地契合象限Ⅰ。很多原因和结果有很长的时间视野。因果链和临界点论证援引一些有着很长时间视野的自变量。本质上,关于累积性结果的论证参照了一些有着很长时间视野的因变量,涉及线性变换,在这样的变换中,稍多一点(缓慢发展的)x产生稍多一点(缓慢发展的)y。因此,累积性原因论证意味着原因和结果都有很长的时间视野。

表 5.2　　　　　　　　不同社会科学解释的时间视野

		结果的时间视野	
		短	长
原因的时间视野	短	Ⅰ	Ⅱ 累积性结果
	长	Ⅲ 临界点,因果链	Ⅳ 累积性原因

三、超越聚焦时间视野

到现在为止,我强调,社会科学家可能需要审视漫长的时间周期,因为他们希望考量那些非常缓慢改变的因素的作用。本质上,这一论证暗示,社会科学家需要警惕布罗代尔式的聚焦长时段。然而,社会过程还有另外一些方面也可能由于聚焦短期而错过,即这样一些过程:一个原因的开始与主要结果的发展之间存在一段相当长的时间分隔。这个时间分隔在比较历史分析中十分突出的两种类型的过程中十分明显:结构解释和路径依赖解释。

结构测定

结构解释构成了长期结果论证的一个突出类别。关键因果链建立在存在某些广泛结构或结构之间关系的基础上。典型地,这些论证断言了结构与最终结果之间的因果关联,但在时机问题上是不可知论的(Skocpol 1979)。触发性事件被视为基本上是随机的,或者是正在运转的核心因果过程中附带的。在这一点上,它们类似于前文讨论过的临界点论证。它们的差别在于:结构论证不需要依靠压力随着时间推移而逐步累积。换句话说,无论是原因还是结果,都不需要是缓慢发展的。然而,结果的发生与核心原因的出现之间可能隔着一段相当长的时间距离。

通过比较图5.2和图5.1,可以对临界点论证的概述看出这个差别。在图5.2中,时间周期T_3引入了结构原因(比方说新制度的创立或新联盟的形成)。这把现状所承受的压力推到一个更高的新水平——非常接近于重大政治变革的临界水平。从这里到某个导致相关结果的触发性事件(在本例中就是到时间周期T_4),只是一个时间问题。

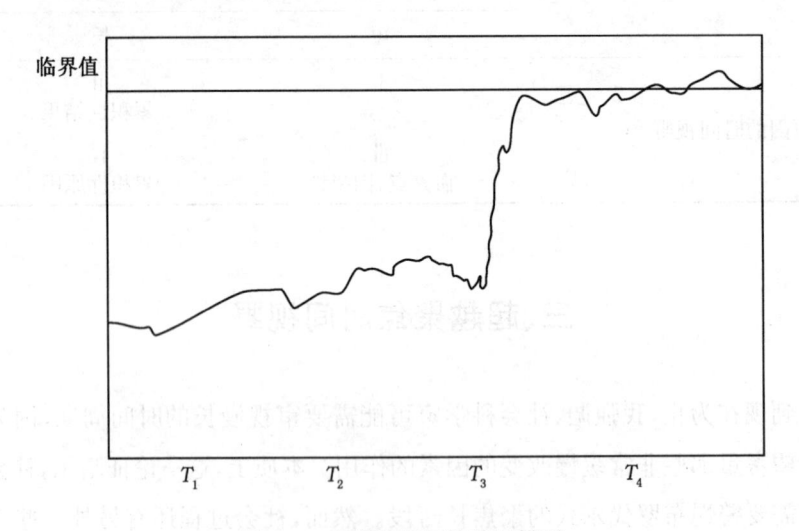

图5.2 有结构原因的临界模型

巴林顿·摩尔对独裁与民主的起源的解释提供了结构解释的一个经典实例(Moore 1966)。他聚焦于那些让国家容易产生不同体制结果的宏观变量。赋予结构变量一些特定的值,摩尔预期某些结果迟早会出现。在摩尔看来,触发性事件基本上是表面性的,不应该把一个人的注意力从正在运转的基本过程上转移开来。

卡梅隆(Cameron 2000)使用了这样一个比喻:在一个池塘里,有一片睡莲叶子上覆盖了一层强力胶水,一只青蛙从一片睡莲叶子跳到另一片睡莲叶子。我们并不知道青蛙何时会停在涂了强力胶水的叶子上,这可能要花相当长的一段时间,但最终的结果是充分确定的。这样的论证并不需要这样一个强主张:Y 绝不会变成 X。如果 $x \rightarrow y$ 变换的可能性比 $y \rightarrow x$ 变换的可能性高很多,我们最终的人口将几乎完全由 Y 组成。

尽管这似乎很像一个人工构造,但我认为它捕捉到了社会科学家们常常提出的或者想要提出的那种关于因果过程的论证(Lieberson 1985)。例如,普沃斯基和利蒙吉(Przeworski and Limongi 1997)在对民主化的分析中提出了这种论证。一旦国家达到了经济发展的某个水平,威权主义政府转变成民主制就有很大的可能性,但相反方向的转变则可能性很小。随着时间的推移,我们会预期经济临界水平之上的威权主义政府越来越少。然而,这个结构变量不会解释特定转型的时机。

这种过程暗示了关键因果过程与最终结果之间相当长的时间滞后的可能性。这个案例中的原因就是那个产生了十分有趣的马尔科夫链动态的结构。这个链条可能要花一定的时间来展开,有各种不同的巧合影响速度和采取的特定路径。然而,最终结果并不受这些巧合的影响。核心洞见是:时间上被压缩的分析可能导致对表面现象的专注,同时错过更深刻、更基本的原因。

路径依赖或正反馈过程

比较历史分析中有一个经常提出的主张:关键节点上的结果引发路径依赖过程。随着时间的推移,这些过程即使出自起初类似的条件,也导致差别惊人的结果(例子参见 Shefter 1977;Collier and Collier 1991;Hacker 1998;Huber and Stephens 2001)。很多这样的研究文献暗含地提到了一个政治系统中自我强化的或正反馈的规程——经济学家称之为"回报递增"过程(Pierson 2000a; cf. Mahoney 2000)。一次相当温和的改变引发一个反馈环,从而强化最初的改变方向。例如,集体行动可能导致预期和资源的改变,为更多的集体行动提供便利;类似地,制度化可能缓解协调难题,促进比制度化更多的东西。①

一个路径依赖因果解释使用一个特定的时间结构。它凸显了亚瑟·斯廷奇科姆(Arthur Stinchcombe)所说的"历史因果律"的作用,在这个结构中,即使不存在原初事件或过程的重新出现,某个时间点上一个事件或过程所触发的动态也重新产生和强化自身(Stinchcombe 1968)。因此,完整的相关结果需要相当长的时间来展开这些自我强化的过程,其出现时点与关键节点或"历史原因"隔着相当长的一段时间距离。你可以把这种类型的论证归类为涉及一个缓慢发展的原因(自我强化的过程构成了所考量的最终结果的部分原因)。② 然而,把这个作为一个涉及时间分隔的长期过程来处理强调了关于历史因果律论证的关键点。即使一个事件或过程只发生一次,并且在最终结果显现很久之前就不再运转,也可能关键性地与后来的结果相关联(Lieberson 1985)。

正如这里考量的很多长期过程一样,也有强有力的理论根据相信,路径依赖过程将会盛行于政治生活中(Pierson 2000a)。一旦确立,政治动员的具体模式、制度性的"博弈规则",甚至还有公民关于政治世界的基本思考方式,常常就会产生自我强化的动态。例如,这样一个论证巩固了马丁·谢夫特(Martin Shefter)关于党派动员最初模式的影响的论证(Shefter 1977),道格拉斯·诺斯(Douglas North)对经济增长的制度基础的分析(North 1990),以及罗伯特·伍思诺(Robert Wuthnow)对现代意识形态兴起的解释(Wuthnow 1989)。

路径依赖解释的一个绝佳实例是托马斯·埃特曼对那些在现代官僚制度兴起之前面对军事竞赛的欧洲国家所采用的融资方法的持久后果的处理(Ertman 1996)。遵循一些像欣茨和蒂利那样的前辈,埃特曼在《利维坦的诞生》(*Birth of the Leviathan*)中证明,军事竞争的开始构成了新兴国家的一个关键节点。这个节点上所发生的事情,对于欧洲国家的发展模式,以及对后来

---

① 这暗示了另一个理由,为什么这样的过程不可能轻而易举地简化到表 5.1 和表 5.2 中引入的那些维度。当反馈循环对关键节点之后的那个过程变得至关重要时,勾画清晰的原因和结果就变得不可能了,实际上,有一组因素彼此互相强化。

② 这解释了我在表 5.3 中对路径依赖过程的时间视野进行归类的方式。

第五章 大的、慢的和……看不见的:比较政治学研究的宏观进步

发展议会民主的前景,都有着强有力的影响。面对产生足够的财政收入来发动长期战争的关键问题,有些君主被迫依靠财产性官职占有制和包税制,这些体制"对[这些官员]比对他们的国王雇主更有好处"。另外一些国家可能致力于构建"基于官职与官员本人分离的原型现代官僚制度"。值得注意的是,埃特曼对这些差异的解释的一个关键部分是一个缓慢发展的变量:识字率。识字的程度在很大程度上决定了君主与那些有能力应付行政任务的人讨价还价的能力。因此,军事竞争开始的时机很关键——面对这一挑战越晚的国家,就越有可能拥有潜在行政官员的充足供应。

埃特曼的论证是历史因果律之一。对这种财政挑战的最初回应很重要,因为它们是自我强化的。一旦围绕包税制发展出一个紧密的制度和利益网络,向更现代的融资形式转换几乎就是不可能的,尤其是在君主常常有紧迫税收需要的语境中。埃特曼认为,这些不同路径事关重大,因为官僚的替代选择不仅在发动战争上更有效,而且更容易导致议会制度的发展。正如前文所指出的,有着类似结构的论证如今在比较历史研究中十分普遍。

卡明斯和斯蒂姆森对美国政策中的"议题演化"所做的研究调查了一个非常不同的经验场景,但其论证的分析结构是类似的(Carmines and Stimson 1989)。卡明斯和斯蒂姆森试图解释战后美国政治中的一项重大改变——"议题环境"的改变,从两个主要政党(及其支持者)在种族问题上内在地异质的环境向内在地同质的政党围绕种族问题产生更大党派分裂的环境转变。像梅休一样,他们也批评关键性重新站队理论暗示了这一结果中一次太过迅速的"地震式"改变(尤其是1964年的改变,但还有1968年的改变),这导致了最初的在种族问题上的党派差别,接下来是一段漫长的时间,在大众层面和精英层面的招募和反招募上的差别强化了那个最初的差别。他们感兴趣的重大政治结果在漫长的时间周期里发展:"与大规模议题对立的最初增加并没有结束这个过程,而只是通过启动一个与时俱增的改变使它有了开始"(Carmines and Stimson 1989, p.157)。[①]

这些社会过程可能不仅仅是缓慢发展的,而且可能需要一段很长的时间,

---

① 事实上,他们的研究强调代际更替,以及党派分歧随着时间推移而发展中的正反馈。卡明斯和斯蒂姆森在解释其长期结果时把关于结构原因与自我强化的论证结合了起来。

因为关键原因与相关结果之间有一段相当长的时间间隔。无论在哪种情况下,除非分析考量一个相当长的时间段,否则完整的过程就不可能可见。我对这些不同长期过程的讨论总结在表5.3中。它凸显了很多截然不同的社会过程,但它们至少包含下列特征之一:有着很长时间视野的因果过程,有着很长时间视野的结果,或者关键原因与最终相关结果之间有相当长的时间间隔。[1]正如本文所评论的研究文献所暗示的,表5.3中所区分的不同类型的过程包含一系列可以用来而且已经被用来说明社会科学家们持久感兴趣的问题。

表5.3　　　　　　　　　　　长期过程分类

类别	时间视野	时间间隔	实例
累积性原因	长(原因) 长(结果)	无	Key 1959;Putnam 2000
因果链	长(原因) 短(结果)	无	Collier and Collier 1991; Swank 2001
临界效应	长(原因) 短(结果)	无	Burnham 1970;Goldstone 1991; McAdam 1982;Skocpol 1979
累积性结果	短(原因) 长(结果)	无	Spruyt 1994;Steurle and Kawai 1996
结构效应 (马尔科夫链)	短(原因)	有	Moore 1996;Przeworsld and Li- mongi 1997
路径依赖 (正反馈)	短(对"历史原因") 长(对自我强化过程)	有(对自我 强化过程)	Ertman 1996;Shefter 1977; Carmines and Stimson 1989

把政治打包到象限Ⅰ中

在研究社会现象时,分析者应该使用多长的时间框架呢?这个问题没有固定答案。相反,它取决于分析者想要解决的特定问题,还有他们对于自己研

---

[1]　应当强调的是,表5.3凸显了那些逻辑上需要漫长时间结构的过程的特征。这些论证的另外一些特征可能需要也可能不需要关注长期过程。例如,路径依赖论证不需要依靠缓慢发展的原因来解释触发正反馈过程的初始事件(关键节点)。但在实际应用中,它们经常这样做。

第五章 大的、慢的和……看不见的:比较政治学研究的宏观进步

究领域中运转的最重要过程的性质的假设,以及对特定执行方式的可行性的评估。正如戴维·雷克(David Lake)和罗伯特·鲍威尔(Robert Powell)所认为的,"就其性质而言,方法论途径赋予某些形式的解释高于其他解释的特权,并且实际上打赌什么解释将被证明对于解决某些问题集是成果丰硕的方式"(Lake and Powell 1999,p.16)。社会科学家当前把他们的赌注的重头押在象限Ⅰ。[①] 我的论点并不是说象限Ⅰ的研究价值不大。相反,我的论点是我们应当分散我们的赌注。对于特定分析中所涵盖的时间范围的选择有着深远的影响。它们导致我们所使用的理论种类、我们所使用的方法、我们可能启动的因果力量的种类,甚至还有我们首先要识别的相关结果的重大改变。由于社会科学共同体在很大程度上局限于象限Ⅰ,因此有很多社会生活干脆就落在了社会科学共同体的"雷达屏幕"之外。

政治学家并非总是对聚焦于象限Ⅰ的研究表现出这样清晰的偏好。例如,从20世纪50年代到70年代,比较政治领域被现代化和国家构建的问题强有力地激活,所涉及的研究恰好就是这里所讨论的那种大的长期过程(Deutsch 1961;Huntington 1968;Nordlinger 1968;Flora 1999b)。正如众所周知的那样,很多现代化研究文献,或者至少是对它们的漫画化,因为表现出有点自鸣得意的功能主义的和目的论的倾向而受到攻击,这一倾向暗示了最终向西方民主模式汇集。然而,现代化研究的崩溃是一个清楚的实例:把孩子和洗澡水一起倒掉。这一学科已经抛弃了不受欢迎的功能主义和目的论(具有讽刺意味的是,它们常常以新的理性主义的形式再次出现)。随之而来的是这一学科最持久的努力,试图思考社会变革和政治变革的长期过程。

对大的长期过程的关注活跃地保留在比较历史分析中已经获得一个强大立足点的那些领域,包括民主化、革命和福利国家发展的研究。[②] 然而,有很多趋势似乎把比较研究推向聚焦于短期过程。定量研究绝不是与关注社会生活缓慢发展的长期特征不相容。实际上,它们可能很适合辨别这些因素的作

[①] 尽管我认为,社会过程的关键时间维度不可能简化为表5.1中提供的简单分类,但我把"象限Ⅰ"用作一个方便的速记法,指的是这样一些研究:它们不打算探索那些在相当长的时间段内展开的过程。

[②] 当然,本文所引述的经验研究提供了众多实例。本书中的不同文章详细评述了相关研究传统。

用。例如，有些结构论证很容易被纳入大样本分析中，设计良好的定量研究也可以检验临界效应。但在实践中，你常常会发现，对产生高相关性的优先考量，赋予"浅"（时间上邻近的，但常常是近乎同义反复的）解释以高于"深"解释的特权（Rueschemeyer, Stephens, and Stephens 1992；Kitschelt 1999）。

一个更根本性的问题是，这里概述的很多长期过程，比如那些援引临界点论证或多阶段因果链的过程，不大可能被纳入定量研究中，除非分析者使用的理论把它们指到这个方向上。毕竟，问题不仅仅是什么样的特定技术在理论上能够做到，而且是它在实践中如何被使用——这一区别在一般性的方法和理论讨论中几乎总是被搪塞过去。正如罗纳德·杰普森（Ronald Jepperson）所指出的，在面对一个使用长期时间结构的因果解释时，定量分析学者（还有理性选择派理论家）的回应很可能是惊呼："我可以给那个建模！"然而，如果这些分析者使用的理论想象很少导致他们识别正在考量的结果或假说，那么这个机敏的回答就颇失水准了（Jepperson n. d.）。

实际上，当代社会科学中有很多东西恰好导致这个结果。其中，乔·埃尔斯特（Jon Elster）利用了休谟的主张：可能并不存在"相距遥远的行动"有力地证明因果分析应当始终努力识别"局部"原因——越微观越好（Elster 1983；Hedstrom and Swedberg 1998）。在埃尔斯特看来，辨别社会机制的驱动力恰好就是一个在时间上尽可能贴近地把原因带向要解释的结果的问题："机制的作用是双重的。第一，它们使得我们能够从更大走向更小。第二，更根本地说，它们缩短了解释与待解释事项之间的时间滞后。一个机制提供了一个连续而邻接的因果关联或意图关联的链条……"（Elster 1983, p. 24）然而，这个想要创造一条邻接的因果关联链条的合理愿望至今都应该是唯一的优先事项，而且它不应该以把重要社会过程推到因果论证的范围之外为代价。

正是在这一点上，理性选择解释在比较政治学中的日益盛行发挥了最强大的拉动力，把人们拉向象限Ⅰ。从个人（或者被当作策略行动者的社会集合体）选择出发，强有力地鼓励分析者"截短"各个方面的研究，包括关键性的时间维度。最近对民主转型的研究，围绕精英谈判模型来构建，提供了给因果解释带来偏见的一个绝佳实例（Collier 1999）。正如查尔斯·蒂利所言，"……最近的理论家加快了速度，使得有时候民主转型看上去几乎就是瞬间完成的：

第五章 大的、慢的和……看不见的:比较政治学研究的宏观进步

把条约订好,然后运转起来"(Tilly 1995,p.365)。博弈论的方法并不容易延伸到扩大的空间(或广泛的社会集合体)或很长的时间周期,除非让关键的模型假设显得貌似无理。①

倒不是说理性选择理论甚或博弈论与长期过程研究干脆不相容(North 1990)。例如,"比较统计学"提供了一个方法来处理其中某些不利因素。在这里,一个博弈论模型以不同的参数运转,使得分析者能够问:若一个结构变量(比如人口的年龄分布)经历了重大改变,会发生什么(Weingast 1998)?尽管这个方法很有帮助,但它似乎充其量只是一个非常局部的解决方案。它看来顶多只能处理本文所讨论的少数几个长期过程,而且就连这些问题的处理也是以十分受限制的方式。当然,正如前面所暗示的,分析者首先需要沿着这些路线思考。理性选择意象聚焦于行动者的策略行为,可能并不是产生这种思考的最有前途的方式。

理性选择理论可能也是以不那么直接的方式对比较政治学领域分析的时间结构做出贡献。使用这个方法的学者通常转向经济学寻求灵感。这一导向在着手开展研究时可能大不相同。在实践中,分析者使用的基本理论意象与他们选择评估的假说之间似乎有着强大的选择性亲和力。我认为,对于大的、缓慢发展的因果解释,很多最有力的候选者很可能是社会学的解释。即使原则上其中某些过程可以被纳入理性选择解释中,它们也并不是这些分析者通常寻找的那种假说。

象限Ⅰ的拉力不仅在定量研究和理性选择研究中很明显。定性分析者也有可能被象限Ⅰ所吸引,除非他们做出有意识的努力来探索其他的可能性。鲁施迈耶等(Rueschemeyer *et al.* 1992,pp.32—33)在一个略微不同的语境中写作,总结了关键难题:

> 研究同一社会之内的改变,暗含地让情境中那些在观察期间实际上并未改变的结构特征保持恒定。正是由于这个原因,过程导向的历史研究——即使它们超越了纯粹的叙事并带着理论的解释意图来进行——常常强调自愿决策的作用,往往轻

---

① 例子参见埃尔斯特(Elster 2000)对最近《分析性叙事》一书把博弈论应用于宏观历史现象所需要的延伸提出的有力批评。探索了相关主题的还有:Elster 1989,Scharpf 1998,Munck 2001。

视——通过把它们视为给定的——那些限制历史行动者的某些选项并鼓励其他选项的结构性约束。

通过添加比较案例,一个分析者或许能够克服鲁施迈耶等人所担心的某些与结构性因素相关联的盲点。但这样做不大可能解决识别缓慢发展的因果过程的具体影响的难题,除非研究不仅涵盖额外的案例,而且把其中每个案例都纳入一个扩大的时间周期中。正如前文所指出的,这个难题似乎毁掉了最近很多民主转型研究。就连那些基于博弈论的研究也常常鼓吹高度自愿主义的解释或者几近同义反复的解释(Kitschelt 1999)。

比较历史分析常常会很好地完成捕捉长期过程的工作,正如本文引述的众多实例所暗示的那样。这些研究通常审视相当长的时间段。同样重要的是,他们利用理论传统,追溯到马克思和韦伯的伟大作品,而这种理论传统指向那些具有这种时间结构的假说。然而,像其他的方法一样,比较历史分析也可能错过那些只在长时间段内可见的原因和结果,除非研究者对于首先考虑这种可能性的需要非常敏感。[①] 审视这种缓慢过程的小样本方法与定量方法之间的协同合作,其潜力很可能相当大。

这里不妨考量卡明斯和斯蒂姆森对于他们试图把长期视角引入美国民意与选举的研究所作的反思。他们的结论提供了对本文核心观点的一个生动总结,在这里值得详细引用:

> 对于一个不断演化的过程,你预期逐步的却是累积性的改变,任何一个时刻都非常轻微,以至于看上去没什么意义,却在很长的时间跨度里能够产生深刻的改变。这就是我们所看到的……不妨从另外的角度考量这个证据,不是作为将近50年里系统运动的模式,而是作为一个时间切片(甚至是50个单独的切片)。如果以这种方式分解这个相同的证据(也就是说,如果微妙地把问题从"这个过程产生了多少改变",改为"一个特定变

[①] 因此,我在这里论证可能指向最近提出的下面这个观点的某些困难:改良的过程追踪代表了更严格定性分析中的一个重要成分(Bennett and George 1998; Hall, this volume)。这是一条重要的论证路线,但是,如果认为过程追踪意味着探索因果过程内部更多的宏观机制,那么它可能有一个非故意的效应:产生时间上更收缩的解释。

第五章 大的、慢的和……看不见的：比较政治学研究的宏观进步

量在给定的一年里有多少可观察到的改变可以归因于这个过程"），那么，一个理性分析者得出的推论就会有一个惊人不同的特征。在很少案例中，任何给定一年的影响都是显著的。只有很少在统计学上是有意义的……我们将会从这样一个视角得出结论，实际上论述美国大众行为的研究文献已经得出结论：在20世纪60年代中期少数几年里，一些激进改变至关重要，而之前或之后并不是很多，而且这个问题在当时很重要，之前和之后都不重要。这个结论将是对截面证据的一个恰当解读，而我们相信，这是对现实的一个极其错误的解读。（Carmines and Stimson 1989, p. 196）

研究者蜂拥挤进象限 I 付出了沉重的代价。在某些情况下，代价是一些重要的社会结果没能吸引到有学术意义的关注。在另外一些情况下，代价是一些重要的社会力量仅仅因为它们是在漫长的时间周期里施加其压力而没有进入我们对政治生活的因果解释中。实际上，因果关系被归于那些作为触发器而运转的因素——这些因素在时间上与相关结果邻近，但重要性是相对次要的。而在另外一些场景中，分析者可能被他们研究的结果的特征误导，因为他们没能认识到那些结果的展开是多么地缓慢。正如斯旺克的研究所显示的，它甚至可能导致分析者强调关于短期效果的主张，而长期因果过程恰好与它们背道而驰。所有这些可能性暗示了涵盖相当长的时间段的社会研究的重要贡献。正如斯廷奇科姆所言，"宏观社会学必须是长期社会学"（Stinchcombe 1997, p. 406）。无论在理论发展中还是在经验工作中，我们都需要留意一些大的长期过程的重要性。

参考文献

Abbott, Andrew. 1988. "Transcending General Linear Reality." *Sociological Theory* 6:169—186.

Bartels, Larry M. 1998. "Electoral Continuity and Change, 1868—1996." *Electoral Studies* 17:301—326.

Baumgartner, Frank R. and Bryan D. Jones. 1993. *Agendas and Instability in American Politics*. Chicago: University of Chicago Press.

Bell, Daniel. 1974. *The Coming of Postindustrial Society*. New York: Basic Books.

Brady, David W. 1988. *Critical Elections and Congressional Policy Making*. Stanford, CA: Stanford University Press.

Burnham, Walter D. 1970. *Critical Elections and the Mainsprings of American Politics*. New York: W. W. Norton.

Cameron, Charles. 2000. "Congress Constructs the Judiciary, 1789—2000." Memo prepared for Russell Sage Foundation Conference on History and Politics, April.

Carlsson, Gosta. 1972. "Lagged Structures and Cross-Sectional Methods." *Acta Sociologica* 15: 323—341.

Carmines, Edward G. and James A. Stimson. 1989. *Issue Evolution: Race and the Transformation of American Politics*. Princeton, NJ: Princeton University Press.

Carroll, Glenn R. and Michael T. Hannan. 2000. *The Demography of Corporations and Industries*. Princeton, NJ: Princeton University Press.

Collier, Ruth Berins. 1999. *Paths Toward Democracy: The Working Class and Elites in Westenz Europe and South America*. Cambridge: Cambridge University Press.

Collier, Ruth Berins and David Collier. 1991. *Shaping the Political Arena*. Princeton, NJ: Princeton University Press.

Deutsch, Karl. 1961. "Social Mobilization and Political Development." *American Political Science Review* 55: 493—514.

Elster, Jon. 1983. *Explaining Technical Change*. Cambridge: Cambridge University Press.

——1989. *Solomonic Judgments*. Cambridge: Cambridge University Press.

——2000. "Rational Choice History: A Case of Excessive Ambition." *American Political Science Review* 94: 685—695.

Ertman, Thomas. 1996. *Birth of Leviathan: Building States and Regimes in Medieval and Early Modern Europe*. Cambridge: Cambridge University Press.

Fearon, James. 1996. "Causes and Counterfactuals in Social Science: Exploring an Analogy between Cellular Automata and Historical Processes." Pp. 39—67 in *Counterfactual Thought Experiments in World Politics: Logical, Methodological, and Psychological Perspectives*, edited by Philip E. Tetlock and Aaron Belkin. Princeton, NJ: Princeton University Press.

Flora, Peter, ed. 1999a. *State Formation, Nation-Building, and Mass Politics in Eu-*

rope: *The Theory of Stein Rokkan*. Oxford: Oxford University Press.

1999b. "Introduction and Interpretation." Pp. 1—91 in *State Formation, Nation-Building, and Mass Politics in Europe: The Theory of Stein Rokkan*, edited by Peter Flora. Oxford: Oxford University Press.

Gellner, Ernst. 1983. *Nations and Nationalism*. Ithaca, NY: Cornell University Press.

Goldstone, Jack A. 1991. *Revolution and Rebellion in the Early Modern World*. Berkeley: University of California Press.

1998. "Initial Conditions, General Laws, Path Dependence and Explanation in Historical Sociology." *American Journal of Sociology* 104: 829—845.

Granovetter, Mark. 1978. "Threshold Models of Collective Behavior." *American Journal of Sociology* 83: 1420—1443.

Hacker, Jacob. 1998. "The Historical Logic of National Health Insurance: Structure and Sequence in the Development of British, Canadian, and U. S. Medical Policy." *Studies in American Political Development* 12: 57—130.

Hannan, Michael T. and John Freeman. 1989. *Organizational Ecology*. Cambridge, MA: Harvard University Press.

Hedstrom, Peter and Richard Swedberg, eds. 1998. *Social Mechanisms: An Analytical Approach to Social Theory*. New York: Cambridge University Press.

Hirsch, Fred. 1977. *The Social Limits to Growth*. Cambridge, MA: Harvard University Press.

Huber, Evelyne and John Stephens. 2001. *Development and Crisis of the Welfare State: Parties and Policies in Global Markets*. Chicago: University of Chicago Press.

Huntington, Samuel. 1968. *Political Order in Changing Societies*. New Haven, CT: Yale University Press.

Iversen, Torben and Anne Wren. 1998. "Equality, Employment and Budgetary Restraint: : The Trilemma of the Service Economy." *World Politics* 50: 507—546.

Jepperson, Ronald. n. d. "Relations Between Different Theoretical Imageries (with Application to Institutionalism)." Manuscript.

Jervis, Robert. 1997. *System Effects: Complexity in Political and Social Life*. Princeton NJ: Princeton University Press.

Kahler, Miles. 1999. "Evolution, Choice, and International Change." Pp. 165—96 in *Strategic Choice and International Relations*, edited by David A. Lake and Robert Powell.

Princeton, NJ: Princeton University Press.

Key, V. O. 1959. "Secular Realignment and the Party System." *Journal of Politics* 21: 198—210.

Kitschelt, Herbert. 1999. "Accounting for Outcomes of Post-Communist Regime Change: Causal Depth or Shallowness in Rival Explanations." Paper presented at the American Political Science Association meetings, Atlanta September 1—5.

Laitin, David. 1998. *Identity in Formation: The Russian-Speaking Populations in the Near Abroad*. Ithaca, NY: Cornell University Press.

Lake, David A. and Robert Powell. 1999. "International Relations: A Strategic Choice Approach." Pp. 1—38 in *Strategic Choice and International Relations* edited by David Lake and Robert Powell. Princeton, NJ: Princeton University Press.

Lieberson, Stanley. 1985. *Making It Count: The Improvement of Social Research and Theory*. Berkeley: University of California Press.

——. 1997. "The Big Broad Issues in Society and Social History: Application of a Probabilistic Perspective." Pp. 359—385 in *Causality in Crisis? Statistical Methods and the Search for Causal Knowledge in the Social Sciences*, edited by Vaughn R. McKim and Stephen P. Turner. Notre Dame, IN: University of Notre Dame Press.

Luebbert, Gregory M. 1991. *Liberalism, Fascism, or Social Democracy: Social Classes and the Political Origins of Regimes in Interwar Europe*. New York: Oxford University Press.

Macy, Michael. 1990. "Learning Theory and the Logic of the Critical Mass." *American Sociological Review* 55: 809—826.

Mahoney, James. 2000. "Path Dependence in Historical Sociology." *Theory and Society* 29: 507—48.

Mannheim, Karl. 1952. "The Problem of Generations." Pp. 276—320 in *Essays on the Sociology of Knowledge*, edited by Paul Kecskemeti. London: Routledge and Kegan Paul.

Marwell, Gerald and Pamela Oliver. 1993. *The Critical Mass in Collective Action: A Micro-Social Theory*. Cambridge: Cambridge University Press.

Mayhew, David R. 2000. "Electoral Realignments: A Critique of the Classical Genre." Unpublished manuscript, Yale University.

McAdam, Douglas. 1982. *Political Process and the Development of Black Insurgency, 1930—1970*. Chicago: University of Chicago Press.

Moore, Barrington. 1966. *Social Origins of Dictatorship and Democracy*. Boston: Beacon Press.

Munck, Gerardo. 2001. "Game Theory and Comparative Politics: New Perspectives and Old Concerns." *World Politics* 23:173—204.

Nelson, Richard R. 1995. "Recent Evolutionary Theorizing About Economic Change." *Journal of Economic Literature* 33:48—90.

Nordlinger, Eric A. 1968. "Political Development: Time Sequences and Rates of Change." *World Politics* 20:494—520.

North, Douglass C. 1990. *Institutions, Institutional Change, and Economic Performance*. Cambridge: Cambridge University Press.

Pierson, Paul. 1994. *Dismantling the Welfare State? Reagan, Thatcher, and the Politics of Retrenchment*. Cambridge: Cambridge University Press.

—— 2000a. "Increasing Returns, Path Dependence, and the Study of Politics." *American Political Science Review* 94:251—267.

—— 2000b. "Not Just What, but When: Timing and Sequence in Political Processes." *Studies in American Political Development* 14:72—92.

—— 2000c. "Three Worlds of Welfare State Research." *Comparative Political Studies* 33:791—821.

Pierson, Paul and Theda Skocpol. 2002. "Historical Institutionalism in Contemporary Political Science." In Ira Katznelson and Helen Milner, eds. *The State of the Discipline*. New York: W. W. Norton.

Przeworski, Adam and Fernando Limongi. 1997. "Modernization: Theories and Facts." *World Politics* 49:155—183.

Putnam, Robert. 2000. *Bowling Alone*. New York: Simon & Schuster.

Rogowski, Ronald. 1989. *Commerce and Coalitions: How Trade Affects Domestic Political Alignments*. Princeton, NJ: Princeton University Press.

Rokkan, Stein. 1974. "Entries, Voices, Exits: Towards a Possible Generalization of the Hirschman Model." *Social Science Information* 13:39—53.

Rose Richard and Paul Davies. 1994. *Inheritance in Public Policy: Change without Choice in Britain*. New Haven, CT: Yale University Press.

Rueschemeyer, Dietrich, Evelyne Huber Stephens, and John D. Stephens. 1992. *Capitalist Development and Democracy*. Chicago: University of Chicago Press.

Scharpf, Fritz W. 1998. *Games Real Actors Play: Actor-Centered Institutionalism in Policy Research*. Boulder, CO: Westview Press.

Schelling, Thomas. 1978. *Micromotives and Macrobehavior*. Cambridge, MA: Harvard University Press.

Shefter, Martin. 1977. "Party and Patronage: Germany, England, and Italy." *Politics and Society* 7: 403—452.

Skocpol, Theda. 1979. *States and Social Revolutions*. Cambridge: Cambridge University Press.

Spruyt, Hendrik. 1994. *The Sovereign State and Its Competitors*. Princeton, NJ: Princeton University Press.

Steuerle, Eugene and M. Kawai, eds. 1996. *The New World Fiscal Order*. Washington, DC: Urban Institute Press.

Stevens, William K. 2000. "The Oceans Absorb Much of Global Warming, Study Confirms." *New York Times*, March 24, p. A14.

Stinchcombe, Arthur. 1968. *Constructing Social Theories*. New York: Harcourt, Brace.

——— 1974. "Merton's Theory of Social Structure." Pp. 11—33 in *The Idea of Social Structure: Papers in Honor of Robert Merton*, edited by L. Coser. New York: Harcourt, Brace.

——— 1997. "Tilly on the Past as a Sequence of Futures." Pp. 387—409 in *Roads from Past to Futures*, edited by Charles Tilly. Latham, MA: Rowman & Littlefield.

Swank, Duane. 2001. "Political Institutions and Welfare State Restructuring: The Impact of Institutions on Social Policy Change in Developed Democracies." Pp. 197—237 in *The New Politics of the Welfare State*, edited by Paul Pierson. Oxford: Oxford University Press.

Tilly, Charles. 1995. "Democracy Is a Lake." Pp. 365—387 in *The Social Construction of Democracy*, edited by George Reid Andrews and Hemck Chapman. New York: New York University Press.

Tarrow, Sidney. 1992. "Mentalities, Political Cultures, and Collective Action Frames: Constructing Meanings through Action." Pp. 174—202 in *Frontiers in Social Movement Theory*, edited by Aldon D. Morris and Carol Mueller. New Haven, CT: Yale University Press.

Weber, Max. 1946 [1921]. "Politics as a Vocation." Pp. 77—128 in *From Max We-*

ber:*Essays in Sociology*,edited by H. H. Gerth and C. Wright Mills. Oxford:Oxford University Press.

Weingast,Barry R. 1998. "Notes on a Possible Integration of Historical Institutionalism and Rational Choice Theory." Prepared for the Russell Sage Foundation meeting,New York,November.

Wuthnow,Robert. 1989. *Communities of Discourse:Ideology and Social Structure in the Reformation, the Enlightenment, and European Socialism*. Cambridge, MA:Harvard University Press.

第六章 制度如何演化:源自比较历史分析的洞见

凯瑟琳·瑟伦
(Kathleen Thelen)

一、导　言

本文探讨形式制度如何改变的问题。① 尽管很多学者赋予制度在构建政治生活上的作用以重要性,但这些制度本身如何形成并随着时间推移而重构的问题并没有受到应有的关注。在20世纪70年代和80年代,大量的比较制度主义研究集中在比较静态上,专注于证明不同的制度安排以何种方式推动不同的政治结果和政策结果(例如 Katzenstein 1978)。此外,比较历史传统中的学术研究产生了一些重要的洞见,洞察分岔的(通常是国家的)轨道的起源。这一取向的工作包括一些经典作品,比如 Gerschenkron 1962、Moore 1966 和 Shefter 1977,但最近也有一些重要贡献,比如 Collier and Collier 1991、Skocpol 1992、Spruyt 1994、Ertman 1997、Gould 1999 和 Huber and Stephens 2001。最后,我们有很多分析致力于"反馈机制"的问题,这些机制是随着时间推移而产生各种不同的制度和政策轨道的原因(例如 Pierson 1993;Skocpol 1992;Weir 1992b)。

皮尔森、马汉尼及其他人正在进行的理论工作集中于路径依赖的概念,给先前基于"关键节点"和"历史轨道"这两个二分概念的构想带来了更大的准确

---

① 遵循皮尔森(Pierson 2000b)的做法,我把本文中的讨论局限于形式政治制度,它们是有意识的设计和重新设计的产物。

第六章　制度如何演化:源自比较历史分析的洞见

性(Mahoney 2000；Pierson 2000a)。[①] 正如这些作者所指出的,比较历史分析中的一些重要研究可以解读为对社会和政治发展中路径依赖的说明。马汉尼对分析的清晰性做出了贡献,他识别了可以维持不同制度的各种不同的复制机制——援引并区分了功利主义论证、功能主义论证、权力论证和合法性论证(Mahoney 2000)。他对路径依赖的处理回到了亚瑟·斯廷奇科姆的洞见：那些对一个制度的起源负有责任的因素,与那些随着时间推移而维持这一制度的因素可能并不是一回事(Stinchcombe 1968)。

但是,当前概念化的路径依赖往往鼓励相当严格地把制度创新的问题与制度复制的问题分离开来。[②] 很多援引这一概念的工作是以一个间断平衡模型为前提,强调紧接着漫长的制度停滞或制度"锁定"时期之后"开放"的或迅速创新的瞬间(例如 Krasner 1988)。这里面的含义是,制度一旦创立,在面对某种外生性冲击时,要么坚持下来,要么崩溃。毫无疑问,这种间断平衡模型捕捉到了一个重要的政治生活改变模式。在我自己的研究中(Thelen 1999),我提出,可以把关键节点分析(大多是关于制度创新)和反馈效应研究(大多是关于制度复制)带入更持久的对话中。通过审视特定制度安排背后具体的复制机制,我们将会获得一些洞见,洞察哪些种类的外生性事件或趋势最有可能导致制度崩溃或制度腐朽。

但那些尚未达到崩溃的制度改变又是怎么回事呢？在我看来,吸引我们研究制度的一个理由恰好就是,特定的制度安排即使在面对巨大的历史断裂(革命、战败)时,也经常有着令人难以置信的复原力和抵抗力；换句话说,外生性冲击就是属于这种类型,你预期它会打乱先前的模式,导致制度创新。但这并不是——至少并不总是——我们在经验上找到的东西。例如,你会想到特定的制度如何使第二次世界大战之后在德国和日本再次出现的雇主协调更加便利,在某些情况下,尽管盟国做出了明确的努力,试图防止此事发生。[③] 或

[①] 科利尔和科利尔的工作(Collier and Collier 1991)在让这些概念变得更严谨、更准确上也很重要。

[②] 关于进一步的讨论,参见 Thelen 1999。

[③] 例子参见 Shonfield 1969 对德国卡特尔立法的论述,以及 Aoki 1988 和 Aoki and Patrick 1994 对日本战后 keiretsu(集团企业)与战前 zaibatsu(财阀)之间相似性的论述。Herrigel 2000 也提出了关于这两个国家战后时期对战前政治经济结构的重构。

者,东欧之前发展出来的制度安排以什么方式在其进入社会主义后依然突出,即使在1989年分离之后,仍继续塑造此后时期截然不同的社会。① 或者,即使经历了一些重大的宏观历史改变,比如完全重构其周围的政治景观和经济景观的工业化和民主化,特定利益调停模式(在美国是"自由主义的",在某些北欧国家是"社团主义的",在法国是"国家主义的")仍持续存在。②

相反,我们还经常震惊于在很长时间段里坚持下来的制度安排中一些正在进行的却常常是微妙的改变所带来的累积效应。例如,英国上议院表现出巨大的耐久力,在某些方面是制度"黏性"或"锁定"的一个有力例证。但还有一点似乎也很清楚:比起两百年前,它在今天是一个完全不同的制度,政治学家和社会学家对于它与时俱变的方式至少就像对于那些让它持续下去的力量一样感兴趣。美国的最高法院是另一个这样的制度:尽管一直维持了它的很多核心权威,但在过去几十年里依然经历了巨大的改变。在19世纪,最高法院在美国政治中扮演了一个非常不同的且更加受限制的角色,处理的大多是联邦制度的案例、商业争端,偶尔还有总统权力问题。在20世纪的发展过程中,最高法院在美国政治内的角色和功能实质性地改变了,特别是,大概在结果上也是最重要的,自始至终,它都是作为捍卫少数派权利和个人自由的一个重要论坛而出现。③

事实上,如果你思考一下,有很多政治制度之所以特别有意义,恰恰是因为如果我们今天审视它们,我们就会同时震惊于它们随着时间推移而改变得如何之少和如何之多。④ 有些制度调停发达民主国家念念不忘的性别关系,进一步的例证可以在很多联邦体制中那些定义地方政府与全国政府之间关系的制度中找到。从间断平衡模型的视角看,似乎常常有太多的连续性穿过历史上一些公认的断点,但在看似很稳定的形式制度安排之下,也常常有太多的改变。

---

① 例子参见 Stark and Bruszt 1998,Kitschelt et al. 1999b,Grzymala-Busse 2002,and Ekiert and Hanson in press-b.
② 例如,Lehmbruch 2001,Levy 1999,and Manow 2001。
③ 这个例证要感谢罗纳德·卡恩(Ronald Kahn)。
④ 彼得·卡岑斯坦(Peter Katzenstein)在科隆的一次会议上对德国和日本政治-经济"模型"的起源的评论促使我从这方面来思考它。

第六章 制度如何演化:源自比较历史分析的洞见

论述制度的当代研究文献尚没有提供很好的概念工具或理论工具来处理这些现象。一些论述不同国家轨道的早期文献往往把制度构想为关键节点的"冻结"残余,或者是先前政治斗争留下的静态黏性遗产,从而遮蔽了这个问题(例如 Lipset and Rokkan 1968)。更晚近的论述路径依赖或递增回报效应的文献,通过识别在很长时间周期里维护制度的动态过程,从而推动了这场争论(例如,Pierson 2000a)。但递增回报论证只是讲述了这个故事的一部分;它们在表述特定制度背后的复制机制上比在捕捉制度演化和改变的逻辑上做得更好。此外,在某些情况下,解释制度本身的持久性可能需要我们的目光超越关于递增回报的论证。这是因为,当我们审视政治或政治经济景观时,我们发现,制度生存常常与制度转变当中那些导致制度与不断改变的社会、政治和经济条件相一致的成分有力地交织在一起。

本文的展开如下。我首先简短评述看待制度的不同视角,探索它们的不同前提如何导致关于制度如何出现及与时俱进的不同看法。我先考量三个突出方法——功利主义-功能主义方法、权力分配方法和文化-社会学方法——把制度看作由特定的明确因果要素所导致和维持,而不管是一组功能要求还是基础性的社会的或政治的权力平衡,又或是对于何种组织形式被认为是合法或适当的共同文化理解。[1] 在上述情况中,其中每个视角都包含一个暗含的变革理论:如果制度依赖并反映一个特定基础(不管是基于效率的、基于权力的,还是基于文化的),那么,它们就应当改变,并作为那些基础性条件改变的结果。

路径依赖视角依靠如上述三个视角一样的因果论证,但不同之处在于:它们不必寻找遍及整个时间和空间的"常因"。[2] 正如马汉尼所指出的(Mahoney 2000, p. 515),路径依赖视角假设:那些对一个制度的起源负有责任的因素很可能不同于随着时间推移而维持这一制度的因素。这样的视角把制度看作特定历史事件或转折点的产物,它们导致当时给后来的发展设定约束的构

---

[1] 还可参看 Mahoney 2000,马汉尼发展出了一个类似的但并不完全相同的类型学,它在某些方面比这个类型学更细微。

[2] 关于"历史主义"解释对"常因"解释的论述,参见 Stinchcombe 1968, pp. 101−104。还可参看 Collier and Collier 1991, pp. 35−37。

造(尤其参见 Collier and Collier 1991,pp.35—38)。就其着手处理制度起源和改变的途径而言,关于路径依赖的当代论证常常强调制度创新的瞬间,在这个时刻,行动者、选择和意外事件十分突出。接下来是制度复制时期,相对于适应制度的激励和约束的过程,策略和选择的重要性有所减少。从这个观点看,制度变革常常被视为外生性冲击的一个功能,这些冲击扰乱了之前还算稳定的制度安排,再次为制度创新打开了大门。

论述路径依赖和政策反馈的文献产生了一些重要的关于历史在哪些方面事关重大的洞见,而且产生了一些对于政治轨道的跨国差别的有说服力的解释。然而,最准确的概念往往产生有点狭隘的观点来看待过去对现在的影响究竟有多少分量。聚焦于海杜(Haydu)所说的"转换点"和"锁定机制"有时候暗示了过于偶然地看待"选择点",以及有点决定论地看待制度复制(Thelen 1999)。[①] 这个观念似乎是,制度要么持久延续,变得越来越牢固,要么被抛弃。对于制度本身如何以更微妙,有时候甚至是更有趣的方式随着时间推移而改变和演化,这里面没有多少线索或洞见。

为了充分认识过去的因果意义,我们需要用能够捕捉制度演化和变革逻辑的概念工具来补充路径依赖分析和间断平衡模型。[②] 特别是,我们需要考量可能内生性地产生危机或转折点的方式,包括通过之前的转换点逻辑的发展。我们还需要考量构想新问题的方式,以及所寻求的解法本身就是过去的产物,而非历史偶然(Haydu 1998)。这相当于要求在制度发展分析的"前端"比大多数路径依赖论证所做的更多地引入结构——通过关注历史上演化出来的结构以何种方式限制政治行动者哪怕在关键选择点上的选项。它还要求在这种论证的"后端"更多地注入作用者和策略——通过强调制度以何种方式运转,对于正在回应呈现新机会或提出新挑战的政治和经济语境改变的行动者来说,这些制度不仅仅是约束,而且是策略资源。

[①] 这对于不同的作者而言千变万化,Mahoney 2000 为了分析和概念的清晰而故意接受了一个很强的版本。我稍后将回到这个问题。

[②] 对于间断平衡模型,"平衡"本身当然是一个分析概念,如何定义它则千变万化。在一个学者看来它属于平衡中的改变,而在另一个学者看来只是一个次要的调整,而没有平衡改变。但平衡的概念,不管怎么定义,都暗示了一个自我强化的"支撑点"——其本身对于变革的程度,或者,这里更重要的是,对于从一个这样的支撑点到下一个支撑点的不同改变模式,并没有给我们太多影响。

第六章 制度如何演化：源自比较历史分析的洞见

制度变革问题是一个极其复杂的问题，我在本文中的目标相对适度。我将引入两个概念化制度演化问题的方式，它们将克服那种看待制度创新对制度复制的零和观，而这种零和观是迄今为止这一领域很多研究文献的典型特征。关于通过层叠和转换而实现制度变革的论证从路径依赖文献中吸收了递增回报论证的一些成分，但它们把这些成分嵌入正在进行的围绕政治结果的政治论证的分析。在这样做的时候，它们凸显了制度安排以改变其形式和功能的方式周期性地重新谈判的过程。

这里提出的方法与路径依赖视角共有的东西是：它包含了一个强大的"历史主义的"时间维度，提供了一个途径来理解制度安排为什么随着时间推移而开始履行某些职能，而这些职能与其设计者最初打算的相距甚远，它们如何可能影响（而不只是反映或强化）社会群体当中盛行的力量平衡，以及它们如何可能成为参与那些被认为是合适的或可欲的实践竞争的行动者的资源（而不仅仅是对他们的约束）。但是，不像当代大多数路径依赖框架，这里提供的视角超越了处理制度如何随着时间推移而继续演化和改变这个问题的正面强化和递增回报逻辑。我将为我的论证提供一些来自比较历史文献和制度主义文献的例证，最后我将简短考量这样一个视角对于理解制度演化和变革所具有的优势。

二、理解制度与制度变革的途径

研究文献中存在大量理解制度的一般途径，其中每个途径都对制度如何创造、复制和改变的核心问题提出了一组略微不同的答案。本节将简略勾勒一些最突出的视角的前提和逻辑。我将在那些基于"常因"逻辑的论证和制度起源与变革的路径依赖解释之间做明确的区分。常因解释可能出现在几个变种中——功能主义的、政治的、文化的——但全都暗示：那些解释制度起源的因素同样可以解释制度的与时俱变。相比之下，路径依赖视角则暗示：制度可能比那些导致其产生的力量寿命更长，也就是说，那些对制度复制起重要作用的因素可能完全不同于那些首先解释制度存在的因素。

常因解释

看待制度起源与变革的常因视角可能依赖各种不同的因果论证，包括功能主义/功利主义的论证、权力-政治的论证和文化的论证。功能主义/功利主义视角从它们履行的职能来看待政治制度，特别是它们在解决集体行动难题、让行动者能够通过合作与交换而实现共同获益上的作用。这个观点在某些社会选择理论家的作品中十分突出，在他们看来，制度在降低不确定性、担保承诺、提供焦点、便利交易、提供执行机制以及诸如此类的职能上很重要。例如，韦因加斯特和马歇尔（Weingast and Marshall 1988）认为，美国国会中委员会体系的设计就是为了处理不确定性的问题，否则，就让立法者很难达成协定并履行他们对彼此的承诺——为了给自己的支持者带来好处，他们每个人都需要这个。研究国际关系的文献提供了进一步的实例，例如，有些研究暗示，国际体制或国际组织的设立是为了让各国在一个无政府的国际体系中通过合作来实现共同获益（Keohane 1984）。

关于制度演化，这批研究文献暗示，制度演化可能是反复互动和学习效应的结果，就像个人的"手艺工具-包含规则-改进他们所面对的重复情境的结构"（Ostrom 1999, p. 496）。这相当于一个总体稳定的制度语境之内的递增性改变。然而，改变不需要是递增性的，根据功利主义/功能主义论证的逻辑，我们可能预期，制度由于环境或其他条件的改变使得现有制度功能因失调而崩溃。这样的崩溃可能驱使人们去寻找解决协调及其他问题的办法。

功能主义和功利主义的解释可能十分有力。正如皮尔森所指出的，"在一个有目的的行动者的世界，可能确实是这样的情况：制度的效应与制度的出现和持久有点关系"（Pierson 2000a, pp. 13—14）。然而，一个给定制度的起源事实上是不是可以一路追溯到其设计者试图履行某些功能的努力，这终归是一个经验问题。正如奈特（Knight）所认为的，"理性选择解释的支持者所犯下的最重大的错误之一是这样的做法：通过从可识别的制度效果向后追溯，来决定参与制度化过程的行动者最初的偏好"（Knight 1999, pp. 33—34）。或者正如皮尔森坚持认为的，我们不能假设效果与意图之间的关联，相反，"我们必须回过头向后看"（Pierson 2000a, p. 14）。

权力分配解释提供了一个可选的途径来理解制度的创造和改变,把制度的分配效应置于分析的前沿和中心。从这个视角看,社会制度的出现并非出自对通过合作实现共同获益的共同关切,而是出自社会行动者之间的政治冲突和策略议价:"制度的发展是行动者之间为建立规则而展开的一场竞争:究竟哪个结构结果能达成那些对他们最有利的均衡?"(Knight 1999, p. 20)简言之,社会制度反映了一个社会中的权力不对等,因为它是如此的不对等,以至于更有力的行动者能够把他们的制度偏好强加给更无力的行动者。杰克·奈特的工作在理性选择方法的语境之内示范了这样一个视角,而马克思主义的传统在很大程度上也是构建在这个基础之上。不妨举一个实例,沃尔特·科皮(Walter Korpi)把福利国家的差别——既有跨国的变异,也有国内的与时俱变——追溯至劳工与资本的相对力量(Korpi 1983)。

如果制度是从政治斗争中锻造出来的,如果制度所采取的特定形态反映了社会中盛行的权力平衡,那么,这个视角就暗示了:制度应当改变,要么是为了回应不同社会行动者之间权力平衡的改变,要么是为了回应最强大行动者的偏好或利益的改变。因此,例如,很多关注全球化对福利国家影响的当代论证依赖于关于工人阶级相对力量的论证,因为正是劳工与资本(或左翼与右翼)之间的权力平衡,影响了左派捍卫先前获益的能力(Garrett 1998; Kurzer 1993; Stephens, Huber, and Ray 1999)。

像功能主义解释一样,权力分配视角可能极其简洁有力。然而,这样的解释容易遭受像之前对准功能主义理论一样的警告性批评。一些看上去依赖于特定权力平衡的当代制度可能是也可能不是那些如今受益于这些制度的选民创造出来的。在前面援引过的美国最高法院的实例中,最高法院成了捍卫妇女权利和少数派权利的一个工具(应当承认,在某些法庭比在其他法庭更多一些),这一事实并不意味着这个制度是心里惦记着那些选民或那些关切而创造出来的。有时候,权力产生权力,制度增强并扩大其创造者的地位;但有时候,制度也为边缘群体发挥其杠杆作用提供了有意义的、非故意的机会,远远超出他们表面上寒薄的权力资源(例如 Clemens 1993; Skocpol 1992)。

社会学中的新制度主义产生了看待制度的起源、复制和变革的第三个视角:文化-社会学视角。前文引述的功利主义模型把制度看作那些追求其共同物质利益的理性行动者的创造物,而文化-社会学视角则把制度视为体现了集体定义的对世界运转方式的文化理解(Meyer and Rowan 1991;Scott 1995)。在这个传统中,制度化被视为"随着时间推移由社会对现实的定义所构成,使得某些行动方式被认为理所当然地是'权利',即便不是做事的唯一方式"(Scott and Meyer 1994,p. 234)。

文学-社会学派的社会学家强调包罗万象的文化脚本,把具体的组织形式视为由这样的制度产生和维持。① 在这个学派的研究文献中,组织形式并不反映集体行动困境的解决方案(像在功能主义/功利主义的解释中那样),也不反映社会中的权力分配(像在讨价和分配模型中那样);相反,它们反映了这样一种共同的文化理解:什么东西是有效的、道德的、合法的或"现代的"? 正是由此得出:当通行"脚本"被另外的脚本所取代或接替时,变革便会发生。这样的过程在很多领域被观察到了。例如,尼尔·弗利格斯坦(Neil Fligstein)把法人团体实践的改变(例如,精益生产技术的传播或对股东价值的新强调)解释为关于经商的现代方式或理性方式的支配性观念发生改变的一个功能。这些创新流布甚广,正如他所展示的,大量企业对它们的采用与它们实际的效率效应完全无关(Fligstein 1991)。

这个方法通常吸引人们关注社会行动的认知方面和规范方面,对理解制度连续性的来源产生了一些重要的洞见,而前面概述的另外两个视角则错过了它们。然而,制度作为共用脚本的观念往往遮蔽了群体之间的策略和冲突。这批文献中经常被引用的变革机制是模仿和变换。尽管这些过程明显很重要,但如果与更为政治化的方法协同合作,它们就很可能发挥得最好,因为事实证明,在很多情况下,权力关系的改变掌握了创造新开端的钥匙,在新的开端中,新脚本(或者之前处在组织领地边缘的旧脚本)可能变得更处于中心(例如 Powell 1991,pp. 27,31)。②

---

① 正如诺斯从理性主义视角坚持制度(游戏规则)与组织(游戏参与者)的严格分离(North 1990,p. 5),制度社会学家认为制度(脚本)与组织截然不同。

② 鲍威尔与琼斯(Powell and Jones in press)的研究代表了一次重要努力,他们试图从社会学的视角详细说明制度变革的机制。

第六章　制度如何演化:源自比较历史分析的洞见

路径依赖解释

刚刚考量的每个视角在看待制度的起源、持久和消亡时,全都源自一个基本的因果过程(要么是基于效率的,要么是基于权力分配的,要么是基于文化的)。稍微粗心地应用这些论证有时候暗示了制度的起源可以从其当前的功能或特征中"反向解读"出来。但这并不是这些方法中与生俱来的,实际上每个视角还包含一个暗含的变革理论:制度的演化是为了回应(对功能主义理论来说)基本目的的改变,而政治正是围绕这些目的而组织起来的,(在权力分配理论家看来)是为了回应权力平衡的改变或有力行动者目标的改变,(对文化理论来说)是为了回应文化脚本的改变,这个脚本定义了是什么构成合法的或现代的组织形式和惯例。

路径依赖视角未必拒绝与前三个视角相关联的论证,事实上,它们利用功能的、功利的、政治的和文化的论证来解释制度的起源和持久。然而,路径依赖派学者强调制度创新时刻的某个意外,并暗示特定制度创造背后的力量可能完全不同于随着时间推移而维持这一制度的力量(尤其参见 Mahoney 2000,以及 Stinchcombe 1968,pp. 101—129)。[①]

尽管作为整体的路径依赖理论家倾向于采用"历史主义"观点看待(Stinchcombe 1968)制度的起源、演化和变革,但不同的学者在如何理解和应用路径依赖的概念上,存在重要的差别。例如,威廉·塞维尔(William Sewell)在非常宽泛的意义上把路径依赖定义为这样一个观念:"在一个较早时间点上发生的事情将会影响发生在一个较晚时间点上的一系列事件的可能结果。"(Sewell 1996,pp. 262—263)这个定义显然十分开放,不像我们将要讨论的其他大多数路径依赖概念,它甚至未必暗示了一种这样的发展观:在一个给定方向上的早期移动会产生沿着相同轨道向前推动的压力。[②]

在概念光谱的另一端,詹姆斯·马汉尼提供了一个更加准确(也更加限制

[①] 有一段非常有用的对这个差别的讨论,参见 Collier and Collier 1991,pp. 35—38。还可参看 McDonald 1996。

[②] 再次引述塞维尔的话:"那些偶然发生的、意料之外的、内在地不可预测的事件……可能消除或改变表面上最持久的历史趋势。"(Sewell 1996,p. 264)

性)的定义,适用于一组十分有趣却十分罕见的现象:"路径依赖具体描述了某些历史序列,在这样的序列中,偶然事件启动了一些有着决定属性的制度模式或事件链。"(Mahoney 2000,p.507)在马汉尼及其他人看来(尤其参见 Pierson 2000a),正是路径依赖过程前端的某个意外事件与后端某种程度上的决定论的结合,产生了路径依赖社会和政治过程最有意义的特征。这些特征包括:不可预测性(不能事前预见结果)、对初始条件的敏感依赖性(即偶然事件未必抵消),以及惰性(一旦启动,过程往往会停留在运动中,直至达到平衡或最终结果)(Mahoney 2000)。[1]

这个路径依赖概念背后的核心观念受到了经济史家们的工作的启发,特别是那些对技术轨道感兴趣的经济史家。QWERTY 键盘是一个典型实例,但戴维(David 1985),特别是亚瑟(Arthur 1989)提出的一般性论证认为,由于一些独特的、不可预测的理由,某些技术可能实现超越其他可选技术的初始优势而流行起来,尽管从长远来看,那些可选技术会更有效率。在这批研究文献中,成为"第一个出门的"至关重要,因为一旦一项技术被选择,它就遵从重要的递增回报效应(Kato 1996;Krasner 1988;North 1990;Pierson 2000a)。当企业适应了通行标准,并以强化最初选择的方式对它进行投资时(例如,人们学会了一种特定的方式打字,企业就制造符合工业标准的产品),这些过程就把其早期的(大概也是独特性所导致的)优势转变成一条稳定的发展轨道。在发展的整个过程中,最初的选择被锁定,即使发现了一个竞争性的技术是更有效率的技术,也很难改变标准。

政治学家从这里拿来了一个在直觉上颇为诱人的观念:像技术一样,政治也关乎某些机遇成分(作用者、选择),但是,一旦走上了一条路径,当所有相关行动者都调整策略以顺应通行模式时,曾经可行的选项就变得越来越遥远(Levi 1997;Pierson 2000a)。[2] 诺斯把这个递增回报的观念应用于英国和西

---

[1] 皮尔森的用法较少限制性,主要强调某个关键节点之后启动的正反馈过程使得没有采用的路径变得越来越遥远。

[2] 在某种意义上,路径依赖论证颠倒了前三个视角的因果逻辑。在功能主义的、政治分配的和文化的解释中,制度被它们的环境所塑造,并反映某种"更深的"组织原则。然而,路径依赖论证特别暗示,它们并没有做这样的事情;事实上,这个主张是,特定制度的出现(不管出于什么理由)促使环境(例如关键行动者的预期和策略)改变,以适应制度的逻辑,而不是相反。

第六章 制度如何演化:源自比较历史分析的洞见

班牙的不同轨道,他提出,议会在英国的出现让它走上了一条在根本上不同于西班牙的路径(就有保障的财产权等而言)。一旦就位,不同的制度随后就会依据其自身的内在逻辑发展,通过协调和学习效应而变得根深蒂固,让预期变得稳定,并因此对特定行为和策略的永久性做出贡献。诺斯强调,制度的发展遵从递增回报,因此,尽管"具体的短期路径[或许是]不可预见的……但总体方向……既更可以预测,又更难逆转"(North 1990, p. 104)。

很多历史-制度研究文献强调关键节点和发展轨道,这个重点解释了路径依赖概念的吸引力,越来越多的学者援引这个概念。但是,正如前文所暗示的,这个术语被以很多不同的方式使用,对它的援引有时候比你所希望的更粗心大意。几乎所有历史-制度分析都很容易符合(尽管也有点无聊地符合)塞维尔对路径依赖的宽泛定义,但事实上,契合马汉尼那个更具体版本的甚少。① 比较历史-制度传统中的经验分析无疑显示了,在特定历史节点打造的制度可能显示出相当可观的"耐久力",即使所面对的发展改变了最初导致它们出现的条件集。然而,很难想象有一个这样的案例:其中的制度完全是"唾手可得的",即使在那种看似一个关键节点的情境中,也没有哪个案例中的制度在这些关键节点之后不可改变地在任何重要意义上被锁定了。相反,这一传统中的大多数经验研究描绘了这样一幅图景:政治(和制度)以某些方式演化,这些方式即便不能事前预测,也依然遵循一个特定的逻辑,而这个逻辑只有在制度语境的背景下才能被理解,"接下来的步骤"则不可避免地要在这个制度语境中商定。换句话说,大多数历史-制度研究是围绕玛格丽特·威尔(Margaret Weir)所说的"受束缚创新"(Weir 1992a)的分析来组织,在这样的创新中,发展路径的特征是持续性中那些引导变革却并不妨碍变革(包括制度变革)的成分。②

我们没有很好的概念工具来描述这样的现象,解释就更不消说了。发展

---

① 感谢詹姆斯·马汉尼向我指出这一点。不同作者所接受的不同的路径依赖概念还可能解释为什么某些作者(例如皮尔森)把政治中的路径依赖视为无所不在的,而另外一些作者(例如马汉尼)则认为它相对少见(Mahoney 2000, p. 508)。

② 还可参看 Kitschelt et al. 1999a,其中,重点也是分析历史上演化出来的约束之内的选择。Ekiert and Hanson in press-b 十分有用地区分了不同的分析层面,使得一个分析层面上(具体国家)的偶然事件在另外的层面上与结构约束相关(未必是具体国家)。换句话说,没有必要在决定论模型与偶然模型之间选择,只需要这样架构分析和比较,就能使我们清晰地抽取出每个成分。

217

路径和历史轨道的概念只是重述这个问题，而没有准确地解答：不断改变的是什么？保持原样的是什么？处理这个问题的一个办法可能是接受一个介于拓展版和受限版之间的路径依赖定义。[1] 然而，马汉尼提出了一个强有力的理由证明了更宽松的定义不过是混淆概念的浑水（我们该在哪里划这条线呢），而且，在这样做的同时，剥夺了这个概念的分析"力道"。一个可选的办法是聚焦于路径依赖论证的具体组成部分，例如递增回报效应，并试着辨别那些遵从（以及不遵从）这种过程的经验现象（例如 Pierson 2000a）。这里提倡[2]的第三个方法是在经验层面和分析层面更清晰地区分特定实例中运转的复制机制和变革逻辑，并提出一些变革模式，超越于人们熟悉的但归根到底在经验上大概十分罕见的制度"崩溃"或整体替代案例，正如间断平衡模型中所暗示的那样。

为了理解制度复制，递增回报论证提供了一个绝佳的起始点。正如我在别的地方所证明的（Thelen 1999），通过识别在特定制度背后运转的反馈机制，我们将会获得理解可能扰乱这些制度的稳定复制的具体外生性事件和过程，而且，在这样做的过程中拓展了变革的可能性。[3] 因为不同的制度建立在不同的基础上，所以分析维持这些制度的具体反馈过程将会提供一些洞见来理解制度的哪些方面、在哪些条件下是可以协商的。这种考量还有助于我们解释为什么共同的国际趋势或事件经常有如此不同的国内结果，在某些国家扰乱原先稳定的模式，同时似乎毫不费力地把另外一些国家"冲刷"一遍（还可参看 Locke and Thelen 1995）。

然而，尽管这样的分析对于制度何时可能容易受变革的影响，可以提供一些线索，但它需要其他分析思路提供补充，而那些分析可以提供关于制度如何改变的洞见。换句话说，要理解诺斯、威尔及其他人所关注的那种"受限制的改变"，我们就必须把来自路径依赖视角的关于制度复制的洞见与新的工具结

---

[1] 因此，我们可以认为政治中的路径依赖涉及某个重要的（尽管并非无限的）选择点上的开放性，以及后来轨道上一定程度的自由，但反过来则是不可能的。有一个合理的位置（例如，一个我把它与皮尔森相关联的位置）试图在以下两种定义之间走中间道路：一种定义如此有限制性，以至于简直不能应用于我们在研究中感兴趣的大多数问题；另一种定义非常宽泛，以至于在分析中提供不了多少指导。

[2] 而且与第二个方法并非不相容；事实上，正如我稍后证明的，二者在一些重要方面互相补充。

[3] 对于这个论证的详细论述参见 Thelen 1999（尤其是 pp. 396－399），而且其中有一些经验实例。

合,才能理解制度演化和变革赖以发生的模式和机制。尽管第二个问题已经开始吸引更多的关注,但是,要从比较历史研究所产生的教训中得出一般性的洞见,还有很多工作要做。

我首先从概述我心里想到的几种经验难题开始,利用我自己对于那些可以给这一讨论提供依据的具体实例所做的研究。在这个基础上,我提出架构这些问题的方式,并提出两个概念——制度层叠和制度转换,在我看来,它们代表了今后制度演化和变革讨论中成果丰硕的方面。[1]

三、一个简短的经验实例

在论述先进工业民主国家的政治经济学的文献中,德国的职业培训体系通常被认为是很多棘手的协调问题的一个典范性的解决方案,这些问题通常困扰着私人部门的培训体制。[2] 该体系鼓励企业投资于工人培训(例如,通过保护他们不被挖走),并确保学徒工得到高质量的培训(通过监控和强制机制)。更一般地,职业培训制度被视为一个更大的制度包的组成部分,连同集中的集体谈判、强有力的银行-工业关联,以及包含性的雇主协会和工会,为德国的高技能、高工资、高附加值("样样都高")的经济奠定了基础。

这一体系一直被援引为我们前面概述的前三个视角中的每个视角的经典实例。因此,比方说,从功利主义/功能主义的视角看,德国的职业培训制度被视为便于雇主围绕"高技能平衡"进行协调(Finegold and Soskice 1988)。从权力分配的视角看,它被认为是工人阶级力量的一个反映(Gillmgham 1985)。而从文化的视角看,它则被视为体现很多德国特色的自治模式的制度之一,这种自治通过国家的社会合伙人运转,而没有太多来自国家的指导(Lehmbruch 2001)。

从今天的有利位置来审视这些制度,我们可以看到,其中每个描述都包含

---

[1] 层叠的概念直接出自埃里克·席克勒的作品(Schickler 1999,2001),而且,稍后描述的另一个变革模式的"转换"这个术语是沃尔夫冈·斯特里克(Wolfgang Streeck)向我提出的。

[2] 这个实例取自一个有更大扩展的对德国职业培训历史发展的分析及别的地方。参见 Thelen 2002。

一个重要的真实成分。然而,从历史上讲,它们全都有点不着边际。德国体系赖以构建的核心制度创新是1897年通过的一项立法——所谓的"手工艺保护法",这部法律的设计是为了稳定庞大而高度相异的手工艺部门。当时的威权主义政府的一个关键政治动机是要支撑一个反动的手工艺阶级,让他们充当一个政治堡垒来抵挡汹涌而激进的工人阶级运动。因此,与功能主义论证相反,这些制度不是心里惦记着工业部门的利益而设计的(实际上,这项法律完全绕开了工业);与权力分配视角相反,劳工在这些制度的起源上实际上没有扮演什么角色(事实上,社会民主党反对最初的立法);与文化视角相反,这些制度(如今看来)如今被视为其组成部分的那种社会关系实际上已杳无踪影。

我们的讨论是怎么从那里跑到这里的?看来,不是通过旧制度的整体崩溃并被新制度所取代。实际上,德国体系的一个显著特征是核心成分的弹性,即使在20世纪面对数不清的断裂,包括几次体制改变、劳工结社、两次世界大战战败,以及法西斯主义。而这些恰好就是那种可能被大多数间断平衡模型假设为至关重要的断点。① 尽管在这些节点上无疑发生了改变,但事实上引人注目的和需要解释的是这一体系的核心特征中的一些显著的连续性,即使也有一些分离。简言之,这个实例要求我们既要分析维持这些制度的复制机制,也要分析它们随着时间推移而发生的功能转换和分配转换背后的机制。

为了理解这些连续性,皮尔森等人提出的那种正反馈和递增回报提供了一个有用的起始点,因为这些可以告诉我们很多关于关键行动者如何构成,以及他们会追求哪种策略的信息。例如,在工业化早期,一个为集中于手工艺部门的技艺形成而建立的体系在德国的存在,塑造了后来会出现的那种劳工运动。做这件事情,除了其他事情之外,是通过不让基于技能的工会有任何希望控制技能市场,从而加速它们的消亡——这一功能,是(国家)明确地、有权威地委托给手工艺协会的。然而,当有证书的技术工人的数量在手工艺体制下有所增长时,特别是当这些工人加入社会民主派的工会时,德国劳工运动发展出了一种强烈的兴趣——要民主化这个体系,而不是瓦解它,尽管这个目标要

---

① 实际上,我把这看作一个案例,像其他很多案例一样,在这个案例中,考虑到其间的一些事件和发展数量庞大,制度在非常遥远的过去实际上直至今天的某些时刻的关键节点上究竟如何打造根本不明显。

第六章 制度如何演化：源自比较历史分析的洞见

到第二次世界大战之后才实现。

然而，如果你把它纯粹作为一个正反馈的故事来讲述，你就会错过很多事实上有意义而重要的东西，涉及这些制度以何种方式通过政治，特别是通过团体的组建而改变，这些团体在系统中的作用是它们创立时所不曾预见的。例如，尽管最初的体系只涵盖手工艺部门，但它的存在在关键工业部门制造了压力，要发展它们自己的培训制度并寻求国家承认。1897年的法律为手工艺部门建立了一个培训体系，整个工业随后被迫与它一起并围绕它展开工作。一些关键工业，比如机器制造和金属加工，发展出了其自身的培训实践，与手工艺体系并驾齐驱并相互作用。这个随之而出现的工业体系模仿了手工艺体系的某些特征，但并没有准确复制它。实际上，二者之间的差别，特别是它们之间的互动，改变了作为整体的系统轨道，驱使它离开了去中心化的手工艺体系，走向集中化、标准化和统一化，这些如今被认为是德国职业培训体系的定义性特征。

或许更重要的是，职业培训体系在德国政治经济中的功能和作用通过最终的劳工结社而发生了改变。尽管社会民主党反对1897年的立法，但是当社会民主派工会的队伍里满是那些通过这一体系获得技能证书的工人时，劳工运动便发展出了一种强烈的兴趣：不是要瓦解它，而是要共同管理它。魏玛共和国早年工人阶级的政治结社，尤其是在第二次世界大战之后，被并入各种各样半公共"社团主义"机构（包括职业培训机构）的工会，重塑了这些机构的目的，即使当它们让这一体系与新的经济和政治条件相一致，从而对制度复制做出贡献时。总的要点是，制度的生存不仅依赖正反馈，而且依赖制度转换的过程来适应强有力的新的行动者，并采用这些制度来处理新的当务之急——既有经济的，也有政治的。

四、对制度变革的某些共同模式的详细说明

这个实例暗示，在制度稳定与制度变革之间划一条清晰的界线不是很有用，因为，当语境巨变时，正如19世纪晚期与目前德国（几次）发生的那样，制度稳定可能关乎一次重大的制度采用。对于理解制度复制背后的机制，我们

有一些很有用的概念，如递增回报。但我们缺乏类似的工具来理解制度变革。然而，研究文献中还是包含一些大有前途的起始点，本节将介绍两个概念，它们可能构成这场争论中成果丰硕的进路。一个是制度"层叠"的概念，涉及重新协商一组给定制度的某些成分，同时让其他成分原封不动（Schickler 2001）。① 另一个概念可以称作制度"转换"，当现有制度被重新定向到新的目的时，便驱使它们扮演的角色和/或它们服务的功能发生改变。② 我不妨提前说吧，这两个变革模式只是众多可能性中的两个而已，而且在这个意义上，下面的讨论只是初次涉足一组非常复杂的问题。③

制度层叠

通过层叠实现制度演化的过程显著出现在埃里克·席克勒（Eric Schickler）的作品中（Schickler 1999,2001），他在对美国国会的研究中说明了一个把锁定成分与创新结合起来的制度变革模式。席克勒认为，国会制度通过"把新的安排紧贴着层叠在先前结构的顶部"而演化。正如他所说的，"新的联合可能设计新颖的制度安排，但缺乏支持或意向来取代为追求另外的目的而建立的现有制度"（Schickler 1999, p. 13）。某些方面可能以路径依赖理论家们所强调的那种方式被锁定，但它们已经创造了选民的权力。然而，就国会的情况而言，制度构建者"围绕这个反对工作，添加新制度，而不是瓦解旧制度"（同上）。这个动态类似于先前在德国职业培训的实例中描述过的那个动态——具体说来，就是工业对手工艺培训体系的回应。在这两个实例中，制度创新者都迎合并在很多方面适应现有体系的逻辑，围绕他们无法改变的那些成分工作。然而，在这两个实例中——而且这是决定性的——他们的行动并没有沿着相同的轨道推动发展，正如递增回报论证所暗示的那样。

一个类似的变革模式可以在某些发达民主国家的福利国家体制的发展中观察到。④ 正如皮尔森所暗示的，公共养老金体系（特别是预缴费体系）遵从

---

① 对层叠的讨论还可参看 Orren and Skowronek 2000, p.20。
② 对相关观念的简短讨论还可参看 Thelen and Steinmo 1992。
③ 例如，史蒂文·沃格尔提醒我，制度还通过退化和漂移来演化。
④ 这个实例是杰拉德·亚历山大向我提出的，他正在撰写这个主题的作品。

重要的锁定效应,制造出了一些这样的选民和既得利益集团,他们给削减支出的努力制造了不可逾越的政治障碍(Pierson 1994)。然而,即使保守派可能没有能力(或没有兴趣)瓦解旧体系,在某些情况下,他们也可以通过促进私人提供资金的养老金与公共体系共存,来影响社会保障总体轨道的改变。把可选的私人体系"层叠"到现有公共体系之上,可能影响关键选民的利益,对于一个给定国家的社会保障总体轨道有着很大的牵连。① 罗斯坦(Rothstein 1998)对斯堪的纳维亚半岛与标准化普遍主义计划并列出现的个性化私人部门社会服务的潜在变换效应提出了类似的论证。私人选项的发展可能侵蚀中产阶级对普遍计划的支持,而整个公共体系依赖他们"有条件的同意"。

层叠的成分看来在东欧的民主转型中也很显著。大量比较历史分析的研究指向了跨越前社会主义运动、社会主义运动和后社会主义运动时期的重要连续性(例如 Ekiert and Hanson in press-a 中的贡献)。坎贝尔等人从"拼装"的角度描述了 20 世纪 80 年代末期的制度构建(Campbell 1997),在这样的制度构建中,关键行动者并非从无到有地构建,而是"重新加工手头有的制度材料"(Stark and Bruszt 1998, p. 7)。正如斯塔克和布鲁斯特所强调的,20 世纪 80 年代末期的制度创新所面对的,既不是有人所希望的制度空白,也不是有人所害怕的完全被"过去的沉重负担"所占据的风景,而是创新者不得不协同并围绕现有制度展开工作(Stark and Bruszt 1998, pp. 6—7)。因此,例如,就公共行政而言(尤其是行政部门改革),分析者发现,这些国家继续借助过去留下的"过时的组织结构或政府'机器'"来运转,把老制度和新制度以五花八门的方式"嫁接"到一起(Nunberg 1999, pp. 237—238)。在社会政策领域也是如此,很多国家构建了一些新的制度和惯例,它们代表了"新的和老的结构、制度和政策遗产的混合",在当代"为政府行动打造了机会"(Inglot in press, p. 6)。②

---

① 迈尔斯和皮尔森(Myles and Pierson 2001)得出了一个基于跨国趋势的论证,提供了很多在经验上可证明的假说,涉及一些特定类型的退休金制度内部可能的变革种类。他们认为,以这里描述的方式改变进程的机会随着公共退休金制度的成熟而反向变化。

② 这些论证与乔纳森·泽特林(Jonathan Zeitlin 2000, pp. 34—41)关于第二次世界大战后紧接着美国占领之后欧洲和日本的政治经济重建中的"杂交"所提出的论证有一种家族相似性。还可参看 Pierson 2000。

通过层叠而实现制度演化的过程无处不在，更多的例证不难找到。例如，很多宪法随着时间推移通过层叠过程而演化，让继承来的制度和惯例适应新的环境。事实上，宪法似乎是很多作者定义为蓄意制度黏性的一个首要实例，例如，当修宪过程基于反对变革的偏见而需要超级多数时（Moe 1990；Pollack 1996）。[1] 但是，尽管想让其创造物持久下去的制度设计者可能觉得最好是让变革变得困难，但他们也觉得最好是不要让变革变得不可能。这是因为，制度的生存常常还依赖灵活度和适应度。因此，宪法常常通过层叠的过程来演化，从而保护其很多核心内容，同时添加一些修正案，通过这些修正案，从过去继承来的规则和结构可以与规则、社会和政治环境的改变保持同步。

制度转换

制度变革的另一个方式是通过制度转换过程，当心里惦记着一组目标而设计的制度被重新定向至别的目的时，便是如此。环境的改变可能启动这些过程，这些改变让行动者面对一些新问题，而他们要以新的方式或者抱着服务于新目标的打算，使用现有制度来解决这些问题。或者就像德国劳工结社进行社团主义监督的情况那样，它可能是原先处于边缘的群体结成社团的结果，他们把现有的或继承来的制度转向新的目的。

通过转换实现制度演化的一个实例可以在阿根廷联邦制的历史中找到（Gibson and Falleti in press）。爱德华·吉布森（Edward Gibson）和图利亚·法勒提（Tulia Falleti）挑战了传统的功能主义解释，那些解释把联邦制看作为解决地方政府共同防御外部威胁的需要而谈判出来的一个解法（例如 Riker 1964）。而他们的解释则强调持续存在的地方利益之间的竞争，这些竞争随着时间推移以未曾预见的方式塑造和重塑联邦制度。阿根廷的联邦制最初是作为一个制度基础结构而创造的，一个州——布宜诺斯艾利斯——通过这个结构能够控制内陆地区。然而，它一旦就位，更弱的行省便与联邦制度协作，并通过这些制度展开工作，最终让它们能够迫使布宜诺斯艾利斯自己乖乖就范。正如吉布森和法勒提所言，布宜诺斯艾利斯是一套"霸权联邦制"体系的设计

---

[1] 相关讨论还可参看 Pierson 2000b。

师,作为一个手段,巩固它对其他州的控制,但到最后,"复数联邦制"把这一体系颠倒过来了。"联邦主义行省曾经把一个强大的中央权威看作联邦巨人对它们实施控制的代理人,如今欣然接受它,并视之为让它们摆脱控制的解救者"(Gibson and Falleti in press,p. 19)。①

玛格丽特·威尔对美国贫困与就业计划的描述,提供了类似转换动态的另一个实例,在这个案例中,现有社会政策的制度和工具被重新定向至新目的。威尔跟踪了林登·约翰逊(Lyndon Johnson)的"大社会"计划的兴起,并说明了它意料之外的与民权运动兴起的交叉如何塑造了它的政治命运。尽管起初构想的贫困计划在特征上是非种族的,但它的启动与种族骚乱的剧增刚好同时。正如威尔所言,"当骚乱开始震动北方城市时,约翰逊总统指望把贫困计划作为将资源注入黑人社群的一条途径"(Weir 1992a,p. 205)。正如在上节引述的私人养老金(层叠)的案例中一样,这个案例中的转换过程并没有强化,事实上还削弱了先前的制度及其基于的政策的复制机制。贫困计划越是与非裔美国人的困境相关联,就越是脱离能够把它们与更广泛的社群关联起来的经济和就业政策,并且就变得越容易受到后来在里根治下大获全胜的那种反政府意识形态的伤害。

另外一些实例可以从论述先进工业国家的政治经济的文献中找到。例如,有很多案例,其中的制度安排是在战时条件下发展出来的,却通过转换而服务于和平时期的目的,比方说,那些在第二次世界大战期间为军事生产而发展出来的制度在战后被转变,用来实现工业政策。以类似的脉络,安德鲁·尚菲尔德(Andrew Shonfield)把意大利一些与国家和经济相关联的制度安排描述为在战后民主制下"转向正面目的的法西斯主义的残余"(Shonfeld 1969, p. 179)。同样,史蒂文·沃格尔(Steven Vogel)对英国在撒切尔政府治下政治经济基础结构的很多方面的分析也包含很多这样的实例:现有制度被重定向至新的目标,与这些制度起初为之而创立的目标相距甚远(Vogel 1996)。

最后,论述劳工的文献提供了制度在功能上和政治上被颠倒过来的额外

---

① 加拿大联邦制的演化变革的又一个实例。加拿大的联邦制起初被设计为一种高度集权的体制。然而,随着时间的推移,它沿着更分权的路线改变,因为立国者把一些当时无足轻重但后来越来越重要的政府职能委托给了别人。这个实例出自 Pierson 2000b。更详尽的分析参见 Watts 1987。

实例。例如,工人委员会制度源于帝制德国少数几个高度家长式(而且反工会)的公司,随着时间的推移,它转变成了欧洲最强大的支持工会在工厂决策中的代表和权力的制度(Thelen 1991),或者,20世纪20年代美国一些大雇主为了对国内劳动力市场行使单方面管理控制权而引入的工作分类制度,后来都成了工会影响车间人身政策关键的制度支持(Lichtenstein 1988)。任何一个对这些种类的制度对政治和政治经济结果的影响感兴趣的人,都几乎不可能忽视这样的改变。

五、结论与未来研究议程

所有这些实例都结合了已经锁定的成分与新的发展,这些新的发展并不是在同一方向上推进,而是改变了整体的政策和政治轨道。放在一起看,它们并没有暗示一个这样的世界:制度形式在任何直接的意义上必定遵循功能。[①] 此外,其中很多实例暗示:对于几乎任何经历了重大社会经济转变(制度化、民主化)或政治断裂(革命、征服)而幸存下来的制度来说,制度复制的故事都很可能强有力地与制度变革的成分交织在一起——通过层叠、转换或某个其他机制。由于这个原因,形式制度常常既没有准确反映其创造者的"固定品味"(Riker 1980),也没有简单地反映当前盛行的权力分配(Knight 1992)。此外,正如前面的实例清楚地表明的,只有——像皮尔森和斯科克波所推荐的——在一个更大时间框架的语境中审视这些制度的形式和功能,才能弄清楚其意义。

我们由此去往何处

这对于我们进行制度变革研究意味着什么呢?皮尔森等人强调递增回报,前面的实例证明,这是一个很有前途的起始点。但他们还暗示,需要走得

[①] 但它们并没有指向绝对拒绝功利主义的、功能主义的、政治的或文化的论证。例如,关于功能主义的解释,所有这些实例都暗示,你不能从目前的功能推断起源,但转化的观念依然描述这样一个过程:在这个过程中,行动者在制度之内重塑制度或策略,为的是让这些制度或策略适应新的目的,即服务于新的职能。感谢彼得·霍尔向我指出了这个方向。

更远一些。递增回报论证大多聚焦于赢家,并强化特定轨道的适应效应(在制度被"选择"之后)。但这一强调遮蔽了正在进行的围绕(常常是遥远的和不断后退的)关键节点打造制度的形式和功能而展开的政治论争。递增回报不可能讲述这个故事的全部,因为,在政治中,输家未必销声匿迹,他们对盛行制度的"适应"可能意味着某个完全不同于"接受和复制"这些制度的东西,正如在技术和市场的世界里那样。恰恰是在政治领域,我们应当预期制度不只是正论证的场所,而且是论证的对象(例子参见 Alexander 2001)。

因此,尽管基于递增回报效应的路径依赖模型在我们拿来研究制度发展的分析"工具箱"里明显有一席之地,但对这一模型连同它带来的另外几个工具的局限,我们必须有一个正确的认识。[①] 因此,一项分析任务可能要更清晰地区分不同的案例,在某些案例中(例如像社会保障这样的重大授权计划及其相关制度),给系统添加的每个新成分都会增加利益相关者的数量,并因此进一步巩固它,而在另外一些案例中(工业政策制度可能是一个实例),扩大制度的选区或"涉及范围"很可能引发关于目标和意图的冲突,因此很有可能引发新的要求变革的压力。此外,即使特定的制度或政策遵从递增回报和锁定,我们也需要问:这会不会"挤出"平行制度的创造(层叠)或阻止现有制度的转换?[②]

另一个互补性的任务是区分与不同变革模式相关联的经验现象的类型。例如,制度层叠可能与这样的情境相关联:出现了语境改变和新的挑战,但主要行动者总的来说依然是一样的,或者,正如皮尔森所说的,一轮制度创新中的输家依然留在周围,打算竞争下一轮的制度创新。例如,在任何绝对意义上,美国国会(席克勒的案例)都不是一个赢家打败输家的地方。[③] 同样,但在一个非常不同的语境中,东欧的制度创新者常常面对一个这样的情境:原执政党被更迭了,但绝没有被淘汰。

[①] 正如皮尔森本人(Pierson 2001)所证明的。

[②] 这个表述要感谢杰拉德·亚历山大。这事实上就是迈尔斯和皮尔森(Myles and Pierson 2001)在他们对退休金改革的分析中架构这个问题的方式。

[③] 席克勒因此提出,他的层叠模型可能最好应用于诸如此类的案例,在这些案例中,就核心选区而言有相当的连续性,但选区成员的目标各不相同,每个目标都可能影响组织的规则和结构,例如,大学或专业协会(Schickler 2001, pp. 255, 268)。

相比之下,转换过程或许更多地与新的或先前被排除在外的团体(追求不同的但未必完全相反的目标)被纳入现有制度框架相关。[1] 这一可能性让我们不由得想到制度和制度发展研究需要适应在边缘展开的过程。正如施奈贝格(Schneiberg)和克莱门斯(Clemens)所指出的,制度不只是产生正反馈,还"产生不满(通过政治排斥)……那些受委屈却没有被接受的行动者是一个重要的要求变革的压力之源"(Schneiberg and Clemens in press, p. 35)。凡是占上风的制度并没有在受委屈者当中产生重要正反馈效应的地方,他们后来的授权很可能招致制度崩溃。[2] 然而,正如前面的职业培训体系和联邦制的实例所显示的,看看那些起初处于边缘的行动者是不是投资于通行制度也很重要,如果是这样,则要看看是以什么样的方式。在这样的情况下,已经发生的权力平衡改变可能导致制度转换,而不是制度崩溃。

总的要点是,我们需要发展出一组更加差别化的概念工具,来理解制度演化和变革的过程。关键节点和发展路径的概念把很多历史-制度研究组织起来,这些概念捕捉到了关于长时段制度发展的重要信息。然而,在它们经常被援引的高聚合层面上,这些概念有时候也遮蔽了某些最有意义的问题,涉及穿过明显断点的惊人的制度连续性,以及在表面上制度稳定时期那些"表面之下"的却十分重要的改变。

前面的讨论和实例让我们超越了流行的间断平衡模型,暗示了从制度创新时期和制度停滞时期之间尖锐对立的角度来思考制度发展可能并不是那么有用。因此,太过清晰地区分历史上的"稳定"时期和"不稳定"时期也可能是不明智的(比较见 Katznelson 本书)。实际上,要理解制度如何演化,更有成果的做法可能是瞄准一个更细致的分析,试图识别一个具体的制度构造中究竟哪些方面、在哪些条件下是(或者不是)可协商的。正如埃基尔特(Ekiert)和汉森(Hanson)所指出的,这可能涉及在不同的分析层面上区分连续性和变革(Ekiert and Hanson in press-b)。正如我在这里所强调的,它还有可能从递增回报效应和反馈机制的分析中构建,以获得某些洞见,洞察那种最有可能

---

[1] 感谢格尔达·福克纳(Gerda Falkner)在这一点上的洞见。
[2] 例如,就威尔的分析(更早)而言,没能把贫困计划与更广泛的经济和就业政策关联起来使得它们的支持基础变得更狭窄,让它们更容易受到政治攻击。

第六章 制度如何演化：源自比较历史分析的洞见

扰乱稳定的制度复制并在这样做的过程中打开变革之门的事件和过程（Pierson 2001；Thelen 1999）。最后，尤其是对于后者，理解制度演化需要我们去寻找那些并不符合经典的崩溃或替代模型的变革模式。这些模式包括但不局限于前文所讨论的制度层叠和制度转换过程，前面有一个重要的分析任务是辨别一些因素或条件，它们沿着前面暗示的假说路线，让不同的变革模式更加便利。

总结

最近有很多谈话涉及在政治分析中寻找"机制"，埃尔斯特把它定义为"频繁出现的事情赖以发生的方式"（Elster 1989；还可参看 Scharpf 1997）。保罗·皮尔森很有用地采用了递增回报的概念并把它应用于政治，这肯定有资格作为一个机制（在埃尔斯特所说的那个意义上），在制度复制的分析中可能十分有用。然而，对于理解制度的演化和变革，我们拥有的工具更少。制度通过层叠和转换来演化的二分观念提供了一个起始点，来理解那种看来构成政治活动中制度变革常见方式的递增变革和受限变革。这两个概念都为更细微地分析特定制度安排可能预期何时改变及如何改变以及为什么某些方面比其他方面更容易改变打开了视角。在上述情况中，这些概念化提供了一个介于决定论的锁定模型与过于流动的"祸不单行"模型之间的关于制度复制和制度变革的思考方式。

这里提供的视角有几个优势：

第一，它避免了肤浅地从其当前履行的功能来解读制度起源的功能主义方法。事实上，制度转换的概念为那些当初为了一组目的而创立的制度如何最终转向新的目的提供了一个分析起始点。在这个意义上，这个观念为解决"非故意结果"问题的方便途径提供了一个框架。在这样做的过程中，它致力于皮尔森等人为构想关于这个问题的思考方式而提出的那些关切，它"不只是拧开了一个被所涉及特定行动者'拧紧'的回顾性判断"（Pierson 2000c）。

第二，制度通过层叠或转换而演化的观念在斯科克波正确地坚持的那个意义上"真正是历史的"，在与其他过程的关系中审视随着时间而展开的社会过程。从经济学那里挪用来的路径依赖模型往往孤立地聚焦于单一过程，仅

229

仅把历史作为压书具而带入进来——先是在关键节点,然后再一次在一个复制序列的末端。相比之下,这里提出的制度变革模型消除了人们普遍在制度创造分析与制度复制分析之间所划出的清晰区分。具体说来,他们这样做,是通过吸引人们关注以何种方式适应另外一些正在进行的对制度和政策在很长时间周期内的连续性做出贡献的其他过程(而不只是这个过程本身所产生的正反馈)。①

第三,这样一个视角对于理解为什么一些社会在不同组织领域随着时间推移似乎确实表现出某种凝聚力提供了一些洞见。在像多宾(Dobbin 1994)那样的制度社会学家所代表的社会观(在这个观点看来,文化和同构促进不同组织领域的汇集)与其他理论家如奥伦和斯科罗内克(Orren and Skowronek 1994)所信奉的高度流动的社会观(在这个观点看来,在不同历史节点上创造的制度体现了非常不同的政治解决同时存在,并连续不断地碰撞和磨损)之间,有一个表面上很深刻的矛盾。我想,这两个观点都有一定的道理,奥伦和斯科罗内克的观点所预言的那种碰撞和矛盾事实上并不像你可能猜测的那样无处不在和不断弱化,其中一个理由大概是,转换过程让过去创造的组织形式更广泛地与当前盛行的权力关系和文化规范保持同步。

参考文献

Alexander, Gerard. 2001. "Institutions, Path Dependence, and Democratic Consolidation." *Journal of Theoretical Politics* 13:249—270.

Aoki, Masahiko. 1988. *Information, Incentives, and Bargaining in the Japanese Economy*. New York:Cambridge University Press.

Aoki, Masahiko and Hugh Patrick, eds. 1994. *The Japanese Main Bank System*. Oxford:Oxford University Press.

Arthur, W. Brian. 1989. "Competing Technologies, Increasing Returns, and Lock-in by Historical Events." *Economic Journal* 99:116—131.

Campbell, John. 1997. "Mechanisms of Evolutionary Change in Economic Governance:

---

① 在某种程度上,这里阐述的制度转换的概念可能有助于给奥伦和斯科罗内克关于"沿着一条时间线的变革如何影响沿着另一条时间线的顺序"的论证提供一个坚实的基础,否则它就会极其抽象(Orren and Skowronek 1994,p. 321)。

第六章 制度如何演化：源自比较历史分析的洞见

Interaction, Interpretation and Bricolage." Pp. 10—32 in *Evolutionary Economics and Path Dependence*, edited by L. Magnusson and J. Ottosson. Cheltenham, UK: Edward Elgar.

Clemens, Elisabeth. 1993. "Organizational Repertoires and Institutional Change: Women's Groups and the Transformation of U. S. Politics, 1890—1920." *American Journal of Sociology* 98: 755—798.

Collier, Ruth B. and David Collier. 1991. *Shaping the Political Arena*. Princeton, NJ: Princeton University Press.

David, Paul. 1985. "Clio and the Economics of QWERTY." *American Economic Review* 75: 332—337.

Dobbin, Frank. 1994. *Forging Industrial Policy: The United States, Britain and France in the Railway Age*. New York: Cambridge University Press.

Ekiert, Grzegorz and Stephen Hanson, eds. in press-a. *Capitalism and Democracy in Central and Eastern Europe: Assessing the Legacy of Communist Rule*. New York: Cambridge University Press.

in press-b. "Time, Space, and Institutional Change in Central and Eastern Europe." In *Capitalism and Democracy in Central and Eastern Europe: Assessing the Legacy of Communist Rule*, edited by G. Ekiert and S. Hanson. New York: Cambridge University Press.

Elster, Jon. 1989. *The Cement of Society: A Study of Social Order*. New York: Cambridge University Press.

Ertman, Thomas. 1 997. *Birth of the Leviathan: Building States and Regimes in Medieval and Early Modern Europe*. New York: Cambridge University Press.

Finegold, David and David Soskice. 1988. "The Failure of Training in Britain: Analysis and Prescription." *Oxford Review of Economic Policy* 4: 21—53.

Fligstein, Neil. 1991. "The Structural Transformation of American Industry." Pp. 311—336 in *The New Institutionalism in Organizational Analysis*, edited by W. W. Powell and P. DiMaggio. Chicago: University of Chicago Press.

Garrett, Geoffrey. 1998. *Partisan Politics in the Global Economy*. New York: Cambridge University Press.

Gerschenkron, Alexander. 1962. *Economic Backwardness in Historical Perspective*. Cambridge, MA: Harvard University Press.

Gibson, Edward L. and Tulia Falleti. in press. "Unity by the Stick: Regional Conflict and the Origins of Argentine Federalism." In *Federalism: Latin America in Comparative*

Perspective, edited by E. L. Gibson. Baltimore: Johns Hopkins University Press.

Gillingham, John. 1985. "The 'Deproletarization' of German Society: Vocational Training in the Third Reich." *Journal of Social History* 19:423—432.

Gould, Andrew. 1999. *Origins of Liberal Dominance*. Ann Arbor: University of Michigan Press.

Grzymala-Busse, Anna. 2002. *Redeeming the Past: The Regeneration of the Communist Successor Parties in East Central Europe after 1989*. New York: Cambridge University Press.

Haydu, Jeffrey. 1998. "Making Use of the Past: Time Periods as Cases to Compare and as Sequences of Problem-Solving." *American Journal of Sociology* 104:339—371.

Herrigel, Gary. 2000. "American Occupation, Market Order, and Democracy: Reconfiguring the Steel Industry in Japan and Germany after the Second World War." Pp. 340—399 in *Americanization and Its Limits: Reworking U. S. Technology and Management in Post-War Europe and Japan*, edited by J. Zeitlin and G. Herrigel. New York: Oxford University Press.

Huber, Evelyne and John D. Stephens. 2001. *Development and Crisis of the Welfare States: Parties and Policies in Global Markets*. Chicago: University of Chicago Press.

Inglot, Tomasz. in press. "Historical Legacies, Institutions, and the Politics of Social Policy in Hungary and Poland, 1989—1999." In *Capitalism and Democracy in Central and Eastern Europe*, edited by G. Ekiert and S. Hanson. New York: Cambridge University Press.

Kato, J. 1996. "Path Dependency as a Logic of Comparative Studies: Theorization and Application." Paper read at the 92nd annual meeting of the American Political Science Association, at San Francisco, August 29 to September 1.

Katzenstein, Peter J., ed. 1978. *Beyond Power and Plenty*. Madison: University of Wisconsin Press.

Keohane, Robert. 1984. *After Hegemony: Cooperation and Discord in the World Political Economy*. Princeton, NJ: Princeton University Press.

Kitschelt, Herbert, Peter Lange, Gary Marks, and John D. Stephens, eds. 1999a. *Continuity and Change in Contemporary Capitalism*. New York: Cambridge University Press.

Kitschelt, Herbert, Zdenka Mansfeldova, Radoslaw Markowski, and Gabor Toka, eds. 1999b. *Post-Communist Party Systems: Competition, Representation, and Inter-Party Co-

operation. New York:Cambridge University Press.

Knight,Jack. 1992. *Institutions and Social Conflict*. New York:Cambridge University Press.

―― 1999. "Explaining the Rise of Neo-Liberalism: The Mechanisms of Institutional Change." Unpublished manuscript,Washington University in St. Louis.

Korpi,Walter. 1983. *The Democratic Class Struggle*. London:Routledge and Kegan Paul.

Krasner,Stephen D. 1988. "Sovereignty:An Institutional Perspective." *Comparative Political Studies* 21:66—94.

Kurzer,Paulette. 1993. *Business and Banking*. Ithaca,NY:Cornell University Press.

Lehmbruch,Gerhard. 2001. "The Institutional Embedding of Market Economies:The German 'Model' and Its Impact on Japan." Pp. 39—93 in *The Origins of Nonliberal Capitalism:Germany and Japan*,edited by W. Streeck and K. Yamamura. Ithaca,NY:Cornell University Press.

Levi,Margaret. 1997. "A Model,a Method,and a Map:Rational Choice in Comparative and Historical Analysis." Pp. 19—41 in *Comparative Politics:Rationality,Culture,and Structure*,edited by M. I. Lichbach and A. S. Zuckerman. New York:Cambridge University Press.

Levy, Jonah. 1999. *Tocqueville's Revenge*. Cambridge, MA: Harvard University Press.

Lichtenstein,Nelson. 1988. "The Union's Early Days:Shop Stewards and Seniority Rights." Pp. 65—74 in *Choosing Sides:Unions and the Team Concept*,edited by Mike Parker and Jane Slaughter. Boston:South End Books.

Lipset,Seymour Martin and Stein Rokkan. 1968. "Cleavage Structures,Party Systems,and Voter Alignments." Pp. 1—64 in *Party System and Voter Alignments:Cross-National Perspectives*,edited by S. M. Lipset and S. Rokkan. New York:Free Press.

Locke,Richard M. and Kathleen Thelen. 1995. "Apples and Oranges Revisited:Contextualized Comparisons and the Study of Comparative Labor Politics." *Politics and Society* 23:337—367.

Mahoney,James. 2000. "Path Dependence in Historical Sociology." Theory and Society 29:507—548.

Manow,Philip. 2001. "Social Protection,Capitalist Production:The Bismarckian Welfare State and the German Political Economy from the 1880s to the 1990s. " Habilitationsschrift, University of Konstanz, Konstanz.

McDonald, Terrance J. , ed. 1996. *The Historic Turn in the Human Sciences*. Ann Arbor: University of Michigan Press.

Meyer, J. W. and B. Rowan. 1991. "Institutionalized Organizations: Formal Structure as Myth and Ceremony. " Pp. 41—62 in *The New Institutionalism in Organizational Analysis*, edited by W. W. Powell and P. DiMaggio. Chicago: University of Chicago Press.

Moe, Terry. 1990. "The Politics of Structural Choice: Toward a Theory of Public Bureaucracy. " Pp. 116—153 in *Organizational Theory*, edited by O. Williamson. Oxford: Oxford University Press.

Moore, Barrington. 1966. *Social Origins of Dictatorship and Democracy*. Boston: Beacon Press.

Myles, John and Paul Pierson. 2001. "The Comparative Political Economy of Pension Reform. " Pp. 305—333 in *The New Politics of the Welfare State*, edited by P. Pierson. New York: Oxford University Press.

North, Douglass C. 1990. *Institutions, Institutional Change and Economic Performance*. New York: Cambridge University Press.

Nunberg, Barbara. 1999. *The State After Communism, World Bank Regional and Sectoral Studies*. Washington, DC: The World Bank.

Orren, K. , and S. Skowronek. 1994. "Beyond the Iconography of Order: Notes for a 'New' Institutionalism. " Pp. 311—30 in *The Dynamics of American Politics*, edited by L. C. Dodd and C. Jillson. Boulder, CO: Westview.

——— 2000. "History and Governance in the Study of American Political Development. " Paper presented at the annual meeting of the American Political Science Association, Washington DC.

Ostrom, Elinor. 1999. "Coping with Tragedies of the Commons. " *Annual Review of Political Science* 2: 493—537.

Pierson, Paul. 1993. "When Effect Becomes Cause: Policy Feedback and Political Change. " *World Politics* 45: 595—628.

——— 1994. *Dismantling the Welfare State? Reagan, Thatcher, and the Politics of Retrenchment*. Cambridge: Cambridge University Press.

——— 2000a. "Increasing Returns, Path Dependence, and the Study of Politics. " *American*

第六章 制度如何演化:源自比较历史分析的洞见

Political Science Review 94:251—268.

2000b. "The Limits of Design: Explaining Institutional Origins and Change." *Governance* 13:475—499.

2000c. "Not Just What, but When: Timing and Sequences in Political Processes." *Studies in American Political Development* 14:72—92.

2001. "Explaining Institutional Origins and Change." Manuscript, Harvard University.

Pierson, Paul and Theda Skocpol. in press. "Historical Institutionalism in Contemporary Political Science." In *Political Science: The State of the Discipline*, edited by H. Milner and I. Katznelson. New York and Washington, DC: W. W. Norton and the American Political Science Association.

Pollack, Mark. 1996. "The New Institutionalism and EC Governance: Promise and Limits of Institutional Analysis." *Governance* 9:429—458.

Powell, Walter W 1991. "Expanding the Scope of institutional Analysis." Pp. 183—203 in *The New Institutionalism in Organizational Analysis*, edited by W. W. Powell and P. DiMaggio. Chicago: University of Chicago Press.

Powell, Walter W. and Daniel L. Jones, eds. in press. *How Institutions Change*. Chicago: University of Chicago Press.

Riker, William H. 1964. *Federalism: Origin, Operation, Significance*. Boston: Little, Brown.

1980. "Implications from the Disequilibrium of Majority Rule for the Study of Institutions." *American Political Science Review* 74:432—446.

Rothstein, Bo. 1998. *Just Institutions Matter: The Moral and Political Logic of the Universal Welfare State*. New York: Cambridge University Press.

Scharpf, Fritz. 1997. *Games Real Actors Play*. Boulder, CO: Westview.

Schickler, Eric. 1999. "Disjointed Pluralism and Congressional Development: An Overview." Paper read at the 95th annual meeting of the American Political Science Association, Atlanta, September 2—5.

2001. *Disjointed Pluralism: Institutional Innovation and the Development of the U. S. Congress*. Princeton, NJ: Princeton University Press.

Schneiberg, Marc and Elisabeth Clemens. in press. "The Typical Tools for the Job: Research Strategies in Institutional Analysis." In *How Institutions Change*, edited by W. W.

Powell and D. L. Jones. Chicago:Chicago University Press.

Scott,W. R. 1995. *Institutions and Organizations*. Thousand Oaks,CA:Sage.

Scott,W. Richard and John W. Meyer. 1994. "The Rise of Training Programs in Firms and Agencies." Pp. 228—254 in *Institutional Environments and Organizations:Structural Complexity and Individualism*,edited by W. R. Scott and J. W. Meyer. Thousand Oaks, CA:Sage.

Sewell,William H. 1996. "Three Temporalities:Toward an Eventful Sociology." Pp. 245—280 in *The Historic Turn in the Human Sciences*,edited by T. J. McDonald. Ann Arbor:University of Michigan Press.

Shefter,Martin. 1977. "Party and Patronage:Germany,England,and Italy." *Politics and Society* 7:403—451.

Shonfeld,Andrew. 1969. *Modern Capitalism:The Changing Balance of Public and Private Power*. London:Oxford University Press.

Skocpol,Theda. 1992. *Protecting Soldiers and Mothers:The Political Origins of Social Policy in the United States*. Cambridge,MA:Belknap.

Spruyt,Hendrik. 1994. *The Sovereign State and Its Competitors*. Princeton,NJ:Princeton University Press.

Stark,David and Liszlo Bruszt. 1998. *Postsocialist Pathways:Transforming Politics and Property in East Central Europe*. New York:Cambridge University Press.

Stephens,John D. ,Evelyne Huber,and Leonard Ray. 1999. "Welfare State in Hard Times." Pp. 164—193 in Continuity and Change in Contemporary Capitalism,edited by H. Kitschelt,P. Lange,G. Marks,and J. D. Stephens. New York:Cambridge University Press.

Stinchcombe,Arthur. 1968. *Constructing Social Theories*. New York:Harcourt,Brace and World.

Thelen,Kathleen. 1991. *Union of Parts:Labor Politics in Postwar Germany*. Ithaca, NY:Cornell University Press.

1999. "Historical Institutionalism in Comparative Politics." *The Annual Review of Political Science* 2:369—404.

2002. *How Institutions Evolve:The Political Economy of Skills in Comparative-Historical Perspective*. Book manuscript,Northwestern University. Evanston.

Thelen Kathleen and Sven Steinmo. 1992. "Historical Institutionalism in Comparative Politics." Pp. 1—32 in *Structuring Politics:Historical Institutionalism in Comparative*

Analysis, edited by S. Steinmo, K. Thelen, and F. Longstreth. New York: Cambridge University Press.

Vogel, Steven K. 1996. *Freer Markets, Man Rules: Regulatory Reform in Advanced Industrial Countries*. Ithaca, NY: Cornell University Press.

Watts, Ronald L. 1987. "The American Constitution in Comparative Perspective: A Comparison of Canada and the United States." *Journal of American History* 74:769—791.

Weingast, Barry R. and William J. Marshall. 1988. "The Industrial Organization of Congress; or, Why Legislatures, Like Firms, Are Not Organized as Markets." *Journal of Political Economy* 96:132—163.

Weir, Margaret. 1992a. "Ideas and the Politics of Bounded Innovation." Pp. 188—216 in *Structuring Politics: Historical Institutionalism in Comparative Analysis*, edited by S. Steinmo, K. Thelen, and F. Longstreth. New York: Cambridge University Press.

1992b. *Politics and Jobs: The Boundaries of Employment Policy in the United States*. Princeton, NJ: University Press.

Zeitlin, Jonathan. 2000. "Introduction: Americanization and Its Limits: Reworking U. S. Technology and Management in Post-War Europe and Japan." Pp. 1—50 in *Americanization and Its Limits: Reworking U. S. Technology and Management in Post-War Europe and Japan*, edited by J. Zeitlin and G. Herrigel. New York: Oxford University Press.

第七章 比较历史分析中网络工具的使用

罗杰·V. 古尔德
(Roger V. Gould)

  根据第一原理,你应该不会预期网络分析与历史社会学之间存在有择亲和势。那些被结构分析所吸引的社会科学家通常喜欢抽象和形式化,自视为参与一项科学事业。那些被历史所吸引的人,即便不是专业历史学家,更多地也是被特殊性和实质所吸引,(如今)更有可能把他们的课题视为人文主义的,而非科学的。① 在这样的环境下,一个人应该预期很少有研究会把代数的或图论的网络方法应用于历史数据。

  从数量上说,这一预期似乎是正确的:网络分析共同体尽管很小,但历史网络共同体比它还要小——不管是表达为在社会科学史学中所占的比例,还是表达为在网络分析共同体中所占的比例。然而,我会提出——冒着被指控为自我推销的风险——网络导向的历史研究的贡献比仅凭其数量所暗示的更加可观。我会进一步宣称,历史网络研究不成比例的兴趣不只是一个新奇性或令人惊奇的问题(像它可能是的那样,例如,当美国社会学协会开会时,附近的一个爵士乐队就让人们从论文报告会上流失殆尽)。相反,我会提出,在历史研究中使用结构分析的胆识是一个成果特别丰硕的方式,可以产生新的洞见和问题,重构或解决旧的问题。本文的目标是要对网络分析可能做出的那

---

  ① 很容易认为这个一般化不适用于计量历史学家或编年史的定量方面。事实上,我会认为,它更强有力地适用于这些群体:史学内部的定量研究者已经采用了一个原则性的反对意见,反对抽象和理论形式主义。他们列表显示卡路里、小麦的蒲式耳数、婚姻、出生和死亡——没有生产、社会组织或群体身份的关系。

种贡献提供一些实例,但与此同时还要提出,过于热心地应用网络方法在某些环境下会招致一些风险,这些风险就像潜在的优势一样突出。当网络分析的元理论基础——根据这一理论,世界首先由关系,其次由个人实体所组成——被用来证明对这个方法的外来应用是合理的却没有强大的实质理论支持这样的应用时,这些风险看上去最大。

尽管它看上去可能不是当前时尚,但在我看来,这样的主张最好是用具体的实例来捍卫,而不是通过一个先在的程式化论证。我将首先从对网络传统的简短综述开始,勾勒网络分析方法的类型学,然后转向网络分析历史研究那个有点寒薄的文件夹。接下来,我将多半狭隘地定义历史网络分析的范畴,对于那些涉及网络概念但对相关数据没有提供系统检查的研究,仅仅给予简短的考量。与此同时,我将把应用形式网络方法的研究包含在我的讨论中,迄今为止,这样的研究并没有反映具体的社会关系,但反映了概念或推理成分之间的关系(例如 Ansell 1997;Mohr 1994;Mohr and Duquenne 1997)。我对非形式网络分析相对缺少关注,理由很简单:那些在比喻上而不是在分析上使用网络意象的研究(比方说,把一个新兴的知识共同体称作一个"网络",而不是把它作为一个网络来分析)要经过一个更加困难的时期,才能产生把它们与非网络研究区别开来的洞见。它们可能通过提供广告来增加网络研究的声望(但我发现,这种偶尔使用的效果会适得其反),但它们不会以同样的方式增加知识。我相信,我把对非网络数据的类似网络分析包含在内的理由马上就会变得清楚。

社会网络传统

尽管网络方法最早是作为分析社会关系数据的一个方法而发展起来的,但网络传统已经演化成对数据的关系分析。在 20 世纪 50 年代和 60 年代,作为一套描述或总结关于具体社会关联的数据的工具而开始的东西演化成了一个方法——像莱因哈特(Leinhardt 1977)、伯克维茨(Berkowitz 1982)及威尔曼和伯克维茨(Wellman and Berkowitz 1988)这些促进者倾向于称之为"范式"——允许把网络方法应用于某些数据,而常识并不认为这些数据与社会网络有任何关系。

更准确地说,网络传统的早期研究,尤其是莫雷诺(Moreno 1953)及其追随者们的研究,明确聚焦于社会关系:社会计量学领域的研究者,不管其方向是对准学校、渔村、帮伙,还是空军飞行机组,都产生了"社会关系网图",用来描述受访者对友谊、尊敬、赞赏、憎恨、熟悉或玩乐的报告(或独立观察)(还可参看 Coleman 1961;Hunter 1957;Newcomb 1961;Roethlisberger and Dickson 1939)。早期的网络分析尽管比社会计量学更形式化、更系统化,但依然忠实地遵循数据源:在抛弃手绘视觉描述——这曾是社会计量学的标志——转向揭示网络模式的定量技术或代数技术的同时,系统网络分析的最早努力完全使用同样类型的数据。这个陈述是站得住脚的,不管你审视的是连接性导向的分析——这样的分析集中于识别子团、定位核心行动者、循着社会纽带链追踪信息流或发现谁和谁接近等(Granovetter 1974;Kemeny et al. 1962;Laumann and Pappi 1976;Milgram 1967),还是"位置"分析——其焦点是识别结构上类似的行动者,作为观察"角色"的一种手段(Lorrain and White 1971;White 1963;White,Boorman,and Breiger 1976)。

一旦有一个元理论支持网络方法,它的信徒几乎立即开始探索它的拓展,直到今天,尽管它并不明显相关,但依然可以转变成相关的数据结构。这个观念是,如果节点之间的关系在本体论上比它们联系在一起的节点更早,或者至少是更重要,那么很自然,各种并非不证自明的像网络一样的现象最好是这样来分析:仿佛它们就像网络一样。所以,共同出现在一篇报纸文章中的事情可以作为一个"关联"来处理(Burt 1980),正如一个俱乐部共同的成员身份、一个事件中共同在场(Breiger 1974)甚或同时拥有一个属性,像年龄或种族,也都可以这样处理。如果个人或其特征可以——通过理论的格式塔转换——重构为联锁关系的产物而不是作用者,那么把各种现象当作它们仿佛是网络一样来处理就是合理的,不管直觉还是主流社会科学可能说什么相反的话。

正如很多元理论立场一样,网络结构主义的立场很早就开始分为两个变种:一个是弱的(温和的),另一个是强的(激进的)。弱版本包含下面这个主张:网络表示法可以揭示一些有趣的模式,这些模式通过个人主义的或基于视觉的方法不容易发现(例如,参见 Marsden 1990)。后面这些方法及其伴随而来的方法被视为对于某些目的是有用的,而对于另外一些目的则不那么有用。

强版本有时被描述为"网络帝国主义",它坚持认为,网络方法是谈论社会现象的正确方式。那些相信确实有人独立于其结构位置这么回事的研究者有时被描绘为天真的和被误导的(Berkowitz 1982;Wellman and Berkowitz 1988)。强立场的捍卫者暗示,网络分析应当取代,而不是补充现有的方法以及与之相随的理论框架。

我的目标不是——至少目前不是——要对把网络分析重构为一个视角或范式而不是一组技术做出裁决(倒不是说我在这个问题上没有看法),而只是要简略勾勒我稍后会提出的一个一般观点:比较历史研究者对他们暗含地致力于的那个理论工具必须敏感,万一他们决定使用网络工具的话。很自然,这个命题就被认可:一切社会现象都是网络现象,也就允许把结构分析应用于范围更加广泛的实际问题和数据形式。我会提出,结构思考确实有大量的东西要以新方法的形式提供,以便把比较历史学家感兴趣的宏观过程和微观过程都理论化。

与此同时,应用的范围越广泛,就必须对被假设的东西越有意识。因此,我先从范围更受限制的历史研究文献开始我的综述,这些研究专门聚焦于具体的社会网络。然而,在描述这些经验研究之前,对网络方法论的"群落"提供一份简短的指南是值得的。

网络分析的类型

连接方法

结构主义传统(我已经提到过这一传统)中的一个经常被援引的区分把网络技术要么归类为"连接"方法,要么归类为"位置"方法。连接导向的方法符合社会网络的常识概念,在这个网络中,人们利用"联系"追求各种不同的目标。很像现实世界的行动者在追求与"朋友的朋友"接触时所做的事情,分析者对在一张图(网络的同义词)中追踪路径的连接感兴趣,它直接或间接地把不同的节点连接起来,比方说寻找一些迹象,显示某些行动者占据着中心位置或战略位置,而另一些行动者则是处于边缘的或依赖的。在个体层面的上方,连接方法识别那些内聚子群或子群当中的分组,例如,通过在节点组的周围画边界,这些节点密集互连,但与边界外的节点则关联稀疏。一个限制性的实例是"子团"(clique)或一组行动者,其中每一个节点与另外每一个节点紧密相连;但更宽泛的定义也是可能的。例如,一个 k-子团是一组这样的节点,其中每个节点至少与组内另外 k 个节点相连接。k-子团的识别可以首先从少量共同满足这个标准的节点开始,然后添加那些可以加入这个组而不违反标准的节点,也就是说,添加这样的节点不会把组内的那些每个组内节点都与之相连接的节点个数减少到小于 k。由于完全相连的子团在经验上很罕见,因此通常画出的界线太过狭窄,更可扩展的定义在现实世界里识别群组的工作中做得更好。图 7.1 描绘了两个略有差别的示图。在第一个图中,有一个完全相连的子团涉及 5 个节点(即一个这样的子集:其中每个节点与组内另外 4 个节点中的至少 3 个节点相连),但没有大小为 4 或 4 以上的子团。(然而,请注意,3-子团本身包含 4 个大小为 3 的子团,这说明强子团标准倾向于识别更小群组的趋势。)

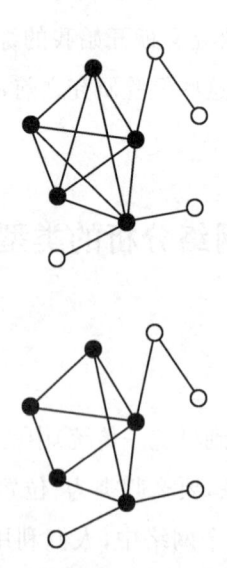

图 7.1　内聚子群[上图:大小为 5 的子团(黑节点);下图:大小为 5 的 3-子团(黑节点)]

这里大概需要插入一句话,关乎网络分析中有时候显得错综复杂的形式主义。毫无疑问,被结构分析所吸引的人也被逻辑和数学的推理所吸引,但那不是网络技术像现在这样拘泥形式的主要理由。以刚刚描述的那种方式识别一张图中的内聚子集听上去在理论上可能足够简单，但事实上，对几乎所有的——除了最简单的——网络结构来说，这是一件相当有技术含量的事。理由是，决定一条给定边界是否定义了一个内聚子集的规则是一个递归函数。你必须首先假设一条边界，然后决定一个节点是属于边界之内还是边界之外。但这条边界正是你所追寻的。因此，识别内聚子群的运算法则把图中所有可能的分割与内聚标准进行比较。[①] 类似地，追踪每对节点之间的最短路径——这在测量某些版本的中心性时是至关重要的一步——依赖一个图论程序，如果手工来做的话，即使对于只有几个节点的图，也需要几个小时的工作。如果把这项任务形式化了，计算机就可以做。

位置方法

那么，概括连接方法的简明办法就是这样说：它们的起始点是任意两个节点在通过其他节点的步数的意义上彼此接近或远离的程度。相比之下，位置方法是在节点与其他节点相联结的模式中寻找相似性，或"结构相等"。对位置的分析有时也被称作"代数"分析，因为它们使得研究多重关系中的互锁成为可能：识别一组涉及工作场所和邻里关系或者涉及各种亲属关系的位置，你可以问，自己的邻居的老板是不是通常也是自己的老板的邻居，或者自己的父亲的姐妹的儿子是不是也可能是自己的丈夫。在最一般的意义上，这个语境中的一个"位置"是一个以上行动者可能有的关联的一个程式化剖面（既包括直接关联，如"邻居"，也包括复合关联，如"邻居的老板的丈夫"）。位置的简单常识实例包括"领导""追随者""中间人""孤立者"。这些术语指的是在文化上可辨识的、有一个自然的结构主义解释的角色，因为他们是参照其他角色来定义的。（不妨比较那些并不明确预设与其他角色之间有关联的角色，比如"艺术家""闲人""狂热分子"。）

然而，位置方法对于它们将会找到何种位置常常是不可知论的，也就是说，它们通过归纳性地寻找其关联截面彼此相似的节点组，而不是通过检验提

[①] 一点也不奇怪，这可能是一个计算密集型的程序，尤其对于大图来说。

前假设的位置是否存在,来把节点分派给位置。在位置分析的一个被称作"区块建模"(blockmodelling)的版本中,这通常意味着把一张有很多节点的图分割成多个在数量上容易处理的类别(区块),这些类别包含结构上类似的节点。一个区块是一个网络中的一组行动者,这些行动者在其关联模式上相对类似于其他行动者,因此,一个"区块模型"通过把每个区块表现为一个单一节点,减少了整个网络的复杂性。那么,区块之间(或从一个区块到自身)的关联反映了每个区块的成员典型的模式,在这里,"典型的"意味着某个合理比例的区块成员与另一个区块一定比例的成员(或同一区块内部的其他成员)有关联。

结果是一张简化了的图,但它依然捕捉到了关于初始网络结构的某些东西。例如,如果区块 A 的成员典型地与区块 B 的成员相关联,那么,区块 A 就被描述为与区块 B 有关联。如果区块 A 的成员典型地与区块 A 的其他成员相关联,那么,区块 A 就被描述为与自身有关联。例如,在一个婚姻体系中,这种反身关联,结合缺少跨区块关联,将会反映同族通婚。一个异族通婚体系,比方说阿兰达人的那种类型,会用 4 个区块来表达,区块 A 中的男人娶区块 B 中的女人,区块 B 中的男人娶区块 C 中的女人,区块 C 中的男人娶区块 D 中的女人,区块 D 中的男人娶区块 A 中的女人。

图 7.2 呈现了这种体系的一个变种的程式化实例。第一个体系涉及纯同族通婚,在这个实例中,世系 A 与世系 B 内部通婚(或者拓宽应用范围,群体 A 和群体 B 交换商品)。在第二个体系中,A 和 B 互换婚姻配偶。在第三个体系中,女人和男人(或者如库拉交换中那样,诸如贝壳项链和海菊蛤臂章这样的互补物品)沿着相反的方向流动,导致了一个一般化的交换体系。区块模型分析允许以这种程式化的形式来描述复杂网络。很自然,经验上观察到的社会网络总是比图 7.2 所标示的图像更凌乱,但这恰好是这些模型可能有用的理由。区块模型图表达了这类网络中的中心趋势,被网络分析者视为基础结构,被观察到的网络是这个结构的一个不完全实现。[①]

[①] 网络分析者经常被称作结构主义者的理由应该很明显。这一思考方式的灵感是列维-斯特劳斯(Levi-Strauss 1949,1969)的经典著作《亲属关系的基本结构》(*Les Structures élémentaires de la parenté*),特别是数学家安德烈·韦伊(André Weil)为这部作品编写的形式附录。参见 White 1963 和 Bearman 1997。

第七章　比较历史分析中网络工具的使用

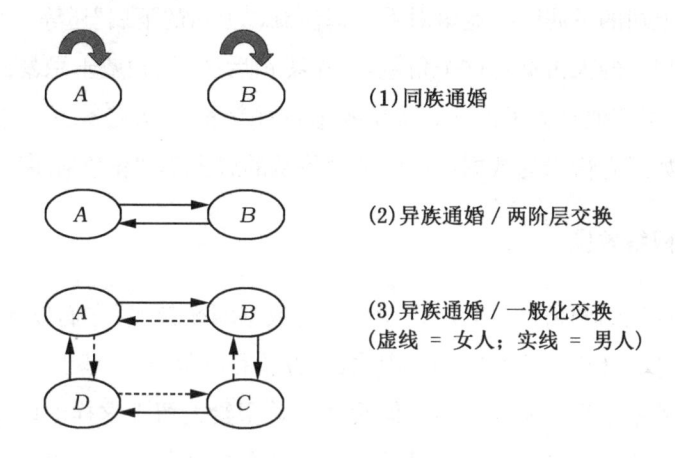

```
  ⟲         ⟲
 (A)       (B)           (1)同族通婚


 (A)───▶(B)              (2)异族通婚／两阶层交换
    ◀───

 (A)───▶(B)              (3)异族通婚／一般化交换
   ▲◀╌╌╌ ▲                （虚线 = 女人；实线 = 男人）
   │╎    │╎
   ▼ ╎   ▼╎
 (D)╌╌╌▶(C)
    ◀───
```

图 7.2　描绘婚姻/交换体系的区块结构

因此,再一次,经验网络中的相等分析可能是一个非常有技术含量的问题。首先,很少发现两个现实世界的行动者在其与第三方的关联模式上完全一样。结果,正如内聚子群那样,如果你希望识别除了特异位置之外的任何东西,那么相等的定义在实践中就必须放宽。更重要的是,位置方法还(通常)依赖另一个递归函数:两个行动者之间的结构相似意味着他们与类似的其他行动者有类似的关联模式,与相同的其他行动者则没有。一个小学老师可以被归类为在结构上类似于另一个小学老师,因为他们教同一组学生,或者仅仅因为都在坐满学生的教室里教书。在后面这个实例中,老师之间的相等源自这两组学生被认为是相等的——反过来,来自不同班级的学生由于他们与两个被归类为相等的老师的关联而被认为是相等的。

网络技术的家族(family)共有下列属性:正如我已经指出的,它们的设计是为了以简化的形式描述网络的结构。用图论或连接的方法做这件事是通过以少量的定量维度来描述图形的特征:节点层面上的"接近性""中间性"及其他种类的向心性,或者是整个网络层面上的集中性、连接性和"脆弱性"。位置方法提供简化的描述是通过把很多行动者映射为少量从结构上定义的角色,有时候通过用方程式来描述这些角色之间的关系。例如,前面我已经提出,位置分析可能揭示,平均起来,复合关系"老板的邻居"="邻居的老板"—哪些将构成基于阶级的居住分割的一个结构主义呈现。在组织中,区块模型分析可以揭示:"上司的下属"="竞争对手"(请注意,"上司的下属"还等于"自己",但还有通常很多的人占据着这个角色)。在我稍后援引的"威士忌暴乱"的实例中,政治显贵们似乎为了得到其侍从的忠诚而竞争,一次完备的位置分析可以显示——如果有恰当的数据可用的话,"侍从的恩主"="竞争对手"。

度量网络效应

我所描述的网络分析的形式本质上是数据缩减技术:它们概述网络数据的方式很像统计学,比如平均数、中位数、方差和收敛,对于基于变量的数据中的分布和关系进行简明的概括。但我并不希望给人留下这样的印象:这些技术因此是纯经验主义的,在它们没有给遭遇数据预设先决条件的意义上。[①]重要的是要指出,应用任何这样的技术——即使是区块模型分析的归纳版,在这个版本中,位置是在数据中"发现的",而不是强加给数据的——都需要一批相当可观的实质性假设。例如,图论分析假设,某个东西——影响力、知识、意见、财富、喜爱——通过社会纽带流动。否则,像"路径距离""中介""网络脆弱性"(一张图的连接性依赖于少数几个节点,消除这些节点就会让它破成碎片)这些概念就不会有多大意义。位置分析依赖于这样一个假设:有某个叫作"角色"的东西,除非可以观察到多个节点填充这个角色,否则它就不存在。(最好是不要这样,因为位置分析需要多个节点在相等的基础上瓦解成角色。独一无二的网络位置对区块模型分析来说是一件令人为难的事。)并非偶然,"网络分析"这个短语经常与"网络理论"交换使用。

结果,网络方法的数据缩减家族,连同它的两个分支,可以依次与另一个同样重要的家族并列并且产生另一个基本区分——社会网络结构的简化描述与被观察到的社会网络对其他社会行为的影响的模型分析之间的区分。后面这种网络分析最明显的实例涉及社会扩散的研究:在一个群体中观察到某个社会行为,比方说对技术或文化创新的采用,分析者便问,社会纽带是不是充

[①] 网络类型喜欢指出,应用于基于变量的数据的统计学方法也是理论负载的。所谓的一般线性模型假设,这个世界由个体组成,而且,这些个体可以令人满意地概括为一个 k 维空间中的点,在这里,k 是变量的个数,每个维度上的坐标反映了相关变量的值。说基于变量方法的爱好者相信这就是对世界的解释未免走得太远(相反,他们相信,它是谈论这个世界的一种有用的方式);但重要的是要记住,推理统计学中提出的很多形式假设,比如独立观察假设,是有实质意义的。

第七章 比较历史分析中网络工具的使用

当了这一行为扩散的一个管道。在比较历史研究中,这个方法出现的主要领域是对大规模抗议的研究。

在这种网络分析中,大可不必对相关数据的结构提出一个解释或描述。相反,关于社会纽带的数据被用作经验分析的直接输入,理论上,这样的分析即使没有任何网络数据也能进行。大多数时候,这种分析的目标是要测试社会纽带的影响,而并不援引关于网络结构的哪些方面很重要的任何特定观念。粗略地说,网络数据进场,其立足点与变量形式的数据是同等的:可以发现任何因素都对某个重要结果有着明显的影响,或没有明显的影响。网络分析的数据缩减版本比分析网络对其他现象的影响有着更多的理论负载。[①] 通常,在分析过程中应用于网络数据的变换越多,实质性理论假设的影响——公认的或不被公认的——就越大。

正如我将在本文剩下的部分所指出的,这些类型的网络分析的每一种在比较历史研究中都比从前应用得更多。这样做的收益和成本随着所使用的方法、所研究的语境以及所提出的问题而千变万化。我希望,这些收益和成本在接下来的篇幅中会变得明显。但一个很好的观念是,依然要当心很多网络方法偏重理论的特性。当背景理论在一个给定的案例中貌似有理时,结果可能是强有力的。特别是,网络方法的抽象可能有助于揭示不同语境的共性,这对于那些对揭示规律性感兴趣的比较学者来说是一个极有价值的特征。此外,从形式模式中得出实质性含义的习惯做法给历史研究者们所面对的一个长期难题提供了一条出路——必须承认,这是一条被一组理论假设所照亮的出路,这个难题就是:来自过去的行动者的主观经验很难复原。[②] 但是,当理论并不貌似有理,或者貌似有理但并没有清晰地表达出来时,结果在最糟的情况下可能不过是令人困惑,或者,在最好的情况下,并不比用一种更平淡无奇的方法所能得到的结果好多少。

[①] 很自然,你可以把这些策略结合起来,就像稍后援引的巴基和范罗塞姆对奥斯曼帝国的农村竞争所做的分析那样。例如,不妨想象一下,一个区块模型分析识别了某个群体中的截然不同的位置。那么,在经验上被定义为子群的成员身份可能与某个别的变量相关,比方说,对权威的反对。事实上,一个网络分析者会说,这恰好就是萨洛韦(Sulloway 1996)在记录出生序列与叛乱之间的联系时所做的事情。

[②] 我要感谢詹姆斯·马汉尼建议我强调这一点。

比较历史研究中的网络分析

对历史网络分析来说,最有吸引力的、最频繁探访的领域大概是对各种集体行动的研究。在精英集体行动的层面上,这样的研究主要集中于恩主-侍从关系。当主题是民众动员或者更一般的集体冲突时,另一些类型的社会纽带便进入了研究图景。我将考量范围更受限制的精英政治的案例,并在本文的末尾重新探访更棘手的民众动员网络研究的案例。

恩主-侍从关系与精英政治联系

当然,网络分析并没有发明恩主-侍从关系的研究。至少自20世纪50年代以来,对于欧洲的古代史家、中世纪史家和现代早期史家来说(Badian 1958;Brucker 1977;Kettering 1986;Namier 1957;Zagorin 1970),甚至在更长时间里对于研究非西方政治安排的学者来说,它就是一个库存主题。但这些早期研究必然局限于在宏观层面上识别相当粗略的模式,比如分裂的、明确的、得到广泛承认的联盟,以及诸如此类,还局限于在微观层面上零零碎碎地追踪个人的事业生涯,定义明确的小集团的形成和解散。关于一些比天主教-新教、王冠-十字架或教皇党-皇帝党等种类的区分更加微妙的模式的陈述严重依赖直觉、智巧、运气,通常还有痛苦的争论。每当有一个学者发现马萨林红衣主教有一批忠诚的、有凝聚力的追随者时,就有另一个学者读到暗示纷争和不信任的文献。

给定一个可信的、相当完整的数据源(我第一个承认,这几乎不是一个容易满足的要求),网络方法便给摇摆不定的修正主义——这是历史编纂学的典型特征——提供了一条出路。在这一点上,网络分析只不过像其他任何一组系统的方法一样。倒不是说,任何方法——无论形式的还是非形式的——都可以魔法般地终结学术争论,我只是暗示,给定一个合理清晰的问题,传统方法的有效性使得争论中的反对者有可能事前达成一致:一个给定的经验结果将会强化哪个立场,削弱哪个立场。如果他们善意地回应证据(而不是像更常见的那样事后重新表述他们的立场),他们就可能实际上解决争端,转向新的问题。只有以这种方式，累积才是可能的。

不妨考量一下彼得·贝尔曼(Peter Bearman 1993)对英国内战之前那个时期诺福克绅士阶层的研究。研究这一时期的历史学家们从不怀疑贵族和绅士控制教区长、教区牧师、下院议员和治安法官等职务的任命，是乡村贵族构建政治仆从的关键成分，而且，这些仆从在王室与议会的斗争中是重要的集体行动者。但他们在解释贵族与君主之间关系的转变上有着尖锐的分歧，这一转变最终导致英国国王的处决和克伦威尔的摄政。[让我们把经常出现的、很多人依然偏爱(参见 Morrill 1984)的"容易犯错的国王"这个解释路线搁置一旁；由于一个容易犯错的国王存在或不存在与更广泛的社会变革并无关联，因此其因果影响在分析上可以忽略不计，而不影响社会学的争论点。]正如经常出现的情况那样，分歧的一根主轴让唯物主义者陷入绝境，在他们看来，新教徒对斯图亚特的挑战是一个新阶级的利益表达，与理想主义针锋相对，在后者看来，内战更多地涉及忏悔的冲突。

贝尔曼遵循斯通(Stone 1965)开拓的那条路径，后者把内战解释为英国贵族长达一个世纪的政治衰落的结果——这一衰落更多地与贵族阶层内在的那些过程有关，而不是与任何其他群体或行动者的崛起有关。但贝尔曼并不同意斯通所描绘的一个社会范畴自我毁灭的肖像，他感兴趣的是要表明，广泛社会范畴如"贵族""绅士"或"城市资产阶级"的存在依赖社会关系的基础结构。只有注意到他们自己在类似的(或截然不同的)网络位置上的可比较性，社会行动者才能决定他们貌似有理地属于某个集体。社会范畴如阶级、宗教团体、世系等与其说是社会生活赖以组织的基础，不如说是人们用来描述那个组织的语言。这个组织是社会关系的组织，在本例中，就是亲缘与庇护的关系。

仔细审视下列数据：(1)精英家族之间的家系纽带，或者至少是对这种纽带的主张；(2)被表达为本地教士的共同保护人的精英行动者之间的庇护纽带，贝尔曼讲述了下面这个关于诺福克绅士阶层的故事。直至 16 世纪晚期，冲突期间诺福克家族当中的地位排序和动员可以简单地通过亲缘关系来猜想。一些家族通过成功地宣称自己出自显赫的世系或与之通婚，从而获得了地位认可，后者的显赫反过来借助同样的手段归纳性地得以证实。(形式网络分析的一项简洁优雅的成就是：社会纽带的模式可以用于推断这种地位排序，即使分析者刚开始完全不知道谁有地位，谁没有地位。如果你给我一份100个互相认识的人的名单，并告诉我名单上谁声称跟谁是朋友，我就可以还给你一个地位排序，这个排序将会非常准确地预测本地受访者提供的声望排序，如果你问他们的话。不对称的纽带始终如一地指向那些地位高的人，远离那些地位低的人。眼下，当你可以直接询问受访者谁有地位时，这个花招可能没什么大用了。但在历史语境中，并不存在这样的受访者。）本地产生的亲缘关系提供了这样的修辞，野心勃勃的精英在这一修辞之内获得并再生产他们的身份位置。本地定义的忠诚是稳定的副产品。

然而，到1600年，亲缘关系不再充当用来交易社会等级的货币。贝尔曼这个主张的证据直接来自一个演示，其中使用了区块模型分析（Bearman 1993，p80）：运转良好的结构把绅士阶层排列成16世纪头十年中期的一个稳定的身份序列，这个序列在17世纪头十年早期的系谱数据中再也找不到了。① 早期的亲缘关系遵循直截了当的身份排序，把那些被证明是"重要绅士"的区块置于顶部；但在1615—1640年那段时间，这个模式消解了。只有当审视庇护关系，尤其是教区长的任命和受俸牧师的推荐权，而非亲缘纽带时，它才再次出现。

贝尔曼提出的解释反映了一种群体构成理论，这一理论明显是结构思考的产物。在贝尔曼的解释中，君主的国家构建努力侵蚀了地方自治的基础，并说服野心勃勃的绅士相信：他们的未来在于在本地构建仆从队伍，而他们自己则加入全国性的精英阶层。他们把他们对宗教圣职的控制应用于这一目的，通过向上推荐他们的教区长使他们自己跻身于恩主的行列——不料却发现，他们自己构建的恩主-侍从体系把他们组织成了（正如第二次区块模型分析所显示的）新的、竞争性的集体，考虑到其结构，这些集体只能貌似有理地被称作"天主教徒"和"新教徒"。贝尔曼最大胆的断言是：对于接下来的那场令人痛

---

① 正如我前面所指出的，一个区块模型直接从关系数据中推断群体的存在。更传统的史学也假设群体的存在，但这样做是使用一个先在方案基于土地拥有的规模、宗教关联或职业。很自然，审查一个区块模型能够揭示——正如贝尔曼对某些时期所做的分析那样——相同区块的占据者在这些维度上也是相似的。但这样的相似是偶然的，不是必然的。当区块的成员身份不符合阶级或信仰群体时，网络数据便告诉我们，社会关系不是被社会差别这些古老维度所构建的。

第七章　比较历史分析中网络工具的使用

苦的内战,抽象的忏悔修辞完全是地位竞争的组织原则从亲缘关系向恩主-侍从关系转变的副产品。

对于贝尔曼的书中的经验细节和论证,我有必要提供一个简略的介绍。事实上,那是一部很难懂的、有时候甚至是令人生畏的专著,由于这个原因,很少有社会学家——历史学家就更少了——啃过它,更不用说试图证实或反驳它的结论。但对于眼下的目的,贝尔曼提供的这些经验发现的细节和解释就不如他所使用的方法论创新以及与之相随的理论洞见那么切题了。诚然,一个结构导向的、富有洞见的历史学家,原则上可以编织一篇类似的记述,并用趣闻轶事的证据加以说明。但是,如果没有一个方法与成千上万的、延伸整整一个世纪的社会关系搏斗,使之成为一个柔韧可塑的形式,那就是不可能的。还有一点也是不可能的:一个之前不习惯于从一批批结构上相等的行动者的角度来思考的研究者会首先得出这样一个论证。

更重要的大概是,把一组极其复杂的网络关联系统地映射为一个可以解释、可以再现的关系模型,使得下面这个断言变得合理:证据中的那些模式是独立于解释而出现的。即使是下面这种情况:直觉和工作假说悄悄钻进了编码决策、密集的截止点以及关于分割区块何时应当停止的选择中,与文献证据的主观使用相比,留下的蛀洞也依然少很多,通过诉诸专业历史学家非常喜爱的专业知识和良好判断,可以证明这个说法是有道理的。未来的研究者,试图使用关联方法来再现贝尔曼的分析,很可能会发现一些模式偏离了他的发现。但他们将能够用精确的术语陈述这些偏离出现在哪里,以及它们由什么构成。这样做之后,他们接下来就可以解答这样一个问题:什么样的关键测试可以决定这个案例究竟是支持这个立场还是那个立场?

系统分析恩主-侍从网络的另一个实例可以在我自己关于1794年威士忌暴乱中的精英动员的研究中找到,这场暴乱曾经短时间地威胁到美国的联邦制。在那项研究中(Gould 1966),我提出并致力于解决一个不解之谜,它与精英阶层参与一场反对最早的联邦消费税的农村起义的决定因素有关。西宾夕法尼亚州的农民反对对威士忌生产征税,理由是,大部分威士忌产出是在本地被消费掉的(被酿酒者自己消费),而不是被卖掉了。一点也不奇怪的是,这个论点主要适用于小农,他们的生产并不产生可销售的剩余;精英生产者——他

251

们的很多产出是拿到市场上销售的——更倾向于从民主原则的角度来表达他们的反对意见,谴责亚历山大·汉密尔顿(Alexander Hamilton)的联邦主义计划是回归英国人的暴政。对美国国家构建的这一挑战的历史编纂,以围绕英国内战的唯物主义-理想主义分裂的类似方式,围绕下面这个问题而产生了分裂:它究竟是一场维护自治原则的斗争,还是野心勃勃的地方精英争取政治影响力的一次工具性的喊价?

由于政治上有野心的暴民煽动者像真正的信徒一样有可能报告他们真诚献身于崇高的原则,因此并不容易通过仔细检查叛乱领导人或其反对者的公开申明来解决这个问题。我的分析显示,也不可能以可信的方式,基于诸如财富、参与威士忌生产,甚或积极参与联邦机构这样一些态度,把叛乱精英与联邦政府的支持者区分开来。(宾夕法尼亚西南部的三个联邦官员当然反对抗税暴乱,但有几十个并非联邦官员的精英阶层成员也反对。因此,从统计学上讲,在联邦政府当官并不是参与叛乱的一个预报因子。)

系统分析恩主-侍从关系的网络结构提供了答案。关联担保(surety bond,政治精英为新的被任命人或当选官员的表现提供担保)的记录为宾夕法尼亚西南部政治精英的结构分析提供了原材料。不妨递归性地把一个行动者的侍从定义为这样一些官员:他给这些官员邮寄一份附有官员侍从名字的关联担保。(换句话说,我的侍从由我的被保护人组成,再加上他们的被保护人、我的被保护人的被保护人的被保护人,如此等等,直至树的末端;大多数链条在长度上是三阶或更少。)根据这个定义,有可能有多个恩主,因为官员可能在不同的时期让不同的人给他们邮寄关联担保。侍从因此可能重叠。我的分析显示,在这个网络中,位置的两个方面预测了精英参与暴乱:(1)一个联邦官员的侍从身份;(2)一帮侍从的占有与一个联邦官员的侍从重叠。

不难看出,网络位置的这些特征应该与参与叛乱有关联。面对一个不断扩张的联邦机器——联邦税收是它的第一个关键成分,地方精英可能期望三个可能的结果:第一,他们可能通过之前与新近当权的其他人建立的联系实质性地受益;第二,他们可能只经历相对的剥夺,因为他们自己的位置依然稳定,尽管别人的位置有所提高;第三,当他们的侍从抛弃他们时,他们自己的位置可能绝对下降。联邦官员和他们的侍从可能预期第一个结果。与联邦官员没有关联的精英可能预期第二个结果。缺少联邦保护人而其侍从有联邦保护人的精英可能预期第三个结果。有些人的侍从在与联邦制的联系中看到了更大的机会,他们自然忍不住要把他们的忠诚转变到那个方向上,从而侵蚀了缺少联邦庇护的精英可能依靠的支持基础。有些精英与联邦官员没有关联,但他们的侍从却有这种关联,他们的影响力因此就面对了最大的威胁——正是这些精英领导了这场反对威士忌消费税的叛乱。

正如在诺福克的精英一样,很容易把这一描述解读为某种揭露,戳穿那些玩世不恭的领导人利用激进民主的修辞来实现野心家的目的。但这不是唯一的解读。另一个对这个结构描述的解释是,正如天主教徒对新教徒成为精英冲突的一个引人注目的维度(当恩主-侍从纽带的结构使得这一识别成为可能时),对于那些直接感觉到国家集权对其地位的影响的精英行动者来说,杰斐逊式的民主就成了一个规范的令人信服的政治理由。对于即将运转的机制来说,玩世不恭大可不必;从他们受到威胁的网络位置来看,与联邦庇护没有关联的政治精英有理由把他们的事业理解为捍卫真正的公共利益(作为本地的政治显贵,他们碰巧是公共利益的管家)。

与贝尔曼的研究相似是显而易见的。在这两个实例中,提出的论证都已经以未完成的形式存在于现有的文献中。但在这两个案例中,不仅系统证据强化了论证的不足,而且在缺乏网络技术的情况下甚至不清楚该如何安排这样的证据。此外,援引的特定机制——源自世俗使用教会庇护的宗教认同,以及源自联邦制对精英侍从的不同影响的反中央集权意见——并没有清晰地表达出来,还有待经验的支持。相反,我提出,建议和测试这些机制运转的共同可能性是网络分析中暗含的结构思考的自然结果。最后,至少在这两个案例中,还是朝着架通唯物主义解释与理想主义解释之间的鸿沟的方向取得了一些进步,前者聚焦于行动者对财富和地位的个人兴趣和集体兴趣,后者聚焦于宗教体制、种族体制或文化体制的碰撞。

另一个经常被引用的精英网络研究是帕吉特和安塞尔(Padgett and Ansell 1993)对文艺复兴早期佛罗伦萨权势家族之间的亲缘关系、财务关系和邻里关系的同时分析。帕吉特和安塞尔审视了一系列不同的主题,他们对社会纽带模式如何影响群体的构成也很感兴趣。在这个实例中,重要的结果是美第奇家族的崛起,从一个不是十分显赫的位置上升到佛罗伦萨政治中一个似乎是最高的位置。帕吉特和安塞尔再次应用了区块模型分析,这一次是应用于婚姻、居住和财务纽带。他们绘制了几十个"家族"当中的关系地图,并提出美第奇家族把自己定位在——并非故意这样做——梳毛工起义之后高负荷政治竞技场上一个微妙却重要的中间人的位置。在异乎寻常的政治怀疑的氛围中,科西莫·德·美第奇(Cosimo di Medici)和他的家族所占据的那个中间人的位置给政治行动者提供了唯一的机会,把某个人看作代表集体的利益而不是特殊的利益。倒不是说美第奇家族实际上这样做了,而是——两位作者认为——他们的结构位置使得他们看上去可能这样做,他们能够从这一表象中收获实质性的政治好处。

关于帕吉特和安塞尔的研究,可以得出我已经对贝尔曼的研究和我自己的研究所提出的相同的整体观点:他们描述的经验模式及其提供的解释尽管在某些方面再次遵循了研究这一时期的历史学家的观点,但在结构分析使之成为可能的方式上依然是与众不同的。陈述这个要点的一个方式是说:在一个理论上能够与其占据者区分开来的网络位置的意义上,正是"结构位置"这个观念贯穿于历史过程的网络分析。在这一点上,网络分析者与唯物主义者——他们把人视为一些并非他们自己创造的历史力量的仆人——有共同之处。与此同时,结构分析对范围更广泛的可能角色和更丰富的结构变化是开放的,这使得我们能够理解这样的力量。你可能会说,阶级分析是结构分析的一个特例,当社会结构主要由生产资料关系所塑造时,这个说法是适当的;但是,当这个条件不成立时,它很可能就不适当了。实际上,我希望我已经指出,网络分析有潜力解释:阶级力量为什么在有些情况下表达自己,在另一些情况下却没能彰显自己,还有一些情况则与宗教或种族团体共存或竞争。网络结构是共同的立论基础,各种形式的团体定义和团体竞争在这个基础上自由地互相遭遇对方。

非网络数据的结构分析

正如我前面已经指出的,网络方法的强版本坚持认为,个体行动者,在形式上被描述为网络节点,不可能合理地说他们独立于保卫他们的关系网而存

第七章　比较历史分析中网络工具的使用

在。从这一断言到下面这个命题只有一小步：即使是那些乍一看似乎与社会纽带毫无关系的现象，也依然应该这样来研究——仿佛它们是网络的。此外，这个战术有一个著名的先例，这就是克洛德·列维-斯特劳斯（Claude Lévi-Strauss）对具体亲缘体系的形式考察（Lévi-Strauss 1949，1969），他几乎是天衣无缝地悄悄进入了对神话的结构分析（Lévi-Strauss 1963）。在列维-斯特劳斯那双灵巧的手里，神话从纯粹的故事变成了"神话元素"的表格表示，这些元素相互之间的关系透露了人类思维的内在运转。历史网络分析者试图把结构的思考和方法应用于行动、事件、言论，甚至（我只是半开玩笑）列车运行时刻表。

例如，就以约翰·莫尔（John Mohr）对进步主义时代纽约市慈善组织的研究为例（Mohr 1994；Mohr and Duquenne 1997）。那些经营社区中心、弃儿养育院、施食处和"失足妇女"庇护所的人，最有可能把他们各种不同的活动看作独立的和与众不同的，即使他们有时候也承认他们属于一个更广泛的慈善工作共同体。但莫尔研究这个主题的方法是从下面这个网络分析者所熟悉的假设开始的：每个这样的组织只有在与其组织领域内的其他组织的关系中才是它所是的那种东西。在考察了几十年内数百个这样的团体后，莫尔的研究把每个组织的自我描述拆解为以下组成要素：目标人群（饥饿者、绝望者、孤儿、病人、醉汉、任性女孩、不良少年、痛苦中的妇女）、服务类型（援助、照顾、救助、改善、矫正）、背景动机（慈善、基督教、博爱、人道），以及诸如此类。你可以猜到下一步：莫尔用图表示这些组织群体，关于他们是否共有一种服务、一个客户基础、一个动机或者这些要素的任意组合。伽罗瓦点阵（Galois lattice）表示法（我不愿意把它称为"分析"，因为不像前面描述的那些方法，伽罗瓦点阵在数据缩减方面做的事情并不多）同时把重叠描述如下：（1）提供给同一群体的（例如）服务之间的关系；（2）提供相同种类的服务的群体之间的关系。（例如，饥饿者和失足者可能有关，因为他们都接受救助。与此同时，救助可能和救济有关，因为它们都被施予饥饿者。）莫尔可以显示，描绘这些重叠模式的图示随着时间的推移而改变，标示着像社会服务结构那样的东西的改变。

关于这些改变，不管莫尔讲述的故事是什么——事实上，这个故事究竟是什么尚不清楚，其貌似有理性都依赖于我们是否愿意相信：这些重叠模式在某种程度上是有意义的。如果我们同意它们是有意义的,那么,这种研究(就像我前面讨论过的具体社会纽带的研究一样)就有潜力告诉我们传统史学没有告诉我们的东西。例如,莫尔的研究可能揭示:在一个关键时刻,基督教组织从一个道德品行端正的说教者的定位转向了纯慈善的定位。这个转变越是逐步的或分散的,用传统历史方法识别它就会越困难。

然而,这种历史网络研究所面临的挑战源自下面这个事实:根据假说,所涉及的网络纽带在主观上对于社会行动者是不可用的。对侍从主义的网络研究认为下面这个说法理所当然:恩主-侍从纽带就是恩主和侍从所理解的那样;把这些纽带集合成更大的体系,而且这种集合的影响被认为是我们可以发现的,即使参与者并不知道它们。但在有些实例中,比如20世纪初纽约的那个共享服务/客户/动机的网络,就连基本关系也是分析构想。尽管可能有这样的情况,一些成对的组织因为它们都给饥饿者施食而承认它们的相关性,但一般而言并非这样的情况,特别是当任意多个种类的人可能处在痛苦中或者需要援助的时候。网络分析已经产生一些非正统的输出,遵循"强结构主义"的规定的研究把这一事实与不熟悉的输入结合了起来。

这类研究的第二个实例更多地打破了网络帝国主义与所审视的关系表面上的貌似有理之间的平衡。巴基与范罗塞姆(Barkey and Van Rossem 1997)把来自17世纪初奥斯曼帝国(更准确地说是来自17世纪50年代的西安纳托利亚)的法庭记录转换成一个村庄之间的关系网络。他们使用下列程序来实现这一转换:如果两个不同社群的居民在一次审判中做不利于对方的证明或起诉对方,那么这两个社群就被编码为有一条敌对的纽带。如果他们站在案子的同一方,那么这两个社群就被分配一条合作的纽带。当两个个体来自同一个村庄时,应用同样的编码,产生村内的关系,类似地可能是合作的或冲突的。(当然,在多个审判中,这些纽带成了计数:一对社群可能有一些彼此之间的合作互动,同时又有大量的冲突关系,或者两者的计数都很高或都很低,如此等等;同样,一个单一的村庄可能有大量内部的"冲突关系",或者被大量内部的"合作关系"紧密结合在一起。最后,另外一些种类的纽带——弱社会纽带、强社会纽带和工具性的社会纽带——源自每场审判中呈现的叙事细节。)

巴基与范罗塞姆使用区块模型运算法则把村庄分解为区块,并在区块的层面上总结村际的或村内的关系模式。本质上讲，他们的分析暗示，坐落于集市中心与偏远社群之间的村庄在冲突与合作关系的网络中占据着类似的位置。这些村庄有很高水平的社区间冲突，主要是与坐落于中心的社群之间的冲突，而且与其他区块中的村庄比起来不成比例地分享这些冲突纽带，涉及他们所说的"竞争"，这一竞争被定义为对"国家干预或市场干预"的挑战。巴基与范罗塞姆把他们的证据解释为显示了国家形成和市场化对边缘社群影响很小，对中心社群通常有正面的影响，而对"中间"村庄的影响通常是破坏性的。他们认为，这些政治和经济趋势的不同影响彰显在更高层面的竞争中，对准国家和市场的行动者，典型地位于中心社群。作为理论结论，他们提出——以那种应该会让大多数结构主义者感到高兴的方式——村际关系网络中的位置，独立于村庄的属性，推动竞争的水平。

那么，网络思考的贡献在于"村际关系网络中的位置"这个概念的发明。然而，在他们对复杂经验结果的解释中（源自判别式分析，这种分析的输入是区块成员身份和多种图论测量），巴基与范罗塞姆不愿意完全照搬区块模型。相反，他们认为，村庄的区块分配源自一组基础性的村庄属性，而不是源自村庄关系的结构。村庄关系的结构是这些属性的功能，而不是它们的来源。事实上，两个中间区块以不同的方式呈现中间性。我们可以因为一个区块与市场中心的距离是中等的而把它识别为中间区块，并因为它不完全的整合而与它有很多竞争性互动。第二中间区块中的村庄是富裕的，地理上距离集市城镇更远，显然有必要增加中央权威的监控。竞争导致一组源自破坏性的经济变革的案例，还有另一组案例，源自距离与繁荣的离心效应，连同国家对这些效应的回应。

换言之，这个论证本身不是关于村际互动或村内互动的；相反，最好是把这些互动以及源自其区块成员的身份解释为那些与商品化和国家构建相关联的基础性过程的表达。巴基与范罗塞姆对这个分析的解释把我们带回到了传统社会史家会援引的同样的机制：互相竞争的经济行动者、参差不齐的发展、源于地理偏远的监控和强制问题等。如果他们是对的（值得注意的是，他们的史学证据是有说服力的），那么更传统的统计学分析根据一组独立变量——与商业中心的距离、财富、混合的农业生产方式等——倒溯论证竞争水平，将会准确地揭示同样的模式。这种趋同显示,即使经验分析是结构主义的,两位作者的史学知识导致他们为之辩护的理论论证也并非如此。① 这一分析因此最好是描述为一次复制,对那些已经使用传统史学方法得出的经验命题使用网络技术。令人欣慰的是,网络分析证实了通过其他方法确立的发现,但结构主义者们可能更高兴地得知:他们的方法揭示了一些先前不为人知的但依然是有意义的和貌似有理的模式。②

网络扩散与大规模动员

比较历史研究者应用网络分析而并没有明确地表明结构主义世界观的另一个领域是抗议动员研究,特别是关于社会纽带在行动主义扩散上所发挥的作用。这一研究中相对缺乏结构理论化并非偶然。我前面已经指出,对"网络效应"的分析截然不同于网络分析,它需要这样的研究设计:像阶级构成以及与社会纽带共存的失业这样一些变量在这一设计中作为解释相关的候选变量。

正如在侍从主义的案例中那样,对社会抗议的社会学研究和史学研究早在形式网络分析进入这幅图景之前,就开始谈论社会纽带在个人加入抗议运动的决策中所发挥的作用(Gerlach and Hine 1970;McAdam 1986;Snow, Zurcher, and Ekland-Olson 1980);但后来的研究把这批研究文献中的一般观念向前推进了几步,连同通过大规模网络来记录动员扩散的努力(Hedström 1994;Hedström, Sandell, and Stern 2000),以及相对于"密集网络"的纯粹存

---

① 这项研究的一个重要特征,而且是一个与莫尔的研究共有的特征,是使用一个离经验很遥远的关于"关系"是什么的定义。不用怀疑,农民出现在同一场审判中,站在同一方或相对方的立场上,把他们的参与视为某种互动——至少跟两个其目标陈述都提到了"无业游民"的组织比起来更是一种互动。与此同时,不大可能出现的是,他们把这样的互动视为关系。把这些农民层面的诉讼行动集合起来,成为村庄层面的关系,然后把这些关系集合起来,成为区块内和区块之间的关系,这需要对结构主义程序有相当强的信念。具体而言,把支持或反对法庭上某个人的法庭证词归类为一种社会纽带只是一次轻微的延伸。更大的延伸是把4年内这样一些法庭互动之和称为村庄之间的一条社会纽带。当然,到最后,巴基与范罗塞姆并不需要坚持这些编码决策的有效性,因为他们更喜欢其关系分析中的一个非关系解释。

② 在本书中的结论那一章,西达·斯科克波表达了对这样使用网络方法的支持。我对此也予以支持。我在这里的要点只是:相对于审查具体的结构命题,对三角测量使用结构方法不大可能产生新颖的理论洞见。

在,形式网络与非形式网络重叠的影响(Gould 1991),还有大规模集体身份形成中的社会网络模式之间的关联(Ansell 1997；Gould 1995)。赫德斯特罗姆的研究,以地理邻近和社会接触为中介,记录了瑞典工会和社会民主党分部的创立速度在城镇当中的扩散效应。我自己对1871年巴黎公社的研究(Gould 1991)暗示了通过民兵招募引发的跨地区接触扩散暴动的水平。这项研究的一个延伸内容(Gould 1995)显示,以社区为基础的团结诉求,其优势依赖于社会接触突破阶级边界的居住邻里关系的存在:这些地区坐落于巴黎边远区域,对1871年5月的民众动员的贡献比中心的工匠地区——历史上是巴黎暴动的发源地——更大。在一项把这样的分析扩大到"符号网络"的工作中,安塞尔(Ansell 1997)对工团主义在19世纪晚期法国的具体化所做的考察暗示,总罢工对法国工团主义运动的意识形态向心力源自工会与劳工党在19世纪80年代某些法国城市涌现的职业介绍所内的关联。

这些研究的共同点是:对社会网络的兴趣与已改良的主流方法论的结合把网络效应吸收了进来。这三项研究全都使用基于变量的分析技术——就赫德斯特罗姆而言是事件史模型,就另外两个人而言是自回归——以一种明确允许对网络纽带的相对影响进行统计学检验的方式。创立速度的事件史模型使得评估创立发生的可能性成为可能,以一座城市与其他已经发生创立事件的社群的联系纽带为条件。对这一效应的评估扣除了其他因素的影响,比如城市工业劳动力的规模。类似地,自回归评估一个结果变量(动员水平或对总罢工的支持)在何种程度上通过社会纽带以这样一种方式流动:这些案例(地区或城市)反向互相影响对方的结果——再一次,扣除了其他变量的影响。

不像本文中所援引的另外一些网络研究的风格,这个方法并不提供缩减形式的网络数据描述,而是以相对未消化的形式把它们交给基于变量的分析。迄今为止的净结果是:证明了网络纽带在动员扩散中确实很重要；但是,由于网络数据是原原本本地被接受的,而不是用缩减的形式来描述,因此我们对何种网络结构与这种扩散相关联所知甚少。以准确的方式提出这种问题的工作迄今为止局限于形式建模或模拟,在一个太高的抽象水平上,对比较历史学者不可能直接有用。

然而,在我看来,这恰好是网络分析应该做的工作。缩减形式的社会结构图像,要么是位置结构,要么是关联性结构,让研究者免于完整列举网络纽带。这一自由同时允许更大胆地带有结构主义精神的理论阐述,正如我前面的讨论所显示的,而且同样重要的是,使得更大规模的研究更加可行。当网络效应研究变得不那么依赖完整的网络数据时,思考大规模的结构分析就会更容易。

接下来,架通社会网络分析与网络效应分析之间的鸿沟的研究,有潜力实质性地拓宽历史现象的范围,这些现象容易接受网络方法,同时对比较学者很重要。仅举一例,本书中保罗·皮尔森视为对宏观变革至关重要的"缓慢发展"的社会过程,如识字能力、商品化、城市化等,几乎肯定依赖通过社会关系扩散。我们对于不同网络结构塑造扩散过程的方式知道得越多,就越有可能有能力研究这样的过程,而无须收集关于一组完整单位的完整网络数据。

结　论

我会提出,并非偶然的是,更频繁地把网络分析应用于历史社会学中的问题是这样一些应用:首先是致力于那些有着网络分析之外的世系的理论问题;其次是把网络方法应用于这样一些数据——它们符合关于网络是什么的离经验很近的定义。

在这一领域,让进步成为可能的似乎是下面两个条件的同时存在:一批先前存在的理论(进一步的问题便源自这些理论),以及相对持久地聚焦于那些不证自明地涉及具体社会关系的网络。在某些实例中(例如 Ansell 1997),那些遵从结构分析的"关系"趋于我在上一节所讨论的方向;但在这些实例中,网络概念的抽象通常被牢牢锚定于一个实质性的理论议程所抵消。

相比之下,很难被纳入正处于争论的研究,是那些应用强烈地以理论为中心的编码程序研究——正如任何非网络数据的网络分析所要求的那样——没有自觉的结构主义理论议程。我们可能更确信:我们会在非琐碎操作我们的原始数据上取得一些进展,只要我们有执行这一操作的具体理由——以一个我们希望检验的从理论上得出的命题的形式。或者,我们至少需要相信:我们的数据是我们所关心的现象的强健指示器,然后我们才能合理地把一些重要变换强加给它们。当密集的描述性材料的可用性减少时,这一点就更为重要。

当我们的主要数据源是文献档案时,其可用性必然减少。出于这个原因,我会提出下面这个预测:把非网络数据重新加工成关系的形式所带来的好处与数据在多大程度上是历史数据反向相关。

我相信,鉴于这一点,我在前面描述强结构主义时所采用的怀疑语气就更有意义了。网络分析经常被描述为一个描述社会结构的"有力"工具。这可能意味着以下两件事情之一。首先,它可能意味着,网络方法的使用使得我们能够发现一些通过其他手段不可识别的或者至少是不容易识别的重要现象。其次,它可能意味着,它可以被应用于范围广泛的现象,对于由此可以获得多少洞见有着中立的含义。用比喻的说法,我们可以区分一束强光意义上的"有力"和一个蒸汽锤意义上的"有力"。第一个比喻告诉我们,如果我们使用这个工具,我们就会看到更多,或者更进一步说,不会太多地扭曲这个世界;第二个比喻告诉我们,以足够的力量,我们可以把我们选择的任何图案冲压在经验数据上。①

我试图凸显的担心是:我们可能因为一个工具有很多力量而忍不住应用它,但如果我们把自己局限于依靠很多力量就会做得更好。在当前的语境下,根据我的判断,当网络工具要么被应用于那些不证自明地是关于社会网络的数据,要么在我们有理由确信我们已经有了一个很好的理论——不是像结构主义那样的元理论,而是一个实质性地相关的理论——的情况下被应用于非网络数据时,后面这个目标能够最好地引导我们穿过我们的分析程序所产生的有时候很凌乱的输出。网络分析在缩减数据的复杂性上是很好的,但它用真正简单的方式并不总是做得那么好。事实上,它很少做得那么好,除非在一些琐碎的案例中。(例如,如果你把区块模型或关联性分析应用于一间多种族教室里的关系的数据,你多半会发现——在 21 世纪依然如此——区块和子团对于种族都是同质的。)结果,强行把非关系数据纳入一个关系形式,而没有强大的实质性理由这样做,就不可能产生有意义的结果。

我很谨慎地插入"有意义的"这个词,作为关于文化框架的重要性的闭合

---

① 与比喻争论是危险的。一个批评者可能会说,一束强有力的光可能投下阴影,降低微妙隐喻的品格,导致我们看到污点,以及诸如此类。这些都是真的。但我相信,我已经清楚地表明了我的观点,而无须进入比喻的所有隐藏含义。

点的一个准入资格。缺少我所谈论的有意义的结果,不是一个主观意义的问题,我们所研究的行动者把这样的主观意义赋予他们的行动、他们的社会关系或者他们认为自己在其中行动的"结构"。相反,它是我们作为社会科学家赋予我们的发现的意义的问题。那些发现与我们所参与的具体争论有关,我们的发现必须与其他人的发现,或假说,或中间理论有关联。它们可能与社会行动者在做或者不做我们感兴趣的那些事情时所得到的主观的,或有文化信息的,或结构上受限的经验有关系或没有关系。由于这个理由,我对一个偶尔针对网络分析的批评说得很少,这个批评指责网络分析"忽视"文化,或者那些可能构成也可能不构成网络的文化框架(Emirbayer and Goodwin 1994)。现有的网络方法在对主观的经验、意义或符号结构的吸收或建模上做得并不是很好,正如莫尔那项雄心勃勃却并非决定性的计划所展示的那样。但是,把这个事实视为批评的根据就像一个圆因为太圆而被视为有缺陷一样。不同的方法在不同的事情上做得很好——在有人想出办法如何让结构分析在意义建模上做得很好之前,至少暂时,我们最好是满足于认为:网络方法对社会网络建模是有意义的。

参考文献

Ansell, Christopher K. 1997. "Symbolic Networks: The Realignment of the French Working Class, 1887—1894." *American Journal of Sociology* 103:359—90.

Badian, E. 1958. *Foreign Clientelae*, 264—270 B. C. Oxford: Clarendon Press.

Barkey, Karen and Ronan Van Rossem. 1997. "Networks of Contention: Villages and Regional Structure in the Seventeenth-Century Ottoman Empire." *American Journal of Sociology* 102:1345—1382.

Bearman, Peter S. 1991. "Desertion as Localism: Army Unit Solidarity and Group Norms in the U. S. Civil War." *Social Forces* 70:321—342.

——1993. *Relations into Rhetorics: Local Elite Social Structure in Norfolk, England, 1540—1640*. New Brunswick, NJ: Rutgers University Press.

——1997. "Generalized Exchange." *American Journal of Sociology* 102:1383—1415.

Berkowitz, S. D. 1982. *An Introduction to Structural Analysis*. Toronto: Butterworths.

Breiger, Ronald L. 1974. "The Duality of Persons and Groups." *Social Forces* 53:181

—190.

Brucker, Gene A. 1977. *The Civic World of Early Renaissance Florence*. Princeton, NJ: Princeton University Press.

Burt, Ronald S. 1980. "Models of Network Structure." *Annual Review of Sociology* 6:79—141.

Coleman, James S. 1961. *The Adolescent Society*. New York: Free Press of Glencoe.

Emirbayer, Mustafa and Jeff Goodwin. 1994. "Network Analysis, Culture, and the Problem of Agency." *American Journal of Sociology* 99:1411—1454.

Gerlach, Luther P. and Virginia H. Hine. 1970. *People, Power, Change: Movements of Social Transformation*. Indianapolis: Bobbs-Merrill.

Gould, Roger V 1991. "Multiple Networks and Mobilization in the Paris Commune, 1871." *American Sociological Review* 56:716—729.

1995. *Insurgent Identities: Class, Community, and Protest in Paris from 1848 to the Commune*. Chicago: University of Chicago Press.

1996. "Patron-Client Ties, State Centralization, and the Whiskey Rebellion." *American Journal of Sociology* 102:400—429.

Granovetter, Mark. 1974. *Getting a Job: A Study of Contacts and Careers*. Cambridge, MA: Harvard University Press.

Hedström, Peter. 1994. "Contagious Collectivities: On the Spatial Diffusion of Swedish Trade Unions, 1890—1940." *American Journal of Sociology* 99:1157—1179.

Hedström, Peter, Rickard Sandell, and Charlotta Stern. 2000. "Mesolevel Networks and the Diffusion of Social Movements: The Case of the Swedish Social Democratic Party." *American Journal of Sociology* 106:145—172.

Hunter, Floyd. 1957. *Community Power Structure*. Chapel Hill: University of North Carolina Press.

Kemeny, John, Arthur Schleifer, Jr. , J. Laurie Snell, and Gerald L. Thompson. 1962. *Finite Mathematics with Business Applications*. Englewood Cliffs, NJ: Prentice-Hall.

Kettering, Sharon. 1986. *Patrons, Brokers, and Clients in Seventeenth-Century France*. Oxford: Oxford University Press.

Laumann, Edward O. and Franz U. Pappi. 1976. *Networks of Collective Action: A Perspective on Community Influence Systems*. New York: Academic Press.

Leinhardt, Samuel, ed. 1977. *Social Networks: A Developing Paradigm*. New York:

Academic Press.

Lévi-Strauss, Claude. [1949] 1969. The Elementary Structures of Kinship. Boston: Beacon Press.

———. 1963. Structural Anthropology. 2 vols. New York: Basic Books.

Lorrain, Francois and Harrison C. White. 1971. "Structural Equivalence of Individuals in Social Networks." Journal of Mathematical Sociology 1:49—80.

Marsden, Peter V. 1990. "Network Data and Measurement." Annual Review of Sociology 16:435—463.

McAdam, Doug. 1986. "Recruitment to High-Risk Activism: The Case of Freedom Summer." American Journal of Sociology 92:64—90.

Milgram, Stanley. 1967. "The Small-World Problem." Psychology Today 2:60—67.

Mohr, John W. 1994. "Soldiers, Mothers, Tramps, and Others: Discourse Roles in the 1907 New York Charity Directory;" Poetics 22:325—357.

Mohr, John W. and Vincent Duquenne. 1997. "The Duality of Culture and Practice: Poverty Relief in New York City, 1888—1917." Theory and Society 26:305—356.

Moreno, J. L. 1953. Who Shall Survive? Beacon, NY: Beacon House.

Morrill, John. 1984. "The Stuarts." Pp. 327—398 in The Oxford History of Britain, edited by Kenneth O. Morgan. Oxford: Oxford University Press.

Namier, Lewis. 1957. The Structure of Politics at the Accession of George Ⅲ, 2nd ed. London: Macmillan.

Newcomb, Theodore. 1961. The Acquaintance Process. New York: Holt, Rinehart, and Winston.

Padgett, John F. and Christopher K. Ansell. 1993. "Robust Action and the Rise of the Medici, 1400—1434." American Journal of Sociology 98:1259—1319.

Roethlisberger, Felix J. and William J. Dickson. 1939. Management and the Worker: An Account of a Research Program Conducted by the Western Electric Company, Hawthorne Works, Chicago. Cambridge, MA: Harvard University Press.

Snow, David A., Louis A. Zurcher, and Sheldon Ekland-Olson. 1980. "Social Networks and Social Movements: A Microstructural Approach to Differential Recruitment." American Sociological Review 45:787—801.

Stone, Lawrence. 1965. The Crisis of the Aristocracy, 1558—1641. Oxford: Clarendon Press.

Sulloway, Frank J. 1996. *Born to Rebel: Birth Order, Family Dynamics, and Creative Lives*. New York: Pantheon Books.

Wellman, Barry and S. D. Berkowitz, eds. 1988. *Social Structures: The Network Approach*. New York: Cambridge University Press.

White, Harrison C. 1963. *An Anatomy of Kinship*. Englewood Cliffs, NJ: Prentice-Hall.

White, Harrison C., Scott A. Boorman, and Ronald L. Breiger. 1976. "Social Structure from Multiple Networks. I. Blockmodels of Roles and Positions." *American Journal of Sociology* 81:730—780.

Zagorin, Perez. 1970. *The Court and the County*. New York: Atheneum.

第八章 时期化与偏好：反思比较历史社会科学中的有目的行动*

伊拉·卡茨尼尔森
（Ira Katznelson）

《伊甸园与人的堕落》(The Garden of Eden with the Fall of Man)是两位画家以非常不同的风格在1615年前后共同完成的一幅名画，挂在海牙的莫里茨皇家美术馆里。一个站着的夏娃，正在献上苹果，一个坐着的亚当，正在接受苹果，两个人都在左前方，这是彼得·保罗·鲁本斯(Peter Paul Rubens)生动描绘的。他们置身其中的草木茂盛的花园，是一个势不可挡的背景，那是一个充满密集的植物和多产动物的王国，两个主人公就在这个背景里，他们的交换行为特别醒目，这是老扬·勃鲁盖尔(Jan Breughel the Elder)画的，他是老彼得·勃鲁盖尔(Pieter Breughel the Elder)的次子和鲁本斯的朋友。[①] 这次合作是我所知道的视觉艺术中一次视角与技法在一件作品中振荡与结合的最佳实例，是分析史学中的一次精彩表演。它标志着一个至关重要的瞬间：这一刻，一次交换让这个世界幻灭，改变了人类在大自然内的身份，像最优秀的历史社会科学一样，它是一件关于一个特定的时间、场景和选择的作品，一个

---

* 本文的这个版本从多种不同的评论那里受益良多，尤其是那些能帮助我厘清论证的评论，这些评论是这项冒险的同事们所提供的，分别在2000年4月布朗大学的会议上，在2000年9月华盛顿特区美国政治学会的项目讨论小组会上，以及在2000年11月哈佛大学的会议上。我还受益于罗格斯大学政治学系和新学院政治与社会科学研究所举行的两次专题讨论会。我特别感谢戴维·科利尔、马歇尔·冈茨(Marshall Ganz)、杰夫·古德温(Jeff Goodwin)、彼得·霍尔(Peter Hall)、詹姆斯·马汉尼和迪特里希·鲁施迈耶提供的建议。

① 鲁本斯与勃鲁盖尔还一起创作了另外一些油画，包括《圣母和圣子被花园与小天使裸像环绕》《视觉与嗅觉的寓言》《触觉、听觉与味觉的寓言》《有潘神和排箫的风景》，最后一幅油画在风格和手法上非常类似于他们对亚当和夏娃的共同描绘。

可感知的叙事,由一个时期化(periodization)的故事和一个对偏好的解释所构成。

关于比较历史学术研究的生命力与可能性,我想说的东西就包含在这幅油画中,或者说至少是被它所暗示。宏观史的学术研究朝着时期化的方向倾斜。这一丰厚的学术脉络的世系,在马克思的关于划时代转变和基于阶级的作用者的故事中,在韦伯的"客观概率"与有目的的行动序列和模式的结合构成他所说的"充分因果关系"中,主要提供对长期过程的宏大结构分析,以宏大转变为标志。[①] 在这项冒险的核心,潜藏着试图在历史的无穷复杂性之内系统地辨明时间动态的努力。任何带有这一特征的工作,如果没有一项时期化计划都是不可能完成的,这样的时期化依靠(暗含的或明确的)一些关于广泛的、结构内嵌的历史动态的假设。这些历史主义的断言,定义了行动者发现自己身处其中的那些时刻的种类。

这种类型的研究对时间性的关切分为两部分。比较历史学者关注理解那些以大规模变革为标志的时刻的起源和特征,关注检验介于其间的那些时期的长期动态,这些动态从历史转折关键时期所产生的结果中取得其推动力。比较历史社会科学世系中的这些探索以对结构的强大偏好以及在很大程度上对作用者保持沉默为特征。有一点,更多地不是一个条件,而是一个突出的特征:时期化以什么方式习惯性地战胜对偏好的关注,而关注这样的行动或事实,即评估和偏爱按照优先顺序排列的选择对象。我相信,相比之下,时间性的这两个方面都会受益于更系统地关注偏好。我想问的是:怎么能把人类偏好吸收进来,作为有目的行动的必不可少的组成部分,作为时期化的合伙人?定位于空间和时间的语境中(一个利益、愿望、价值或信仰的质量只有在这样具体的主体间情境和关系中才能更好地被理解)的个体时期化怎么能成果丰硕地加入、补充以时期化为核心的历史社会科学并为它提供依据?这样一个约定的目标是微观动态的宏观基础与宏观动态的微观基础之间一种更平衡的

---

① 我在《马克思主义与城市》(*Marxism and the City*)中讨论了马克思的历史规划(Katznelson 1992,ch. 2)。关于韦伯,最近对这些主题最好的论述是弗里茨·林格的《马克斯·韦伯的方法论:文化与社会科学的统一》(*Max Weber's Methodology: The Unification of the Cultural and Social Sciences*,1997)。

合伙关系。

与很多方法论个人主义者把偏好作为不受约束的或给定的事物来处理的方式形成鲜明对照,与方法论整体论证过度约束其范围的倾向形成鲜明对照,我将显示,在作用者与结构的接合点上对制度进行系统的研究如何能提供手段,更好地与时期化和偏好的研究相关联。因此,本文将依次考量各种类型的历史瞬间,基于这样一个确信(稍后将讨论):当整体论和个人主义关联起来,去理解以制度想象为中介的历史时,它们未必是死对头,而是潜在的合伙人。我们必须持续记住,微观行为需要历史的宏观基础。同样,大规模的比较分析,当它的微观基础是隐含的或者尚未理论化时,它便是欠明确的和不够完整的。

时期化故事的组织者通过在时间中定位行动者以及行动者的范畴和网络,为人的行动提供宏观基础。比较历史社会科学借助决定性的过程和事件的互相关联所产生的变迁和时代来度量历史。正如刚开始的社会科学以导向大规模变革的问题、概念、方法和范畴为基础,它喜欢危机、经过和序列的语言。不仅仅历史,而且有历史理论,都探索界定其中心的概念、案例和时刻之间的关系。放弃简单的线性,这项工作非常严肃地对待持续、中断、分叉和轨道。但是,在关键节点期间或之间,什么样的行动者偏好参与了坚决的行动呢?它们的评估等级将在赋予时间性以特权的学术研究中扮演什么样的角色呢?

为了比较历史社会科学构建一个把时期化与偏好关联起来的有效的串联关系,需要的不只是来自其他研究传统的嵌线工具,比如理性选择(基于涉及个人效用的经济学类比)或社会学制度主义(强调具有共同信仰和价值的社会品质),它们的作用者概念(分别)要么太"薄",要么太"厚",作为合伙人不会工作得很好,除非之前采取一些中间步骤。不希望提前把社会科学工具箱中的任何工具搁置一旁[①],我建议,我们首先转向历史导向的社会科学本身的范围内所产生的工具和机制。我认为,通过区分这一传统中两个部分重叠但依然不同的类型——宏大规模的比较历史社会科学和更小规模的历史制度主义(并通过识别更早的和最近的比较历史社会科学之间的差别)——有可能看出,更先进的历史制度主义的关键特征如何能提供一些富有生产力的手段,而

[①] 我强烈反对历史和理性选择制度主义的一个太过强烈的二律背反,参见 Katznelson 1998。

第八章　时期化与偏好：反思比较历史社会科学中的有目的行动

我们可以用这些手段构建一个令人信服的研究偏好的方法。①

比较历史社会科学——被理解为领会、理解和解释人类事务在关键节点上的巨变和方向上的急剧转变——已经开始享受一次深受欢迎的复兴。重要的新工作包括对自由主义代议制政体的中世纪和现代早期起源的学术研究、被宽泛理解的社会福利的责任延伸、君主国家的财产变动和官僚机构的发展，以及精英和民众行动者在塑造种族、国家、阶级和民主制上所扮演的角色（Collier 1999；Collier and Collier 1991；de Swaan 1998；Downing 1992；Ertman 1997；Marx 1998；Rueschemeyer, Stephens, and Stephens 1992；Silberman 1993；Skocpol 1992），在过去十年里赢得了最显著的位置，这是在一次间断之后（这次间断部分程度上是马克思所启发的历史唯物主义暂时遇到困境导致的），与之并列的是更早一代人的工作，与此相关联的学者有巴林顿·摩尔（Moore 1966）、佩里·安德森（Perry Anderson 1974）、赖因哈德·本迪克斯（Reinhard Bendix 1964）、查尔斯·蒂利（Tilly 1964）、伊曼纽尔·沃勒斯坦（Wallerstein 1974）和西达·斯科克波（Skocpol 1979）等。同样，聚集在历史制度主义类目下的工作②，很适合我们来理解那个研究塑造国家、经济和公民之间互动的制度遗产和制度模式的特定研究群体如何在20世纪90年代与其他的"新制度主义"共同复活了制度分析并与后者展开竞争。我的主要目标是要以这项事业的合伙人身份提出，比较历史社会科学可以使人的偏好成为其努力的一个更基本的特征。

接下来我将采取下列步骤。首先，我将重访并赞扬摩尔的《独裁与民主的社会起源》出版之后那一代人的工作强大的结构冲力和构造冲力，同时留意这批学术文献中相对缺少对偏好的关注。作为典范，聚焦于彼得·安德森对后封建时期国家形成的起源所做的深度结构性的解释，我将辨别这样一种方法何时看上去最令人信服，何时存在严重不足。我将指出，如果我们以一种特定的方式来理解整体论和个人主义，那么处于这些宏大历史变革研究的核心的结构整体论为什么不需要与偏好导向的个人主义竞争。请注意，其次，最近聚

---

① 这个方法还可以帮助澄清另外一些"新制度主义"可能对这个研究程序做出贡献所基于的条件。
② 我相信［在与西达·斯科克波、斯文·斯坦莫（Sven Steinmo）］和凯瑟琳·瑟伦进行一次谈话之后，这个术语最早见于 Steinmo and Thelen 1992。

焦于体制形成和自由主义政治发展的比较历史学术研究在处理大规模变革的事态时如何能够更多地朝着系统吸收偏好的方向倾斜,我将探索下面这个悖论:结构上引发的不稳定时期可能激发特别重大的有目的行动的机会。那么,个人的偏好、选择和变革想象可能深刻地重塑那些控制着人类社会可能性的结构。最后,转向那些介于大规模变革之间的更稳定时期,我注意到历史制度主义对时间性的研究以及归在路径依赖这个类目下的排序如何开启了一些新的问题,涉及如何把时期化与偏好关联起来。在这一推动力的基础上构建,但依然关切这一脉络中的工作的这样一个趋势:高估一条路径开端的偶然性,同时夸大那些把一条特定历史轨道锁定在原来位置上的机制,我将在结论部分转向各种不同的研究文献,它们涉及制度边界、认知、分布和问题解决,而这些恰好在历史制度主义通常的知识范围之外,为的是明确说明"受制作用者"的概念,作为时期化的一个助手。

一

紧接着摩尔和安德森(还有其他人)讨论国家形成之后,历史社会学的一个强有力的提倡者菲利普·阿布拉姆斯(Philip Abrams)不无道理地评论道:"我迄今为止所讨论的这些研究的一个引人注目的特征是它们对于个人的意图、性情和目的相对漠不关心,而正是这些个人的生活构成了这些作者感兴趣的历史过程。"当然,不是绝对的漠不关心,只是相对的漫不经心。他指出,这些书强调"关系的结构条件[和]……制度结果",而不是"关系各方的实际意图",这些意图往往"作为一个解释意义相当次要的因素来处理"(Abrams 1982,pp. 177—178)。[①]

这个现代宏观历史分析——结构导向的时期化方法——的创立时期的典

[①] 戴维·莱廷(David Laitin)和卡罗琳·沃纳(Carolyn Warner)以类似的但不那么赞同的语气评论了西达·斯科克波在《国家与社会革命》中所说的"结构视角"(Skocpol 1979,p. 14),他们指出,斯科克波写了一本才华横溢的关于革命的书,同时,在分析上——用他们的话说——"尽可能在科学上限制自愿行动的范围"(Laitin and Warner 1992,pp. 147—148)。即使当像托洛茨基和毛泽东那样的精英行动者或者农民和官僚那样的大众行动者出场时,正如斯科克波自己所指出的,在因果上有重要利害关系的也正是"地位不同的群体之间客观的关系和冲突,而不是特定社会行动者的利益、观点和意识形态"(Skocpol 1979,p. 291)。

第八章 时期化与偏好:反思比较历史社会科学中的有目的行动

型特征在安德森的《专制主义国家的系谱》(Lineages of the Absolutist State)中特别突出。这份出色的文本就在一个连续统的断然终结处,这个连续统赋予一些大的结果以特权,它们是一些大的结构和过程的时间接合的结果。在解释"让欧洲独一无二地向资本主义过渡成为可能的是古代习俗与封建制度的关联"时(Anderson 1974,p. 420),他得出了这样一个解释,它几乎没有给把社会世界理解为有个人偏好的特定行动者所采取决策的结果留出空间。在这样的环境中,正如苏珊·詹姆斯(Susan James)在她把整体论作为一种特定类型的社会解释来捍卫时所指出的,重要的是"控制着人的阶级的社会规则"。在这个社会解释的方法中,"通过把这些特征孤立起来,……我们可以得出这样的解释:它要么阐明大规模社会现象之间的关系,要么把这些现象与个体的行动和态度关联起来"(James 1984,p. 177)。

　　结构主义的、整体理论的、宏观历史的社会科学所提供的这些开端,很少兑现的恰好是第二个开端的承诺,因此降低了这项事业创造性地与真实的人的结构和作用那不可化约的张力协同工作的力量。例如,在安德森对专制主义国家的考量中,并不缺少有偏好的集体行动者,他把专制主义国家视为封建精英充满反讽的最后喘息,目标是要比较其社会秩序的崩溃。在可以认为是这本书解释新形式君主国家——封建与现代的一种杂交——的调和特征的关键阐述中,他写道,"农民骚乱的威胁——专制主义国家不言自明的构成要素——因此总是与作为整体的西方经济之内的商业或制造业资本的压力相结合,在新时代塑造贵族阶级权力的轮廓。西方特有的专制主义国家的形式源自这个双重决定论"(Anderson 1974,pp. 23—24)。安德森因此强有力地发展出了一个排除个人偏好的因果论证,除了它们在预先形成的范畴之内所扮演的角色之外。执行因果性工作的,不是具体的人,而是一些定义角色的巨大社会力量在历史上参差不齐的并列:"极大地被扩大和重组,专制主义的封建国家依然持久而深刻地过多地被复合型社会构成之内的资本主义的发展所决定。当然,这些构成是不同的生产模式在其中一种模式——逐渐减弱——的支配地位之下的组合"(Anderson 1974,p. 39)。

　　在这里,不可否认,有一些利益行动者。专制主义"根本上代表了一个保护贵族财产和特权的工具",它同时促进"新兴商业阶层和制造业阶层的利益"

271

(Anderson 1974, pp. 39—40)。然而,令人吃惊的是,这些偏好如何迅速瓦解为时期化。"可以认为,"他写道,"西方专制主义的时期化实际上恰好是在贵族与君主之间不断改变的和睦关系以及与之相关联的许多伴随性改变中找到的"(Anderson 1974, p. 43)。巴林顿·摩尔对"从前工业时代到现代世界的三条主要路线"所做的解释迈出了类似的一步,他是这样总结的:"我们试图理解拥有土地的上层阶级和农民在导致资本主义民主的资产阶级革命、导致法西斯主义流产的资产阶级革命以及导致共产主义的农民革命中所扮演的角色。拥有土地的上层阶级对商品农业的挑战做出反应的方式是决定政治结果的决定性因素。"(Moore 1966, pp. xiv—xv, xvii)在这里,高层面集体角色的作用也被归入并被包含在以关键节点为标志的与众不同的时间历史路径之内。安德森和摩尔都迅速从其一般命题的陈述前进到以变化为特征的具体案例,其中有很多真名实姓的人,他们的行动更多地不是检验而是说明他们在产生预期结果的行动中的角色范畴。世系和出身控制着偏好。

以这种方式大胆工作在高水平的学识和掌控力上所实现的获益当然不应该牺牲给有原则的个人主义。但还有很多分析风险是这种凭力气把理论强加给历史所固有的。为了比较而建立复杂性的模型并构造案例。在我们大多数人忍不住要复制的特别有天才、有学问的解释中,引人注目的技艺可能随之而产生。安德森把历史主义与结构主义相结合,产生了层次丰富的比较:城市与乡村之间;西欧内部国家之间,包括英国、法国、西班牙、意大利和瑞典;西欧与东欧之间;欧洲与奥斯曼帝国和日本之间。摩尔同样把诸如印度与美国、英国与中国这样一些影响深远的案例纳入了他的比较范围。这些构造研究像科学一样是艺术品。当这些项目取得重大进步时,它们让人回想起托克维尔、马克思和韦伯的理论工作的大胆表现。强有力地说,这种宏大的历史宏观分析及其朝着时期化和结构的方向有力倾斜的风险是值得尝试的,因为,如果我们要理解巨大历史变革的宏大时刻,它们就是无可替代的。然而,即使身怀安德森那样的技艺,这样的事业也会让过于自负的理论世系去讨好第二位的历史。我相信,正是在这一点上,系统地关注比较历史社会科学所识别的重大变革时刻内部的偏好,能够让我们更好地理解罕见选择的未定时刻内部的多种可能性如何被解决。正是结构过程的互相关联所产生的相对开放时期的关键节点

第八章 时期化与偏好:反思比较历史社会科学中的有目的行动

的特征,引发了对行动者——从显贵到平民——的偏好和选择的说明,当不同选项的潜能由于之前对信念和行动的约束遭到侵蚀而剧增时,这些行动者便被置于这样的情境中。

对连续性时刻与根本性变革时期之间的震荡所定义的内嵌于历史的时期化的处理,以及聚焦于历史行动者的作用的偏好考量,这两者之间不稳定的关系几乎不是什么新东西。它无疑充满活力地出现在马克思和韦伯两个人的作品中。撰写《神圣家族》(The Holy Family)时,马克思(Marx 1956)指出,"历史不过是人追求其目标的活动",但大多数解释者同意G. A. 科恩(Cohen 1982)的观点:"马克思主义根本不关心行为,而是关心那些约束和指导行为的力量与关系……历史唯物主义被生产力与生产关系的辩证法所主宰,这是阶级行为的背景,从它的角度是不可解释的。"(Przeworski 1990, pp. 91, 90)把阶级斗争当作人类历史的核心来处理并没有解决以行动者为中心和以结构为中心的解释之间的紧张(值得回想一下,没能这样做可能削弱了作为社会理论的马克思主义,并在左派内部召唤出了一种不和谐的政治学,这种政治学最终被证明是欠缺活力的)。韦伯也竭力解决这些关切,在强调结构变量的解释焦点与对个体层面的理解的主观主义探寻之间来回移动(Brubaker 1984; Lowith 1982; Oakes 1988; Ringer 1997)。

这块紧张的场地不可能消除。但我认为,在一个制度主义研究程序的帮助下,我们可以穿越它。在早先的一篇论文中,我对概念削减和实质削减的一些方面感到失望,这些削减标志着从20世纪60年代和70年代的宏观分析转向80年代和90年代的历史制度主义,我认为,更晚近的作品中经常富于启发的对公共政策、政治经济和利益代表的处理"缩短了它们的时间视野,收缩了它们的体制问题,使被考量结果的范围更为狭窄"(Katznelson 1997, p. 85)。相比之下,在这里,我愿意说明,通过集中于约翰·帕吉特(John Padgett, 1990)所说的"制度拓扑学"以及佩里·安德森(Anderson 1986)所识别的准确的制度基础结构,从而严肃对待制度,可以成果丰硕地把时期化与偏好关联起来。通过强调关键节点上的制度基础,通过标明它们所体现的实质性选择,通过凸显它们的分布质量、网络、信息流和架构能力,我们可以富有成效地架通这两个经常分离的研究地带。

就连有些最具结构导向的宏观历史作品也包含这样的建议（就算它们的作者很少接受）：要把关键节点的结构前身的编年记录与对以行动者为中心的可能性的解释结合起来。例如，菲利普·阿布拉姆斯对《社会起源》的评论敏锐地注意到，到这本书快要结束时，一个重要的方式改变和分析改变出现了，其特征是"其中发生了从决定论的语调向盖然论的语调和论证模式的转变"（1982，p.173）。没有牺牲他对其核心因果要素坚持不懈的聚焦，摩尔为一系列范围广泛的基于故意行动的局部变化找到了空间，常常以位于特定制度场所之内的地主和农民范畴内的一群群突出人物为标志。根据这一解读，没有断言的主张是，关键变量的构造产生了恒定不变的效果，但它极大地改变和增加了某种结果的可能性。正如弗里茨·林格（Fritz Ringer）在论述韦伯的方法论时所指出的[这里评论的是约翰内斯·冯·克里斯（Johannes von Kries）的影响]，人类主观性的千变万化有助于让"整个概念成为……动态的；它在序列和过程中而不是在连续的却并无关联的事件中处理"（Ringer 1997，p.66）。特定先例增加了特定结果的可能性，提高了它们在历史发展中的客观概率，而不是确定性。拥有偏好的人类行动者正是在这个结构概率的领域发挥作用。

并不是说这可能是一个并无忧虑的约定。诸如军官、工人阶级或地方政府官员这样一些栖息于宏观历史学术研究文本中的集体范畴往往漏掉了下面这个事实中固有的集合问题：人类的天赋、兴趣、嗜好和偏好是个体拥有的。你不必是个方法论个人主义者，（太过）努力地——常常达到愚蠢的临界点——争取把社会领域还原为个体层面的行动，并选择承认：关于作为结果和作为动机的偏好，最终的分析单位是建立在网络、权力不对称、信息分布以及制度所赋予的自然化范畴之内的个人。在这块紧张的场地上，不管一个人出自哪里，通常认为都应该被定义为本体论的分界线，把整体论与个人主义区分开来（这个二律背反我认为是误导性的），有一点似乎足够清楚：人的意图、理由、愿望、情绪、气质和决定构成了任何偏好分析的核心。当然，只要一个人不把社会范畴转变为虚构的集体行动者，把偏好分派给集体是允许的，但只能以极大的小心，带着自觉的暂时性，并承认：归根到底，一切偏好都是被人所拥有，而不是被角色所拥有。

对于宏观历史社会科学家来说，这一个人主义的研究维度并不容易被充

第八章 时期化与偏好:反思比较历史社会科学中的有目的行动

分利用。当偏好作为给定事物而被利用却不解释其嵌入性和起源时,它的实践者——包括我自己——都理所当然地感到紧张。我们尤其会被很长时间周期里的互动行为所吸引,它们可能需要偏好的改变,而不是被短期的固定偏好所吸引,这些偏好通常被宣布为现有的,是某个未经调查的外生性过程的结果。但是,对极端个人主义陷阱的怀疑,或者在解释大规模变革时对结构解释和内生性动机解释可以理解的偏爱,并不是把偏好搁置一旁或者把这个主题丢给别人的足够好的理由。把个人行为上的选择集合起来,或者把个人在历史环境中的结构位置归咎于来自集体范畴的个人偏好或行动者后悔的偏好,也是不够的,尽管有时候是合理的。

比较历史的研究文献实际上断言,非常庞大的决定性改变的瞬间是一些大过程的构造的产物,这些过程约束个人,把他们置于这样的情境中:在那里,基于他们在社会、政治和经济秩序中的位置,他们的身份、价值、信仰、意图和策略被压缩成一组组胶状的偏好。社会整体约束和限制偏好的形成。位置所赋予的规律性的存在非常强有力地构成主体,以至于对于作为有意图行动者的个人,我们可能有的任何"肖像"都要受到连累。最重要的是,一组特定的环境塑造、定义和限制了思想和行为。当然,如果没有这样的作用者,不管多么坚决,这些客观概率都不可能转变为结果。

这种类型的整体论不是比较历史学术研究的一个选项,而是它的一个中心,(而且我相信)是它的一个完全正当合理的特征。它断言,如果没有理论,则历史不可能得到解释,社会整体不可化约为个别部分之和,而且,个体的属性和特征就会深刻地被他们在大规模结构和过程之内的位置所塑造。理解了这一点,整体论本身就不与个人主义针锋相对了。相反,岌岌可危的是某些情况,在这些情况下,求助于这个特定种类的"诉诸社会整体的属性来解释个体特征"的因果分析,而不是求助于那种"把社会整体的特征解释为个体特征的结果"的因果分析,就讲得通了(James 1984, p. 7)。尽管整体论的解释和个人主义的解释既不能互相还原为对方,也不能简单地合并,但还是有一些具体的目的,为了这些目的,它们都能各得其所。必须考量的问题是,它们何时和如何能联结成合乎逻辑的时期化和偏好解释,它们的成分排列在不同类型的历史时刻可能大不相同。

275

在探讨这个主题时,有一点似乎很清楚:我们熟悉的整体论和个人主义的二律背反是太过狭窄的和误导性的。菲利普·佩蒂特(Philip Pettit)很有用地证实了最好不要把个人主义与整体论对立,而是要与集体主义对立,这一观点把规律性集合起来约束个人行为,以至于让人的主观性和个人心理变成了妄想的。以类似的方式,他证明了最好是不要把整体论与个人主义对立,而是要与原子论对立,这一立场处理个人而没有足够关注他们如何互相塑造(Pettit 1993,chs. 3,4)。从这个视角看,一种以整体论与个人主义的结合——或者至少是摇摆——为标志的社会本体论是可能的,甚至是可欲的。①

如果对个人目标导向的行动何时及如何创造历史,也就是说,如果对时期化没有给予足够的关注,那么制定这样一个程序可能在作用者的方向上走得太远。然而,在没有标出作用者很重要的时间和地点的情况下,比较历史社会科学冒着没有充分说明偏好的重要性的反向风险:它们来自哪里?它们如何暂时性地固定?它们稳定到什么程度?还有行动者具有的偏好等级的数量、元偏好的存在是怎样的?以及它们以什么方式成为策略偏好?(Carling 1990;Gerber and Jackson 1993;Jervis 1988;Quattrone and Tversky 1988;Sen 1977;Waldron 1990;Wildavsky 1987)

二

宏观历史研究分析的两个时刻召唤偏好分析:大规模变革的时期,以及关键历史时期所塑造的结果依然在构造和形成中的时期。我们可能认为偏好是截然不同的那个地方,就在威廉·塞维尔(William Sewell)和安·斯威德勒

---

① 一个类似的主张来自个人主义那一方,是亚当·普沃斯基(Adam Przeworski)提出来的。他发现,"一切社会现象(它们的结构和它们的改变)原则上都可以从个人的角度来解释"这个陈述中所宣布的计划性意图是"空洞的",解释力最小。他指出,毕竟,历史和社会关系"赋予个人以行动的目标和可能性",所以,原子论的个人主义所追求的,要么是平庸,要么是荒谬。此外,行动与结果之间不存在直线,因为这些经常是意料之外的或间接的。"我们今天面对的条件构成昨天所实施行动的结果,但我们昨天的行动所追求的目标并不是为明天产生条件。"他因此指出,有偏好的行动者的互动不可能取代历史和时期化。他因此建议两个工作模式之间的建设性互动。"如果成功,这一互动就会导致把偏好形成作为社会过程的一个内生性的连续结果来处理。根据其策略情境,使用历史上具体的均衡概念来区分行动者的类别;与此同时,从目标导向的个人行动的角度来解释历史,包括条件的起源"(Przeworski 1990, pp. 91—92)。

第八章 时期化与偏好：反思比较历史社会科学中的有目的行动

(Ann Swidler)所说的"不稳定的"和"稳定的"时期(Sewell 1992；Swidler 1986)。然而，在这两个时期，比较历史社会科学往往低估个人偏好的重要性，尽管方式不同，青睐大的结构整体论作为关键节点的首选解释模式，并寻找锁定机制作为解释连续性有时存在的主要手段。在这两个实例中，时期化胜过偏好作为集中于结构原因的焦点，而机制往往压倒了它们的相互作用。

为了开始考量一个可选项，我们最好是以玛格丽特·阿彻(Margaret Archer)推荐的方式思考一下它们的相互构成。她建议采用一个

> 能够把结构与作用者关联起来而不是让一者沉没于另一者之中的方法。核心论证是：结构与作用者只能通过审视它们之间随着时间推移而相互作用才能被关联起来，而且如果没有恰当地把时间纳入进来，结构与作用者的问题就绝不可能得到解决。(Archer 1995, p. 65)

尽管在分析上截然不同，但时期化和偏好深深地缠结在一起，归根到底，任何一者如果没有另一者最终都毫无意义，任何一者都不能声称在本体论上高于另一者，这恰好是因为人类社会"既是结构的，也是充满了人的"(Archer 1995, p. 75)。在很多方法论个人主义的学术研究中，拥有偏好的行动者的作用往往压制——因此也遮蔽——结构和事件属性要求因果身份的主张。对立面是下面这个导向的理由：它倾向于把行动者和行动吸收到各种大规模的、长期的、主要是结构的决定论故事中。

重要的是，这个我们熟悉的对知识地带的分配让我们看不清大规模变革时期特有的绝对关键的特征。毕竟，这些时期是现状的优势被打破的时期，因此导致了范围不同寻常的选择。在这里，对结构条件的强调产生了一些历史变迁点，它们内在地等同于一些异乎寻常的时刻，在这些时刻，人类作用的空间大大打开，偏好的作用可能开始具有异乎寻常的决定结果的能力。当然，即使在这样的时刻，偏好和作用者赖以运转的条件也并不只是它们自身的造化。此外，即使在这样的时刻，竞争性的可能性——"可能讨论的世界"——的实际存在占据着比假设选项的完整世界更加受限的空间(Bourdieu 1977, p. 169)。意见、争论和貌似有理性的实际领域始终比情境的基本结构可能允许的选择范围更狭窄。然而，在关键节点，假设的东西与可选的东西之间的鸿沟缩小

了,并且常常是显著缩小了,因为亚瑟·斯廷奇科姆所说的"现状的道德价值"(Stinchcombe 1978,p.17)受到质疑,而且这时——借用 E. E. 沙特施耐德(E. E. Schattschneider)的短语——政治秩序的基本"范围和偏见"开始岌岌可危(1960,ch. 2)。

在这样的环境下,很多对作用者的约束被打破或得以放松,机会扩大了,以至于有目的的行动可能尤其重要。不仅仅是在革命性的"疯狂时刻",这个时候"人生活在相信'一切皆有可能'的社会中"(Zolberg 1972,p. 183),而且,在时间更长的大规模变迁点上,偏好——不管是基本偏好还是策略偏好——相当重要,因为它们的运转帮助塑造了特定的制度结果。此外,这种可塑性和开放性,既是目标、意图和价值(目的)偏好以及战略和战术(手段)偏好的典型特征,也是它们之间关系的典型特征。实际上,在这样的时刻,我们熟悉的目的与手段之间的关联本身可能断裂,促进和加深了不确定性。由于结果不可预测,因此行动者试验、测试、学习并探索不同的选项。一点也不奇怪,这样的时期常常酝酿政治理论引人注目的进步(不妨想想论述宽容的洛克或论述立宪的贡斯当),并开启一个制度创新的过程,常常有着多方面的、互相矛盾的创新结果。当手段-目的关系更可预测时,那些更能干、更成功的行动者常常成为缔造者,而一些新的行动者就会显露他们有着与众不同的偏好、技能、观念和对可选未来的想象,他们重新定义形势,提供解决方案,创造制度结果,其中有些人随后坚持了漫长的时期,才开始重塑边界,把结果自然化,重新分配权力,并为解决问题提供新的语境。因此,在这样的时期,重要的不仅仅是作用者和偏好,而且有特定种类的创新能力和发现模式。[1]

尽管比较历史的学术研究在考量关键节点时尚未系统地、有目的地朝着这些方向前进,但我们可以观察到最近聚焦于现代国家的创造和特征的学术研究中有一个受欢迎的、颇为诱人的改变:从根据其组织天赋的力量来理解国家的形成,转向对政权特性和统治模式的关注,包括自由主义的和民主主义的统治模式的世系,以及国家能力的可选类型。它们的先驱往往走得很远,走到了他们对起源的整体论解释和结构主义解释把他们带到的地方,常常保持集

---

[1] 这一段的构想我要特别感谢马歇尔·冈茨。

第八章　时期化与偏好:反思比较历史社会科学中的有目的行动

体行动者作为角色范畴的偏好恒久不变(因此也没有直接加以审视),尽管结构和环境不断变化,而一批更新的作品则更加倾向于识别精英和民众行动者都接受的一组组选择和决策,他们的偏好本身是这些关键节点之内的关键变量,因此让这些偏好成为其分析中更重要的组成部分。这些作品在风格和延伸范围上像上一代一样宏观,但方式有所不同;而我想强调的正是这个差异。

这一改变——部分程度上是自觉回到摩尔的议程,部分程度上是一个新的重点,与最近关于民主转型和自由主义的全球状况的学术研究合作,尤其是识别了把国家与社会关联起来的代议制度,特别是议会在某些条件下所扮演的截然不同的角色,并赋予这个角色特权。这组主题必然招致对偏好的双向互动的关注。此外,通过指向关于政体的实质性观念的重要性,最近对大规模转折时期的宏观分析还潜在地与政治理论相关联(从社会和经济理论不断扩大它的延伸范围),与关于应该如何组织政治秩序的系统知识的生产者所抱持的偏好相关联,不仅显示统治事务的形式,而且显示它的实质。

在过去的比较历史研究中,论述现代早期欧洲国家的作品往往聚焦于"集权君主制如何……代表与中世纪社会构成那种金字塔式的分割化君权的一次决定性的决裂"(Anderson 1974,p. 17)。以君主不断增长的自由裁量权、财产与政治权威的分离、作为一个人的统治者与作为一个制度的行政部门之间的区分,以国家财政、行政官僚机构、警察能力和有着更高破坏能力的职业军队为标志的君权的集中和军事化,构成了这批重要作品的中心主题。正如查尔斯·蒂利所指出的那样,这样的学术研究倾向于把议会当作很多"抵制国家构建的团体"之一来处理(Tilly 1975,p. 22)。例如,除了这唯一一次提及之外,他在为《西欧民族国家的形成》(*The Formation of National States in Western Europe*)撰写的分析性导论和结论中,代议制度没有扮演任何角色。

20世纪60年代和70年的宏观历史研究对国家性的这种集中于行政部门的处理被证明是很有影响的,却忽视了巴林顿·摩尔所表达的对政体类型的关注,这个主题让人联想到60年代和70年代对"大结构、大过程和大比较"(Tilly 1984)的研究中在很大程度上被忽视的一些中心问题。结果,一些涉及国家性的关键的量化和规范问题几乎完全消失在视野之内。形式和结构战胜了聚焦于国家与社会之间的代表媒介和聚焦于国家能力的意义。

279

很显然,这些主题激发人们关注先前要么缺席要么休眠的偏好。最近一波大规模历史社会科学研究把焦点转向了这个主题。例如,布赖恩·唐宁(Brian Downing)回到摩尔的主题,"聚焦于有利于民主和独裁兴起的长期条件"。他把自己的经验视角局限于欧洲及其变异,区分了有议会和没有议会的专制主义,作为要么通往民主之路,要么通往独裁之路的关键结果。他认为,这一变异的核心是这样一些条件:它们要么方便,要么阻碍复制与中世纪立宪相关联的政治代表。"以最直白的形式提出这个论证,"他写道,

> 中世纪的欧洲国家有很多的制度、程序和安排,如果结合少量的为了战争而动员国内的人力资源和经济资源,在随后几个世纪里则为民主提供了基础。相反,面对危险形势的宪政国家,授权广泛的国内资源动员却遭受了立宪主义的毁灭,以及军事官僚专制主义的兴起。(Downing 1992, p.9)

如果说,唐宁把议会的强健性置于一个被威胁、资源枯竭和动员的特殊构造所塑造的结果连续统中,那么,托马斯·埃特曼(Thomas Ertman)则把分析的核心定位于"不同种类的代表制度在国王引入专制主义的计划的失败或胜利上以及在随后的国家基础结构的发展上所发挥的作用"(Ertman 1997, pp.4—5)。连同地缘政治竞争的时机,以及专制国家形成时期中世纪地方政府的强健性,他识别了"强大的代表制议会对行政制度和财政制度的独立影响"(Ertman 1997, p.6)。

通过延伸他们在其经验案例中所考量的问题的数量和范围,通过拓展他们对变异的理解,唐宁和埃特曼重大地改变了现代早期欧洲国家构建的宏观史分析的突出主题。安德森试图通过聚焦于古代性与现代性的关联来回答韦伯的"欧洲为什么"的问题,并试图把专制主义国家理解为封建主义最后的苟延残喘,充当了其自己背后的资本主义现代性的一个枢纽制度;蒂利和他的合作者们试图通过对比更早的、更分权的统治形式来理解国家能力的特征,而提出这些关于政体分道扬镳的问题的摩尔则为了理解因果关系而仔细审视了阶级构造,唐宁和埃特曼则努力审视政治欧洲的内部,为的是(重新)发现大体上与洛克以来的自由主义政治理论的中心主题串联在一起的代表和同意的重要性。

不可避免的是,对国家与社会之间互相影响的这一制度化的定位是偏好

第八章　时期化与偏好:反思比较历史社会科学中的有目的行动

的形成、表达和争论的一个关键场所。如果像维姆·布洛克曼斯（Wim Blockmans）所指出的，"代表字面上意味着让缺席者到场"（Blockmans 1998），那么关键问题不仅成了代表制度如何创立、维持和扩大，或者在范围和责任上收缩，而且还有谁代表谁，内容是什么。从这个有利位置看，欧洲二分为自由民主的场地和独裁的场地取决于君主政体在主权的行使上是受限制还是不受限制，也就是说，它是能够被合法地推翻，还是不得不顺应地方和全国的代表团体（Brewer 1988；Finer 1997, p. 6；Morgan 1988）。在有些地方，这样的团体基于同意而存在，而且是在大规模区分模式的语境中，这样的模式把君主国与经济体区分开来，与公民社会区分开来，与全球秩序中的其他国家区分开来，在这样的地方，关键节点上的关键结果取决于国王和议会如何一起构建制度性交易，把国家与其他每个地区关联起来。不只是君主的偏好，而且有代表的偏好，决定了这些结果。边缘和中心，权力中心的多元性，多重的、异质的和不连续的联合，多种多样的主权和公正统治的理论，以及新形式的社团和身份，都出现了，并且相互竞争。当对于谁统治和如何统治以及统治的范围做出了选择时，偏好就以全新的方式变得重要了（Levi 1998）。

偏好还开始作为时期化的一个合作者，出现在最近另外一些重要的宏观分析论文中。除了其他人之外，托尼·马克斯（Tony Marx）提供了一项比较策略分析，分析的是白人精英争相解释20世纪南非和美国的种族化民主，与此相比较的是巴西不存在合法的种族歧视。伯纳德·西伯曼（Bernard Silberman）根据对于高度不确定的条件下领导人继任规则所做出的决定，区分了19世纪官僚机构形成的不同模式。鲁思·科利尔（Ruth Collier）拿出了这样一项分析，它"根据行动者所要求的是政权改变还是民主改革，区分了民主化的不同模式"。亚伯拉姆·德·斯瓦安（Abram de Swaan）站在诺伯特·埃利亚斯（Norbert Elias 1939, 1994）的肩膀上，精心制作了一份关于提供公共品的政府责任扩大的优美记述，提出了一个不断增长的互相依赖的策略模型。在这个模型中，行动者与统治集团有着共同的和互相冲突的偏好，他们都转向国家，要求其提供教育、卫生保健和福利给不断增长的人群（Collier 1999；de Swann 1998；Marx 1998；Silberman 1993）。在解释制度结果上，每个人因此都提供了对偏好和时期化的阐述，而没有把一者分解为另一者。

通过赋予偏好和作用者以更中心的显著位置,这一受欢迎的学术转向还一起提出了权力、不平等和制度形成的问题,并将此作为主题。关键节点结束于制度创造力的明确爆发,这一创造力被证明是持久的。正如杰克·奈特(Jack Knight)所指出的,这些并不是某只抽象的看不见的手"在一次试图避免次优结果的努力中致力于约束群体或社会"的结果,那是很多理性选择制度主义者最喜欢的思考制度创新的方式。相反,奈特提出了社会制度的概念,聚焦于分配的权力和结果。从这个观点看,在历史机会的瞬间成形的制度

> 是围绕社会结果中所固有的分配而产生的实质性冲突的副产品。根据这个概念,那些发展制度规则的人,其主要目标是获得对其他行动者的战略优势,因此,那些规则的实质性内容通常应当反映分配关切。作为结果的制度在社会上可能有效,也可能无效。这取决于那个偏袒那些有能力维护其战略优势的行动者的制度形式在社会上是不是有效。请注意,有效性未必源自行动者的任何无能(要么由于缺乏信息,要么由于理解有误),而是源于他们的自私自利,源于他们对并不那么有效却让他们获益更大的选项的追求。(Knight 1992, p. 40)

这个视角把限定条件下行动者之间的讨价还价置于制度创新的中心,而没有对功能特征提出任何先在的假设。它把权力问题邀请到了制度的家里,而不把这个客人看作一个闯入者。而且,在向制度遗产的形成性影响敞开大门的同时,它还清楚地表明:这些约束绝不是决定一切的。在它们提供的可能性之内,有着不同的视角、能力、信息和预期的行动者寻求实现这样的结果:他们拥有其自身的利益与整个社会的利益之间最大限度的同源。即使结果低于协调、减少不确定性及执行其他服务的成本,它们也很少能够用平淡无奇的,通常也是没有实质效率的语言来描述。尤其是,权力和实质缠绕在一起的方式很重要。

通过这种方式,自由主义政治体制的轮廓呈现为制度性的。最近的宏观分析还提供了手段,把对大规模变革的很大程度上依然是结构的分析与规范政治理论中的偏好和决策者两个中心主题关联起来,尤其是当它们关注可选政治体制的识别和评估时,涉及它们如何构建主权国家与经济、公民社会和国

第八章　时期化与偏好：反思比较历史社会科学中的有目的行动

际舞台之间的关联。就这样，比较历史分析可能兜个圈子又回来利用它的分析工具，考量和推进巴林顿·摩尔结尾的恳求："古代西方对一个自由而理性的社会的梦想会不会始终是一个妄想，没有一个人有把握地知道。但是，如果未来的人想要打断今天的锁链，他们就必须理解打造这些锁链的力量。"（Moore 1966，p. 508）

三

对偏好的质疑还提出了一些重要问题，涉及国家、经济和社会变迁的起源时刻应当如何加入到对它们后来的持续影响的评估中。紧跟着历史大移位之后而来的结果复制便是一个这样的主题，它明显会受益于这样的说明：它们如何塑造了人的偏好，反过来，这些偏好在某些条件下又支撑了它们的结果。这是一个在经济学的范围内被人接受的主题，例如，在蒂穆尔·库兰（Timur Kuran）论述"集体保守主义"（1987）的著名文章中，他试图解释如何能让现状被复制，即使当它与非行动主义者的个人偏好相冲突时。相比之下，强烈聚焦于长期而持久的模式和时刻的来源（君主国是如何创造出来的，特定的整体类型是如何打造的，特定种类的官僚机构为什么成形，政府责任的范围为什么戏剧性地改变）在比较历史社会科学中往往让后来的序列和行为看似太过自动并衍生。正如凯瑟琳·瑟伦所指出的，一个显著的指示器是我们所熟悉的对诸如"填充政治空间"或"结晶化"或选项的"冻结"这样一些比喻性的语言，它们充当了替代品，用来描述一些机制的特征，正是这些让关键历史时刻的遗产变得持久（Thelen 1999，pp. 390—391）。比较历史工作中的倾向就是要做卡尔·波兰尼（Karl Polanyi）声称他打算做的事："我们要对关键时期做详细的分析，并几乎完全无视时间的连接范围。"（Polanyi 1944，p. 4）主导战略是要识别特别有挑战的、特别令人恼火的结果，然后尽可能远地向回看，识别构成"起源"的相关时刻的成分最早出现的关键时刻（Katznelson 1981）。

人们会发现，与这一主要聚焦于关键节点的倾向协同合作，最近关于序列和路径依赖的学术研究有一种突破的品质，因为它把这些时期与后来时期关联了起来。正如鲁思和戴维·科利尔所警告的，"一个关键节点重要与否不可

283

能在一般意义上确定,而只能参照一个具体的历史遗产"(Ruth and David Collier 1991, p. 33)。如果不指明结果以及这些结果被复制为社会现实的构成特征和形成特征的方式,就不可能回答关于形成时刻的持续时间的问题,也不可能区分其结果的产生和复制。这些关切处于历史制度主义试图在路径依赖的旗号下抓住历史时间性和变革遗产的重要努力的核心。

当然,没有哪个时期化方案是清白的。根据如何组织历史的因果模型和序列模型的理论,每个方案都自觉或不自觉地提出关于如何解读过去和如何赋予它生命的假设。传统叙事几乎总是丢下这些问题,认为它们是不言而喻的,而来自演化经济学的路径依赖洞见对政治学主题的应用在方法论上是自觉的,要求将我们对历史顺序的理解系统化,为的是更好地理解那些把事件簇与后来的簇联系起来的关系。竭力"让叙事形式摆脱它天真的认知论停泊处,摆脱这样一个印象:叙事是一种因果理论,因为叙事语言的语调是因果性的"(Stinchcombe 1978, p. 14),这一时间性的导向——这是比较历史社会科学中的分析创新的第二个主要场所,与历史宏观分析的集中于政体的新焦点并列——试图找到一个立足点,它位于理论隐匿的描述与试图把过去的案例置于涵盖律的保护伞下的努力之间。

路径依赖方法具有一个简单而有吸引力的因果结构。选择点上的关键决定产生这样的结果:它们把历史放入了这样一个进程中,这个进程的复制机制使得最初的选择无法停止。[①] 超越于使用进化论语言的倾向——例如从达尔

[①] 例如,保罗·克鲁格曼(Paul Krugman)在对美国制造业地带持久定位于东北部相对较小的部分和中西部地区的东部所做的解释中,在经济地理学的领域说明路径依赖。有一个最初的不解之谜:为什么选择这些特定的位置,关于持续,有一个甚至更令人恼火的问题。尽管在横跨1870年至1970年的一个世纪里存在异乎寻常的向西移动,但这个位置的优势一直在继续(在1900年至1960年,它在制造业就业中的份额仅仅从3/4下降到了2/3)。克鲁格曼把这种情况讲述为这样一个故事:最初的优势太小,如果不是撞上大运,这在19世纪下半叶——到这个时候,发展已经通过递增回报,成功地演化成一个持续的故事——规模经济增长、运输成本下降、非农业人口比例增加之前是不可能成功的。"考虑到足够强大的规模经济,"他写道,"每个制造商都想从一个单一地点服务于全国市场。为了最小化运输成本,他选择一个本地需求很大的地点。但本地需求很大的地方恰好是大多数制造商选择落地的地方。因此有一个圆形,往往让一个制造业中心一旦建立便持续存在。"这种情况用实例解释的是,他得出结论,"尼古拉斯·卡尔多(Nicholas Kaldor 1972)、保罗·戴维(Paul David 1985)和布赖恩·阿瑟(Brian Arthur 1989)是对的——递增回报和累积过程无处不在,并赋予历史意外事件一个常常是决定性的角色"(Krugman 1991a, pp. 80—1; Krugman 1991b; Kaldor 1972; David 1985; Arthur 1989)。

第八章　时期化与偏好：反思比较历史社会科学中的有目的行动

文生物学那里拿来的"间断平衡"，就相当一般的、隐喻的角度而言，为的是强调在一个历史关键节点上如何做出了把历史置于一个很难回头，甚至是不可能回头的进程中的选择[①]——倾向于历史制度主义的学者们试图更准确地说明这个概念。不满足关于历史转折点上的发展如何没有留下选择空间的含糊断言，他们探索了某些演化经济学家在递增回报的标题下所强调的正反馈自我强化过程。[②] 保罗·皮尔森总结了这个导向对于政治分析的含义，他强调了下面这些成分：意外（"相对较小的事件，如果发生在恰当的时刻，就可能有很大的持久后果"）、时机和顺序（"一个事件何时发生可能至关重要。因为一个序列的较早部分比较晚部分重要得多，一个发生'太晚'的事件可能没有影响，尽管如果时机不同的话，它就可能有很大的后果"），以及惯性（"一个递增回报过程一旦确立，正反馈就可能导致一个均衡。这个均衡反过来会抵抗改变"）(Pierson 2000, p. 263)。同样，詹姆斯·马汉尼提出，"所有路径依赖分析至少有三个定义性特征"。他识别的这些特征是：对初始条件的高度敏感性，"序列中最初的事件以'意外'为特征"，以及"一旦运转起来，路径依赖序列以相对可预期的或'决定论'的因果模式为标志"。[③] 这样一来，一组有着多种可能性的初始条件就被简化为单一的一条自我增强轨道。不管一个制度最早如何产生，都可以识别出明显不同的复制机制。

这个路径依赖视角把起源问题一分为二。它建议，在一个给定关键节点之内做出决策的理由应当独立于那些复制结果的理由而被概念化。可以说，路径依赖只有在关键节点完成了其工作之后才开始发挥作用。一旦认识到了

[①] 政治学家史蒂芬·克拉斯纳(Steven Krasner)在一个这种类型的有影响的实例中写道："历史发展是路径依赖的，一旦做出了某些选择，它们就约束了未来的可能性。在任何给定时刻，决策者可用选项的范围是较早时期，多半是为了回应非常不同的环境压力而就位的制度能力的函数。"(Krasner 1988, p. 67)

[②] 经济学中的路径依赖是从对瓦尔拉斯的一般经济均衡分析的基本挑战发展出来的。从斯密，到瓦尔拉斯和马歇尔，再到德布鲁，价格理论都假设规模收益不变，使得递增回报不存在成为它的核心公理之一。密切相关的是均衡经济学家在处理改变时由于没有能力说明从一种均衡转换到另一种均衡的机制而遇到的困难。"然而，我们一旦考虑到递增回报，"卡尔多写道，"推动连续改变的力量是内生性的……任何一个'时期'实际的经济状况都不可能预测，除非作为在此之前几个时期的事件序列的结果。"(Kaldor 1972, p. 1244; Magnusson and Ottosson 1997)

[③] 很重要的是，马汉尼把自我增强序列（"其特征是增强早期事件的复制过程"）与反应序列区别开来，在反应序列中，"初始事件触发后来的发展，不是通过复制一个给定的模式，而是通过启动一条关联紧密的反应和逆反应链条"(Mahoney 2000, pp. 510, 526—527)。

285

这个(相对的)自治,就能识别锁定在先前发展的结果中的具体持续机制。然而,要说明对路径的限制,主要的候选者是输入的递增回报概念,而无须穷尽候选者的清单。因此,詹姆斯·马汉尼和凯瑟琳·瑟伦建议把这种机制的清单拓宽到包含另一些正反馈的工具,比如激励结构、惯例、规范要求或精英权力(Mahoney 2000, pp. 10—17; Thelen 1999, pp. 392—394)。然而,总体上引人注目的是,我们对支撑路径依赖的机制所知甚少,范围从那些在认知层面延伸至个人的机制,到社会共同拥有的规范和预期,以及那些构造选择规则的制度安排的运转。

试探性地把下面两者区分开来是有说服力的:一是关键节点和路径依赖,二是把复制工具扩大到当前占主导地位的递增回报机制之外。有一些合乎逻辑的努力试图说明大规模变革时刻的制度结果在塑造后来的发展上如何发挥构成性的作用,但很显然,它们必定依赖大致类似于路径依赖方法所产生的那些说明,但我认为,并非没有相当大的改动。

路径依赖方法尽管成果丰硕,但它的特点是有很多限制。它与历史宏观分析的决裂(你应该意识到这一决裂不是故意的)太过激进。通过强调小的随机事件在一条给定路径的起始点上的影响——这个世界观的特征更多地是运气而不是其他形式的意外,路径依赖分析致力于一种特定的、高度不全面的制度起源观,一种机遇与机会主义的偶然混合,与我正在检验的比较历史传统有着深刻的不一致。通过赋予意外事件以特权,对大规模变革的系统解释——这是宏观研究传统的核心——实际上已经被罚出场外。结果,起始点往往依然被笼罩在神秘中。这样的历史极简主义算不上错误,而是极其不足。

正如20世纪60年代和70年代的宏观历史研究一样,在路径依赖方法中,时期化往往主宰着偏好。它区分了在人民背后做出选择的十字路口和没有出口的大路,这一区分把说"一个结果持续存在"所要表达的意思过于简单化并使之狭隘化。理解持续存在本身如何可能是历史节点上所做出选择的特征的一个产物,杰弗里·海杜(Jeffrey Haydu)敏锐地指出,路径依赖"让历史扳道工过来凑热闹的很多方式不被人欣赏。一个时期的选择不仅限制了未来的选项,而且可能促成后来的危机,构建可用选项,并塑造在那些节点上做出的选择"(Haydu 1998, p. 353)。关于起源的断言,要满足影响力测试,结果不

第八章 时期化与偏好:反思比较历史社会科学中的有目的行动

必一成不变地持续存在。正是对路径风险的想象,把一个序列的概念限制在线性的、受限制的路线上,因此冒着作用者消失的风险,这个作用者是作为识别选择和概率范围的一个工具。①

在对持续存在的这一呈现中,如果偏好冒着瓦解为时期化的风险,更持久地关注制度就可以为建立更好的平衡提供工具。在比较历史社会科学的范围内,最重要的序列是这样的安排:它们不仅包含事件、危机或决策,而且所有这一切都汇合于制度的构造。我们留意的序列是制度设计和持续存在的序列。可实现的制度结果的地带——在这里,制度被理解为"人强加给人类互动的约束",包括"形式规则(宪法、成文法、普通法和规章制度)和非形式的约束(惯例、规范和自我强加的行为准则)以及它们的强制特征"(North 1995, p.15)——当然随着时间和地点的不同而千变万化。如果关键节点的特点是此类选择的多样性以及它们所提供选项的范围,那么,它们的完成和终止就被这个临时可行集收缩为合理持久的制度构造所定义。这种转换时刻——不管是被外在的震荡还是被内生性的过程所启动(或者更常见的是被这两者的组合所启动)——的典型特征是:从起初很高的不确定性和可能性向更少的不确定性和可能性过渡,从范围广泛的政策选项向更少的选项过渡,还有减少不确定性并把内容和限制内嵌于政策中的制度创新。

然而,当关键节点接近终结时,则远非如此。由于制度结果塑造并批准后来的发展,用科利尔夫妇的语言来说②,它们通过产生后来行动的宏观基础,建立了新的遗产,当一个关键转折点出现时,这个方法需要从分析上和历史上识别它持续多长时间,它产生什么样的遗产,以及这些遗产持续多长时间(Collier and Collier 1991, pp.31—34)。正如他们所做的,在考量关键节点遗产的长期作用时,我们最好是把制度的减少不确定性的特性当作特定的分配安排来处理,并强调制度如何创造似乎是自然的范畴和"现实",因此还有它们如何组成有着特定身份、价值、利益和策略(即偏好)的,试图掌控和解决问题的行动者。对于制度的那个在限定条件下为这样的行动者打造空间的特性,

---

① 关于这个最小主义的一次讨论,参见 Douglas and Ney 1998, pp.169—173。
② "一个关键节点可以被定义为一个重大改变的时期,典型地以截然不同的方式发生在不同的国家(或者发生在其他的分析单位中),被假设产生截然不同的遗产。"(Collier and Collier 1991, p.29)

有一些特征至关重要。它们的自然化力量既赋予特定种类的身份定义以优势，又改变了喧嚣与寂静、盖然性与非盖然性，甚至可能性与不可能性之间的分界线。它们产生社会秩序的地图，包括把人分隔开来的范畴。它们还改变有价值物品的分配，范围从货币到信息，再到利用网络的权利。它们是有着特定眼界和视野的特定行动者解决问题的场所。

着手处理那些通过制度把时期化与偏好联系起来的连接因此引发了朝向受控解释的移动，这样的解释可能包含关于边界、范畴和意义的洞见，以及对权力和问题解决的说明。密切结合那些在人类学、社会学和认知心理学领域处理这些问题的研究文献，历史制度主义者能够凸显制度作为规则、架构装置和形式组织的特征，并通过增进对可以称之为"受限作用者"的理解来固定时期化与偏好之间的一种更平衡的关系。

这些研究并不代表对相关机制的综合阐释，毕竟，关于需要和欲求的产生，关于认知架构、规范导向、信息获取权及信仰和价值改变的对历史敏感的理论，其范围就像现代社会理论一样宽广。我之所以挑出这些研究文献，乃是因为它们构成了那种形式主义之外的貌似有理的选择，这种形式主义在处理作用者的理性选择方法中，在处理序列和持续的路径依赖方法的锁定倾向中，都很盛行。它们还可以帮助澄清：作用者何时及如何并不完全按照其自己的构造运转，以及追求偏好如何巩固连续性，而没有堵塞新的大规模变革时刻的前景。①

第一批研究文献关注边界，以及制度在定义边界时如何塑造了偏好的品格和内容。我主要想到对研究种族冲突所做出的开拓性贡献，在这一研究中，人类学家弗雷德里克·巴尔特(Frederik Barth)与下面这个观念决裂：群体先验地根据它们的文化，也就是说，根据其内在的价值和群体间的互动，来定义。他警告，这样的群体不可能通过参照像语言和领土这样一些逐条列出的特征一次一个地识别。不存在分离的民族构成社会行动者或其信仰、效用和价值。相反，巴尔特要求我们聚焦于"定义群体的种族边界，而不是边界围起来的材

---

① 像科利尔夫妇一样，相对于常因，我也偏爱斯廷奇科姆识别为历史原因的那种东西。但历史因果性不必还原为推论叙事(Collier and Collier 1991, pp. 35—36; Stinchcornbe 1968, pp. 103, 108—118)。

料"。正是这条边界(他把它理解为一组规则和互动的结构化)"引导社会生活——它需要一个常常十分复杂的行为和社会关系的组织"。一个制度秩序的核心正是边界本身,这一制度秩序对"咬合和分离"的安排"在宏观层面上与微观层面上系统的角色约束集相一致"。通过把边界看作一个制度化关联的体系,我们可以看着行动者问:"什么样的策略对他们是开放的和有吸引力的,他们在这方面不同选择的组织含义是什么?"(Barth 1969,pp.15,16,17,33)。照这个观点,制度通过把区别的定位组织起来,帮助定义了行动者的视野,把他们置于实际的和道德的空间里。就这样,公共领域内的制度帮助解决了集体行动难题,通过迫使个人认同以偏好等机制为标志的特定社团身份,从而使共同行动成为可能(Taylor 2001)。因此,不稳定时期产生的制度结果界定了冲突之轴,其本身是限制和塑造有目的行动的内容和方向的持续性的工具。

越来越多地,研究选择的学者把制度当作对有着动机、信仰和效用函数的行动者的视野和精神构成的约束来处理(Mantzavinos 2001)。然而,制度对行动者的认知有着更基本的构成性影响。不仅道格拉斯·诺斯(North 1995)等人认为,需要认知理论来补救制度分析的局限,而且,正如人类学家玛丽·道格拉斯(Mary Douglas)所证明的,"修正当前看待人类认知的非社会学观点的制度理论是需要的"(Douglas 1986,p.ix)。

尽管制度并没有自己的想法,但制度的范畴和约束强有力地塑造着个人作为思想范畴而具有的分歧。玛丽·道格拉斯提供了一个提示性的理论,说明它如何通过显示制度是观念的构造而做到了这一点;因此,"一个制度的确立是一个知识过程,同时也是经济和政治的过程"。这样的程式,通过帮助协调制度母体之内的行为,从而使制度有可能"破译预期"并"把不确定性置于控制之下"。在道格拉斯看来,这个并不完全陌生的论证路线,其关键在于制度自然化社会分类的倾向。制度变得持久而有效,以至于它们以物理界和生物界的类比为根据,使得它们看上去就像是给定的,而不是本来的样子:"社会设计的安排"。这个构建类比的过程越强大,制度就越持久。从这个观点来看,制度"活过了还是脆弱惯例的阶段:它们建立在自然中,因此也建立在理性中。它们被自然化了,成为宇宙秩序的组成部分,因此准备充当论证的根据"

(Douglas 1986, pp. 45, 48, 52)。①

制度所获得安全的程度,部分依赖于不仅塑造个人认知而且塑造它们根植其中的社会身份的能力。作为边界程式的制度赋予相同性,并把人分类为不同的群体和阶层。附和巴尔特,道格拉斯继续指出,"构造相同性就是极化和排除……它涉及画分界线,这一活动非常不同于分级。从承认不同程度的差异到创造一个类似阶层,是一个巨大的跳跃"(Douglas 1986, p. 60)。一旦人民被制度安排在不同的范畴里,他们就可以提供基于身份的团结,反过来复制制度。从这个视角看,制度构建和认知互相构成对方。人民创造分类的制度,分类使行为成为必要,而行为反过来在某些条件下复制维持制度的分类(Douglas 1986, pp. 101—102)。这就是制度稳定的微观基础。②

然而,制度所做的事情不只是赋予范畴和组织分类。它们是有着巨大力量的分配和权力的工具,正如我们已经看到的那样,这个洞见是奈特的《制度与社会冲突》(*Institutions and Social Conflict*)的核心。制度体现了不对等,而不对等为金钱、信息、使用权以及其他与范畴自然化协作的关键权力资产的分配维护着一个新的结构。因此,制度有助于构建、组织和协调关于身份、边界构造和资产分配的选择。作为大规模变革时期的产物,这样的制度为基于偏好的行为和选择提供宏观基础。

简言之,这个互相构建的模式用积极却受限的行动者来定义制度的和历史的比较社会科学。放在一起,制度的这些不同属性,通过让性情、预期和信仰变得相当持久——尽管不是永远不变,也就是说,通过塑造受语境约束的合理性充当了解决问题的资源,从而创造了卡尔·波普尔(Karl Popper)所说的"情境逻辑"(logic of situation)(Popper 1964, pp. 147—150)。大的制度结果改变行动者可能身处其中的状态,包括他们可能取得的身份和角色,以及他们可能进入的关系。在这些安排之内,这些行动者的偏好、意图、态度和能力都

---

① 这是路易斯·哈兹(Louis Hartz)关于美国自由主义提出的那个有争议的、在很大程度上已经修正的主张所采取的形式。他认为,这个学说及其制度变得如此自然,以至于不可能作为一个争论或论战的范畴而进入(Hartz 1955)。一定不要把这样的断言当作已知量来处理,而是要作为变量处理。也就是说,制度结果也许能,也许不能以道格拉斯和哈兹识别的那种方式用具体实例说明它们自己。我们必须审视证据,记住制度所具有的无条件自然化的力量。

② 关于个人在限定的文化和制度条件下如何分类的说明,参见阿马蒂亚·森(Amartya Sen, 1999)的提示性演讲。

第八章 时期化与偏好:反思比较历史社会科学中的有目的行动

很重要(Hernes 1998,pp. 92—95),不是在一切行动最终还原到人身层面这个空洞意义上(毕竟,个人作用者最好被认为是一个假设,而不是一个前提),而是根据这样的理解:人的身份和偏好是处在具体制度场景中的行动者解决问题的连续社会过程的产物和激发因素。在路径被复制的范围内,它们作为海杜所说的拥有偏好的行动者"反复解决问题"的结果而延伸(Haydu 1998,pp. 357—358)。我们最好不要把这种序列在制度持续的环境内的延伸理解为一些抽象过程的结果,比如满足功能需要或递增回报,而是要理解为社会行动者如何把他们的问题诊断为与公共问题相关联的私人麻烦并试图用手头拥有的工具加以解决的结果(Mills 1959,ch. 1)。

制度博弈中总是有输家和赢家,而且对输的意义总是有各种不同的理解。因此,持续模式总是以抵抗为标志——有时候,当行动者抓住结构条件所允许的机会时,甚至是巨大的变革。由于这样的关键节点并不经常出现,因此我们必须当心,不要千篇一律地处理各种不同的持续和变革的模式。大调键和小调键一起发出历史的声音。在历史时间性的某些点上,偏好塑造时期化,而不是相反。

参考文献

Abrams,Philip. 1982. *Historical Sociology*. Ithaca,NY:Cornell University Press.

Anderson,Perry. 1974. *Lineages of the Absolutist State*. London:New Left Books.

1986. "Those in Authority. " *Times Literary Supplement*,December 12.

Archer,Margaret S. 1995. *Realist Social Theory*:*The Morphogenetic Approach*. Cambridge:Cambridge University Press.

Arthur,Brian. 1989. "Positive Feedbacks in the Economy." *Scientific American* 262:92—99.

Barth,Frederik. 1969. "Introduction. " Pp. 9—38 in *Ethnic Groups and Boundaries*:*The Social Organization of Cultural Difference*. Oslo:Universitetsforlaget.

Bendix,Reinhard. 1964. *Nation-Building and Citizenship*:*Studies of Our Changing Social Order*. New York:Wiley.

Blockmans,Wim. 1998. "Representation (Since the Thirteenth Century)." Pp. 29—64 in *The New Cambridge Medieval History*,Vol. 7:*c. 1415—c. 1500*,edited by Christopher

Allmand. Cambridge: Cambridge University Press.

Bourdieu, Pierre. 1977. *Outline of a Theory of Practice*. Cambridge: Cambridge University Press.

Brewer, John. 1988. *The Sinews of Power: War, Money, and the English State, 1688—1783*. New York: Knopf.

Bmbaker, Rogers. 1984. *The Limits of Rationality: An Essay on the Social and Moral Thought of Max Weber*. London: George Allen and Unwin.

Carling, Alan. 1990. "In Defense of Rational Choice: A Reply to Ellen Meiksins Wood." *New Left Review* 184: 97—109.

Cohen, G. A. 1982. "Reply to Elster on Marxism, Functionalism, and Game Theory," *Theory and Society* 11: 483—495.

Collier, Ruth Berins. 1999. Paths Toward Democracy: *The Working Class and Elites in Western Europe and South America*. New York: Cambridge University Press.

Collier, Ruth Berins and David Collier. 1991. *Shaping the Political Arena: Critical Junctures, the Labor Movement, and Regime Dynamics in Latin America*. Princeton, NJ: Princeton University Press.

David, Paul. 1985. "Clio and the Economics of QWERTY." *American Economic Review* 75: 332—337.

de Swaan, Abram. 1998. *In Care of the State: Health Care, Education, and Welfare in Europe and the USA in the Modern Era*. New York: Oxford University Press.

Douglas, Mary. 1986. *How Institutions Think*. Syracuse, NY: University of Syracuse Press.

Douglas, Mary and Steven Ney. 1998. *Missing Persons: A Critique of Personhood in the Social Sciences*. Berkeley and New York: University of California Press and the Russell Sage Foundation.

Downing, Brian M. 1992. *The Military Revolution and Political Change: Origins of Democracy and Autocracy in Early Modern Europe*. Princeton, NJ: Princeton University Press.

Elias, Norbert. [1939] 1994. *The Civilizing Process: The History of Manners and State Formation and Civilization*. Oxford: Blackwell.

Ertman, Thomas. 1997. *Birth of the Leviathan: Building States and Regimes in Medieval and Early Modern Europe*. New York: Cambridge University Press.

第八章 时期化与偏好:反思比较历史社会科学中的有目的行动

Finer, S. E. 1997. *The History of Government*, Ⅲ: *Empires, Monarchies, and the Modern State*. Oxford: Oxford University Press.

Gerber, Elizabeth and John E. Jackson. 1993. "Endogenous Preferences and the Study of Institutions." *American Political Science Review* 87:639—658.

Hartz, Louis. 1955. *The Liberal Tradition in America*. New York: Harcourt, Brace and World.

Haydu, Jeffrey. 1998. "Making Use of the Past: Time Periods as Cases to Compare and as Sequences of Problem-Solving." *American Journal of Sociology* 104:339—371.

Hernes, Gudmund. 1998. "Real Virtuality." Pp. 74—101 in *Social Mechanisms: An Analytical Approach to Social Theory*, edited by Peter Hedstrom and Richard Swedberg. New York: Cambridge University Press.

James, Susan. 1984. *The Content of Social Explanation*. Cambridge: Cambridge University Press.

Jervis, Robert. 1988. "Realism, Game Theory, and Cooperation." *World Politics* 40:317—349.

Kaldor, Nicholas. 1972. "The Irrelevance of Equilibrium Economics." *Economic Journal* 82:1237—1255.

Katznelson, Ira. 1981. *City Trenches: Urban Politics and the Patterning of Class in the United States*. New York: Pantheon Books.

——1992. Marxism and the City. Oxford: Clarendon Press.

——1997. "Structure and Configuration in Comparative Politics." Pp. 81—112 in *Comparative Politics: Rationality, Culture, and Structure*, edited by Mark Irving Lichbach and Alan S. Zuckerman. New York: Cambridge University Press.

——1998. "The Doleful Dance of Politics and Policy: Can Historical Institutionalism Make a Difference?" *American Political Science Review* 92:191—197.

Knight, Jack. 1992. *Institutions and Social Conflict*. New York: Cambridge University Press.

Krasner, Stephen D. 1988. "Sovereignty: An Institutional Perspective." *Comparative Political Studies* 21:66—94.

Krugman, Paul. 1991a. "History and Industry Location: The Case of the Manufacturing Belt." *American Economic Review* 81:80—83.

——1991b. "Increasing Returns and Economic Geography." *Journal of Political Economy*

99:483—499.

Kuran, Timor. 1987. "Preference Falsification, Policy Continuity and Collective Conservatism." *The Economic Journal* 97:642—665.

Laitin, David D. and Carolyn M. Warner. 1992. "Structure and Irony in Social Revolutions." *Political Theory* 20:147—151.

Levi, Giovanni. 1998. "The Origins of the Modern State and the Microhistorical Perspective." Pp. 58—82 in *Mikrogeschichte, Makrogeschichte: Komplementär oder inkommensurabel?*, edited by Jürgen Schlumbohm. Gottingen: Wallstein Verlag.

Löwith, Karl. 1982. *Max Weber and Karl Marx*. London: George Allen and Unwin.

Magnusson, Lars and Jan Ottosson, eds. 1997. *Evolutionary Economics and Path Dependence*. Cheltenham, UK: Elgar.

Mahoney, James. 2000. "Path Dependence in Historical Sociology." Theory and Society 29:507—548.

Mantzavinos, C. 2001. *Individuals, Institutions, and Markets*. Cambridge: Cambridge University Press.

Marx, Anthony W. 1998. Making Race and Nation: A Comparison of the United States, South Africa, and Brazil. New York: Cambridge University Press.

Marx, Karl. 1956. *The Holy Family*. Moscow: Progress.

Mills, C. Wright. 1959. *The Sociological Imagination*. New York: Oxford University Press.

Moore, Barrington, Jr. 1966. *Social Origins of Dictatorship and Democracy: Lord and Peasant in the Making of the Modern World*. Boston: Beacon Press.

Morgan, Edmund S. 1988. *Inventing the People: The Rise of Popular Sovereignty in England and America*. New York: W. W. Norton.

North, Douglass C. 1995. "Five Propositions about Institutional Change." Pp. 15—26 in *Explaining Social Institutions*, edited by Jack Knight and Itai Sened. Ann Arbor: University of Michigan Press.

Oakes, Guy. 1988. *Weber and Rickert: Concept Formation in the Cultural Sciences*. Cambridge, MA: MIT Press.

Padgett, John. 1990. "Networks and Identities in Political Party Formation: The Case of the Medici in Renaissance Italy." Unpublished manuscript.

Pettit, Philip. 1993. *The Common Mind: An Essay on Psychology, Society, and Poli-

第八章 时期化与偏好：反思比较历史社会科学中的有目的行动

tics. New York: Oxford University Press.

Pierson, Paul. 2000. "Increasing Returns, Path Dependence, and the Study of Politics." *American Political Science Review* 94:251—268.

Polanyi, Karl. 1944. *The Great Transformation*. New York: Rinehart and Company.

Popper, Karl. 1964. *The Poverty of Historicism*. New York: Harper & Row.

Przeworski, Adam. 1990. "Marxism and Rational Choice." Pp. 62—92 in *Individualism: Theories and Methods*, edited by Pierre Birnbaum and Jean Leca. Oxford: Clarendon Press.

Quattrone, George A. and Amos Tversky. 1988. "Contrasting Rational and Psychological Analyses of Political Choice." *American Political Science Review* 82:719—736.

Ringer, Fritz. 1997. *Max Weber's Methodology: The Unification of the Cultural and Social Sciences*. Cambridge, MA.: Harvard University Press.

Rueschemeyer, Dietrich, Evelyn H. Stephens, and John D. Stephens. 1992. *Capitalist Development and Democracy*. Chicago: University of Chicago Press.

Schattschneider, E. E. 1960. *The Semisovereign People: A Realist's View of Democracy in America*. New York: Holt, Rinehart; and Winston.

Sen, Amartya. 1977. "Rational Fools: A Critique of the Behavioral Foundations of Economic Theory." *Philosophy and Public Affairs* 6:317—344.

1999. *Reason before Identity: The Romanes Lecture for* 1998. Oxford: Oxford University Press.

Sewell, William, Jr. 1992. "A Theory of Structure: Duality, Agency, and Transformation." *American Journal of Sociology* 98:1—29.

Silberman, Bernard S. 1993. *Cages of Reason: The Rise of the Rational State in France, Japan, the United States, and Great Britain*. Chicago: University of Chicago Press.

Skocpol, Theda. 1979. *States and Social Revolutions: A Comparative Analysis of France, Russia, and China*. Cambridge: Cambridge University Press.

1992. *Protecting Soldiers and Mothers: The Political Origins of Social Policy in the United States*. Cambridge, MA.: Harvard University Press.

Steinmo, Sven and Kathleen Thelen, eds. 1992. *Structuring Politics: Historical Institutionalism in Comparative Analysis*. New York: Cambridge University Press.

Stinchcombe, Arthur L. 1968. *Constructing Social Theories*. New York: Harcourt,

Brace,and World.

 1978. *Theoretical Methods in Social History*. New York:Academic Press.

 Swidler,Ann. 1986. "Culture in Action:Symbols and Strategies." *American Sociological Review* 51:273—286.

 Taylor,Charles. 2001. "Modernity and Identity." Pp. 139—153 in *Schools of Thought: Twenty-Five Years of Interpretive Social Science*, edited by Joan W. Scott and Debra Keates. Princeton,NJ:Princeton University Press.

 Thelen,Kathleen. 1999. "Historical Institutionalism in Comparative Politics." *Annual Review of Political Science* 2:369—404.

 Tilly,Charles. 1964. *The Vendee*. Cambridge,MA:Harvard University Press.

 1975. "Reflections on the History of European State-Making." Pp. 3—83 in *The Formation of National States in Western Europe*, edited by Charles Tilly. Princeton,NJ:Princeton University Press.

 1984. *Big Structures,Large Processes,Huge Comparisons*. New York:Russell Sage Foundation.

 Waldron,Jeremy. 1990. "How We Learn to Be Good." *Times Literary Supplement* (March):23—29.

 Wallerstein,Immanuel. 1974. *The Modern World-System:Capitalist Agriculture the Origins of the European World Economy in the Sixteenth Century*. New York:Academic Press.

 Wildavsky,Aaron. 1987. "Choosing Preferences by Constituting Institutions:A Cultural Theory of Preference Formation." *American Political Science Review* 81:3—22.

 Zolberg,Aristide. 1972. "Moments of Madness." *Politics and Society* 2:183—207.

第三部分

方法问题

第九章　一个或少数几个案例能产生理论获益吗[*]

迪特里希·鲁施迈耶
(Dietrich Rueschemeyer)

一、问　题

对比较历史分析的怀疑，其核心是"小样本（small-N）问题"——很多被假设因果相关的因素与仅仅来自少量可比较案例的证据相结合。仅仅在少数几个案例中探索大量相关因素的影响对于学习任何理论相关的东西似乎遇到了不可克服的障碍。在本文中，我将把怀疑的目光转向这些怀疑的反对意见。我故意走向极端，问：从单一历史案例中，以及从对两个或少数几个案例的比较分析（一种允许密切关注历史发展复杂性的研究）中，我们在理论上能学到什么？

首先从两个相对的立场开始，我认为这两个立场都是成问题的，就其最赤裸裸的形式而言是错误的。其中之一是在数不清的社会研究方法论班里被讲授过的最传统的观点。它坚持认为，研究一个案例只产生一个合理的理论结果，而产生的假说则可以在另外的更多案例中得到检验。传统的方法论智慧

---

[*] 我想感谢几个人在撰写本文上提供的帮助和支持。我与吉姆·马汉尼进行的关于小样本研究方法的很多谈话既富有启发，又令人鼓舞。与本书其他撰稿者的讨论也让我学到了不少东西。在瑞典社会科学高等研究院（SCASSS）度过的一个学期对本文的最终定稿很有帮助，我要感谢 SCASSS 的主管之一比约恩·维特罗克（Björn Wittrock）的评论和建议。我把这篇论文献给三位历史学家，这些年里我从他们那里学到了很多，他们是安东尼·马罗（Anthony Molho）、于尔根·柯卡（Jürgen Kocka）和汉斯-乌尔里希·韦勒（Hans-Ulrich Wehler）。

对于单一的比较抱持同样的观点,除非它们凭借近乎奇迹的机会提供了一个自然发生的试验。①

另一个立场暗含在数不清的对单一过程的历史解释中。E. P. 汤普森(E. P. Thompson)的论文《理论的贫困》老练而明确地阐述了这样的观点,尽管我认为,它的整体论证必须以比它起初看上去的更不那么历史主义的方式来理解。汤普森发展了一个扩大辩论,反对"波普尔……和阿尔都塞……[他们]断言历史作为一个内嵌它自身的因果关系的过程的不可知性"(Thompson 1978, p. 34)。照字面理解,断言历史是一个"内嵌它自身的因果关系"的过程,恰好代表了与社会科学方法论的传统观点相反的立场。但汤普森的论证更为微妙。在他看来,受过训练的历史讨论在于"概念与证据之间的对话,这一对话的进行,一方面通过连续的假说,另一方面通过经验研究"。这一对话在其所有的细节中都聚焦于过去的社会发展。在它向源自其他类似过程和相邻学科的预期开放的同时,"历史并不受规则支配"②。

我将在本文中证明,尽管任何解释都需要理论前提,但单一历史案例的研究可以做更多的事情,而不只是产生最初的假说。它不仅可以发展新的理论观念,而且可以让这些观念接受检验,并把结论用在对结果的解释中。超越最

---

① 例如,参见坎贝尔在一篇文章(Campbell 1975, pp. 179—181)中回想起来的下列陈述,这个陈述实际上修正了他早先的立场:"今天的很多研究……都遵循一个设计,在这个设计中,一个单一的组只研究一次,随后转向某个被认为会导致改变的作用者或处理……这样的研究完全不存在控制,以至于几乎没有什么科学价值……任何关于单个孤立对象的绝对知识或固有知识的外表,都被发现在分析上是虚幻的。获得科学证据关乎至少要做一次比较。"(Campbell and Stanley 1966, pp. 6—7)但是,仅仅与另外一个真实案例进行比较则两者都做不到:"……同时迫切需要证实和扩展马林诺夫斯基证明托布赖恩家庭内态度的证据,这样一次复制对于检验弗洛伊德假说意义不大。我们感兴趣的是为了描述过程而不是为了描述单一实例而使用这样的数据,必须接受下面这个规则:任何单一的一对自然对象的比较都是不可解释的。"(Campbell 1961, pp. 344—345)一些更系统的但最终类似的看待案例研究的观点,参见 Lijphart 1975 和 Smelser 1976。

② 参见 Thompson 1978, pp. 39, 49。汤普森详细阐述了解释预期的观念,我们稍后会回到这个观念:"这些概念,通过逻辑从很多实例中得以一般化,被运用于证据,更多的不是作为'模型',而是作为'预期'。它们并不强加规则,但它们加速并方便了对证据的质询,即使人们常常发现每个案例都以这样或那样特定的方式背离规则。证据……不受规则的控制,但没有规则就不可能理解证据,证据把自己的不规则提供给规则。这在某些哲学家(甚至还有社会学家)那里激发了不耐烦,他们认为,一个有这样灵活性的概念不是一个真正的概念,一个规则只有当证据与之相符而令人敬畏时才是规则"(Thompson 1978, pp. 45—46)。他的"历史逻辑"的总体概念是以色彩丰富的辩论语言阐述的,常常充满暗示性的歧义——在论文《理论的贫困》(*The Poverty of Theory*)的第 7 节中(Thompson 1978, pp. 37—50)。

初的案例常常产生特别有力的新洞见。与此同时，跨案例"变异"提出了一些对宏观社会分析（既包括定量分析，也包括定性分析）来说很困难的方法论问题。在回应这些困难的过程中，我认为，可检验的和已经检验的解释性命题并不是我们从有限案例分析中获得的唯一收获。一些普通的成果依然构成了有价值的认知进步。

二、最早的几个考量

很容易提出一个初步实例来反驳这样一个传统观点：从单一案例中能够学到的东西很少。社会和政治分析中有很少几个单案例研究跻身于最有力量、最有影响的作品行列。

第一个实例是 E. P. 汤普森自己的经典作品《英国工人阶级的形成》(*The Making of the English Working Class*, 1963)。在提供它丰富的、得到充分证明的解释时，这本书驳斥了马克思主义对阶级形成的某些解释，它是在作为马克思主义理论传统的思考中心的历史案例中这样做的。结果，它改变了很多学者思考阶级形成的方式。理论挑战导致新的理论构想，这种构想聚焦于多变的剥夺和冲突的经验，在类似的结构位置上，基于对过去的记忆，正是这些记忆塑造了这些经验以及源自它们的行动。阶级分析的历史导向——被认为是最合理的、成果最丰硕的方法——转到了一个不那么客观主义的方向上。汤普森的历史解释增强了下面这个观点：阶级形成是一个不可能从客观条件中解读出来的过程，哪怕是在很长时期也不能；相反，它受到社会构造和文化环境的支配。

另一个实例是罗伯特·米契尔斯（Robert Michels）的《政党：现代民主寡头倾向的社会学研究》(*Political Parties: A Sociological Study of the Oligarchical Tendencies of Modern Democracy*)（以下简称《政党》），这是获得巨大成功的社会学研究的事例之一。[①] 这部作品取自米契尔斯——一个年轻

[①] 最早于1911年在德国出版，很快被翻译成英语、法语、意大利语、日语及其他语言。最近，英文版又出版了一次(Michels 1999)。西摩·马丁·利普塞特在他撰写的导论中追踪了"20世纪最有影响的书之一"实质性的冲击(Michels 1999, p. 20)。

第九章　一个或少数几个案例能产生理论获益吗

的大学教师和一个来自科隆的天主教富翁的儿子——在第一次世界大战之前与德国社会民主党(SPD)的遭遇,这个党派所代表的背景和利益与他的家庭和高等教育的资产阶级世界大相径庭。诚然,米契尔斯还提到了另外一些欧洲政党,但他聚焦于将社会主义政党作为最赞成民主的政党,他在一个要致敬马克斯·韦伯的政治和组织社会学的理论框架之内发展了他的观念;但他分析的核心经验对象是德国社会民主党。然而,这项研究的成果远远超出了对德国社会民主党的结构和过程的复杂解释。米契尔斯的核心主张——"寡头铁律"(iron law oligarchy),是作为一个普遍命题来陈述的:

> 正是组织产生了被选者对选举者的控制、受托人对委托人的控制、代表对被代表者的控制。谁在说组织,谁就在说寡头。①

这个核心命题被一个解释所补充,所解释的对象似乎正是构成其基础的那些机制。接下来,《政党》发展出了对政治相关社团中寡头倾向的一个理论解释,并使之貌似合理。这本书在第一次世界大战之前出版,并被证明是对政党和志愿组织中无数过程的一个准确预言。它让人对民主抱负的现实性产生怀疑,它预示了对1917年俄国革命的批评,它预先提出了米洛万·吉拉斯(Milovan Djilas)在《新阶级:对共产主义制度的分析》(*The New Class: An Analysis of the Communist System*)中提出的主张(Djilas 1957)。

我的第三个展示是一本这样的书:它以一个异常案例的分析回应了米契尔斯的论题。西摩·马丁·利普塞特(Seymour Martin Lipset)、马丁·特罗(Martin Trow)和詹姆斯·科尔曼(James Coleman)看到米契尔斯的命题在很多案例中得到证实,于是仔细审视了一个因民主过程而反复导致其领导层更替的工会。《工会民主:国际印刷工会的内部政治。是什么使得民主在工会及其他组织中运转?》(*Union Democracy: The Internal Politics of the Inter-*

---

① 这是利普塞特的演绎——在他那篇导论的开头。米契尔斯自己的话是说"寡头的倾向"。然而,阐述中的这个差别并没有把他的主张变成一个盖然论的断言;倾向被断言为普遍存在,但它或许有不同的力量,参见《现代民主中正当体系的社会学:群体生活的寡头倾向研究》(*Soziologie des Parteiwesens in der modernen Demokratie: Untersuchungen über die oligarchischen Tendenzen des Gruppenlebens*,这是《政党》一书最初的德文标题。——译者注)第二版(Stuttgart: Alfred Kröner, 1925, p.25);利普塞特的摘要阐述的另外一部分可以在德语原文的第370~371页找到。

national Typographical Union. What Makes Democracy Work in Labor U-nions and Other Organizations?）（以下简称《工会民主》）这本书是社会学的又一部伟大的经验主义经典,其标题值得完整引述。在欧洲民主崩溃、纳粹主义兴起和衰落以及俄国革命转变为斯大林主义的背景下,《工会民主》使用一些源自国家政体中民主的崩溃和稳定的分析的理论论证,探索米契尔斯关于政党及志愿组织中寡头铁律的局限。新的命题主要包括关于自治中间团体的关键角色的断言,最近10～15年里这些断言在"公民社会"(Civil Society)这个标题下获得了新的关注。《工会民主》质疑了一个已被普遍接受的理论,并阐述了一个新的解释——它既能解释一致案例,也能解释异常案例。它因此接受并超越了米契尔斯的理论,对国际印刷工会(ITU)的详细分析赋予了它相当大的可信度。

然而,尽管即使是简短回忆一下像《英国工人阶级的形成》《政党》和《工会民主》这样的书,也能让人对下面这个观点产生怀疑——从单一案例研究中能学到的理论上的东西甚少,但持这个传统观点的一方也有一些强有力的论证,我们不可能仅仅提到几个异常成功的案例研究就能把它打发掉。

论证说,任何解释都需要应用范围更广泛的命题,而不只是应用于被解释的现象。理想地说,这些命题应当普遍成立——当然是在规定条件下。要想有说服力,解释性命题就必须遵从某些纪律,如果是选择很多可能的解释之一而忽视其他的话,也就是说,如果你真的在乎你的解释。亚瑟·斯廷奇科姆建议,研究生们在面对一个他们感兴趣的相互关联时要是不能想到三个解释,就应当另谋前程(Stinchcombe 1968, p. 13);一个人在处理历史序列的解释时可能在许许多多的理由中选择一个类似的信念。那么,解释性命题应当明确地发展出来并得到检验,然后才能声称已获得可信度——这样的可信度确保使用它们而不使用其他竞争性的解释是有正当理由的。

传统观点清晰区分了解释性命题的"发现语境"和"证实语境"。发现一个观念被看作一个在方法论上不相干的心理过程,实际上可能涉及一个有待解释的现象实例,或者可能只是与手头处理的问题略微相关,就像掉落的苹果据说启发了伊萨克·牛顿研究万有引力的工作。即使解释性的观念在研究一个待解释实例的工作中被发展出来,也必须把它放到不同的案例中去检验。讨论"根据启发它的那批数据来检验一个理论"的难题,传统观点的一个构想是:"这些难题对于知识渊博的政治学家的定性论文就像对于多变量的统计学家的论文一样,是真实的和令人挫败的……学者有并不明确的但数量庞大的潜在'考量',他把这些考量运用或可能运用在一个或另一个实例上。这个,而不是它的模式识别特征,才是理解方法难题的症结——它非常令人满意地契合特定案例以及它作为一个现实检验过程的不令人满意的一个来源"(Raser, Campbell, and Chadwick 1970, pp. 186—187)。

这些论证提供了一个强有力的理由,反对从字面上对待 E.P. 汤普森的表述:"历史是作为一个内嵌它自身的因果关系的过程。"然而,我将证明,单一案例实际上可以做更多事情,而不只是启发新的假说和洞见。它也可以服务于理论检验的目的。即使是在它被发展出来的相同案例中解释性地使用理论,也不像起初看上去的那样毫无道理。

三、单一案例中的理论发展、理论检验和理论的解释性使用

很明显,假如相关命题不是以盖然论术语来阐述,一个单一案例就可能促使人们拒绝接受一个假说或它的修改。这在社会分析中并不像一个人可能认为的那样罕见。《工会民主》打破了米契尔斯的铁铸件:"谁在说组织,就是在说寡头。"汤普森在《英国工人阶级的形成》中提出的更复杂、更偶然、更结构主义的解释使得下面这个阶级形成理论站不住脚:这一理论坚持从阶级成员与生产资料的"客观"关系,再结合另外少数几个条件,比如城市化、工厂工作以及反复出现的围绕工资和工作条件的冲突,来预言作为一个阶级的工人集体组织以及它们作为一个阶级的行动目标。

除了启发理论观念之外,单一案例还可以证伪任何新实证主义方法论学者都欣然同意的非盖然论命题。但是,有着理论含义的单案例历史研究能不能超越这点呢?首先,这个空洞的修辞问题忽视了证伪可能比拒绝接受一个单一命题更加复杂。假如用足够确定的理论预期来处理,一个很长序列的历史发展便提供了大量理论上相关的观察材料,可以划掉或暗示整个一系列命题的修正版。路径依赖的任何演示,例如处理一个在某些条件(这些条件本质

上不同于其起源的条件)下依然稳定的统治结构的持续存在,可以让很少几个关于稳定统治条件的断言变得无效,或者迫使修改它们。毕竟,关于统治稳定性的很多假说是以"现在主义"的方式阐述的,这种方式无视不断改变的当前条件与那些解释一个路径依赖的现象特征的因素之间的互动。

除了证伪之外,单一案例还有一个很多人会同意的对理论的正面贡献。这个贡献基于"最不可能的"情况的理论含义,从一个被广泛接受的理论或一个暗含的理论预期的角度看是最不可能的。这样的情况——米契尔斯对社会民主组织中的寡头倾向的证明是一个很好的例证——会极大地增加它们所暗示的可选理论理解的貌似有理性。①

在一个案例中发展出来的或精细化的假说,可以在同一个案例中得到检验并作为解释被使用,这一点更加违反直觉。然而,一些很好的历史解释,尤其是分析导向的历史研究,恰好就是这样做的。汤普森在谈到对话时明显是指——除其他东西之外——他自己对1790年至1830年间英国的阶级形成所做的分析,在这样的对话中,一方是历史实践,另一方是:

> 那些被普遍接受的、并不充分的或基于意识形态的概念或假说与新的、令人为难的证据之间的争论;新假说的阐述;面对证据对这些假说的检验,这可能涉及以新的方式来询问现有的证据,或者用新的研究来证实或反驳新的观念,再根据这一交锋,丢弃那些没能经受新检验的假说,或者加工或修订那些经受了新检验的假说。(Thompson 1978, p. 43)

这恰好就是连篇累牍地充斥于《英国工人阶级的形成》的那种东西。对于米契尔斯审视其在《政党》中的主要主张的含义和推论,同样可以这样说。这种多次的对假说的创造、检验、修订和再检验,其中的部分内容可能没有被记录下来,但是,作者们对自己断言的确信,以及其论证在读者心里激发出来的信心,这背后正是该复杂的过程。尤其是理论与证据之间的这种对话,构成了比较历史分析的比较优势。

---

① 从异常的和最不可能的案例得出的强有力的理论含义长期以来得到了明确的公认(参见 Eckstein 1975; Lijphart 1971, 1975; Smelser 1976);关于最近一次对她所说的"负面案例方法论"的高深讨论,参见 Emigh 1997。

第九章 一个或少数几个案例能产生理论获益吗

这个对假说永远更新的质疑和检验的一个来源可能有点令人吃惊：强烈的政治兴趣。考虑到对社会和历史分析的标准忠告是极力主张中立的客观性，这可能值得反思片刻。有一点几乎肯定是真的：我这里选择作为范例的三本书的作者全都持续不断地、满怀热情地参与政治讨论，没完没了地反复让自己的主张面对证据和反证。当然，政治兴趣可能激励满怀希望的思考，导致感知社会现实中的盲点。但政治兴趣还有可能创造非常强大的激励，去认识和理解一个人的目标在什么条件下能够实现，主要的障碍是什么，哪个目标必须被认为是不切实际的乌托邦，有可能会强加什么样的妥协，热情投入的常规化的结果会是什么，以及诸如此类。这三部作品强有力的理论成果似乎证明了这第二种可能性的现实性。

让理论想象与经验证据之间的对话——这是很多比较历史研究的典型特征——变得明确，是不是值得？从方法论的观点看，答案必定是绝对值得。但是，坚持完整解释的要求不可能用响亮的成功来满足，因为它与很多——即便不是大多数——比较历史分析者的工作方式相冲突。对很多人来说，"发现语境"在知识上与"证实语境"的相互关联比教科书上所假设的更为密切。很多人还像马克斯·韦伯一样厌恶方法论反思和对研究过程记账，觉得那会妨碍他们的工作，分散实质性的关切，限制想象直觉和有意义的展示。然而，事实证明，像 E. P. 汤普森（他很像马克斯·韦伯）这样的作者在论战需要的时候完全有能力进行方法论论证，而且，在面对关于他们的发现的争论时，很多对证据的迭代分析质问可能恢复。

不同于米契尔斯或利普塞特、特罗和科尔曼，汤普森只是在一个有限的方面对提出超越于阐明和解释他所研究的特定历史发展的理论断言感兴趣。诚然，他试图拒绝阶级形成的"经济主义"理论；但撇开这一点，他的理论-证据对话依然局限于英国历史上 40 年内工人阶级意识增长的成分发展，例如，试图确定更早的文化模式（不仅仅是新的雇佣关系或经济资源的分配）如何在不同的工人群体中形成剥削的体验和意义。

分析导向的历史（聚焦于对特定发展的解释）与历史自觉的社会科学（主要对各种历史解释中可用的命题感兴趣）之间的区分，标志着知识风格上的重要差别，但你一定不要高估它的重要性。这两种工作的理论核心在于发展和证实解释性的因果假说。然而,为了架通把很多历史学家的自我理解与其他社会学家的自我理解分隔开来的鸿沟,比起聚焦于历史社会学家的自觉理论化,花更长一些时间聚焦于历史学家更隐含的分析工作是值得的。

汤普森聚焦于一组历史解释,把关于合乎逻辑的工人阶级的出现与特定的意识和组织结合在一起,被理解为总体上对理论的敌视。由于他非常关注人们对不断改变的客观条件的体验,以及人们对这一体验的理解,因此他的工作一直被解释为解释分析,而不是因果分析。[1] 这一解读没有充分注意到汤普森对发展、检验和使用因果假说和结构假说的兴趣。前面引用的那段文字的一个脚注解释道:

> 我所说的"概念"(或观念)指的是一般范畴,即阶级、意识形态、民族国家、封建制等,或具体的历史形态和序列,比如生存危机、家庭发展周期等;而我所说的"假说",指的是证据的概念组织,为的是解释因果性和关系的特定片段。(Thompson 1978, p.43)

他对词语的选择清楚地表明,他希望贴近历史分析的实际过程,并与社会科学方法论的形式规定保持距离;但关于他对解释性命题的兴趣,不存在任何歧义。

即使局限于对"英国工人阶级的形成"的总体历史解释之内的微观解释,这些命题也不同于完全的叙事,汤普森是这样区别它们的。他这样描述历史学家们的叙事构造:

> 不相关联的事实可以……作为一个线性时间序列中的链环或偶发事件,也就是说,"实际上发生的"(但绝不可能被充分认识的)历史,在叙事性记述的构建中加以质询;这样一种重构(不管哲学家、社会学家和越来越多的被前两者给吓坏了的当代历史学家可能多么瞧不起它)是历史学科的一个必不可少的组成部分,是一切历史知识的首要事项和前提,是任何客观的(截然不同于理论的)因果观念的根据,以及构建一个分析解释或结构

---

[1] 参见 Trimberger 1984, pp.225—230,他报道了第一次批评,参与了第二次批评的争论。

解释(它识别结构关系和因果关系)必不可少的准备工作,即使在这样一个分析的过程中,原始的顺序叙事本身也会经历激进的改变。[①]

然而,汤普森依然怀疑全面的因果解释:"历史并不受规则支配,它对充分原因一无所知。"它能学到"事情如何发生……却不知道它们为何必须以那种方式发生"(Thompson 1978, p. 49)。这种对充分原因的保留态度起初可能令人吃惊。但它似乎经常是——尽管并非始终是——合理的,理由有两个。首先,它符合历史行动者的感觉:未来是开放的。恢复这种对历史过程的感觉——即使我们知道结果——对于历史想象来说至关重要。当然,这样一种开放感实际上是不是现实,取决于所考量的那个过程。有些结果是十分确定的——合理的例证是在很多已知社会里诸如婚姻和私有财产这样一些制度的复制,而另外一些结果,比如战争的结果,或者诸如大规模工人阶级组织或独立政治单位的统一这样一些"在种种不利条件下"实现的成就,则一直是或曾经是开放的。然而,看来很多结果不仅是确定的,而且是过于确定的。在大多数西方政治经济体中,对很大部分生产资本的私有财产权的延续、很多种族分界线的持续存在,大概是这种过于确定的绝佳实例。事实上,很多现象似乎落入了这个范畴,以至于一个功能主义者可能忍不住得出错误的结论:所有实际上很重要的结果往往是过于确定的。具有讽刺意味的是,这个过于确定的现象提供了另一个对充分理由的断言持保留态度的理由:如果一个以上的条件对于解释一个结果是充分的,那么,识别单个的充分理由就明显变得更加困难(尽管理论上并非不可能)。

[①] Thompson 1978, p. 29. 亚瑟·斯廷奇科姆主要抱着对解释性理论的兴趣审视了同样的问题,得出了一个非常类似的观点:"我选择来分析的所有书都是对事件序列的叙述,这一选择对我的论证至关重要。我相信,对任何社会变革理论的检验,是它分析这种叙事序列的能力,而且,社会变革理论的贫困要归因于不关注叙事细节……为提高因果理解的目的,独一无二的序列……必须被分解为理论上可理解的小块。当这些小块被带回到叙事中并在理论上得到解释时,叙事也会通过把它建立在一般观念的基础上,来得以改进。"(Stinchcombe 1978, p. 15)约翰·史蒂芬斯和我最近讨论了同样的观点:"因果关系是一个序列问题。需要历时的证据以及历史序列的证据,来探索和检验关于直接因果关系的观念。即使下面这个说法是真的——简单的历史叙事与因果解释不是一回事,但上面的说法也依然是真的。把此后(post boc)直接翻译成此前(propter boc),所做的不过就是用相互关系证明因果关系。如果没有分析假说,则解释确实不可能进行;但因果解释通常需要关于序列的假说,这样的假说最好是根据关于序列的证据加以检验。"(Rueschemeyer and Stephens 1997, pp. 55—72)

不管主要兴趣是历史解释还是理论命题的产生,详细的案例分析都常常需要在相同的复杂材料之内产生、检验、修订和再检验解释性命题。在这样的努力中,纪律被强加给任性的解释,而推测则源自数量常常庞大的与理论相关的观察材料,以及下面这个事实:对其中每种情况来说,分析意图和经验证据可能相当紧密地匹配,比很多大样本研究中可能的匹配更加紧密。这也是唐纳德·坎贝尔(Donald Campbell)那篇论述人类学案例研究的价值的"修正主义"文章的主旨:

> 在一个对本地有着透彻了解的警觉的社会学家所做的案例研究中,他用来解释中心差别的理论也产生关于文化的很多其他方面的预测或预期,他并不保留这个理论,除非其中大多数预测或预期得到证实。在某种意义上,他以来自任一理论的多重含义的不同程度的自由检验这个理论。这个过程是一种模式匹配……在这个过程中,模型中有很多方面被那个可以用来与他对本地场景的观察材料相匹配的理论所需要。

坎贝尔把这个分析模式比作日常生活中的知识构造,他以一个观察结论结束了他的这篇文章,这个结论暗示了人类认知能力的进化论基础:"毕竟,就其普通方面而言,人是非常有能力的认知者,定性常识没有被定量认知所取代。"[1]

声称对文化模式的人类学解释和对历史过程的解释涉及理论发展、理论检验和对理论命题的解释性使用,与传统方法论的标准格言背道而驰:忽略了证实那些在阐述命题时已知的观察结论。某个这样的"求峰值"在历史社会学中是不可避免的。毕竟,对所分析的历史真正无知的人不大可能会做一件有价值的工作。并不奇怪,亚瑟·斯廷奇科姆以一顿痛骂开始他在《社会史中的理论方法》(*Theoretical Methods in Social History*)中的论证,这顿痛骂

---

[1] Campbell 1975, pp. 181—182, 191. 实质上,坎贝尔的文章对于我提出的案例是一个有点笨拙的证明。他的中心例证是 E. H. 埃里克森(E. H. Erikson)从心理学的固着观念的角度对尤罗克人文化和人格的解释,这个分析模式在今天大概不如在 1943 年这项研究发表时或者 1975 年坎贝尔提到它时那么貌似有理("……它最初的貌似无理在接下来的过于简单化中变得更糟,而不是一种口腔固着或肛门固着,尤罗克人被固定在整个营养管道里。"[p. 184])然而,对这个例证的否定肯定不会让修订后的方法论论证变得无效。

第九章 一个或少数几个案例能产生理论获益吗

"……对准讨论理论与事实关系的流行时尚,被康德尊为先生,是维也纳学派生下的驹子,在我们统计学教科书中跑到了我们的前面……康德的整个观念与我们的日常研究经验相悖。在搞清楚正在发生什么之前,我们不会形成一个解释。只有尊重哲学的外表才能产生这样一个结果"(Stinchcombe 1978, p.4)。还有一点也是常识:这句格言在定量研究中也经常被违反。然而,在常规研究经验中,求峰值让证实变得太容易是不是不可避免和稀松平常?在相对简单的研究中,这可能是一个危险。然而,在很多高质量的历史研究中,一个解释性命题或结构命题,连同它各种不同的推论和含义,都遇到了大量不同的"数据点",以至于常常不容易选定任何一个解释,而不管有多少证据——在某种意义上——提前已知。亚瑟·斯廷奇科姆或许是对的:任何一个聪明的人都能回应与三个、四个或五个解释之间孤立的关联(以及简单的事件序列),但这个观点并不适用于更复杂的证据模式。①

有一点倒是真的:历史研究常常涉及理论发展、理论检验和解释性的理论使用。还有一点也是真的:那些产生最具分析性的洞见的研究,因密集的理论思考而充满活力。这一思考的结果可能依然在很大程度上是暗含的,或者被陈述为一个由问题、概念、导向性观念和中心假说组成的理论框架。② 这样的思考不仅形成了案例分析的问题和前提,而且把它们与更早的学术研究关联起来,因而与所研究问题的其他实例的分析工作也关联起来。它因此增加了——即便是间接地增加了——结论赖以构建的案例的数量。

> 正如在日常生活中一样,我们可以从少数几次遭遇中获得强有力的洞见,因为这些遭遇是根据毕生的经验来评估的,所以,理论框架——当它被之前的思考和研究所激活时——提供

---

① 坎贝尔指出:"即使在单一定性案例研究中,认真的社会科学家也常常找不到似乎令人满意的解释。"(Campbell 1975, p.182)在我们与约翰·戈尔德索普(John Goldthorpe)的讨论中,约翰·史蒂芬斯和我很高兴地指出,戈尔德索普自己对他那些关于社会流动性的非常令人印象深刻的比较定量发现也不能提供任何充足的理论解释(Rueschemeyer and Stephens 1997, p.69)。

② 在巴林顿·摩尔的《独裁与民主的社会起源》(1966)中,这个结论在很大程度上依然是暗含的。相比之下,西达·斯科克波的《国家与社会革命》(Skocpol 1979)一开头就是对研究文献的评论和对其结构主义方法的阐述。在《资本主义发展与民主》中,伊芙琳·胡贝尔·史蒂芬斯、约翰·史蒂芬斯和我使得对一个理论框架的阐述成为我们那个赋予国家分析以活力的程序的一个明晰组成部分,这当然允许有额外的命题,并能够导致而且也确实导致了对那个框架的部分再阐述(Rueschemeyer, Stephens, and Stephens 1992)。

了一个背景,所研究案例的图景就被置于这个背景中,产生更有说服力的结果。(Rueschemeyer et al. 1992, p. 38)

这里必须稍稍进一步阐明一下这样一个理论框架的作用,而且亚瑟·斯廷奇科姆提供了一个很好的陪衬。他在其《社会史中的理论方法》一书的开头便断言:通常被称作"理论"的那种东西,与分析导向的历史研究是不相干的,"当它屈尊做具体案例的分析时,我会认为,在做一项很好的历史解释工作时,马克思、韦伯、帕森斯、托洛茨基和斯梅尔泽全都是采用同样的方式"(Stinchcombe 1978, p. 2)。他拒绝接受宏大的元理论,认为那是"废渣",并寻找确实可以解释历史过程的命题。这是不是意味着我刚才提到的理论框架在斯廷奇科姆看来也只是废渣呢?我心里想的理论框架并不是经验理论,尽管它们可能包含一些这样的命题,但它们首先不是可检验命题的集合。在很大程度上,它们由问题阐述、概念化和为此提供的理由所构成。这些理由——通过指向那些与不同的结果很可能相关的因素而为因果分析做准备——常常构成了汤普森所说的"理论预期"。① 在形式的意义上,理论框架就特征而言在很大程度上是元理论的,因为它们包含很少的可直接检验的假说,但是——这一点很重要——这些框架是针对具体问题的元理论,处理阶级形成、组织民主或福利国家政策的发展。作为有焦点的元理论,理论框架就其特性而言非常不同于一些宏大的理论规划,比方说功能主义系统理论或历史唯物主义和辩证唯物主义。它们是斯廷奇科姆所寻找的可检验解释性命题的直接预备,而且我相信,它们极大地推进了这样的解释性理论的事业。

这些关于研究单个历史案例的思考,其结论可以简单地总结如下。这样的案例研究可以做更多的事,而不只是产生理论观念。它们也可以检验理论命题。它们可以提供有说服力的因果解释。对这一断言的怀疑最终基于错误地把单一案例等同于单一观察。分析导向的优秀历史分析都经历了频繁的迭代:让解释性命题面对很多的数据点。就算这样的对抗不是以标准化条目的量化使用来进行,而是典型地以定性的方式来工作,审视解释性命题的很多不同含义让人相信,它依然涉及很多这样的经验检验。而且,它恰好是从理论观

---

① 参见第300页脚注①。

念及其复杂的含义与最好的经验证据之间的契合中获得了它的可信度。在这种理论断言与经验证据的对抗中,与几乎所有杰出的定量研究相比,分析史学具有两个重要的优势:一是它允许理论发展与数据之间更直接的、经常是反复的相互作用,二是它允许概念意图与经验证据之间更为紧密的匹配。

在我转向考量通过超越单一案例而取得的分析获益之前,应当明确说明迄今为止发展出来的这个论证的一个含义。现有的很多定量研究局限于单一国家或单一社群。这项研究尽管是以不同的收集和分析数据的技术来进行的,但同样既局限于单一案例,同时又是很好的分析历史工作,处理的是——比方说——一个国家部分地被组织起来的工人阶级的出现。

四、超越单一案例

在探索超越单一案例的限制能获得什么样的收益时,我们必须面对两个看似简单的问题:什么是案例?它的边界在哪里?[①] 分析导向的历史案例研究发展和检验很多解释性的假说并在这个过程中使用大量与理论相关的观察结论,这个断言可能要面对下面这个反对意见:这里谈到的单一案例是骗人的。在现实中,有人可能认为,这些研究把被解释现象的聚集体凝聚成随后被呈现为一个案例的那种东西。

这个论点在应用于米契尔斯的《政党》时有一个表面上正当的理由。米契尔斯不仅援引了社会民主党之外的社会主义政党或不同于政党的其他组织,而且他的核心论点是在地方和地区组织以及全国性政党中得以证明的。事实上,正是在这个方面,他的分析被利普塞特、特罗和科尔曼在把纽约国际印刷工会作为一个异常案例来研究时所接受。但在另外的意义上,米契尔斯经验研究的目标主要是社会民主党——通过延伸,大概还有欧洲大陆的社会主义运动,因为它代表了最强烈地要求实现真正民主目标的政治力量。在这个更宽泛的意义上,这里所说的"案例"是社会主义政党及邻国相关组织的整体。

[①] 在这里我并不打算着手考量查尔斯·拉金和霍华德·贝克尔(Howard Becker)编辑的专题论文集《什么是案例》(*What Is a Case?*)(Ragin and Becker 1992)的撰稿人提出的所有基本问题,尽管在这里如果必须这么做的话,一份更完整的处理也是可能的。

因此它超越了国界,但与此同时,经常选择民族国家作为比较历史研究中的分析单位(有一个很好的理由:很多重要因素与民族国家组织相关联),跨越国界的关联组织的集合肯定也可以构成一个案例。

当应用于汤普森的《英国工人阶级的形成》或《工会民主》时,可以说我们这里处理的不仅仅是很多观察材料,而且有很多案例甚至都不具有表面上的貌似合理性。在这两部作品中,实际上有很多分离的解释性论证基于很多观察材料,但目标明显是要解释一个组织化的、自觉的、全国性阶级的形成和国际印刷工会中民主选举制度的职能。

这些对我们最初的三个例证纯粹的匆匆一瞥,其结果就是那两个理论上很简单但在实际使用中则十分复杂的问题的答案:什么是案例?它的边界在哪里?这两个问题的答案依赖于所提出的理论难题。即使是 E. P. 汤普森的作品,也可以被当作很多案例,在这些案例中,过去的文化模式塑造了不同工人阶级群体的工作和生活经历,这些在整体故事之内反复出现的因果解释赋予分析很多的可信度。或者,可以把它解读为它本身所呈现的东西:对一个复杂的历史发展的解释。那么,我们处理的究竟是一个案例还是一个实例的复合体,就是另外一个问题了,被定义问题、提出概念化和对这些决策提供理由的理论框架所决定,不管这个框架只是被分析所暗示的,还是明确提出来的,甚至不管这个框架究竟是最初的作者提供的,还是第二分析者后来强加的。

任何参与过宏观比较研究的人都知道,当你跨越那些在因果上很重要但理论上大概不被认可的因素在其内保持恒定的边界时,便可能收获令人印象深刻的利益。当我们跨越社会、民族和/或文化的边界时,这种情况十分常见。你可以把这种跨越概念化为从系统内分析转到系统层面的分析(不妨比较 Przeworski and Teune 1970; Schriewer 1999, pp. 56—58),尽管我更愿意不从系统论语言的角度来表述它。这里的关键点很简单:只有超越最初的案例,一些在案例内分析中并未显露的因素对重要结果的影响才能看得见,因为这些因素——完全或大部分——一直保持恒定。

一个最近的例证是在罗伯特·普特南(Robert Putnam)试图解释他关于美国自 20 世纪 70 年代以来公民参与率下降的发现中找到的。普特南首先强调妇女更高的劳动力参与率,而后更强调电视的影响。对美国电视收看的发展和社会参与下降的代际方面的复杂分析使得第二个解释貌似有理(Putnam 1995a,1995b,1998)。尽管根据美国的证据并非没有争论(例如 Norris 1996),但是,根据基本的跨国比较来看,这些解释遇到了一些更加有力的难题。挪威和瑞典有着比美国更高的女性劳动力参与率,但它们并没有经历社会参与和政治参与的重大下降。类似的、同样有力的反对理由甚至来自一个肤浅的、把不断增长的电视收看率与公民参与率的下降关联起来的跨国比较。

至少,当我们把西北欧的模式与发展跟美国进行对照时,这些比较暗示了关于语境因素的进一步的问题。支持女性劳动力参与的制度和规章在斯堪的纳维亚半岛更发达,而且这些制度和规章很可能既支持家庭之外的工作,也支持公民参与。更宽泛地说,吸引公众的社团和政党上的差别,以及政治机会总体模式上的差别,对于公民参与可能就像个人需要和个人兴趣的集合改变一样重要。在斯堪的纳维亚半岛,工会和政党比新政后的美国在组织上更强大,参与得更多,而且,范围广泛的社团比美国所有的类似机构与公共机构和公共资源的关联更加密切。完全有可能,关于社会参与与政治参与的差别,主要的解释是在社团与政党的中观层面以及国家政治机会的宏观层面找到的,而不是在已经改变的个人专注的集合微观层面上找到的(Rueschemeyer, Rueschemeyer, and Wittrock 1998)。

马克斯·韦伯论述法律与资本主义兴起的作品提供了超越单一案例分析的惊人效果的另一个例证。韦伯发展出了一种纯"形式理性"法律,以确保可计算性的最大化,并认为可计算性对于资本主义秩序的持续发展是必不可少的。在他的形式理性方案中,法律秩序的形式特征指的是它与实质性的宗教关切、道德关切和政治利益关切的区分,而合理性在韦伯的法律社会学中意味着法律规则普遍的和系统的特征。如果说,"理想类型"的形式理性法律首先是一个复杂的纯结构,历史现象的多样性可以与之相比较,那它就同时代表了一个处于萌芽期的理论,因为它接合了下面这个主张:经济的可计算性越大,特定的法律秩序就越接近纯类型。这个主张看来得到了大陆法律体系,尤其是德国法律体系的特征的支持,这一体系甚至在统一之前、在资本主义发展的过程中就被高度理性化了。然而,英国的情况提出了一个挑战。英国的法律秩序显示了程度低很多的形式主义和理性化。然而,英国是第一个发展出充满活力的资本主义增长的国家。

对于这个"英国难题",韦伯从未得出一个坚定有力的解法;但他考量了一连串可选的假说,这些命题显示了在比较上超越于最初命题赖以发展出来的宏观语境的有力效果:

(1)英国法律体系提供了低程度的可计算性,但通过拒绝给予底层阶级以正义,帮助了资本主义。(2)英国在下面这个意义上是独一无二的:它实现资本主义"不是因为它的司法体系,而是不管它的司法体系"。然而,允许这种情况出现的条件在其他任何地方都不盛行。(3)英国的法律体系尽管远非逻辑形式理性的典范,但它的可计算性足以支持资本主义,因为法官赞同资本家并遵循先例……

[另一个假说是后来发展出来的]……英国的法官在很大程度上独立于国家,以至于这个意义上的自治依然是模型的组成部分。由于英国法律生活后面的这个方面,因此有些观察者认为,英国在资本主义兴起之前并没有发展出真正"理性的"法律体系,而且,韦伯分析中的主要瑕疵是他在英国法律与大陆法律之间做出的虚假区分。(Trubek 1972,pp.747—748)

因果的相关因素在边界之内可以保持恒定,那么超出这些边界便带来了实质性的获益。无论是普特南对美国公民参与率下降的解释,还是韦伯对法律体系的特征与资本主义发展机会之间关系的解释,都可以通过集中审视一个以上的、似乎挑战第一个版本的案例,来得到实质性的改进。(出于篇幅的考虑,我不得不丢弃这两个实例提出的一些实质性的问题,这是令人恼怒的为了现实世界而丢弃方法论的讨论。)

待解释事物中的鲜明对比有时候可能是由于一个重要的新因素之前没有考虑到,正如在韦伯关于英国的可选假说的一个组合中那样:让资本主义发展成为可能的并不是可预期的法律,而是司法体系对资本主义企业家更直接的偏袒。在另一些时候,对于第二个案例中的不同结果,一个经验上得到证实的解释可能更多地不是揭示出新的因素,而是那些在这两个案例中都同样明显的众所周知的因素之间不同的互动,我们关于美国和斯堪的纳维亚半岛之间在女性劳动力参与对公民参与的影响上的差别所做的猜测,为这个解释提供了一个——迄今尚未得到证实的——例证。

当然,双案例研究很少能解决关于一些随案例而不同的因素的影响问题。这样的事情只有在罕见的群体中才可能发生,在他们那里,理论预言成为明确的规定,而这些规定与第二个案例相抵触——第二个案例相当于对单个案例所得出的非盖然论断言进行证伪。如果第二个案例是根据理论,而且由于特定的原因而最不可能证实它,那么,理论主张的貌似有理性就可以获得相当大的提高——第二个案例相当于米契尔斯选择一个社会党作为最不可能不民主的政党。

除此之外,增加跨案例比较的数量而不丧失熟悉案例复杂性所带来的优势变得至关重要。所有关于在大案例边界内外并不相同的因素的假说,也就是说,所有关于宏观社会现象的假说,都需要针对更大的,尽管未必是非常大的数量的案例进行检验。增加宏观比较案例的数量提出了案例选择和定义最适合的可比较案例总集的问题。对这两个问题,尽管把分析扩大到单一案例之外,其操作常常在很大程度上不知道所研究现象在最早分析语境之外的动态,但聚焦理论框架中所包含的全面的假说和预期是至关重要的。在本文中,我不会进一步探讨这些案例选择和范围定义的问题。[①]

宏观比较分析的问题通常是按照我在本文中倒转过来的顺序讨论的。起始点通常是跨案例比较和少量案例所提出的这样一些比较难题。在这里我不会再次详细列举处理这些问题时所实现的相当大的方法论改进,因为本书中马汉尼那篇文章里已经讨论了这些问题。但我想强调,首先聚焦于通过案例内分析实现的理论获益所获得的视角把跨案例分析的问题置于不同的角度中。正如马汉尼(Mahoney 2000和本书中的文章)清楚地表明的,案例内分析在一些重要方面补充了不同的跨案例解释模式。特别是,一个他称之为"因果

[①] 有研究对此做了非常棒的处理,参见 Collier and Mahoney 1996。

叙事"的程序直接把案例内因果分析与跨案例识别可能的因果要素结合了起来。①

相比为了因果推理而使用多元回归的定量跨国研究,就少量理解透彻的案例做分析导向的历史研究所具有的比较优势的最后一点,至少应当简单勾勒一下。分析性的历史研究中所使用的那些程序直到最近依然在很大程度上是隐含的,比较历史分析显示自己更有能力处理某些难题,而这些难题在用多元回归分析处理宏观因果问题及数量相对较少的案例时总是给它制造麻烦。因此,既使用案例内分析也使用跨案例分析的比较历史研究可以探索因果要素之间更复杂的相互作用,可以更好地追踪多条因果路径,它并不对自变量与因变量之间的线性关系做出臆断,在并不存在暗示因果要素与结果之间其他关系的历史信息时,多元回归分析常常采用这样的线性关系。②

五、单一案例和小样本案例研究的理论结果存在的限制

消除关于单一案例和比较历史分析的谬论是一回事,而声称定性宏观分析很少甚至没有遭遇严重的方法论难题就完全是另一回事了。尽管在让精明而细心的比较历史学者们长期以来所做的工作变得明确上已经有相当大的进步,但并没有多少理由可以得意扬扬地断言小样本案例和熟悉案例研究的价值。

只要比较历史分析被运用在社会科学或自然科学中,它就并不遵循,也不可能遵循与其他现实研究截然不同的逻辑。最近两份论述定性研究方法论的出版物正确地坚持了这个观点:查尔斯·拉金的《比较方法》(*The Compara-*

---

① "一个使用因果叙事来比较事件结构的绝佳实例是在斯科克波(Skocpol 1979)论述社会革命的作品中找到的。斯科克波的很多关键解释变量实际上是由许许多多有因果关联的过程构成的。同样,社会革命的结果本身由一系列因果相关的事件构成。这些作为构成部分的过程代表了一个事件结构模式,在形式上可以跨案例进行图解和比较(参见 Mahoney 1999)。尽管斯科克波并没有进行事件结构的形式绘图,但她暗含地比较了其案例的事件结构,以判断它们是不是在分解的层面上遵循类似的因果逻辑。据塞维尔(Sewell 1996)说,斯科克波展示每个社会革命案例中运转的类似事件结构的能力对其论证的说服力做出了极大的贡献。"(Mahoney 2000,p.416)

② 我从一篇论述对先进福利国家的多元回归比较研究的局限的文章中学到了很多东西,那篇文章是迈克尔·沙列夫(Michael Shalev)拿给我看的,即使他目前尚不希望被人详细引用(Shalev 1998—1999)。然而,我应该指出,沙列夫偏爱的选项并不是比较历史分析,而是定量分析的一些更简单的形式,他坦白承认了福利国家比较研究所处理的有限数量案例的结果。

tive Method，1987)和加里·金、罗伯特·基欧汉和西德尼·维巴的《设计社会调查》都认为,定性研究和定量研究原则上遵循相同的底层逻辑。① 这尤其意味着,分析历史研究中发展和使用的假说必须系统地、以复杂的多重方式、根据经验证据加以检验。我认为,这种检验事实上属于大规模的经验检验,而各种精密复杂的假说识别、追踪和比较因果序列的模式常常依然是隐含的。

然而,跨案例比较历史宏观分析的相似和差别遇到了一些少量案例对研究可用方面的困难。要点不仅是太少案例寻求太多因果要素这个直接问题。对于很多跨案例分析来说,这是一个让人丧失能力的难题,尽管它看上去可能不像很多批评者断言的那么难。案例内比较与跨案例比较的结合可能缓解这个问题,至少在某种程度上是这样。此外,基于关于底层原因的确定性假设的定类比较并不需要大量的案例来获得统计学的意义(Mahoney 2000, pp. 395—396,转引自 Dion 1998)。在某些环境下,有可能审视数量很大的案例而不损失对每个案例史的熟悉(参见 Rueschemeyer et al. 1992)。但少量案例依然是宏观比较研究的一个严重障碍。

有人倾向于认为,有了各种关于现实的底层结构,还有关于因果关系的假设(参见本书中霍尔的文章),有了已经进步很多的方法论改良,小样本历史研究已经达到了一定的效力水平,可以与主流方法论的大样本模型相比。因此,比较历史分析应当被授予与定量研究同样的地位。我这里关心的主要问题恰好是关于社会现实的因果模式不同的底层假设。尽管我们对这些"本体论"模式有一些猜测,但关于这些因果模型的现实性,很难找出更多的东西,这是由于证据的局限,包括很重要的跨案例分析的数字局限。与此同时,值得指出的是,最终,定量研究同样也有这些局限,因为多元回归分析也预设了一些很可能并不现实的因果模型。②

---

① 拉金的书是对定性方法的捍卫,以及一次试图在定性研究者当中提升方法论的思考和实践水平的努力。金、基欧汉和维巴把对定量研究的方法论思考作为他们的起始点,以定性研究的这些结论为依据。有一点倒是真的:更棒的方法论思考是定量研究传统的力量之一。但是,正如已经指出的,方法论思考在比较历史分析中已经有极大的进步。金等人的书的一篇评论承认了这两点,但指出,通过更平等的对话可以获益多多,这篇评论收录在 Munck 1998 中。

② 关于定量宏观研究为什么有小样本比较研究一样的局限,另一个更琐碎却同样有力的理由是,对很多问题来说,数量很大的可比较案例并不存在。正如经常出现的情况,当定量跨案例分析局限于审视标准化案例特征而没有通过案例内因果追踪予以补充时,这些局限就更为严重了。

例如，什么时候，根据什么理由，我们可以做出这样的臆断：一组原因可以合理地被认为是决定性的，因此让定类比较成为选择程序？在定类比较中，一次偏离就导致对一个假说的否定，但数量十分有限的策略性证实大大提高了分析的可信度。类似的问题源自另外任何一组关于因果模式的假设。正是在这个更宽泛的意义上，我们还必须审视那些源自实验设计中所包含的因果逻辑的古老论证，在宏观因果分析中，不仅不可能"回到历史"，而且，用随机化来接近实验性因果逻辑也极其困难。数量不可避免地很少的案例，最终给我们探索这些底层假设强加了一些限制，我把这些限制视为不同小样本难题当中最严重的。

我将以一个甚至更宽泛的思考，来结束这些对历史宏观因果比较可能得出的理论断言的保留意见。一代人之前，比较历史分析的复活在很大程度上是一次反叛，反抗的是宏大理论的、功能主义现代化理论的和转向高度学术性的新马克思主义的那些所谓的概念规划。这次反叛也是一次撤退，避开比较历史研究的理想标准，这个标准要求用独立于特定时间和空间而指定的变量（variable）取代那些定位于特定时间和空间的现象的数名（proper name）（Przeworski and Teune 1970, pp. 24—26）。在理想的逻辑世界里，这是一个有说服力的标准。它并没有被那些宏大的研究计划所实现，这些计划主宰着第二次世界大战之后漫长的第一代。但是，如果我们为了获得对重要结果的非琐碎实质性解释的优势而不得不放弃它，则对损失有清晰的认识或许是有用的。被历史所限定的解释——在它们断言的因果模式上以及在因果关系据说成立的范围上被历史所限定——不可避免地涉及无穷数量的没有具体说明的条件，因为，独一无二的历史现象天生就与太阳底下的万事万物有关。按照理想标准衡量，这确实是一个不能令人满意的事态，目光所及之处，没有任何解决办法。

六、经过检验的经验假说和有说服力的解释并非比较研究唯一有价值的产品

宏观比较研究的内在困难暗示了一些不很乐观的结论。一方面，我们可

第九章 一个或少数几个案例能产生理论获益吗

以让下面这个说法貌似有理:宏观语境中的变化在因果上与很多重要现象和过程的结果有关。另一方面,我们明显遇到了麻烦,即使是想象这样一个知识状态:它符合对于有效知识如何获得的实证主义理想化。即使按照更普通的标准,也必须说,在那些尚没有遭到已知证据质疑的强有力的解释性假说上,社会学和政治学的成果通常并不丰富。一代人之前,艾克斯坦(Eckstein 1975,p.99)谈到了"embarras de pauvreté"(法语:匮乏的困窘),以及打那之后很难有实质性好转的情境。对这个困境的一个回应是虚无主义,潜藏在后现代相对主义更极端的版本之下。

考虑到缺乏关于非琐碎问题的已经得到检验的理论命题,更不用说值得更高级理论概念的合乎逻辑的命题了,看来,我们的方法论讨论的精密复杂似乎超过了我们的理论成就。此外,由于某些研究领域比其他领域更适合执行理论上可靠的方法论规则,因此这些(部分)成功经常被用来合法攻击其他领域使用的实际程序。而完全不顾下面这个事实:这些其他领域所探究的研究问题,对于那些在方法论上更先进的领域中的综合答案,或许也是——事实上很可能是——相关的。毕竟,一切社会科学的解释都在尚未解释的待解释事物中留下了数量可观的变异。部分解释可能完全是误导性的,古老的谚语"一知半解害死人"捕捉到了这一点。同样的观点在一个关于醉鬼的笑话中更激进地提出来了,当有人问那个醉鬼为什么在街灯下找钥匙时,他答道:"因为这里我能看见。"

然而,我心里想到的,不只是在定量研究与定性研究之间的战斗中恳求停火。我希望证明,我们不应该忽视那些得到充分说明和检验的假说的可欲性,我们还必须赏识一种并不那么令人印象深刻却更加稳定和微妙的知识。比较历史分析产生过一些强有力的理论命题,并对一些有趣的历史发展提出了很多貌似有理的解释,它们常常使用更具体的,尽管常常受历史条件限制的假说。然而,它还对我们理解一些大的、重要的变革过程做出了更多贡献。这些贡献的范围从详细说明跨越政治、社会和文化边界的概念等价,到识别不同历史语境中发生的普遍的或十分一般的问题,再到高度聚焦的理论框架的发展,这样的框架对于分析历史研究来说是必不可少的,即使它们本身不是(目前尚不是)可验证的理论。在其中每一种情况下,比较历史分析都很重要,理由主要有两个:即使面对方法论的各种困难,它也坚持探究那些在比较上很重要的问题;它积极地在理论上面对证据是这项研究的典型特征。

半个世纪之前,罗伯特·莫顿(Robert Merton)为"中层理论"辩护,反对塔尔科特·帕森斯(Talcott Parsons)的宏大概念构建(Merton [1949] 1968),T. H. 马歇尔类似地为他所说的"垫脚石理论"辩解。然而,如果我们贴近审视中层理论的范式样本,即参照组理论,我们就会得出一个有意义的发现。无论是在处理认知评估的那个版本中(例如解释军队不同分支机构中被感知到的晋升机会),还是在它对规范导向的应用中(例如指向预期社会化在职业提升过程中的作用),参照组理论都灌输了一种良好的解释感,但它没有预测能力。理由很明显:它并没有足够详细地说明"参照"什么,谁参照,在什么条件下参照。它代表了一个因果假说,却是一个其条件并未充分说明的因果假说。这样的说明不充分是最近在"机制"这个标签下吸引大量关注的很多理论命题的典型特征。①

这种不完整的理论命题在当代社会科学中稀松平常。理性行动理论的大多数模型具有同样的特征,正如它们对于人们追寻什么、人们如何理解他们身处的情境,以及引导和约束人们的是哪些规范和价值,提出了一些未充分说明的假设。分析导向的历史学家在其因果解释中所使用的很多——暗含的或已经阐述的——命题同样是未充分说明的。

然而,很难否认,这样一些有时候为真的理论构成了知识的真正进步。参照组理论认为,认知评估往往通过参照某些种类的经历来获得依据,防止天真地用观察者对"客观"情境的评估替代对被观察者的理解和评估。识别"集体行动难题"的理性选择分析防止我们做出这样的假设:数量庞大的人或组织所共享的利益必然导致或者几乎总是导致协调行动。就算两者都没有具体到足以被直接检验,它们也赋予常见难题的研究以有用的新导向。②

---

① 关于最近对机制的兴趣的复兴,参见 Hedstrom and Swedberg 1998 和更早的 Stinchcombe 1991。关于这个富有讽刺意味的阐述,参见 Stinchcombe 1998,p. 267 和 Coleman 1964,pp. 516—519。

② 关于参照组理论,参见 Merton 1968。具有讽刺意味的是,莫顿在同一本论述社会学理论的开创性的论文集的开头几章中,区分了元理论特征的"理论导向"与更狭隘意义上的理论命题。我早先的评论暗示,中层理论——他把自己对社会分析未来的赌注押在这些理论上——实际上最好被理解为前者的实例,而不是后者的实例。在这种情况下,它们可以成为下一个被低估的理论结果范畴的重要组成部分:焦点理论框架。

第九章 一个或少数几个案例能产生理论获益吗

如果我们的注意力完全集中于可检验的和已经得到检验的假说,那么,容易被低估的第二个类别的理论成果,就是我们多次提到的用于特定实质性问题领域研究的焦点理论框架。这些框架有着深远的意义。这些理论框架识别研究难题,提供有用的概念化,并给问题选择和相关因素的概念识别提供理由,它们塑造了一组给定问题的分析,并反过来根据结果予以重新阐述。它们在某种意义上是元理论,但是,与传统的宏大社会理论形成鲜明对照的是,它们是具体主题和具体问题的元理论。我之所以把它们描述为元理论,乃是因为它们并不是可以直接检验的,而是试图为研究建立成果最丰硕的知识框架。然而,在比较历史研究中,它们本身是至关重要的。汤普森(Thompson 1978, pp. 45—46)在描述解释性预期在历史研究中的使用时,说的是一回事:

> 它们并不强加规则,但它们加速并方便了对证据的质询,即使人们常常发现每个案例都以这样或那样特定的方式背离规则。证据……不受规则的控制,但没有规则就不可能理解证据,证据把自己的不规则提供给规则。

汤普森自己对马克思主义架构阶级形成方式的再阐述,强调以社会为基础的文化模式的持久效应,以及社会构造在阶级组织及阶级目标形成中的重要成分,是这样一个主题具体的元理论的绝佳实例。[①] 我承认,社会理论和政治理论中一些最重要的进步,并不是在那些普遍适用的、经验上可检验和已经得到检验的具体命题中找到的,而是在那些已经得到检验并对于特定分析领域的研究有用的理论框架中找到的,比方说对阶级形成、革命或宪法改变的研究。

有一个实现程度远逊但在认知上非常值得尊敬的进步,可能来自历史案例研究中的理论预期与证据之间的对话,这就是识别普遍的或十分一般的问题,对这些问题的可变回应,人们的理解依然很糟糕。集体行动难题提供了诸多实例之一:它的严重性,以及不同行动者在具体历史情境中成功和不成功回应的多变性,都没有被很好地理解,尽管在诸如社会运动分析或国家-社会关

[①] 我们受益于我们在《资本主义发展与民主》中对阶级分析所做的这一重新定向(Rueschemeyer *et al*. 1992, pp. 53—57 passim)。

系分析这样一些不同的领域,从理论上架构这个问题取得了一些重要的进步。① 此外,在很多五花八门的历史研究中所审视的这种问题中,更具体的问题是专家服务的社会组织,这些组织应用更高级的知识来解决委托人所遇到的一些紧迫而重要的难题,而这个委托人并不那么了解情况,因此限制了它控制专家的能力。② 尤尔根·施里维尔(Jürgen Schriewer,1999)提供了另外一些来自比较教育研究的实例。施里维尔把回应常见问题的多变性(连同全球体系中一切社会现象的相互关系)作为建议重新定向比较研究的基础,这样的比较研究比我在这里呈现的那些观念更激进地偏离社会分析的实证主义版本。我并不倾向于遵循他的论证路线,但我希望证明,对常见的、大概也是普遍的问题的识别应当算作比较案例研究的重要成就之一。③

最后,从比较历史研究中,甚至从双案例研究中,有一个获益更加普通得多,但对未来的比较研究至关重要。对两个不同的社会、国家或文化场景中类似现象的任何比较都必须确定跨越两个语境的概念等价,这是一项远比大多数社会学家所认为的更加棘手的任务,这些社会学家要么是在他们自己的社会内部从经验上进行研究,要么是在抽象层面上提出理论上的证明,把所有社会特性留在视野之外。然而,在一个声称要研究社会的学科的研究工作中,这个令人吃惊的二元性,以及对社会学研究中很多常见主题缺乏比较研究,可能恰好要归因于建立这样一种概念等价的基本困难,这样的概念等价公平对待两个或两个以上的宏观社会语境和文化语境,同时忠实地描绘假说的分析意图及其涉及的理论框架。即使像医学工作或法律工作那样简单的概念,也需要把本地的理解和概念化翻译成一种更普遍的概念通用语。只有极其仔细地审视两个或两个以上的社会和文化语境,才能做到这一点。这样的研究可能确实超越了孤立的概念等价,而且导致具体主题的元理论或对常见难题的识

---

① 对集体行动所涉及机制的巨大多样性的一次系统考量,参见马克·利奇巴赫很重要的两本书(Lichbach 1995,1996)。

② 比较研究把这些研究从对专家服务提供的基于市场的理解拓宽到了一个更广泛的理解,包括基于国家的和其他形式的社会控制(Rueschemeyer 1986,ch. vi)。这批扩大了的研究文献中,我这里只引用了 Freidson 1970、Johnson 1972、Rueschemeyer 1973 和 Larson 1977。

③ 参见 Schriewer 1999,pp.63—83。我要补充的是,不久前,当我评论赖因哈德·本迪克斯的比较历史作品时,我更加倾向于对这样的研究做轻蔑的批评。

别,但概念等价本身肯定是一个非琐碎的获益。①

七、从一个或少数几个案例中能学到什么

比较历史分析能够做的事情,比它的诋毁者所承认的多得多。但它达不到——像它的"表兄弟"即宏观比较定量研究一样——新实证主义所启发的那个理想:普遍适用的社会理论这个标准,其命题有着实质性的意义,在独立于时间和空间的特定条件下成立。完全有可能的是,这个理想与实际宏观社会分析之间的距离不可能闭合。

然而,即使是分析导向的单个历史案例分析,也可能产生重要的理论获益。这些获益远远超出了拒绝接受案例与之偏离的决定论命题,也超出了一个命题从最不可能条件下的证实中得到的更高可信度。它们包括新假说的产生,以及根据透彻分析历史案例所提供的多个数据点,对这些假说进行检验和再检验。对单一历史案例研究的很多怀疑源自错误地把单个案例等同于单个观察材料。

然而,单个历史过程并不完全"内嵌它自身的因果关系"。这个阐述所暗示的绝对归纳主义,在分析导向的历史学中就像在其他研究模式中一样是不可能的。事实上,最好的分析史学以高度的理论反思为特征,把范围广泛的先前的观察和分析包含在理论框架中。源自这些框架的预期聚焦并引导研究,不管它的主要目标是对特定发展的因果解释,还是对阐述和检验这些解释中所使用的理论命题感兴趣。

局限于单个案例的分析——不管它们在特征上是定性的和历史的,还是定量的和当前导向的——不可能有效地处理那些在案例边界内大抵保持恒定甚或完全保持恒定(或者只是在那个结构语境或文化语境中不那么明显)的因素。这就是超越单个案例边界为什么能够质疑那些表面上牢固确立的因果解释并产生新问题和新洞见的原因。跨案例分析对于理解宏观现象中的变化至

---

① 在《律师与他们的社会》(*Lawyers and Their Society*, Rueschemeyer 1973)中,我不得不处理关乎法律工作的概念等价。在后来的一篇文章中,我专门聚焦于涉及法律工作的等价问题,但现在,范围跨越了更多的国家(Rueschemeyer 1989)。

关重要,这些变化经常改变中观和微观现象的动态。

尽管比较历史分析中的方法论反思和实践的精细化在近年来大有进展,但数量必然很小的案例的局限依然是个严重的问题。这不只是——甚至不主要是——与下面这个事实有关:跨案例比较常常涉及太多的相关因素。同样重要或者更重要的难题是,有限数量的大案例并不允许我们得出关于我们就底层因果模式提出的假设的合理结论。正是在这里,我实际上看到了一些不可逾越的障碍。阻塞了接近下面这个理想的能力:一个普遍适用的且同时有着实质重要性的社会理论。

然而,阅读最优秀的比较历史作品,或者参与这样的研究,给予我们一种洞见和理解的感觉,似乎与这个消极的结论相悖。在最后几个段落,我试图说明这种智力成就感。我认为,与令人信服的因果解释以及这些解释所涉及的部分一般化的命题携手并行,比较历史分析还产生了另外一些成果——即使它们并没有构成可直接检验的、有着实质性力量的命题,它们也构成了实实在在的理论获益。在这些获益中,最重要的大概是那些指导分析历史研究并反过来被它所修订的理论框架。

参考文献

Campbell, Donald T. 1961. "The Mutual Methodological Relevance of Anthropology and Psychology." Pp. 333—352 in *Psychological Anthropology: Approaches to Culture and Personality*, edited by F. L. K. Hsu. Homewood, IL: Dorsey Press.

——1975. "'Degrees of Freedom' and the Case Study." *Comparative Political Studies* 8: 178—193.

Campbell, Donald T. and J. C. Stanley. 1966. *Experimental and Quasi-Experimental Design for Research*. Chicago: Rand McNally.

Coleman, James S. 1964. *Introduction to Mathematical Sociology*. New York: Free Press of Glencoe.

Collier, David and James Mahoney. 1996. "Insights and Pitfalls: Selection Bias in Qualitative Research." *World Politics* 49: 56—91.

Dion, Douglas. 1998. "Evidence and Inference in the Comparative Case Study." *Comparative Politics* 30: 127—146.

第九章 一个或少数几个案例能产生理论获益吗

Djilas, Milovan. 1957. *The New Class: An Analysis of the Communist System*. New York: Praeger.

Eckstein, Harry. 1975. "Case Studies and Theory in Political Science." Pp. 79—138 in *Handbook of Political Science 7*, edited by Fred Greenstein and Nelson W. Polsby. Reading, MA: Addison-Wesley.

Emigh, Rebecca Jean. 1997. "The Power of Negative Thinking: The Use of Negative Case Methodology in the Development of Sociological Theory." *Theory and Society* 26: 649—84.

Freidson, Eliot. 1970. *Profession of Medicine: A Study of the Sociology of Applied Knowledge*. New York: Dodd, Mead.

Hedstrom, Peter and Richard Swedberg. 1998. *Social Mechanisms: An Analytical Approach to Social Theory*. Cambridge: Cambridge University Press.

Johnson, T. J. 1972. *Professions and Power*. London: Macmillan.

King, Gary, Robert O. Keohane, and Sidney Verba. 1994. *Designing Social Inquiry: Scientific Inference in Qualitative Research*. Princeton, NJ: Princeton University Press.

Larson, Magali Sarfatti. 1977. *The Rise of Professionalism: A • Sociological Analysis*. Berkeley: University of California Press.

Lichbach, Mark. 1995. *The Rebel's Dilemma*. Ann Arbor: University of Michigan Press.

1996. *The Cooperator's Dilemma*. Ann Arbor: University of Michigan Press.

Lijphart, Arend. 1971. "Comparative Politics and the Comparative Method." *American Political Science Review* 65: 682—693.

1975. "The Comparable Cases Strategy in Comparative Research." *Comparative Political Studies* 8: 158—177.

Lipset, Seymour M., Martin Trow, and James Coleman. 1956. *Union Democracy: The Internal Politics of the International Typographical Union. What Makes Democracy Work in Labor Unions and Other Organizations?* Glencoe, IL: The Free Press.

Mahoney, James. 1999. "Nominal, Ordinal, and Narrative Appraisal in Macrocausal Analysis." *American Journal of Sociology* 104: 1154—1196.

2000. "Strategies of Causal Inference in Small-N Analysis." *Sociological Methods and Research* 28: 387—424.

Merton, Robert K. [1949] 1968. *Social Theory and Social Structure*, 3rd ed. New

York: Free Press.

Michels, Robert. [1911] 1999. *Political Parties: A Sociological Study of the Oligarchical Tendencies of Modem Democracy*. New Brunswick, NJ: Transaction Publishers.

Moore, Barrington, Jr. 1966. *The Social Origins of Dictatorship and Democracy*. Boston: Beacon Press.

Munck, Gerardo L. 1998. "Canons of Research Design in Qualitative Analysis." *Studies in Comparative International Development* 33:18—45.

Norris, Pippa. 1996. "Does Television Erode Social Capital? A Reply to Putnam." *PS: Political Science and Politics* 29:474—80.

Przeworski, Adam and Henry Teune. 1970. *The Logic of Comparative Social Inquiry*. New York: Wiley-Interscience.

Putnam, Robert D. 1995a. "Bowling Alone." *Journal of Democracy* 6:65—78.

——— 1995b. "Tuning In, Tuning Out: The Strange Disappearance of Social Capital in America." *PS: Political Science and Politics* 28:664—683.

——— 1998. "Democracy in America at the End of the Twentieth Century." Pp. 233—265 in *Participation and Democracy East and West: Comparisons and Interpretations*, edited by D. Rueschemeyer, M. Rueschemeyer, and B. Wittrock. Armonk, NY: M. E. Sharpe.

Ragin, Charles C. 1987. *The Comparative Method: Moving Beyond Qualitative and Quantitative Strategies*. Berkeley: University of California Press.

Ragin, Charles C. and Howard S. Becker, eds. 1992. *What Is a Case? Exploring the Foundations of Social Inquiry*. Cambridge: Cambridge University Press.

Raser, J. R., D. T. Campbell, and R. W. Chadwick. 1970. "Gaming and Simulation for Developing Theory Relevant to International Relations." *General Systems* 15:183—204.

Rueschemeyer, Dietrich. 1973. Lawyers and Their Societies: A Comparative Study of the Legal Profession in Germany and the United States. Cambridge, MA: Harvard University Press.

——— 1984. "Theoretical Generalization and Historical Particularity in the Comparative Sociology of Reinhard Bendix." Pp. 129—169 in *Vision and Method in Historical Sociology*, edited by Theda Skocpol. Cambridge: Cambridge University Press.

——— 1986. *Power and the Division of Labour*. Stanford, CA: Stanford University Press.

——— 1989. "Comparing Legal Professions Cross-Nationally: From a Professions-Centered Approach to a State-Centered Approach." Pp. 289—321 in *Lawyers in Society*, vol. Ⅲ:

第九章 一个或少数几个案例能产生理论获益吗

Comparative Theories, edited by Richard L. Abel and Philip S. Lewis. Berkeley: University of California Press.

Rueschemeyer, Dietrich, Marilyn Rueschemeyer, and Björn Wittrock. 1998. "Conclusion: Contrasting Patterns of Participation and Democracy." Pp. 266—284 in *Participation and Democracy East and West: Comparisons and Interpretations*, edited by D. Rueschemeyer, M. Rueschemeyer, and B. Wittrock. Armonk, NY: M. E. Sharpe.

Rueschemeyer, Dietrich, Evelyne Huber Stephens, and John D. Stephens. 1992. *Capitalist Development and Democracy*. Chicago: University of Chicago Press.

Rueschemeyer, Dietrich and John D. Stephens. 1997. "Comparing Historical Sequences—A Powerful Tool for Causal Analysis. A Reply to John Goldthorpe's 'Current Issues in Comparative Macrosociology'." *Comparative Social Research* 16:55—72.

Schriewer, Jürgen. 1999. "Vergleich und Erklärung zwischen Kausalität und Komplexität." Pp. 53—102 in *Diskurse und Entwicklungspfade: Der Gesellschaftsvergleich in den Geschichts-und Sozialwissenschaften*, edited by Hartmut Kaelble and Jürgen Schriewer. Frankfurt: Campus.

Sewell, William H., Jr. 1996. "Three Temporalities: Toward an Eventful Sociology." Pp. 245—280 in *The Historic Turn in the Human Sciences*, edited by J. McDonald. Ann Arbor: University of Michigan Press.

Shalev, Michael. 1998—1999. "Limits of and Alternatives to Multiple Regression in Macro-Comparative Research." Paper presented at the second conference on "The Welfare State at the Crossroads," Stockholm, June 1998.

Skocpol, Theda. 1979. *States and Social Revolutions: A Comparative Analysis of France, Russia and China*. Cambridge: Cambridge University Press.

Smelser, Neil J. 1976. *Comparative Methods in the Social Sciences*. Englewood Cliffs, NJ: Prentice-Hall.

Stinchcombe, Arthur L. 1968. *Constructing Sociological Theories*. New York: Harcourt, Brace & World.

——1978. *Theoretical Methods in Social History*. New York: Academic Press.

——1991. "The Conditions of Fruitfulness of Theorizing about Mechanisms in Social Science." *Philosophy of the Social Sciences* 21:367—387.

——1998. "Monopolistic Competition as a Mechanism: Corporations, Universities, and Nation-States in Competitive Fields." Pp. 267—305 in *Social Mechanisms: An Analytical*

Approach to Social Theory, edited by P. Hedstrom and R. Swedberg. Cambridge: Cambridge University Press.

Thompson, E. P. 1963. *The Making of the English Working Class*. London: Gollancz. 1978. *The Poverty of Theory and Other Essays*. New York: Monthly Review Press.

Trimberger, Ellen Kay. 1984. "E. P. Thompson: Understanding the Process of History." Pp. 211—243 in *Vision and Method in Historical Sociology*, edited by Theda Skocpol. Cambridge: Cambridge University Press.

Trubek, David M. 1972. "Max Weber on Law and the Rise of Capitalism." *Wisconsin Law Review* 3:720—753.

第十章　比较历史分析中的因果评估策略*

詹姆斯·马汉尼
(James Mahoney)

一些论述比较历史方法的学者有时候使得这一研究传统看似有单一的基本方法来识别因果模式。但事实上，比较历史分析者在他们的实质性研究中使用范围广泛的因果评估策略。这些策略既包括把案例彼此并列的方法，也包括分析个别案例之内发生的过程的方法；既包括旨在识别一个结果的必要原因或充分原因的技术，也包括在线性模式中定位那些与结果共变的因果要素的工具。那么，比较历史研究者并不是狭隘地把自己局限于任何一个方法，而是在方法的使用上兼收并蓄。

在本文中，我将努力系统地分析这些不同的因果分析策略。我的主要目标是明确说明这些策略所需要的具体程序，讨论它们关于因果性的底层假设，评估它们相对而言的力量和弱点。在这个过程中，我将卷入关于小样本对大样本研究的长期争论。[①] 我将特别关注不同的比较历史方法在哪些方面能够或不能够与那些指导传统统计学方法中的因果推理的假设相比较。我希望这一讨论会有助于厘清小样本研究的拥护者与大样本研究的拥护者之间所产生的误解，并把注意力的焦点重新对准这两个传统之间真正的争论点。

本文将识别因果分析的三个基本策略，在比较历史研究的特定工作中三

---

* 对定序分析与案例内分析的讨论，有些部分取自詹姆斯·马汉尼的"小样本分析中的因果推理策略"，载 *Sociological Methods and Research* 28：4（May 2000），pp. 387—424。迪特里希·鲁施迈耶提供了很多有帮助的评论。这一材料基于国家科学基金（Grant No. 0093754）支持的研究工作。

① 参见 Lijphart 1971,1975；Smelser 1976；Lieberson 1991,1994,1998；Collier 1993；Goldthorpe 1997；Goldstone 1997；Rueschemeyer and Stephens 1997；Ragin 1997；Munck 1998。

者常常被结合采用。其中每一个策略都可能需要很多更具体的、在一些重要方面有所不同的方法。然而,为了分类的目的,这些策略可以从两个维度来定义:测量水平和集合水平(参见表10.1)。定序策略(ordinal strategy)和定类策略(nominal strategy)都是跨越高度集合单位(例如民族国家)来进行比较,但这两个策略在测量水平上有所不同。定类策略使用定类测量来比较,定序策略使用定序测量来比较。相比之下,案例内策略在集合水平的维度上不同于这两个策略。定类策略和定序策略涉及跨案例比较,而案例内策略需要转向分解,并聚焦于特定的案例内比较。就测量水平而言,案例内策略并不与定序策略和定类策略相对比。事实上,正如我们将看到的那样,案例内策略可以结合多个测量水平使用,包括定类测量、定序测量和定距(interval)测量。

表 10.1　　　　　　　　小样本分析的因果推理策略

		测量水平		
		定类	定序	定距
集合水平	集合的	定类策略	定序策略	通常不用
	分解的		案例内分析	

因果推理逻辑中的重要对比构成了定类策略和定序策略的基础。定类策略隐含地或明确地假设对围绕必要条件和充分条件观念构建的因果关系的非线性理解。对因果关系的这一理解完全不同于大多数大样本研究者所使用的理解,他们常常分析线性因果关系,很少对必要条件和充分条件进行检验。相比之下,定序策略更能与那些指导很多大样本研究的相互关系假设相比较。但与此同时,有些比较历史研究者认为,定序分析(大概还包括大多数统计学研究)本身最好是从必要条件和充分条件的角度来理解。案例内策略的不同变种可以结合对因果关系的不同理解来使用。在有些实例中,案例内分析可以取代那些构成定类策略和定序策略之基础的程序;而在另一些案例中,这种分析可能涉及对大量观察材料的统计学估算。

定类比较与决定论的问题

定类比较(或范畴比较)需要使用一些范畴,它们是互相排斥的(案例不可能按照一个以上的范畴来归类)和集体穷尽的(一个范畴适用于每个案例)。①在比较历史研究中,这些范畴的例证包括各种不同的政体分类(例如民主政体、威权主义政体和独裁政体)、不同国家的类型(例如保守主义的、自由主义的和社会民主主义的福利国家),以及数不清的二分变量(例如革命对反革命)。由于这些生动的标签可以归于定类的范畴,因此比较历史分析常常用这种比较来概述其论证。此外,作为研究的第一步,比较历史分析可以使用定类比较来测量自变量和因变量,来生成初步感觉——潜在的解释与结果是不是大致匹配。

然而,我在这一节关注的是使用定类比较来系统评估可选解释的有效性。在接下来的讨论中,我将考量如何为了这项任务而使用决定论的和盖然论的定类方法。

什么是决定论的解释

尽管比较历史分析常常被批评提供"决定论的"解释,但决定论这个概念常常并没有被清晰地定义。在有些学者看来,决定论需要聚焦于结构变量,而忽略作用者(参见 Giddens 1979)。例如,那些认为西达·斯科克波的《国家与社会革命》(1979)饱受决定论之害的分析者真正关心的常常是它相对于作用者更强调结构(例如 Colburn 1994;Selbin 1993;还可参看 Skocpol 1994)。在本文中,我并不关心这种决定论,尽管我相信很多比较历史研究者在其研究中把作用者与结构有效地结合起来了(Mahoney and Snyder 1999)。

在另外一些学者看来,决定论代表了对世界性质的一种可能与盖然论形成鲜明对照的特定理解。在这个观点看来,完全决定论的方法假设——这个世界上发生的所有事情都是非随机的先在事件的产物——给定正确的变量、方法和度量手段,这个世界就是完全可预测的。相比之下,完全盖然论的方法假设,这个世界上发生的所有事情至少在部分程度上都是内在随机的过程的产物,理论上甚至不可识别。结果,完全预测在所有环境下都是不可能的。这

---

① 关于不同层面的测量,定类分类法有时候被认为并不复杂,因为它并不涉及等级排序案例,给特定案例在何种程度上彼此不同进行定量就更不用说了。但对于把某些种类的现象概念化,定类范畴高度适当(Sartori 1987,还可参看 Collier and Adcock 1999)。

两种方法摆出了尖锐对立的架势,在社会科学研究中使用决定论解释和使用盖然论解释的学者们不必完全接受一方或另一方。例如,采用决定论解释的学者可以假设:这个世界上很多事情符合盖然论的理解,只有经过选择的案例才能按照决定论的方式建模。同样,使用盖然论解释的学者可以假设,这个世界实际上是决定论的,但我们没有能力识别和正确度量所有相关变量,这迫使我们行动时仿佛这个世界是盖然论的(参见 Goldthorpe 2000, pp.137－138; King, Keohane, and Verba 1994, pp.59－60)。

在实际研究中,一个决定论的解释假设存在这样的原因:它们至少在某些方面展示了一个规定案例范围之内与结果之间的恒定关系。例如,在大多数统计学研究中,一个决定论的解释假设:一个解释变量的值完全预测了一个结果变量的值,在特定群体之内没有错误。结果,至少对这个特定群体之内的每个案例而言,你可以预测一个解释变量的给定变化对结果变量的准确因果影响。统计学研究者没有能力构想成功的决定论模型,这意味着这一领域的几乎所有研究都采用假设这种预测不可能的盖然论解释。

在比较历史研究中,一个决定论解释通常涉及给一些条件(或条件的组合)建模,这些条件对于规定案例群内一个结果的发生是必要的或充分的。这种分析还提出某些预言性的假设。例如,对于一个必要原因来说,至少在相关的案例群之内,这个原因的不存在始终与所考量的那个结果的不存在有关联。对于一个充分原因来说,这个原因的存在始终与所考量的那个结果的存在有关联(再一次是在相关的案例群之内)。只有当一个给定因素是必要且充分的原因时,当这个原因存在时结果始终存在,当这个原因不存在时结果始终不存在。

比较历史研究者常常隐含地把一个盖然论解释理解为这样一种解释:在这个解释中,解释变量(或变量的组合)当作对于一个结果发生在某个规定程度上是必要的或充分的原因来处理。例如,一个盖然论解释可能把一些解释变量(或变量的组合)当作几乎始终是必要的或几乎始终是充分的条件来处理。对于这种解释,分析者可以假设:一个内在随机的过程解释了一个条件为什么对于一个相关结果并不始终是必要的或始终是充分的。或者,分析者可以假设:这个世界实际上完全是决定论的,度量错误解释了盖然论的关系。然而,在任何一种情况下,研究者都没有致力于一个决定论的解释。

决定论的方法

有些定类技术被比较历史研究者用决定论的方式使用,最著名的是 J. S. 穆勒的一致法①和差异法②。尽管穆勒的这些方法并不允许多解释因素或交互效应的分析,但它们为排除潜在的必要原因和充分原因提供了坚实的逻辑基础。③ 具体地说,一致法可以用来排除潜在的必要原因,而差异法可以用来排除潜在的充分原因。因此,在一致法那里,相关结果出现于所有案例中。所以,对于并不为这些案例所共有的任何假定原因,个别地对结果的发生是必要的在逻辑上是不可能的,因为有些案例具有结果但并不具有原因。相比之下,在差异法那里,结果出现在某些案例中而不出现在另外一些案例中。因此,并不为所有案例所共有的任何假定原因,其本身对结果来说不可能是充分的,因为并非所有具备这些假定原因的案例都经历了相关结果。

有了这些决定论的方法,一次背离假定的必要的或充分的因果模式就足以排除一个给定因素作为潜在的原因。结果,即使在只选择少量案例时,这些方法也为系统地排除互相竞争的因果假说提供了一个强有力的基础。例如,保琳娜·琼斯·卢翁(Pauline Jones Luong, 2002)在对后苏联时期中亚各国全国性选举制度的差别所做的解释中,使用了差异法来排除那些在各国之间并无变化的貌似有理的因果要素。她指出,考虑到它们类似的社会经济发展水平,你不可能认为发展水平本身对于吉尔吉斯斯坦包容性的平民主义选举

---

① 用这个论证方法,分析者试图确定,尽管在另外一些重要方面千变万化,但是那些有着共同结果的案例是不是也有共同的假设因果要素(参见 Skocpol and Somers 1980)。

② 分析者使用差异法把那些存在一个正在研究的结果和假设因果要素的案例与另外一些结果和假设原因都不存在的案例进行对照,即使这些案例在其他很多方面是类似的(参见 Skocpol and Somers 1980)。

③ 它着重强调使用这些方法可能排除的那些因果要素,结合其他因素,代表了一个更大组合的组成部分,这个组合本身对于一个重要结果是必要的或充分的。一致法和差异法并没有为分析这样的变量组合提供基础,除非把这些组合当作一个单一因素来处理。例如,斯科克波(Skocpol 1979)就以这种方式使用这些方法(参见 Mahoney 1999, p. 1158)。还有一点值得指出:"最类似的系统设计"和"最不同的系统设计"分别有着与差异法和一致法相同的逻辑结构,除了普沃斯基和利蒙吉(Przeworski and Limongi 1970)起初对这些设计的阐述之外,它们基于这样一个前提——学者结合了这两个分析层面。

制度、乌兹别克斯坦限制性的集权主义选举制度和哈萨克斯坦的杂交选举制度是充分的。同样，在《形成中的种族与国家：美国、南非和巴西的比较》(*Making Race and Nation: A Comparison of the United States, South Africa, and Brazil*, 1998)中，安东尼·W. 马克斯(Anthony W. Marx)使用一致法的排除过程来评估对美国与南非种族统治中的重要相似性所做的解释。他排除了那些在这两个国家之间并没有系统地改变的因素，比如非洲或非裔多数人口的存在，因为它们本身在解释相关的重要相似性上并不是必要条件。与此同时，马克斯使用差异法排除这两个国家压制性的种族统治与巴西显著的种族宽容之间差别的可能解释。例如，早期的强迫劳动和殖民歧视的存在被排除了，因为这些因素在这三个国家之间并无变化。

在使用一致法和差别法排除起初貌似有理的解释这个背景之下，比较历史研究者经常提出他们偏爱的论证，作为一个可以经受决定论检验的论证。当这种情况发生时，比较历史分析的分析逻辑可能有着惊人的说服力。例如，卢翁的解释凸显了中亚的中央领导人和地区领导人对于他们之间互相对比的相对权力的认知，鉴于其他很多貌似有理的解释的失败，这个解释似乎引人注目地有说服力。同样有说服力的是马克斯对美国与南非之间重要相似性的解释，这个解释强调布尔战争和美国内战之后白人之间重大分裂的存在。最终，在这两个国家，通过系统性地把黑人排除在外的种族统治体制的建立，打造了白人的统一和对国家的民族主义忠诚。相比之下，在巴西，不存在类似的白人之间的分裂，这消除了为确保白人统一而施行类似种族统治政策的必要。

布尔代数截然不同于定类方法，因为它使得分析者能够把变量的几个不同组合当作一个结果的原因来处理(Ragin 1987)。特别是，这个方法为识别那些对一个结果的发生是充分的因果要素的组合提供了一个逻辑基础。[①] 使用这个方法的分析者可以识别几个不同的因素组合，其中每个组合对于一个结果都是充分的。以这种方式，布尔程序使得研究者能够认识到多个原因组合可能产生相同的结果，拉金(Ragin 1987)称之为"多接合因果关系"。

[①] 这个缩减原因组合的布尔最小化程序，在有着相同结果的案例中排除潜在的必要原因。最终的因果要素组合被理解为对于结果的发生是充分的。此外，通过审视最终的解释变量组合，有可能声称任意单一因素究竟是必要原因还是充分原因。

第十章　比较历史分析中的因果评估策略

布尔分析的一个绝佳例证是威克姆-克劳利(Wickham-Crowley 1992)论述拉丁美洲农民支持游击运动的起源的作品。威克姆-克劳利聚焦于20个案例,他仔细检查了四个不同的解释变量:农业结构(A)、农业瓦解(B)、造反文化(C)和农民关联(D)。他首先把那些存在农民支持游击队这个结果的案例集中起来,并识别了与这个结果有关联的解释变量分值的所有组合。接下来,他通过评估两个解释变量组合在分值上对于某单个变量是否不同,从而减少了这些组合的数量,然后就可以把那个变量从组合中排除。这个布尔缩减程序背后暗含的理由是,这个变量对于有因果影响的组合来说不是必要的,因为它在那些与结果有关联的组合中既存在也不存在。例如,威克姆-克劳利的所有四个解释变量都存在于一个有农民支持游击队的组合中(被表示为ABCD),而变量A、B、C存在于另一个有农民支持游击队的组合中,但D不存在(被表示为ABCd)。因此,威克姆-克劳利认为,变量D对于这个组合是不相干的,并把它排除,把因果表达式缩减为ABC。

通过这个布尔缩减程序,威克姆-克劳利把解释范围减少到四个可能的变量组合(它们分别是ABD、AC、CD和abD),在这些组合下,农民支持游击队。尽管威克姆-克劳利并未识别任何对产生强烈支持游击队来说必要的或充分的个体因果要素,但最终的4个表达式的每一个都被理解为代表了一个对农民支持来说是充分的要素组合。例如,造反文化(C)与农民关联(D)的组合被理解为对现代拉丁美洲强烈支持游击队来说是充分的。

盖然论的方法

另外一些依靠定类比较的方法在下面这个意义上是盖然论的:它们放松了标准,允许一些原因"通常是"或"几乎始终是"必要的或充分的。利用这些方法的比较历史研究者欣然承认,内在的随机性或度量错误,使得我们很难定位那些对一个结果来说完全必要或完全充分的关联模式。但与此同时,这些方法使得我们更难排除琐碎的解释。例如,当因果关系被认为是盖然论的,一次偏离常常并没有为排除一个解释提供基础。通常,比较历史研究者需要选择更多的案例,而不只是少数几个案例,使用盖然论的定类方法作为系统排除琐碎解释的基础。

在实践中如何有效地使用盖然论的定类方法的一个绝佳实例是托马斯·埃特曼的权威著作《利维坦的诞生：在中世纪和现代早期的欧洲缔造国家和政权》(Birth of the Leviathan: Building States and Regimes in Medieval and Early Modern Europe, 1997)。埃特曼的目标是要解释特定的欧洲国家为什么发展出了现代早期政权国家的四个主要类型之一，其中每个类型都是从立宪主义对专制主义和议会制对官僚制的角度来定义的。埃特曼首先系统地评估了一些竞争性的解释，这些解释源自奥托·欣茨、查尔斯·蒂利、彼得·安德森和迈克尔·曼恩(Michael Mann)所阐述的国家发展理论。他指出，在14个案例组成的一个案例群之内，这些理论如何导致关于政权国家结果的预测，而这些预测至少被4个案例所反驳。基于这些理论的失败，埃特曼提出了他自己的解释，强调3个二分测量的变量——行政型治理对参与型治理、1450年前对1450年后的地理构成、强有力的代议社团的存在对不存在。把这些变量放在一起，被理解为代表了一个可以说明欧洲现代早期国家构建的大多数变化的解释(Ertman 1997, p.6)。特别是，这个解释符合14个案例中的12个，仅仅没能解释瑞典和丹麦的国家结果，在这两个国家，"一些强有力的偶然事件共同挫败了预期中的发展计划"(p.33)。由于这两个例外案例，埃特曼不能把他的解释变量视为对结果的发生始终是充分的。相反，他必须采用盖然论的方法，在这个方法中，他的解释始终是充分的。

分析者决定使用盖然论的方法，这提出了一些重要问题，涉及确定充分或必要程度的基准。拉金在他最近的方法论作品(Ragin 2000)中提出了讨论必要和充分的不同程度的术语和基准比例。例如，一个通常必要或通常充分的原因必须达到0.65的基准(也就是说，这个原因必须至少在65%的时间里是必要的或充分的)，而一个几乎始终必要或充分的原因必须达到0.80的基准。这些基准可以应用于前面讨论的所有定类技术，包括聚焦于因素组合的布尔方法。

就埃特曼的情况而言，我们看到他如何发现14个案例中的12个符合他的解释，由于这产生了0.86的百分比，因此它高于几乎总是充分的原因的基准。然而，考虑到案例数量相对较少，他只有把自己的解释视为对政权国家的结果通常是充分的,才能在 0.10 的水平实现统计学的意义。① 相比之下,由于那些被埃特曼排除的解释充其量只能解释 14 个案例中的 10 个(0.71),因此它低于几乎始终充分的基准。此外,也不能达到任何合理水平的统计学意义,即使根据更低的通常充分的基准来评估这些可选的解释。简言之,埃特曼有一个逻辑的和统计学的根据,拒绝接受诸如欣茨、蒂利、安德森和曼恩这样一些学者提出的可选解释,同时保留他自己的解释,用来识别一组对产生现代早期欧洲政权国家结果通常充分的因素。

一个重要的新的盖然论技术是在拉金(Ragin 2000)对模糊集方法的讨论中找到的。② 模糊集测量挑战按照标准测量尺度的轻松分类(定类、定序和定距的测量),尽管它类似于定类方法关注确定成员身份。要使用模糊集,分析者就必须根据案例在一个范畴中的成员身份度数给它们记分,分数从 0 到 1。有些案例会是一个范畴的"完整"实例,因此得分为 1,即使这些案例在等距尺度上的得分不同。例如,关于"富裕国家"这个范畴,都是完整成员,因此得分同样是 1,尽管根据等距尺度这两个国家的富裕水平不同。③ 另外一些国家的得分基于它们与"富裕国家"这个范畴在多大程度上重叠。例如,一个"多半在"这个范畴之内的国家得分只是略低于 1(例如 0.83),而一个"多半在"这个范畴之外的国家得分接近于 0(例如 0.17)。给模糊集成员分配分数的决定是根据分析者对实际案例的真正了解。

模糊集测量高度适合必要条件和充分条件分析,包括在盖然论的假设下,考量的是必要因果性或充分因果性的不同程度。要使用这一技术,分析者必须把刚刚描述的模糊集测量应用于所有潜在因果要素和结果,然后评估它们的值之间的关系。对于一个必要原因,结果的模糊成员分数将小于或等于原

---

① 考虑到埃特曼实际上对四个不同结果提供了一个解释,我在这里有点自由地应用拉金(Ragin 2000,p.112)所识别的这个重要测试。在这个意义上,他并没有让他的 14 个案例总体符合他的每个结果。然而,由于他使用了同样一组解释变量来解释其中的每个结果,因此有一个逻辑根据,可以使用这个二项测试,仿佛埃特曼的变量成功地解释了 14 个案例当中 12 个案例的相同结果。我在这里得出的结论致力于解决我对埃特曼的工作提出的但在更早的一篇文章(参见 Mahoney 1999,p.117 5)中并未解决的担心。

② 我在 Mahoney 2001 中更深入地讨论了模糊集方法。

③ 尽管忽视连续变量末端变化的决定是传统统计学研究中的一个偏见之源,但在必要条件和充分条件分析中并没有出现这个问题。事实上,如果把额外的变化包含进来,错误就可能出现。

因的模糊成员分数。相比之下,对于一个充分原因,原因的模糊成员分数将小于或等于结果的模糊成员分数。为了把盖然论因果关系的考量包含在内,研究者可以认为,如果没有一个案例的结果(或原因)得分比它的原因(或结果)得分超出一个模糊成员单位的很小部分,那么,这个模式依然符合对原因必要性(或充分性)的解释。同样,前面提到的盖然论基准和重要性测试在使用变量的模糊测量时也可以应用。尽管涉及的程序在变量组合被考虑使用盖然论标准时变得尤其复杂,但是有一个执行这些操作的自由软件包已经可用(Drass and Ragin 1999)。

尽管拉金提供了一些有意义的实例,显示这些方法如何可能被应用于一些实质性的问题,比如国际货币基金抗议的爆发和慷慨大方的福利国家的建立,但这些技术依然太新(在撰写本文的时候),不可能被其他研究者所使用。有些比较历史研究者可能抵制这个方法的形式约束,更喜欢另外一些因果推理策略的灵活性。然而,还是有几个比较历史研究者已经通过把定类比较与定序比较结合起来的分析(稍后讨论),试图应用模糊集逻辑的基础版本。这些工作暗示,至少有一些比较历史研究者会欢迎拉金的最近创新的形式应用。

对使用定类比较法的批评之评估

对比较历史方法最尖锐的批评专门聚焦于定类技术。其中大多数担心是那些在统计分析传统中工作的学者提出来的,他们认为,比较历史研究者违背了进行有效研究的标准规则。在本节,我将评估其中 5 个最重要的批评——它们是基于错误地把传统统计推理应用于必要和充分的因果关系的研究,以暗示它们是毫无根据的担心。

批评 1:必要条件和充分条件不是一种思考因果关系的有用方法。 即使存在识别必要和充分的因果关系的逻辑方法,有些分析者声称,它依然不是思考因果关系的一种有效方式。一种常见的担心是,很多必要或充分的原因在分析上并没有什么帮助。例如,特别是关于一个结果的必要原因,其中大多数原因是不重要的或琐碎的(例如,人类的存在是一场社会革命的一个必要原因)。同样,一个结果的很多充分原因是显而易见的和同义反复的(例如,战争是大规模死亡的一个充分原因)。

第十章 比较历史分析中的因果评估策略

然而,研究文献中找到的那些琐碎的必要条件和同义反复充分条件的实例,是那些试图摒弃研究这些条件的批评者所提供的假设实例(参见 Braumoeller and Goertz 2000)。这些文献几乎没有提供真实的研究者使用定类方法来分析琐碎的必要条件或同义反复充分条件的实例。事实上,必要条件和充分条件研究的批评者们似乎不知道存在一些经验标准——与规范标准和政治标准相对——可以把琐碎的与非琐碎的必要原因区分开来,把同义反复的与非同义反复的充分原因区分开来。琐碎的必要原因是所有案例中都存在的那些原因,不管因变量的值是多少(Braumoeller and Goertz 2000;Dion 1998)。例如,人类的存在是社会革命琐碎的必要原因,因为所有革命和非革命的案例都存在这个条件。布劳莫勒尔和戈尔茨(2000)通过一打以上的已发表研究证实,对必要条件提出断言的实际研究者所指的并不是琐碎条件。迪昂(Dion 1998)在他对比较政治学中使用必要条件所做的评估中得出了同样的结论。

对于同义反复的充分条件,分析者识别了一组这样的因素:它们被包含在被考量结果的定义之内。在这种情况下,原因与结果之间不存在时间间隔(或者,结果实际上可能发生在原因之前)。例如,说战争是死亡的充分条件,这个断言就是同义反复的,因为战争发生与死亡之间不存在定义性的区分或时间间隔(或者,死亡这个结果实际上可能发生在全面战争爆发之前)。再一次,对充分原因提出断言的比较历史研究者所指的并不是这些种类的同义反复条件。例如,下面这些断言都不是同义反复:16世纪和17世纪为军事现代化而进行高水平的国内融资是现代早期欧洲独裁政权的充分条件(Downing 1992),或者说大的群体规模和增长加在一起是种族政治动员的充分条件(Ragin 2000, p.138),或者说在面对国家压力时容易崩溃的国家结构和便于造反的农民农村结构是农村官僚社会中社会革命的充分条件(Skocpol 1979)。

一个稍有不同的担心关乎下面这个事实:很多因果要素既不是必要条件,也不是充分条件,而是遵循一个线性模式,像很多盖然论回归模型中所假设的那种模式一样。结果,使用定类方法的分析者可能错误地把这些种类的线性因果要素当作不重要的因素给打发掉。利伯森(Lieberson 1991)著名的醉驾与车祸的实例生动说明了对决定论版本的一致法和差异法的批评。因此,当采用一致法时，一个分析者审视三个车祸案例，如果醉驾只存于其中两个案例中，他就会排除醉驾作为一个原因。类似地，当用差异法时，如果醉驾在车祸和非车祸的案例中都存在，分析者就会排除醉驾作为一个原因。必须承认，这个实例并没有质疑定类方法评估必要和充分的因果关系的能力。这些方法正确地显示，醉驾本身对于车祸来说既不是必要条件，也不是充分条件（有些车祸发生在没有醉驾的情况下，而且并非所有醉驾实例都产生车祸）。相反，这个实例暗示了一些问题，当更传统的线性因果关系可能发挥作用时，如果一个人从必要条件和充分条件的角度来思考因果关系，就可能产生这些问题。

为了回应利伯森，你可能会指出，试图使用定类方法来分析醉驾对车祸影响的实际研究者无疑会探索这样一个问题：在一个具体的案例群中，醉驾与其他变量结合是不是车祸的一个充分（或者通常充分）的原因？此外，他们会使用其他因果评估技术——包括案例内评估——得出一个最终结论。然而，值得指出的是，评估任何有着特殊重要性的单一因素的净效应——比如醉驾对车祸的影响或抽烟对肺癌的影响——的定类方法通常会有困难，这样的影响遵循一个大致线性的因果模式，类似于传统统计学研究所假设的那个模式。当然，由于同样的原因，识别必要条件和充分条件（不管是个别地，还是在组合中），线性回归模型会有困难。一般来说，分析者必须依靠理论和常识来决定：检验一个给定因素，究竟是应该把它作为一个必要条件或充分条件，还是作为一个增加或减少结果值的线性原因。

批评2：用这些方法实现统计学意义是不可能的。 这个批评源自下面这个信念：比较历史研究深受"自由度"问题之害，这个问题等价于定量分析中出现的那个问题。[1] 但事实上，这个批评是不恰当地把传统统计学假设应用于旨在分析必要条件和充分条件的研究的一个实例。有一点倒是真的：审视少量（比方说少于5个）案例的比较历史研究如果孤立地使用定类方法，就不可能实现统计学意义。然而，小样本研究并不必然只使用定类方法，其实倒是可以广泛地依靠其他的因果评估策略。此外，与传统定量研究形成鲜明对比的

---

[1] 正如鲁施迈耶（本书）所指出的，自由度难题大概是最常见的对小样本分析的批评。有一些不同的视角，参见 Campbell 1975；Lijphart 1971，1975；Nichols 1986；Collier 1993；Lieberson 1991；King et al. 1994；Goldthorpe 1997。

是,数量相对较少的样本在评估必要条件和充分条件时常常足以实现统计学的确信。例如,迪昂(Dion 1998)使用贝叶斯假设显示,仅仅 5 个案例就足以产生对必要原因 95% 的信任。拉金(Ragin 2000, pp. 113—115)使用一个简单的二项概率测试证实,如果一个人使用通常必要或通常充分的原因,7 个一致的案例就足以达到这个水平的统计学意义。布劳莫勒尔和戈尔茨(Braumoeller and Goertz 2000)提供了很多案例导向研究的实例,通过了这样的意义测试。简言之,学者们需要重新思考自由度问题的观念对于那些采用围绕必要原因和充分原因构建起来的对因果性的理解的比较历史分析者实际上究竟多么适当。当对因果性的这一理解被使用时,数量相对较少的案例常常会满足标准统计分析的可信度要求。

批评 3:由于这些方法根据因变量选择,它们遭受了选择偏见之害。 利用来自普通最小平方回归的洞见,格迪斯(Geddes 1990)和金等人(King et al. 1994)批评了那些根据因变量的分值来选择案例的研究,因为这个选择程序可能导致截断因变量,从而使对因果效应的评估产生偏差(还可参看 Collier and Mahoney 1996)。在最坏情况下,分析者可能按照因变量不变来选择案例,据金等人说(King et al. 1994, p. 129),这使得知悉任何东西都不可能,除了那个变量的原因之外。

然而,当定类方法被用来识别必要条件时,普通最小平方回归分析中有效研究的规则,即根据因变量选择——包括因变量根本不变的案例选择——并不是一个偏见之源。根据因变量选择对于必要因果关系的研究是高度适当的(参见 Braumoeller and Goertz 2000; Dion 1998; Most and Starr 1989; Ragin 2000)。事实上,在分析必要条件时,一个标准设计是故意不允许因变量变动。对选择偏见侵蚀有效研究的基础的统计学担心绝对不能扩大到使用定类技术的比较历史研究。

你可能产生更一般的担心:为比较历史研究中的分析而包含进来的特定案例样本不能代表更大的案例群,因此,关于所分析样本中必要原因和充分原因的发现,与选择更具代表性的样本时所得出的发现并不一致。然而,从定义可以被理解为同质的案例群这个角度看,比较历史分析者事实上属于最自觉的研究者(Ragin 2000)。跨国统计研究者由于任意选择庞大的国家样本而冒

341

着违反原因同质性假设的风险,而比较历史分析者则在细心构想的案例群中评估必要条件和充分条件,在那里更能保持这些假设。此外,到了对案例群的非任意定义在这种研究中不可能建立的程度,认为偏见源自一个不具代表性的样本的整个观念就变得很成问题(Collier and Mahoney 1996)。

批评 4:这些方法的决定论版本并没有考虑测量错误。 正如早先所暗示的,测量错误并没有给放松关于必要和充分因果关系的假设的盖然论定类方法制造具体的难题。然而,这些方法的完全决定论版本假设:分析者有能力正确测量所有变量,因为一个变量对于单一案例的得分改变可能导致关于这个变量的因果相关性的相反结论。在这个意义上,决定论的定类方法不允许任何测量错误的观念(参见 Lieberson 1991)。

然而,我们并不清楚,根据这个反对理由提出的批评究竟多么重要。比较历史研究者通常是各自案例的专家,考虑到他们用这一策略把变量概念化为定类的——不是连续的——范畴,或许他们确实有能力对于他们的所有变量避免测量错误。例如,斯科克波(Skocpol 1979)很可能对她所有的社会革命和非社会革命的案例中的所有二分变量正确地打分。此外,如果像斯科克波这样的比较历史研究者哪怕是对一个案例的一个特定变量错误地打分,那么很有可能其他案例专家或比较历史分析者就会识别出这个错误,因为这种研究中的很多争论需要对具体案例的特定变量的打分进行论证。

批评 5:如果漏掉模型中所包含的解释变量,这些方法产生的结果就可能实质性地改变。 这个反对理由坚持认为,那些没有被包含在定类评估中的变量如果被包含进来,就可能避免排除。同样,使用诸如布尔代数和模糊集分析这样的技术,如果其他相关变量被包含在模型中,那些被排除的变量在因果上就可能很重要。这个批评是正确的,一些比较历史方法论学者比较详细地讨论过这个问题(例如 Amenta and Poulsen 1994;Ragin 1987)。

然而,重要的是要认识到,这里致力于解决的问题是正确识别因果模型的问题,这是一个所有因果评估方法都会产生的问题,包括最精密复杂的统计学分析。例如,在定量研究中,漏掉一个重要变量可能导致误解分析中所包含的其他变量的因果效应(Lieberson 1985)。因此,像使用其他所有因果评估方法的其他所有研究者一样,比较历史研究者也绝不可能有把握地知道他们是不是正确地说明他们的模型并因此证明因果关系的存在。

结束本节时,我想要强调三点。第一,从(盖然论的和决定论的)必要条件和充分条件的角度思考因果关系,有时候是有用的。第二,比较历史研究者有包含定位必要条件和充分条件的逻辑规则的定类方法。第三,现有的对比较历史方法的批评都没能质疑成功识别必要条件和充分条件的能力。

定序比较与线性因果关系的问题

比较历史研究中因果评估的第二个主要策略——跨案例定序比较——依靠在大样本统计学研究传统中工作的学者们更为熟悉的技术。定序分析事实上是比较历史分析者在试图识别跨少量案例的线性相互关系时所求助的推理策略。尽管这一技术在针对少量样本孤立地使用时有着严重的局限,但它可以用有创造力的方式与其他因果推理策略结合起来。

识别和解释定序关联

定序分析涉及使用有三个以上分值的变量给案例排序,这些分值是基于现象在何种程度上存在。这种分析使得使用共变的穆勒方法变得方便,在分析中,分析者试图通过审视一个定序测量的解释变量的值与定序测量的结果变量的值之间的关系来建立因果关系(DeFelice 1986;Mill 1974)。例如,如果一个解释变量的值和一个结果变量的值被测量为高、中、低,那就比较这些案例,看看两个变量之间是否有关联(多半是逆关联)。如果看上去有强关联,分析者就可以推断这个关系是因果性的。

然而,对于使用共变法的比较历史研究者来说,是什么构成一个强关联呢?有些致力于对因果关系的决定论理解的学者可能认为,任何不能达到解释变量的值与结果变量的值之间完全匹配的东西都没有标示因果关系。但穆勒自己(Mill 1974, pp. 402—406)认为,在使用公变法时,推断因果关系不需要原因与结果之间的完全匹配。相反,在有些关联中,解释变量与结果变量的值并不总是匹配,这些关联依然可以标示因果关系。一般而言,遵循穆勒标准的比较历史研究者如果不能建立这样一种统计学信心——关系并不只是纯粹巧合的产物,就不应该推断因果关系。正如我们将会看到的,通过选择中等数量的案例,通过系统地把定序分析与其他因果评估策略结合起来,可以实现这个目标。

在定序评估中把解释变量与结果变量关联起来的发现并不显示应当如何解释这一关联的性质。一个可能性是,假设线性的因果关系模式就像很多传统统计学研究中分析的那个模式。即使通过定序比较,严格地说,也并不允许评估线性因果关系,定性和定量研究者以这种方式解释定序结果的情况并不罕见。在这样做时,分析的目标就变成了评估一个结果有多大比例可以归因于一个解释变量的一个特定值(参见 King et al. 1994, pp. 76—82)。

与那些手头有大量案例任由处置的研究者相比,使用定序比较来评估线性因果关系并以这种方式评估变量的因果效应的比较历史研究者面临明显的劣势。当你在比较历史分析中使用定序策略时,你可以有意义地谈到自由度难题,除了最简单的二变量方法之外,这个难题阻止我们使用几乎所有的统计学方法。此外,来自统计学研究的关于案例选择、测量错误和因果理论构建的洞见,在应用于试图用共变法识别线性因果模式的比较历史工作时,常常是高度适当的。然而,必须强调的是,比较历史研究者通常并不依靠孤立的定序分析,而是把它与定类的案例内分析结合起来。在这个意义上,你不能机械地把来自大样本分析者的忠告扩大到哪怕是那些广泛依靠定序分析的比较历史研究。①

当比较历史研究者试图在比较历史研究中把定序策略与定类策略结合起来时,可能出现一些具体难题。特别是这样一个习惯做法:首先把一个变量作为一个必要条件或充分条件来评估,然后在相同的集合水平上使用定序比较,重新评估这个变量。这个做法引发了一些担心。问题在于,必要原因或充分原因通常并不遵循一个散点时并不支持结果的线性模式。然而,当研究者使用定序分析来评估假说时,他们通常会进行检验,看看变量得分是不是可以用类似线性变换的模式匹配。因此,当一个必要条件或充分条件通过定序比较进行评估时,你未必指望它们看上去在因果上很重要。

---

① 此外,有些广泛使用定序分析来研究线性因果关系的比较历史研究者可能选择数量很大的案例,在规模上类似于很多跨国研究的案例(例如 Stephens, and Stephens 1992)。

344

第十章 比较历史分析中的因果评估策略

鉴于这个难题,有些比较历史研究者可能拒绝接受这样一种观念:定序发现应当被解释为模仿线性因果关系或代表一种关联模式。实际上,他们或许认为,定序关联应当被视为反映必要和充分的因果关系。例如,一个在定序分析中显示出它与一个结果变量有强关联的解释因素可以有意义地被解释为一个(盖然论的)必要和充分条件。换句话说,一个通常必要且充分的变量的二变量散点图在定序分析中通常看上去是一个非常强的相互关联。

这一讨论提出了两个一般要点,对统计学研究者和比较历史研究者都是相关的。第一,统计学研究者所使用的传统方法潜在地可以被改造成识别必要条件和充分条件的工具。例如,可加性线性模型可以看作旨在定位某些因果要素的工具,这些因果要素对于一个结果在盖然论上是充分的,但不是必要的。[①] 这些模型计算每个解释变量在扣除其他所有变量之后的净效应,根据这样一个假设:一个解释变量的增加(在盖然论上)导致一个结果变量的自动增加。这个观念——个体原因有能力靠自己在某个概率之内产生效应——符合对盖然论充分原因(但不是盖然论必要条件)的理解。一个充分揭示结果变化的可加性线性方程可以被视为识别了所有对因变量的值是充分条件的个体变量。方法论学者的一个关键优先事项是要探索我们能够在多大程度上从必要条件或充分条件的角度重新构造各种不同的统计学方法。

第二,把定类分析与定序分析结合起来的比较历史研究者应当明确,他们是不是相信正在考量的解释变量的运转是作为一个必要且充分的条件、一个充分却不必要的条件,或者是一个增加或减少结果变量的值的线性原因。一般而言,如果在定类评估中把这个变量作为要么是一个必要却不充分的条件,要么是一个充分却不必要的条件来处理,然后在定序分析中把它作为要么是必要且充分的条件,要么是一个盖然论的线性原因来重新评估,就会产生一些逻辑难题。这个通则的一个例外是那些从定类分析转向定序分析时分解了这个变量的学者(例如,Skocpol 1979)。当这种情况发生时,分析者可以有意义地假设:定序评估中使用的已经分解的变量遵循一个线性模式或者必要且充分的因果关系模式,而集合的定类变量遵循一个必要却不充分或充分却不必

[①] 感谢查尔斯·拉金向我指出了这一点。

要的因果关系模式。

比较历史研究中定序分析的实例

在有些案例中,比较历史分析者可以使用定序分析来增强主要通过定类比较得出的论证。在另外一些案例中,他们可以使用定序比较作为研究的中心策略。在这里考量这两种用法的一些实例是有益的。

吕贝特(Luebbert 1987,1991)论述两次世界大战之间欧洲政权的作品,使用定序分析来增强一个主要是定类的论证。在他的综合定类评估中,吕贝特认为,第一次世界大战之前"自由劳工主义"(自由党-劳工同盟)的存在或不存在,解释了两次世界大战之间时期自由主义对非自由主义的政权结果(参见表10.2)。因此,当第一次世界大战之前自由劳工主义存在时,比如在英国、瑞士和法国,两次世界大战之间那段时期就发展出了自由主义的政权。相比之下,当自由劳工主义不存在时,比如在挪威、瑞典、丹麦、德国、意大利和西班牙,就发展出了非自由主义政权。因此,自由劳工主义这个二分解释变量与两次世界大战之间的自由主义完全匹配。

表10.2　　吕贝特对两次世界大战之间政权的分析中的定类比较

	战前的自由劳工主义	两次世界大战之间的自由主义
瑞士	是	是
英国	是	是
法国	是	是
比利时	否	否
荷兰	否	否
丹麦	否	否
意大利	否	否
挪威	否	否
西班牙	否	否
瑞典	否	否
德国	否	否

尽管他的主要解释依靠定类比较,但吕贝特把自由劳工主义和两次世界大战之间的自由主义重新概念化为跨案例排序的变量。表10.3呈现了对吕贝特所考量的主要国家的这一排序评估。如果把两个定序变量进行跨案例评估,那么很明显存在实质性的却不是完全的匹配。在11个案例中,有6个案例(法国、比利时、荷兰、丹麦、西班牙和德国)维持了它们的等级排序;3个案例(瑞士、英国和挪威)只移动了一个等级顺序或更少;2个案例(意大利和瑞典)移动了大约3个等级顺序。自由劳工主义因此表现出与自由主义的强关联,但不是完全关联(表10.3中数据的斯皮尔曼等级排序相关数是0.92,相关数在0.01的水平上是有意义的)。

表10.3　吕贝特对两次世界大战之间政权的分析中的定序比较*

	战前的自由劳工主义† (1=最少;11=最多)	两次世界大战之间的自由主义 (1=最少;11=最多)
瑞士	11	10
英国	10	11
法国	9	9
比利时	7.5	7.5
荷兰	7.5	7.5
丹麦	6	6
意大利	5	2
挪威	4	4.5
西班牙	3	3
瑞典	2	4.5
德国	1	1

* 我主要基于吕贝特的"社会起源"(Luebbert 1987)和《自由主义、法西斯主义或社会民主》(Liberalism, Fascism, or Social Democracy, 1991)这部作品的下列诸页的内容给案例进行了等级排序。英国:(1987, p. 452),(1991, pp. 37—48, 166);瑞士:(1991, pp. 49, 166);法国:(1987, pp. 455—456),(1991, pp. 37—48, 166);比利时与荷兰:(1987, p. 451),(1991, pp. 56—57, 248, 250);丹麦:(1987, p. 451),(1991, pp. 57—58, 236—237, 270—271);瑞典和挪威:(1991, pp. 57—58, 239—242, 270);意大利:(1991, pp. 57—58, 272—277);西班牙:(1991, pp. 151—153, 272—277);德国:(1991, pp. 272—277)。

† 吕贝特按照第一次世界大战之前呈现的"自由主义统治度"来测量自由劳工主义。

定序比较的使用使得吕贝特能够以比严格使用定类范畴更加微妙的方式陈述某些发现。例如,他指出,在第一次世界大战之前自由劳工主义失败的国家中,比利时与荷兰"最近似于英国-法国-瑞士的自由主义统治模式"(Luebbert 1991, p. 56)。也就是说,这两个国家是成功案例对自由劳工主义这个二分解释变量的分界线。反过来,比利时与荷兰在两次世界大战之间建立了存在重要自由主义成分的政权从而使它们成为自由主义的一个亚类型(Luebbert 1991, pp. 248, 250)。看来,吕贝特相信,自由劳工主义是两次世界大战之间自由主义的一个几乎始终必要的和充分的原因。事实上,他的结合定类-定序分析可以被视为一次初步努力,试图使用模糊集方法来评估这种因果关系。

斯科克波(Skocpol 1979)在她论述社会革命的作品中也使用定序比较来补充一个主要是定类的论证。她把定类变量分解为一些通过定序比较来评估的构成子变量(参见 Mahoney 1999)。因此,尽管斯科克波(Skocpol 1979, pp. 154—157)的"国家崩溃的条件"这个解释变量为了使用一致法和差异法的目的而被当作一个二分变量来处理,但是,当它通过定序比较来评估时,这个变量被分解为三个构成子变量(国际压力、国家自治和农业落后)。这些构成子变量跨所有革命和非革命案例进行排序。同样,斯科克波的社会革命这个二分结果变量从定序构成过程的角度看增加了。社会革命部分程度上被定义为"社会状态和阶级结构迅速而基本的改变"(Skocpol 1979, p. 4),而且斯科克波注意到了案例之间在这些维度上的定序差别。例如,社会革命在俄国开展得最迅速,在中国最缓慢,而法国则是以中间速度开展。这些差别部分根据关键解释变量的定序对比来解释,包括标志着革命过程的国际压力的程度(Skocpol 1979, p. 172)。总之,即使斯科克波的这本书因通过一致法和差异法来使用定类比较而著名,定序分析在支撑定类论证上也扮演了一个重要角色。

在吕贝特和斯科克波使用定序分析来增强和支持他们的总体定类论证的同时,其他学者使用定序比较作为主要的跨案例研究方法。一个例证是科利尔和科利尔(Collier and Collier 1991)论述 8 个拉丁美洲国家劳工结社的作品。他们识别了 4 种类型的劳工结社时期,并试图解释作为这些时期典型特征的"动员范围"上的定序差别。他们首先评估某些与动员范围缺少任何一致关系的解释因素。例如,两位作者拒绝那些集中于劳工运动力量的解释,因为"劳工运动力量与结社时期的类型之间不存在任何系统性的关系"(p. 750)。接下来,两位作者指出,他们的主要解释变量——寡头集团的政治力量——如何揭示了一个清晰的结社时期动员模式。特别是,两位作者证实,"寡头集团的政治力量……与结社时期所追求的动员……的程度之间"存在一种"逆关系"(p. 748)。尽管他们的 8 个案例中有 6 个存在清晰的逆关系,但两个案例偏离了这个模式。在秘鲁和阿根廷,寡头集团在很多领域十分强大,但这两个案例在改革时期显示了相对较高水平的劳工动员,因此似乎违背了假设的逆模式。两位作者根据秘鲁和阿根廷寡头集团力量中的重大"缺陷"来解释这些偏离(pp. 748—749)。一旦把这些缺陷纳入考量,对另外 6 个案例发挥作用的逆关系对于秘鲁和阿根廷也就讲得通了。以这种方式,两位作者表明,一旦引入更恰当的测量,起初看似背离的那种东西,事实上反映了一般的逆关系。

广泛依靠定序比较的另外一部作品是奥尔洛夫(Orloff 1993)对英国、加拿大和美国的老年人社会供应所做的比较历史分析。奥尔洛夫不仅把她自己的中心解释变量概念化为定序范畴,而且评估了一些使用这种评估方法的竞争性解释。例如,她(pp. 47—48)使用定序比较来拒绝那些聚焦于社会上存在的老年人数量变化的社会供应相对时机的解释。她认为,年龄分布与养老金立法之间的预期关系没有得到她的案例的支持。例如,英国只看到了老年公民数量的略微增加,却很早就制定了养老金的法律。相比之下,加拿大看到了老年人口非常可观的增加,采用老年保险却相对较晚。对于美国,老年人口显示了从中到高的水平,但养老金的采用却非常晚。因此,奥尔洛夫把老年人口规模作为一个潜在解释因素来评估。

案例内分析

除了互相比较案例之外,大多数比较历史分析者还比较取自特定案例之内的过程。这一案例内分析的策略需要审视起初只作为单一案例考量的那个东西的多个特征,来评估通过跨案例分析发展出来的假说。在进行案例内评估时,分析者常常会依靠定类测量和定序测量。然而,之前讨论的定类策略和定序策略需要高度集合的跨案例比较,本节所讨论的程序涉及案例内的分解比较。因此,案例内的策略从集合水平的角度把定类策略和定序策略区分开来。

案例内分析是一个为了弥补与跨案例方法相关的局限而专门设计的工具。最一般类型的案例内分析是"模式匹配",在这个程序中,分析者根据多个案例内假说评估跨案例关联。这个程序的一个重要的亚类型是"过程追踪",在这一技术中,分析者试图定位那些把一个假设的解释变量与一个结果关联起来的因果机制。最后,第三个技术——"因果叙事"——通过从导致结果的高度集合的过程和事件序列的角度来比较案例,把跨案例分析与案例内分析结合起来。

模式匹配

源自跨案例比较的因果模式常常暗示了额外的关于特定案例某些方面的假说。遵循坎贝尔(Campbell 1975)所谓的"模式匹配"程序,比较历史分析者检验这些额外的假说,评估源自跨案例分析的模式是不是与来自具体案例内的观察结论相匹配。[①] 坎贝尔(1975,p.182)指出,模式匹配为小样本研究中的理论证伪提供了一个强有力的工具:研究者通常发现,他们的论证在评估案例内假说时得不到支持。或者,如果案例内的观察结论反复与一个跨案例发现相一致的话,研究者便有更强大的理由相信这个跨案例发现是有效的。

比较历史分析者使用不同层面的测量进行模式匹配。定类测量和定序测量都可以和模式匹配一起使用。研究者在评估案例内假说时还是用定距测量。实际上,如果大量案例内观察结论在定距层面上测量,研究者就可以把统计学方法用于模式匹配程序。

为了模式匹配的目的而使用统计学方法的一个绝佳例证是戈德斯通(Goldstone 1991)论述现代早期革命的作品。戈德斯通的跨案例定类论证提出,人口增长通过触发结构性危机(即金融危机、精英政府与精英内部冲突和

[①] 还可参看 Collier 1993;Eckstein 1975;George 1979。

第十章 比较历史分析中的因果评估策略

大规模反对)而导致革命。为了支撑这个跨案例小样本论证,他从大量案例内定量测量并把这些测量结合为一个总体性的、在统计学上评估的"政治压力指标"的角度把解释变量概念化。这些统计学评估被用作补充证据,来评估适用于少量案例的假说,提供强有力的实证证据,支持戈德斯通的小样本论证。

与戈德斯通对案例内模式的统计学分析形成鲜明对比的是,吕贝特(Luebbert 1991)在使用模式匹配时使用定类比较和定序比较。例如,他的"社会主义政党与中农之间的联盟("红绿"联盟)在两次世界大战之间的欧洲导致社会民主主义"这个论证有多个案例内含义。其中有些案例内含义需要定序命题,例如,执政的社会同盟将会缺乏高水平的稳定性;工人阶级将会行使独立于国家的高度自治权;高水平的罢工和劳工行动主义将会发展(Luebbert 1991,pp. 234—236)。另外一些案例内含义需要定类命题,例如,社会主义者不会挑战农村地区的财富分配或动员农村无产阶级;中农不会为社会主义者提供一个切实可行的社会基础(Luebbert 1991,pp. 268—269,272,286—288)。吕贝特的案例内分析为这些假说找到了支持,并且显著增强了这样的信心:跨案例论证是正确的。

不管所使用的测量层面是什么,模式匹配提供的额外杠杆有助于弥补跨案例策略的弱点。例如,跨案例定类方法的局限之一是:可能有几个解释都得到数据的支持,让分析者并不清楚决定哪个解释因素最重要的根据是什么。模式匹配通过提供一个排除变量的额外手段,从而帮助缩小了潜在解释的范围。通过模式匹配评估变量,分析者手里留下的解释常常少得多。

模式匹配还是那些试图避免定类方法的决定论,却缺少足够的案例在盖然论上使用这些方法的比较历史研究者的一个关键工具。分析者可以使用模式匹配来表明一个关系是因果性的,而不管下面这个事实:跨案例定类比较揭示了一个或一个以上的案例,在这样的案例中,解释变量和结果变量的分值偏离了一个一般的匹配模式。例如,如果 4 个案例中只有 3 个案例反映了定类解释变量和结果变量上的一个一般匹配模式,那么学者可能得出结论:这个模式如果得到了重要的案例内支持,它就反映了因果关系。同样,即使在跨案例定类评估中,解释变量的分值与结果变量的分值完全匹配,分析者也可以使用模式匹配来证明一个关系不是因果性的。要做到这一点,他们可以显示这个

351

跨案例模式在根据多个案例内模式进行评估时如何得不到支持。因此，那些选择从盖然论的角度思考因果关系的比较历史分析者可以把模式匹配用作一个根据，据此保留那些经受不了决定论跨案例定类解释检验的解释变量，同时拒绝另外一些解释变量，即使它们经受了这样的检验。

最后，模式匹配可以是跨案例定序比较的一个有价值的补充。模式匹配可以帮助分析者更好地判断一个关系的因果身份，这个关系在通过跨案例定序分析进行评估时是有歧义的。同样，模式匹配可以质疑定序分析的发现，显示一个表面上是因果性的关系在根据多个案例内含义进行审视时，事实上如何不是因果性的。

过程追踪

因果分析的一个重要部分涉及确定一些解释变量与一个结果变量之间是否存在某种关联。然而，对很多比较历史分析者来说，一个同样重要的部分涉及识别那些把解释变量与结果变量关联起来的因果机制（Blalock 1961, p. 9; Elster 1989, pp. 4—7; Goldthorpe 1997; Hedstrom and Swedberg 1998; Salmon 1984, ch. 5）。因果机制可以定义为一个解释变量对一个结果变量发挥因果影响的过程和中间变量（Bennett 1997）。遵循乔治和麦克欧文（George and McKeown 1985）的研究，通过因果机制的识别来推断因果关系的努力可以称作"过程追踪"。①

过程追踪常常被用来帮助研究少量案例的分析者避免错误地把一个假关联当作因果关联。当两个互相关联的变量看上去因果相关但事实上是一个前置变量的产物时，便会出现这样的假关联问题。在小样本研究中，跨案例比较法常常容易出现这个问题。例如，当3个有时间顺序的变量在一个序列中相互关联时，小样本分析者使用跨案例方法来决定这个序列究竟是代表一条因果路径还是代表一个假关联会有困难。这样一个序列中的第一个变量常常与第二个和第三个变量都完全关联。小样本跨案例方法并没有提供一个强有力的根据，来判断第一个变量是不是代表一个为第二个与第三个变量之间假设

---

① 由于因果机制是跨案例模式的案例内含义，因此过程追踪实际上是模式匹配的一个特殊应用。

的因果关系"辩解"的前置变量,或者,第一个与第三个变量是不是因为第二个变量而相互关联,在这种情况下因果路径的观念才有意义。过程追踪可以通过显示因果机制是不是把变量关联在一起,从而帮助分析者区分这两种可能性。因此,如果能够通过过程追踪识别出第二个和第三个变量之间假设的因果机制,那么分析者便有根据相信这个序列是一条因果路径,也就是说,第二个变量对第三个变量有真正的因果影响。或者,如果不能识别出第二个和第三个变量之间的因果机制,分析者就有理由相信这个序列可能是一个假关联,也就是说,第二个变量与第三个变量仅仅因为第一个前置变量的存在而相互关联。

比较历史分析者经常认为,一个通过跨案例分析识别出来的相互关联并不因为那些把假设的解释变量与结果关联起来的机制而是因果性的。例如,斯科克波(Skocpol 1979,pp. 170—171)论述革命起源的作品使用过程追踪来排除一些因果变量,比如意识形态推动的先锋运动,这些变量并没有通过跨案例方法排除掉。尽管意识形态推动的先锋运动存在于她的3个社会革命案例中,但她认为,先锋运动并不是触发范围广泛的反抗地主和国家代理人的叛乱的原因。相反,据斯科克波说,先锋运动对于那些定义社会革命的中心政治过程并不重要,只是很晚才出场,并且利用并非它们创造的有利形势。因此,她得出结论:这些运动不是法国、俄国和中国三国社会革命的关键原因。

同样,吕贝特使用过程追踪排除了"摩尔-格申克龙命题"。这个命题认为,法西斯政权源自一个压制劳工的土地精英阶层的存在,他们有能力为法西斯主义活动争取到农村底层阶级实质性的支持(Luebbert 1991,pp. 308—309)。尽管一个压制劳工的土地精英的存在/不存在与法西斯主义的存在/不存在之间存在匹配,但吕贝特提出,据称这个具体因素赖以产生法西斯主义的机制并没有得到法西斯主义案例的历史记录的支持。因此,农村对法西斯主义的支持一般并不存在于土地精英占主导地位的那些地区。同样,证据显示,能够吸引大量选票的土地精英通常并不支持法西斯主义(Luebbert 1991,pp. 308—309)。简言之,尽管匹配,但吕贝特拒绝接受"摩尔-格申克龙命题",因为它没有被过程追踪所证实。

另外一些学者使用过程追踪不是为了排除因果要素,而是为了支持他们自己的解释。例如,科利尔和科利尔(Collier and Collier 1991)识别了那些把不同类型的劳工结社时期与不同类型的政党体制关联起来的机制。在对哥伦比亚和乌拉圭的分析中,科利尔和科利尔系统地识别了"一个传统政党进行选举动员"的结社模式通过哪些过程和事件导致"选举稳定和社会冲突"的政党体制结果。这些过程包括监管结社的政党简短地维护权力的一段时期、一段高度政治对立的时期、一次军事政变,以及最后,一个以稳定的选举政治和社会冲突为标志的政党体制的创立。其中每个事件都充当了把劳工结社与一个特定政党体制结果关联起来的机制。这两位作者指出,这些过程及其他过程把解释变量与结果变量关联起来的能力对他们的论证的成功至关重要,尽管任何研究都可以潜在地受益于过程追踪,但它对于科利尔和科利尔那样的研究是一个尤其重要的工具,在这样的研究中,解释变量和结果变量被很长的时期分隔开来。

因果叙事

最后的一个程序说明了比较历史研究者如何使用案例内年代学的跨案例比较,作为因果推理的基础。用塞维尔(Sewell 1996)的术语说,用这个"因果叙事"的技术,分析者试图通过把变量"拆解"为分解事件的构成序列,并跨案例比较这些分解序列,来证实集合的跨案例关联。通过叙事来拆解集合变量,其目的不仅仅是为了提供语境化的原因描述;相反,而是要在进一步分解的层面上支持跨案例论证。

这个技术依靠历史叙事,在最近的方法论讨论中备受关注(例如 Abbott 1990,1992;Aminzade 1992;Franzosi 1998;Griffin 1992,1993;Haydu 1998;Isaac 1997;Mahoney 1999;Somers 1992;Stryker 1996)。然而,分析者用来决定叙事性记述是否导致对跨案例因果模式的支持的程序并没有得到很好的说明。格里芬(Griffin 1993;还可参看 Heise 1989)对事件分析的讨论是关于叙事如何能嫁接到因果推理上的发展得最好的陈述。事件结构分析为拆解事件并重构其构成部分作为历史过程的一个因果解释提供了一个形式工具。这个程序可以通过识别那些把跨案例分析中的高度集合变量关联起来的过程,来给因果叙事提供基础(Mahoney 1999,pp. 1165—1167)。分析者用因果叙事跨案例比较事件序列,以决定这些案例能不能合理地视为在更细密的层面上遵循集合因果模式。在这个意义上,因果叙事需要跨案例匹配事件结构(参见 Griffin and Ragin 1994,pp. 14－15；Sewell 1996,p. 262)。① 此外,因果叙事可以用来显示两个或两个以上以分析的集合层面上的重大差别为标志的案例如何也以分解层面上有重大差别的事件结构为特征。

使用因果叙事来比较事件结构的一个绝佳实例是斯科克波(Skocpol 1979)论述社会革命的作品。斯科克波的很多关键解释变量实际上由许许多多的因果关联过程所组成。同样,社会革命这个结果本身由一系列因果关联的事件所组成。这些构成过程代表了一个事件结构模式,这个模式在形式上可以跨案例进行图解和比较(参见 Mahoney 1999)。尽管斯科克波并没有进行事件结构的形式作图。但她隐含地比较其案例的事件结构,以判断它们在分解层面上是否遵循类似的因果逻辑。据塞维尔(Sewell 1996)说,斯科克波展示了在每个社会革命案例中发挥作用的类似事件序列的能力对其论证的说服力做出了极大贡献。

使用因果叙事来对比事件结构序列的工作,一个有趣的实例是亚沙尔(Yashar 1997)对1949年哥斯达黎加的民主和1954年危地马拉的威权主义的出现所做的精彩分析。亚沙尔注意到,哥斯达黎加和危地马拉在20世纪40年代和50年代都经历了重大的民主和社会改革时期。然而,她的叙事说明,这些改革时期实际上由完全不同的事件过程组成,这些不同的过程对于对比鲜明的政权的发展非常重要。因此,亚沙尔的叙事显示,特定行动者对盟友的选择如何触发了不同的改革努力、反应和逆反应。这些事件序列上的差别给亚沙尔的综合论证提供了支持,这一论证强调政治联合和结盟模式的重要性。

大多数比较历史分析者把因果叙事用作一个通过事件序列的"故事"来呈现的形式技术。能不能通过明确描绘叙事论证中的每个步骤和逻辑关联的事件结构图,更形式地使用因果叙事,依然有待观察。格里芬(Griffin 1993)在事件结构分析上所做的工作暗示,当我们考量大量的事件时,形式图示的叙事

---

① 因果叙事不能用来评估那些通过不同因果过程达到一个给定结果的案例。如果这一点是真的,你就会预期这些案例将以不同的——而非类似的——事件结构序列为特征。

可能很复杂。然而，如果没有这样的形式图示，分析者用来跨案例比较和对照事件结构序列的程序就不容易评估。形式叙事呈现的清晰性与明确图示叙事说明的严谨性之间的复杂平衡，确保了方法论学者们的进一步关注。

结　论

　　产生成功研究的方法论秘诀既不可能也不可欲。然而，知道有不同的工具可用，可以帮助分析者改进其工作的质量，更好地把他们的发现呈现给来自其他传统的学者。抱着这个目的，本文识别和讨论了比较历史研究中使用的三个基本的因果评估策略：定类评估、定序评估和案例内分析。作为结论，我想把这些策略讨论所暗示的一些未解决的问题和未来的方法论议程放到一起。

　　首先，关于定类方法，必要条件和充分条件（包括盖然论的必要条件和充分条件）的研究值得方法论学者给予更多的关注，尤其包括那些通常并不以这种方式思考因果关系的定量方法论学者。比较历史研究者成果丰硕地研究了这些条件，他们的研究为那些对学习更多东西感兴趣的人提供了一个有价值的起始点。确实遗憾的是，研究生们常常缺少训练来有意义地评估关于必要条件和充分条件的论证。我会鼓励定量方法论学者和定性方法论学者更多地学习这些方法，把它们作为一个基本组成部分，包含在他们的研究方法课程中，并且让学生们对比较研究中的潜在应用下定决心。

　　其次，很多比较历史研究者把定序策略与定类策略结合起来，这一事实暗示他们可能从必要条件和充分条件的角度来思考定序关系。然而，另外一些比较历史研究者相信，定序关系反映了类似于很多统计学研究中所研究的线性因果模式。这两个选项需要在未来的工作中加以解决。一般而言，线性统计学的发现究竟在何种程度上可以或应该翻译成必要条件和充分条件的语言，关于这个问题，要等到方法论学者给予定类方法以更多的关注之后才会解决。

　　最后，关于跨案例分析和案例内分析之间的关系，还有更多的方法论工作要做。理解这一关系的难题，部分在于比较历史研究者对于他们在自己的实质性研究中如何使用案例内分析常常说得不够多。例如,对于案例内分析在应用形式定类工具之前启发范畴和案例的选择,我们依然没有做很多的系统讨论。此外,一旦建立了最初的定类关联,对于特定类型的案例内分析的应用,需要说更多的东西。对于模式匹配,研究者需要考量一项给定的研究使用定类方法和统计学方法来评估相同的案例内观察结论时可能出现的具体问题。同样,在使用过程追踪时,方法论学者需要更认真地探索在何种程度上实际上有可能把因果机制说明为有着可直接检验的含义的经验假说。关于因果叙事(作为描绘分解的案例内因果关系模式的一种手段),使用文字与使用形式图示事件结构(作为描绘案例内因果关系分解模型的一种手段)这二者之间的总体争论必须得到解决。

这些议程很可能处在下一代比较历史方法工作的最前沿。

参考文献

Abbott, Andrew. 1990. "Conceptions of Time and Events in Social Science Methods: Causal and Narrative Approaches." *Historical Methods* 23:140—150.

1992. "From Causes to Events: Notes on Narrative Positivism." *Sociological Methods and Research* 20:428—455.

Amenta, Edwin and Jane D. Poulsen. 1994. "Where to Begin: A Survey of Five Approaches to Selecting Independent Variables for Qualitative Comparative Analysis." *Sociological Methods and Research* 23:22—53.

Aminzade, Ronald. 1992. "Historical Sociology and Time." *Sociological Methods and Research* 20:456—480.

Bennett, Andrew. 1997. "Lost in the Translation: Big (N) Misinterpretations of Case Study Research." Paper Presented at the 38th annual convention of the International Studies Association, Toronto, March 18—22.

Blalock, Hubert M. 1961. *Causal Inferences in Nonexperimental Research*. Chapel Hill: University of North Carolina Press.

Braumoeller, Bear F. and Gary Goertz. 2000. "The Methodology of Necessary Conditions." *American Journal of Political Science* 44:844—858.

Campbell, Donald T. 1975. "'Degrees of Freedom' and the Case Study." *Comparative Political Studies* 8:178—193.

Colburn, Forest D. 1994. *The Vogue of Revolution in Poor Countries*. Princeton, NJ: Princeton University Press.

Collier, David. 1993. "The Comparative Method." Pp. 105—119 in *Political Science: The State of the Discipline II*, edited by Ada Finifter. Washington, DC: American Political Science Association.

Collier, David and Robert Adcock. 1999. "Democracy and Dichotomies: A Pragmatic Approach to Choices about Concepts." *Annual Review of Political Science* 2:537—565.

Collier, David and James Mahoney. 1996. "Insights and Pitfalls: Selection Bias in Qualitative Research." *World Politics* 49:56—91.

Collier, Ruth Berins and David Collier. 1991. *Shaping the Political Arena: Critical Junctures, the Labor Movement, and Regime Dynamics in Latin America*. Princeton, NJ: Princeton University Press.

DeFelice, E. Gene. 1986. "Causal Inference and Comparative Methods." *Comparative Political Studies* 19:415—437.

Dion, Douglas. 1998. "Evidence and Inference in the Comparative Case Study." *Comparative Politics* 30:127—146.

Downing, Brian M. 1992. *The Military Revolution and Political Change: Origins of Democracy and Autocracy in Early Modern Europe*. Princeton, NJ: Princeton University Press.

Drass, Kriss and Charles C. Ragin. 1999. *QC/FSA: Qualitative Comparative/Fuzzy-Set Analysis*. Evanston, IL: Institute for Policy Research, Northwestern University.

Eckstein, Harry. 1975. "Case Studies and Theory in Political Science." Pp. 79—138 in *Handbook of Political Science 7*, edited by Fred Greenstein and Nelson W. Polsby. Reading, MA: Addison-Wesley.

Elster, Jon. 1989. *Nuts and Bolts for the Social Sciences*. Cambridge: Cambridge University Press.

Ertman, Thomas. 1997. *Birth of the Leviathan: Building States and Regimes in Medieval and Early Modern Europe*. Cambridge: Cambridge University Press.

Franzosi, Roberto. 1998. "Narrative as Data: Linguistic and Statistical Tools for the Qualitative Study of Historical Events." *International Review of Social History* 43:81—104.

Geddes, Barbara. 1990. "How the Cases You Choose Affect the Answers You Get: Selection Bias in Comparative Politics." Pp. 131—150 in *Political Analysis*, vol. 2, edited by James A. Stimson. Ann Arbor: University of Michigan Press.

George, Alexander L. 1979. "Case Studies and Theory Development: The Method of Structured, Focused Comparison." Pp. 43—68 in *Diplomacy: New Approaches in History, Theory, and Policy*, edited by P. G. Lauren. New York: Free Press.

George, Alexander L. and Timothy J. McKeown. 1985. "Case Studies and Theories of Organizational Decision Making." *Advances in Information Processing in Organizations* 2:21—58.

Giddens, Anthony. 1979. *Central Problems in Social Theory: Action, Structure and Contradiction in Social Analysis*. Berkeley: University of California Press.

Goldstone, Jack A. 1991. *Revolution and Rebellion in the Early Modern World*. Berkeley: University of California Press.

―― 1997. "Methodological Issues in Comparative Macrosociology." *Comparative Social Research* 16:107—120.

Goldthorpe, John H. 1997. "Current Issues in Comparative Macrosociology: A Debate on Methodological Issues." *Comparative Social Research* 16:1—26.

―― 2000. *On Sociology: Numbers, Narratives, and the Integration of Research and Theory*. Oxford: Oxford University Press.

Griffin, Larry J. 1992. "Temporality, Events, and Explanation in Historical Sociology: An Introduction." *Sociological Methods and Research* 20:403—427.

―― 1993. "Narrative, Event-Structure, and Causal Interpretation in Historical Sociology." *American Journal of Sociology* 98:1094—1133.

Griffin, Larry and Charles C. Ragin. 1994. "Some Observations on Formal Methods of Qualitative Analysis." *Sociological Methods and Research* 23:4—21.

Haydu, Jeffrey. 1998. "Making Use of the Past: Time Periods as Cases to Compare and as Sequences of Problem Solving." *American Journal of Sociology* 104:339—371.

Hedstrom, Peter and Richard Swedberg, eds. 1998. *Social Mechanisms: An Analytical Approach to Social Theory*. New York: Cambridge University Press.

Heise, David. 1989. "Modeling Event Structures." *Journal of Mathematical Sociology* 14:139—169.

Isaac, Larry W. 1997. "Transforming Localities: Reflections on Time, Causality, and Narrative in Contemporary Historical Sociology." *Historical Methods* 30:4—12.

King, Gary, Robert O. Keohane, and Sidney Verba. 1994. *Designing Social Inquiry: Scientific Inference in Qualitative Research*. Princeton, NJ: Princeton University Press.

Lieberson, Stanley. 1985. *Making It Count: The Improvement of Social Research and Theory*. Berkeley: University of California Press.

——. 1991. "Small N's and Big Conclusions: An Examination of the Reasoning in Comparative Studies Based on a Small Number of Cases." *Social Forces* 70:307—20.

——. 1994. "More on the Uneasy Case for Using Mill-Type Methods in Small-N Comparative Studies." *Social Forces* 72:1225—37.

——. 1998. "Causal Analysis and Comparative Research: What Can We Learn from Studies Based on a Small Number of Cases?" Pp. 129—145 in *Rational Choice Theory and Large-Scale Data Analysis*, edited by Hans-Peter Blossfeld and Gerald Prein. Boulder, CO: Westview.

Lijphart, Arend. 1971. "Comparative Politics and the Comparative Method." *American Political Science Review* 65:682—693.

——. 1975. "The Comparable Cases Strategy in Comparative Research." *Comparative Political Studies* 8:158—177.

Loung, Pauline Jones. 2002. *Institutional Change and Political Continuity in Post-Soviet Central Asia: Power, Perceptions, and Pacts*. New York: Cambridge University Press.

Luebbert, Gregory M. 1987. "Social Foundations of Political Order in Interwar Europe." *World Politics* 39:449—478.

——. 1991. *Liberalism, Fascism, or Social Democracy: Social Classes and the Political Origins of Regimes in Interwar Europe*. New York: Oxford University Press.

Mahoney, James. 1999. "Nominal, Ordinal, and Narrative Appraisal in Macrocausal Analysis." *American Journal of Sociology* 104:1154—1196.

——. 2001. "Beyond Correlational Analysis: Recent Innovations in Theory and Method." *Sociological Forum* 16:575—593.

Mahoney, James and Richard Snyder. 1999. "Rethinking Agency and Structure in the Study of Regime Change." *Studies in Comparative International Development* 34:3—32.

Marx, Anthony W. 1998. *Making Race and Nation: A Comparison of the United States, South Africa, and Brazil*. Cambridge: Cambridge University Press.

Mill, John Stuart. [1843] 1974. *A System of Logic*. Toronto: University of Toronto Press.

第十章 比较历史分析中的因果评估策略

Most, Benjamin and Harvey Starr. 1989. *Inquiry, Logic, and International Politics*. Columbia: University of South Carolina Press.

Munck, Gerardo L. 1998. "Canons of Research Design in Qualitative Analysis." *Studies in Comparative International Development* 33: 18—45.

Nichols, Elizabeth. 1986. "Skocpol on Revolution: Comparative Analysis vs. Historical Conjuncture." *Comparative Social Research* 9: 163—186.

Orloff, Ann Shola. 1993. *The Politics of Pensions: A Comparative Analysis of Britain, Canada, and the United States*, 1880—1940. Madison: University of Wisconsin Press.

Przeworski, Adam and Henry Teune. 1970. *The Logic of Comparative Social Inquiry*. New York: Wiley.

Ragin, Charles C. 1987. *The Comparative Method: Moving Beyond Qualitative and Quantitative Strategies*. Berkeley: University of California Press.

―― 1997. "Turning the Tables: How Case-Oriented Research Challenges Variable-Oriented Research." *Comparative Social Research* 16: 27—42.

―― 2000. *Fuzzy-Set Social Science*. Chicago: University of Chicago Press.

Rueschemeyer, Dietrich and John D. Stephens. 1997. "Comparing Historical Sequences-A Powerful Tool for Causal Analysis." *Comparative Social Research* 17: 55—72.

Rueschemeyer, Dietrich, Evelyne Huber Stephens, and John D. Stephens. 1992. *Capitalist Development and Democracy*. Chicago: University of Chicago Press.

Salmon, Wesley. 1984. *Scientific Explanation and the Causal Structure of the World*. Princeton, NJ: Princeton University Press.

Sartori, Giovanni. 1987. *Theory of Democracy Revisited*. Chatham, NJ: Chatham House.

Selbin, Eric. 1993. *Modern Latin American Revolutions*. Boulder, CO: Westview.

Sewell, William H., Jr. 1996. "Three Temporalities: Toward an Eventful Sociology." Pp. 245—280 in The Historic Turn in the Human Sciences, edited by Terrence J. McDonald. Ann Arbor: University of Michigan Press.

Skocpol, Theda. 1979. *States and Social Revolutions: A Comparative Analysis of France, Russia, and China*. Cambridge: Cambridge University Press.

―― 1994. "Reflections on Recent Scholarship about Social Revolutions and How to Study Them." Pp. 301—344 in *Social Revolutions in the Modern World*, edited by Theda Skocpol. Cambridge: Cambridge University Press.

Skocpol, Theda and Margaret Somers. 1980. "The Uses of Comparative History in Macrosocial Inquiry." *Comparative Studies in Society and History* 22:174—197.

Smelser, Neil. 1976. *Comparative Methods in the Social Sciences*. Englewood Cliffs, NJ: Prentice-Hall.

Somers, Margaret R. 1992. "Narrativity, Narrative Identity, and Social Action: Rethinking English Working-Class Formation." *Social Science History* 16:591—630.

Stryker, Robin. 1996. "Beyond History versus Theory: Strategic Narrative and Sociological Explanation." *Sociological Methods and Research* 24:304—352.

Wickham-Crowley, Timothy. 1992. *Guerrillas and Revolution in Latin America: A Comparative Study of Insurgents and Regimes Since 1956*. Princeton, NJ: Princeton University Press.

Yashar, Deborah J. 1997. *Demanding Democracy: Reform and Reaction in Costa Rica and Guatemala, 1870s—1950s*. Stanford, CA: Stanford University Press.

第十一章　让比较研究中的本体论和方法论齐头并进[*]

彼得·A. 霍尔
(Peter A. Hall)

关于社会科学中的方法论,一些最激烈的争论集中于比较研究。本文集中于比较政治学,这个领域的定义常常参照对一种特定"比较法"的使用,但它也和社会学有关,在社会学领域,有一些关于方法问题的激烈论战。我使用"方法"这个术语,指的是学者们用来增加信心的手段,让人们相信:他们对社会和政治世界所做的推理是有效的。[①] 其中最重要的是关于因果关系的推理,在这里,方法的目标是要增加人们对下面这个断言的信心:一个变量或事件(x)对另一个变量或事件(y)发挥因果性的影响。

当代争论的奇怪特征之一是:它们更多地关注方法论,而不是本体论的问题。[②]

---

[*] 我要感谢塞缪尔·比尔(Samuel Beer)、苏珊妮·伯格(Suzanne Berger)、贝尔·布劳莫勒尔(Bear Braumoeller)、蒂姆·比特(Tim Büthe)、戴维·科利尔、彼得·古列维奇(Peter Gourevitch)、拉尔斯·缪塞特(Lars Mjøset)、保罗·皮尔森、吉姆·修奇(Jim Shoch)、阿利森·斯坦格(Allison Stanger)、保罗·施泰因贝格(Paul Steinberg)、克里斯蒂安·托夫特(Christian Toft)、劳伦斯·怀特海(Laurence Whitehead)及本书编者对文本的较早版本所做的评论,感谢格热戈日·埃基尔特(Grzegorz Ekiert)的很多讨论。

[①] 我指的既是"内部"效力,也是"外部"效力。前者指的是这样一种信心——研究者假设的 x 和 y 之间的关系确实存在于手头的案例中,后者指的是这样一种信心——在其他条件相同的情况下,同样的关系也存在于其他案例中(参见 Cook and Campbell 1979)。尽管是一个主流阐述,但对方法论的定义被故意导向本文所集中的那些问题,而且这样做是有点限制性的。社会科学还涉及另外一些任务,这里并没有涵盖的一组方法论问题适用于那些任务。

[②] 这个断言有几个例外,包括拉金(Ragin 1987, 2000)开拓性的工作。在社会学中,也有一场关于认识论的激烈争论,我把认识论定义为研究我们能够知道的东西。这受到了对科学现实主义和后现代主义的兴趣的启发,在某些点上触及了本体论的问题(比较 McDonald 1996; Goldthorpe 1997; Archer et al. 1998)。

"本体论"指的是这个世界实际具有的特性。所以,我使用这个术语,指的是学者们对社会和政治世界的性质,尤其是对这个世界之内的因果关系的性质所提出的基本假设。如果说方法论是由得出关于因果关系的观察结论的技术组成的,那么本体论则由关于这个世界的深层因果结构的前提组成,分析者从这些前提出发,如果没有这些前提,关于社会世界的理论就讲不通。在一个基本层面上,它就是我们想象社会世界是什么的方式。

这里使用的本体论当然指的是一组假设:本体论是一种理论构建,它与社会科学"理论"之间的那条分界线是一条细线。然而,我使用这个术语尤其是指关于社会或政治世界因果结构的基本假设,它在一个理论中或许是,或许不是明确的,但在大多数比较学者所集中的"中层"理论中,它始终是隐含的。就这一点而言,本体论类似于"社会经济机制",卡特赖特(Cartwright 1997)把这些机制假设为具体因果断言必不可少的前提。很多关于现象的理论,比如稳定的民主、新社团主义的安排或政治宽容,具有相同的综合整体论,但不同的理论也可以参照不同的本体论。

本体论对方法论极其重要,因为一组特定的方法对一个给定问题的适当性取决于那些关于它们打算发现的因果关系的性质的假设。例如,如果我们面对的是这样一个世界:在这个世界里,因果关系并不是函数的,那么应用那些旨在确定函数关系存在的方法并无多大意义。要想有效,在一个领域中使用的方法论必须与它的通行本体论相一致。在有些人看来,这一点似乎显而易见。

然而,我的分析被下面这个观察结论所推动:比较政治学中流行的方法论与这一领域所信奉的本体论之间裂开了一个相当大的缺口。正如利普哈特(Lijphart 1975, p.165)所指出的,比较政治学是一条有很多水流的河,"战后的比较政治学中"有一个倾向于统计学方法的趋势,显著地基于标准回归模型。① 一些有影响的文本如今赋予这样的方法以优先权,很多学者开始对其他方法表示不满(Geddes 1990; King, Keohane, and Verba 1994; Goldthorpe 1997)。与此同时,这一领域的本体论转到了不同的方向——转向理论,比如

---

① 当前组合截面时间序列回归的流行是这一趋势的一个彰显。

那些基于路径依赖或策略互动的理论,它们为结果提供基础的因果结构概念与一些假设相冲突,而标准回归技术和传统比较法需要这些假设提供有效的因果推理(比较 Bates, Greif, Levi, Rosenthal, and Weingast 1998; Pierson 2000a)。比较政治学的本体论实质性地跑赢了它的方法论。

本文的目的是要让比较政治学领域的本体论和方法论齐头并进,为的是确定问题及其潜在解法的规模。首先从关于这一领域的发展的简短介绍开始,为的是说明本体论和方法论如何协同发展。接下来,我将更详细地审视本体论与方法论之间的当代分叉。在评论针对这一分叉的几个回应之后,我将证明,基于系统过程分析所设计的小样本研究为解决这一分叉呈现的困境提供了相当大的潜力。最后我将指出这些发展对于对案例研究和比较法的传统理解的含义。

比较政治学中本体论与方法论的发展

全面审视本体论与方法论之间错综复杂的关系在比较政治学中如何发展,超出了本文的范围。然而,一次概要性的回顾将会说明学术研究的这两面是如何协调发展的。以有点简单化为代价,我们可以看出这一领域如何走到当前的十字路口。[①]

最初的制度主义

正如艾克斯坦(Eckstein 1963)所指出的,现代比较政治学领域源于对宪法和法律体系的研究。这就是最初的"制度主义"。这个方法聚焦于统治的形式制度,同时恰当地对其更具仪式性的特征抱持玩世不恭的态度,倾向于假设:你可以通过描述它的法律体系和国家历史,从而把关于一个国家的政治要说的大多数话说出来(比较 Bagehot 1867; Wilson 1890; Friedrich 1950; Eckstein and Apter 1963)。从因果性的视角看,为这一领域提供基础的本体论受到了限制。尽管自然界据说被法律般的规律性所统治,但政治世界的制

[①] 对比较政治学领域理论发展得更广泛的评论,参见 Eckstein and Apter (1963), Bill and Hardgrave (1973), Chilcote (1981), and Lichbach and Zuckerman (1997)。

度主要被看作国家历史的产物。在这一点上,早期比较政治学领域的发展比不上社会学和经济学,在那里,马克思、韦伯、涂尔干、马歇尔等人已经开始假设一般性的因果力量推动社会和政治结果。

这一领域的先驱们所采用的方法对于这样一个本体论是适当的。他们的分析在很大程度上是描述性的,在下面这个意义上常常是独特的:他们寻求对一个案例的完全理解,而不是可以跨案例的一般化,他们的导向经常是规范的。凡是早期分析者从事因果解释的地方,他们都采用历史学家的方法,聚焦于对导致一个现象的事件链的详细叙述。跨国比较主要集中于形式制度。尽管美国政治的研究在两次世界大战之间的那些年里变得更为精密,但还是遵循本特利(Bentley 1908)、拉斯韦尔(Lasswell 1936)和施茨奈德(Schattschneider 1935)的角度。比较政治学的抱负依然是谨慎小心的。它的方法对于它的本体论是适当的,但后者对系统的跨国一般化产生了不利的影响。

比较革命

在这一语境下,这一领域在20世纪50年代和60年代的发展真正是革命性的。尽管经常被解释为方法论的,但它们起初是本体论的。在美国的研究发现了潜藏在形式统治制度之下的研究政治学的全新维度之后,这一领域便扩大了它的观念:什么在政治研究的范围之内?寻求用来描述这个新政治学更宽广范围的术语,伊斯顿(Easton 1953, 1965)和阿尔蒙德(Almond 1956; Almond and Powell 1966)转向帕森斯(Parsons 1951)的观点寻求灵感,这一观点把社会关系看作一个总体性的社会体制所促进的角色和信念的结构模式(比较 Merton 1949)。它们随着"政治体制"(political system)的观念而出现,其运转不仅被政府制度所构造,而且被范围广泛的个人之间的形式和非形式关系所构造,根植于一个国家或它的政治文化的次级联合,被理解为一组价值或态度,它们在性质上常常是情感的或规范的(Almond and Verba 1963)。政治研究范围的这一扩大是战后的第一个关键发展,彻底革新了比较政治学研究。

第二个关键发展是倾向于从通常应用于自然界的角度来看待政治世界的

第十一章 让比较研究中的本体论和方法论齐头并进

趋势,即把政治世界看作一个被因果关系所主宰的领域,采取了跨越空间和时间发挥作用的像法律一样的规律性的形式。有了这一本体论的改变,新的政治学成了一项法理学研究,以发现预期在范围广泛的不同案例中都成立的因果一般化为导向。解释被诠释为一个识别"涵盖律"的过程,具体的案例可以归入这个涵盖律之下,因果关系通常从传统主义的角度被理解为暗示了某个像逻辑必然性那样的东西,或者从经验主义的角度被理解为恒定接合(constant conjunction),也就是说,意味着下面这个事实:无论在什么地方都有一个人求 x,一个人求 y(Hume 1748; Hempel 1965; Nagel 1961; Moon 1975)。比较政治学找到了一个新的使命。

对 20 世纪 50 年代和 60 年代的本体论改变至关重要的第三个发展从生物学而不是物理学那里汲取了灵感,与另外的发展完全不相容,这就是功能主义的因果关系概念的日益流行。一般说来,功能主义的观点假设:一个现象的存在可以根据它的后果来解释(Elster 1983)。例如,一组具体政治制度的存在可以根据它对一个社会或政治体制有效运转做出的贡献来解释。战后看待政治体制的观点所特有的整体论鼓励功能主义的视角。如果政体形成了相互关联的不同部分所组成的一个连贯整体,那么,只需很小的一步,就可以把这些部分之间的关系看作功能主义的关系。

这些本体论的改变鼓励了一组方法论的发展,它们在今天继续影响着这个学科。它们导致很多人赋予比较研究以新的重要性。如果说政治制度或政治努力的特征可以解释为一个总体性政治体制的必要条件,那你就需要一般性地了解这样的体系如何运转,这样的知识不可能完全基于一个单一的国家案例。新的重点强调找出在不同的时间和空间内有效的因果规律,这让学者们搜寻来自其他地点的不同案例,在这样的案例中检验他们的命题。十多年来,这个学科一些最令人兴奋的工作得到了社会科学研究会(SSRC)比较政治学委员会的资助,基于"传统"社会向"现代"社会转型,发展出了一组关于现代化的著名命题(Lerner 1958; Apter 1965; Binder et al. 1971; Chilcote 1981, ch. 7)。典型地,这些工作通过把政治发展与一系列其他社会现象关联起来,从而把政治学与社会学紧密联系在一起。驱动力是要描述这个世界周围现象的特征,这些现象曾经从真正可比较的角度被看作是与众不同的,使得国家案例可以被归到现代化、革命、民主或政治稳定的一般性理论之下。

从方法论的角度来说,这个课题把很高的价值赋予有效概念的形成和跨国分类学的发展(Holt and Turner 1970；Frey 1976；cf. Collier and Adcock 1999)。艾克斯坦(Eckstein 1965)认为,有效类型学的形成是比较政治学的一个核心方法,随之而来的激烈争论涉及一个人的概念和类型学应当定位在什么样的抽象水平上(比较 Sartori 1970；Macintyre 1978)。

当代对功能主义的兴趣增强了这一领域对类型学的强调。学者们努力说明一个政体为了有效率而必须履行的功能,以及履行这些功能的制度。政治发展常常作为一个这样的问题来处理:明确说明任何一个国家在通往稳定民主制的道路上都会经历的那些过程,并把这样一些概念与各国实际遵循的路径相比较。随之而来的激烈争论涉及一个过程——比如工业化——的时机会不会影响它的效果(Gerschenkron 1962；Binder et al. 1971；Grew 1978)。

在这一时期一个最有影响的方法论陈述中,维巴(Verba 1967)把适用于比较政治学的方法描述为"遵守纪律的构造研究",被诠释为一种探索,搜寻政治体制特征中的相似和差异的系统模式,超越于那些赋予充分描述一个政体与众不同的特征以特权的独特研究。比较研究以努力把每个国家与众不同的特征与旨在跨国应用的一组范畴和因果机制关联起来而著称。正如维巴所识别的,关键性的挑战是从并不扭曲其语境特征却依然把它们定位于一个总体理论的范畴之内描述相关发展的特征(比较 Verba 1971)。这个挑战依然是比较政治学的试金石,乔治(George)所说的"结构聚焦比较"放大了这一挑战。

然而,这一领域被功能主义分析固有的一些难题所困扰。很容易假设功能主义的关系,但很难确定它们相对于其他因素的因果力量。把政体想象为一个处在均衡中的体系,绊倒在如何把均衡与不均衡区分开来的模糊性上,绊倒在表面上很容易实现新的均衡上。凡是有人看到稳定的地方,就有其他人看到不稳定。功能相等成了解释的一个重要难题:如果有几个制度可以履行相同的功能,就很难通过参照这些功能来解释其中一个制度的存在(Merton 1949)。为了对付这样的难题,功能分析的范畴变得越来越抽象,而且,面对其日益增长的弹性,学者们开始要求这一领域在概念的"抽象阶梯"上向下走,聚

第十一章　让比较研究中的本体论和方法论齐头并进

焦于限制指示域的中层范畴——它们与实际的事件联系更紧密(Sartori 1970)。

比较法

面对令人难堪的批评,功能主义分析在20世纪60年代和70年代名誉扫地,这一领域的本体论再次改变。政治学家们开始远离整体论的政体概念,远离先前聚焦于其各个部分之间复杂的互动效应。他们当中更多的人开始抱持这样的观点:政治结果的终极原因在于个人行为。对政治世界因果结构的结构功能主义想象让位于"变量导向"的想象,在这样的想象中,"因"变量的变化据说是另外一组变量的变化导致的,那些变量被解释为独立于被解释变量并且彼此互相独立。这个探索依然是对规律的探索,聚焦于发现因果规律性,但那些规律性如今从新的角度来解释。

比较政治学的方法论随着这些本体论的改变而改变。普沃斯基和泰恩(Przeworski and Teune 1970)颇有影响的教科书用实例说明了这个时期的方法论重点。它反映了日益增长的对穆勒(Mill 1872)设计的一致法和差异法的兴趣,这两个方法通过比较一些案例来确定两个变量之间因果关系的存在,这些案例在所有方面都类似,除了两个相关变量所取的值之外,或者在所有相关方面不同,但这样的变量之间相对应。反思这一时期对根植于个人行为的政治解释的兴趣,普沃斯基和泰恩流露出了对后者的偏爱,他们称之为一个"最不同的系统"设计,因为它允许你审视那些在一系列不同语境中的国家或体制层面之下的变量之间的关系。这本书构建在斯梅尔泽(Smelser 1966,1976)的研究基础之上,实质性地推进了后来所说的"比较法"实践——这一方法通常在审视少量案例时应用,即小样本研究设计。

利普哈特(Lijphart 1971,1975)提供了比较法的典范表述,他用实例说明了后来这一领域的最权威的理解。利普哈特通过把它与另外两个方法进行对照来定义比较法。在"实验"法中,研究者积极地改变一些变量,他们预期可以用这些变量来解释一组案例中的一个结果,这些案例被随机地设计为一个实验组,把这些案例中的结果与另外一组案例中的结果进行比较,那组案例被随机地设计为一个对照组,其中的相关变量没有被改变。这是一个强有力的检验因果推论的方法,但在比较政治学的领域很少切合实际,利普哈特建议,在比较政治学领域,最好的替代是"统计学"方法。统计学方法的实践者检查大量案例,显示很多解释变量各种不同的值的组合,并计算它们与因变量之间的部分相互关系,使用概率法则确定每个潜在解释变量影响因变量的可能性,以及每种影响的大小程度。

利普哈特的比较法的概念深受他对这个概念的架构的影响。这个框架导致他把比较法看作一个与统计学方法相似的但在很大程度上又与之不同的方法,因为它只检查少量案例。再一次,这个检查的基础是穆勒的一致法和差异法。[①] 研究者跨越一系列案例以寻找解释变量中的相似之处,这些相似之处将会解释结果中的相似之处,或者寻找一两个变量的差异,它们将会解释结果的对应差异。关键点是,正如利普哈特及其他大多数人所描述的那样,比较法本质上是相互关联的。它把关于因果关系的推理建立在一个因变量与一小组自变量之间共变的基础之上,对案例的检查主要被用来确定这些变量在案例中的存在或它们的值。

这个关于小样本比较应该如何进行的概念以及比较法的概念变得很有影响。它限制了这一领域的争论和逐渐的方法论变动的特征。从这些角度来解释,比较法对于确立因果推理明显是一个很脆弱的方法,充满了"遗漏变量偏见"的问题,当要考量的变量很多而案例很少时,便会出现这样的问题(Lieberson 1985)。只有在下面这样的情况下比较法才会产生强有力的推论:解释变量可以被视为相关结果的"必要"原因或"充分"原因,因果关系可以被视为决定论的,尽管学者们如今倾向于把很多这样的关系视为盖然论的。[②]利普哈特(Lijphart 1971,1975)勇敢地回应了这些关切,提出了几个方法来改进比较研究设计,本质上是通过增加案例数量,重构变量以减少它们的数量,或者聚焦于那些为一个理论提供"关键"检验的案例。但是,不难看出,他及其

---

① 利普哈特(Lijphart 1975,p. 688)指出,正如其他很多人一样(比较 Smelser 1976,pp. 62,141),穆勒和涂尔干都不相信这些方法可以应用在社会科学中,但他拒绝因为"建立在太过苛刻的科学标准的基础之上"而反对它们。

② 这是合乎逻辑的,不管因果关系在本体论上是盖然论的,即旨在某一部分案例中起作用,还是决定论的,只不过由于测量或研究设计的错误,仅在部分观察中才是可观察到的。问题出现了,因为,如果 x 仅在 80% 的案例中导致 y,当我们发现一两个案例中有 y 而没有 x 时,我们就不知道究竟是 x 不导致 y,还是这些案例属于那例外的 20%。

他很多人为什么得出以下结论:"由于比较法必须被认为是一个更弱的方法,因此如果有足够的案例可以用于研究,那么转向统计学方法通常就是可取的。"(1975,p.165)

这个立场为后来的很多争论定下了基调。有些学者对比较法提出了一些重要改良,很多人继续依靠它(Campbell 1975;George 1979;Skocpol and Somers 1980;Collier 1991)。但有一个日益发展的趋势,倾向于认为统计学方法对于确立因果推理更高级(Geddes 1990;King et al. 1994;Goldthorpe 1997)。在实践中,这意味着着重强调回归分析。比较政治学中使用统计学技术的绝大多数研究使用了某种形式的回归分析,不管概率单位、分对数是一般化的,还是普通最小平方的。获取足够使用这些方法的案例的推动力如今导致很多学者赋予那些基于组合截面时间序列数据的研究以特权。

当代困境

那么,这一领域面对的当代困境是什么呢?标准回归分析和从传统角度理解的比较法只有当它们被应用的那个世界的因果结构符合一组严格的假设时,才会为因果推理提供强有力的基础。这两个方法都暗示了特定的本体论。

比较法尤其需要苛刻的假设。只有在下面这样的情况下它才会提供有效的检验:这个世界符合休谟的本体论,这个本体论把因果关系与恒定接合关联起来,或者,寻找的因果变量是一个结果的必要原因,也就是说,这些变量对结果非常重要,以至于结果要想出现,它们就必须存在(参见 Braumoeller 2000)。

回归分析更灵活。它特别适合一个想象盖然论因果关系的本体论,而且,给定足够多的案例,它就可以处理某些互动效应(比较 Jackson 1996)。然而,通常被用来研究比较政治学的那些类型的回归分析,只有当它们审视的因果关系满足一组严格的假设时,才会为因果推理提供有效的支持(参见 Wallerstein 2000)。一般而言,这个方法假设单位同质性,也就是说,在其他条件相等的情况下,因果变量 x 的值的改变会产生所有案例中相同大小的结果变量 y 的值的相应改变。它假设包含在分析中的因果变量与从分析中省略掉的其他因果变量之间不存在系统性的相互关联。它假设因果变量之间所有相关的互动效应都在回归中从互动的角度被捕捉到了。它假设案例充分独立,使得一个案例中因果变量的值不受其他案例中因果变量或结果变量的值的影响。[1] 尽管有时候可以使用工具变量,但大多数回归分析假设不存在互为因果,也就是说,因果变量不受因变量的影响。

简言之,通常理解的比较法和比较政治学中使用的标准回归模型对于它们所审视的因果关系的性质提出了一组组强假设。如果这个世界不符合那个本体论,那它们就不评估因果关系。

问题是,这个世界可能没有这个因果结构。甚至当标准回归模型处于上升期时,就有人认为它并不符合这些假设(Macridis 1968; Wolin 1969; Richter 1970)。然而,最近这些年里,越来越多地被比较政治学所接受的模型违反关于因果结构的假设,基于标准回归模型的传统比较方法要想有效,这些假设就必须有效。不妨考量一下一些如今被提出来解释民主转型的复杂模型多么不同于更老的研究文献对稳定民主制的条件所做的过分小气的一般化(比较 Lipset 1959; O'Donnell and Schmitter 1986)。学者们如今聚焦的因果关系不同于二十年前所假设的因果关系。很多人认识到了那些先前的研究工作所忽视的多重因果性的形式。

拉金(Ragin 1987)开拓性的工作识别了很多这些因果复杂性,归在"多接合因果关系"这个标题下(还可参看 Lieberson 1985)。在大多数情况下,难题源自因果变量或语境变量之间的*互动效应*,标准分析往往把这些效应假设掉了。[2] 聚焦于一组自变量($x_1, \cdots, x_n$)对一个结果(y)发挥恒定因果影响的传统方法往往没有看到下列类型的因果关系:

(1)我们发现一些这样的情况:x(经济发展水平)的增加在某些案例中导致 y(向民主推进)的增加,但在另一些案例中并没有这样的效应,y 受一组完全不同的变量 w 的影响。

---

[1] 换句话说,大多数这样的分析并不假设高尔顿吸引我们关注的那种"扩散效应"。尽管有一些技术评估这样的效应,但它们在当代政治学研究中很少使用。

[2] 在这里,就像在本文中其他地方一样,我采用变量导向的因果关系方法,把最近的方法与更老的方法关联起来,因为我相信它依然是审视因果关系的最有成果的视角。但读者应当注意那些拒绝这一方法而赞同其他方法的研究文献,包括案例导向的方法(比较 Ragin 1987, 2000)。

(2)我们找到了一些这样的案例:x(社会民主党统治)的增加在一个时间点 t_1 上与 y(社会支出)有关联,而在另一个时间点 t_2 上却没有关联。

(3)我们发现一些这样的情况:x(社会抗议)的增加在某些案例中导致结果 y(政府更替),而在另外一些案例中导致完全不同的结果(镇压)。

(4)我们发现一些这样的情况:结果 y(成功的工资协调)依赖于很多其他变量的值——v(工会密度)、w(社会民主党统治)和 x(社会政策体制)——它们的值反过来互相依赖。

(5)我们找到了一些这样的案例:x(对民主的支持)的增加导致 y(民主制的稳定)的增加,而 y 的增加往往也导致 x 的增加。

如果这种因果结构是异乎寻常的,那么,为了集中于更简单的可评估关系而把它们降到不可知的领域或许是可行的。但是,越来越多的学者得出结论:这些类型的因果结构是政治世界的常见特征。比较政治学中一些最杰出的理论如今从不符合标准回归分析所要求的假设的角度来理解这个世界。两条主要的理论化路线尤其重要。每一条路线在不同的学者群体当中是与众不同的和有影响力的,但二者都提出了给传统分析方法带来奇怪难题的本体论。

其中第一条理论发展路线把政治结果视为一种可以用非合作博弈论来建模的行动者之间策略互动的结果。这个视角如今被应用于很多问题,把政治结果视为那些为了通过反复多轮互动互相回应对方的行动者所做出的一系列选择的结果。在每个时间点上,行动者的选择可能受到特定类型制度的存在的影响,但后者很少规定一个独一无二的均衡。因此,结果通常依赖于进一步的可能复杂而迅速消失的条件集——社会的、经济的或文化的。在以扩展形式呈现的博弈树形图中,有很多的分支。那些支持一个节点上的策略选择的条件的改变对后来的结果可能有着根本性的影响。结果,尽管这些选择的某些成分——包括对不同类型制度的均衡影响的推测——可以用标准比较分析来检验,但通常很难把这些理论所构想的因果链简化为一组简单的自变量(比较 Knight and Sened 1995;Milner 1998;Bates *et al*. 1998)。

第二条理论路线是改变我们对一些有影响力的研究文献针对路径依赖提出的因果结构的理解(Collier and Collier 1991;Thelen 1999,2000;Mahoney 2000a;Pierson 2000a)。尽管关于路径依赖应该如何定义,是什么沿着一条路径推动一个单位,他们的观点千变万化,但采取这个视角的分析者往往同意对因果分析有着严肃含义的两个要点。首先,他们同意,对一个最终结果的特征产生重大影响的因果发展常常出现在导致这个结果的很长因果链的早期阶段,甚至在遥远的过去。如果对所有相关案例中后来发展的影响在不同案例之间是同质的,则这个观察结论对于传统方法就不会是一个重大问题:代表早期发展的变量可以吸收到标准回归分析中来。然而,研究政治学的路径依赖方法通常提出第二个论点。该论点认为,遥远过去的一个关键发展(不管是重大选择还是关键事件)常常深刻地影响一个案例,以至于它改变了案例中后来发展的影响,因此削弱了下面这个假设:这样的发展 x、y、z 可以预期对不同案例有相同的影响。事实上,这个论点是,互动效应随着时间的推移而发生并可能增加。

在路径依赖分析者当中,有一点存在争论:关键发展通常是意外的还是可预测的,还有它们是不是主要发生在关键节点,而这些关键节点在特征上是广泛变化的或者是在时间上有多个点,并且其影响起初是增长的,但是随着时间的推移还在增长。然而,对这个世界的路径依赖想象挑战了传统的方法,因为它们主张,早期的发展可以非常激进地改变一个案例的语境,以至于后来的发展在每个案例中会有不同的效应。互动效应随着时间推移而累积,把案例带上了截然不同的路径,以至于认为今天发生的 x 在所有不同案例中都有相同的效应 y 变得毫无道理。

简言之,策略互动和路径依赖理论都不把这个世界看作一个以永恒的因果规律性为标志的地带,而是视为一棵分叉树,其末端代表随着时间推移而展开的事件的结果(参见 Sewell 1996)。如果这是真的,一个特定发展的时机对它的影响就可能十分重要。发展发生在其中的那个序列对它们所产生的结果变得很重要(Pierson 2000b; Thelen 2000; cf. Binder et al. 1971)。典型的论点是:x 的影响将依赖于它究竟是发生在 w 之前还是之后。工业化的影响依赖于它究竟发生在 18 世纪晚期还是 19 世纪(Gerschenkron 1962)。总体性的前提是语境很重要:x 的影响很少独立于其他变量(u、v、w)的值,语境的异质性是随着时间推移而展开的事件的函数。

路径依赖理论明确地把我们的注意力吸引到历史的重要性上。它们意味

第十一章 让比较研究中的本体论和方法论齐头并进

着当前的结果很少能够通过仅仅参照现在或不久之前的过去来解释。但策略互动理论也参照一条反复选择链，常常延伸到遥远的过去。这两种方法都不利于那些仅仅把过去的发展作为一个自变量而输入的分析，因为它们意味着这些发展的因果影响依赖于它们在历史链条内定位于何处。

尽管这种主张对主流分析提出了深刻的质疑，但它们有很多直觉上的貌似有理性。20 世纪 30 年代社会民主党统治的 6 年对政策体制有着持久的影响，但这一影响和 20 世纪 80 年代社会民主党统治 6 年的影响几乎肯定不是一样的。此外，由于社会民主党统治的影响受到其他因素的约束，它在某个时间点上不可能在不同案例中是一样的。① 当少数几个变量在数量可观的案例中的影响非常强大而且可以测量时，回归分析可以评估其中一些这种类型的互动效应。然而，在实践中，互动效应常常非常复杂，数据非常有限，以至于回归分析不可能检验相关命题。很多分析索性把这些命题假设掉。

比较政治学中基于这个世界的策略互动模型或路径依赖模型的新理论对于构建一个给定政治结果的充分解释可以说些什么也有一些含义。这是一个社会科学家们可能并不同意的问题。例如，韦伯（Weber 1949）认为，一个对特定事件集的解释只有当它能够解释同时代的参与者对这些事件的看法时才是充分的。弗里德曼（Friedman 1968）的观点刚好相反：一个解释，如果预测了后来事件的发生，那它就是充分的，不管它是不是准确地描述了行动者的信念和动机。这样一些争论的主要分歧之一落在下面这两类人之间：一些人相信解释需要相对充分地说明导致一个结果的那些发展，另一些人相信一个好的解释是极度俭省的，即它只援引少数几个因果变量（Shively 1974，p. 15；Abbott 1988；cf. Bennett and George 2001）。历史学家与第一种观点关联紧密，政治学家常常与第二种观点相关联。②

许多年来，数量可观的比较政治学学者把解释看作一个这样的问题：着重强调一组数量很少的被视为一个给定结果的恒定指示器的因果变量。有一些

---

① 参见唐纳德·温奇（Donald Winch，1989）的观察结论：瑞典社会民主党人的经济政策深深受限于他们从观察他们之前的英国工党政府的努力中所得出的结论。

② 关于探索历史解释与社会科学解释之间的某些相似之处，有一些很有启发的讨论，参见 Bennett and George (in press)。

本体论助力这样的观点，它们把这个世界看作被一些不可改变的因果规律性所主宰，而这些规律性基于少数几个有力量的因果变量。基于回归分析和传统形式的比较方法强化了这一立场，因为它们生产的恰好就是这些种类的结果。在发生于20世纪60年代和70年代的这一领域的形成时刻，关于本体论、方法论和恰当解释模式的学术观点汇集成了一个有着持续影响的内聚包。

然而，由于它们提出了新的本体论，因此路径依赖理论和策略互动理论也在改变着一些传统概念：在比较政治学领域，是什么构成了充分解释？如果重要的政治结果并不依赖少数几个社会经济条件，而是依赖复杂的策略互动链，除非参照这个互动链，否则它们就不可能得到解释。如果当代结果反映了历史发展分叉树的最末端，援引一两个被推定重要的因果变量就不会构成一个对它们的充分解释。因此，极度俭省不再被视为政治学解释的一个关键特征，关于什么构成一个可以接受的解释模型的观点朝向历史的观点转变（比较 Shiveley 1974；King *et al*. 1994, p. 20；Bates *et al*. 1998）。

总之，本体论跑赢了我们的方法论标准的解释观。比较政治学已经远离了那些假设因果变量在不同空间和时间有着强大、恒定和独立的影响的本体论，走向那些承认更广泛的内生性和复杂互动效应无处不在的本体论。很多学者如今从这样的角度来看这个世界：它并不符合标准回归方法为因果论点提供有效检验所需要的那些假设。很多实质性问题如今似乎涉及互为因果。学者们假设，互动效应太过复杂，没法在回归中充分建模。有人认为，因果变量在很大程度上是语境依赖的，以至于假设单位同质性毫无意义，而且，多重因果性是非常重要的，以至于把因果分析聚焦于识别个别自变量毫无意义（比较 Ragin 1987, 2000）。

考虑到这些发展，比较政治学的学者们如今必须探索新的方法。但是，他们应该采用哪些方法呢？我现在转向这个问题。

走向解决办法

当代本体论所提出的方法论困境，不存在单一的解决办法。它们提出的真正困境被反映在一些善于思考的学者做出的范围日益扩大的回应中。完整

第十一章　让比较研究中的本体论和方法论齐头并进

回顾这些回应超出了本文的范围,但我会审视其中几个最重要的回应。

最近的一些提议

一些研究重大社会和政治过程的著名分析者对这些难题的反应是,提议改变研究的焦点,从搜寻宏观政治结果——比如革命、现代化和政权改变,它们曾经是这一领域宏大理论的主题——的直接解释,转向更低的分析层面,那里的努力是要识别反复出现的对很多这样的结果做出贡献的宏观过程(Tilly 1995)。尽管这一转变的理由是多方面的,但很多人认为,重大的政治事件是一些因果过程产生的,这些过程非常复杂或语境依赖,以至于不可能从一般的角度来解释它们。相反,分析应当集中于导致更广泛政治结果的因果链(Elster 1998;Hedstrom and Swedberg 1998;cf. Mahoney 2001)。前提是,这样的机制如此频繁地出现,足以成为一般化的可行目标,承载着足够的因果意义,完全配得上对它们表现出的兴趣。这个方法有一些优势和劣势。这个新的焦点有望带来对集体行动的有用分析,但很难欢迎逃避对这些重要结果的直接解释的探寻而毫无遗憾(比较 Katznelson 1997)。

另外一些人试图改进统计学分析,为的是对付那些困扰着标准回归方法的难题。有人在探索以新的方式评估互动效应,例如,使用结构方程模型来克服内生性的难题(Jackson 1996;Franzese 2001)。另一些人建议,比较政治学领域的学者应当汲取更宽广的统计学技能,要么更多地使用熟悉的技术,比如判别式分析,要么构想新的技术,比如基于行动者的建模(Braumoeller 2000;Cederman 1997)。有人认为,统计学分析应当始终与案例的深入研究相结合,仔细关注案例在表格分析中的相关单元之间的分布,并做出更大的努力解释余下的案例(Shalev 1998)。关注这些问题的统计学分析无疑在对因果复杂性的理解上会发挥作用。

致力于这里识别的此类本体论问题的第三个方法是拉金(Ragin 1987)构想出来的,他是最早吸引人们关注这种问题的学者之一。他尤其关注"多接合因果关系",宽泛地说,就是这样一种可能性:一个结果不可能被一两个在所有案例中独立于其他变量而运转的相同变量所导致,而是被各种不同的因素组合所导致,每个因素在某些案例中运转。请注意,回归模型的参数评估通常并不识别这样的影响,它探寻一些技术来识别哪些因素组合构成了一个特定结果发生的必要条件和/或充分条件。拉金设计了一些技术,研究者可以用这些技术,依据其相关结果的值和潜在解释变量所取的值,把案例分为不同的案例集,为的是识别特定解释变量的组合以什么样的频度与一个给定结果相关联。他精心设计一个布尔代数,为的是把这些比较简化为可处理的概要,并在最近的一次改进中,增加信息层次,可以通过采用构建范畴的"模糊集"方法把这些信息包含在这种分析中,这一方法允许变量取连续值(Ragin 2000)。

这个方法提供了很多洞见。对于揭示条件如何组合起来产生特定结果,对于评估哪些条件对于这些结果是必要的还是充分的,它尤其有效。位于传统比较方法与回归分析之间,拉金的方法从两者那里汲取了力量。例如,模糊集方法要求比标准回归分析更深入地了解案例,而提供的结论常常更加丰富。然而,从本文的视角看,应当指出的是,这些方法保留了回归分析和传统上理解的比较法的一些关键特征:它们在很大程度上是通过跨案例检查有理论意义的解释变量与被解释结果之间的协方差来检验因果推理。[①]

就其优势而言,拉金(Ragin 1987)的分析可以从激进的角度被解释为一个这样的分析:它拒绝因果变量的概念,赞成把社会科学视为一项这样的事业——通过逐步建立案例说明来比较案例,这些案例的一般性潜藏在分析所产生的范畴中,并把案例分组为代表与众不同的因果轨道的案例集。在这个方向上的移动,把这一领域带回到"遵守纪律的构造分析",那是20世纪60年代最优秀作品的典型特征。那些批评这个时代的研究"纯属描述"的人没有看到这些作品一般化的力量,它们识别了一些新类型的政治现象,并为它们创造了可以跨国应用的一般概念。[②]

面对这些本体论改变,有些学者甚至会走得更远,他们坚持对实证主义的基本批评:把探寻那些在不同的国家场景中有着恒定因果力量的变量看作一项无益的事业。受"批判现实主义"和研究社会世界的"构成主义"方法的影

---

① 尽管拉金(Ragin 1987)把他的案例导向方法与变量导向方法进行了对比,引出了它的一些与众不同的特征,但我在这里使用变量语言来描述这个方法的基本特征。

② 斯坦利·霍夫曼(Stanley Hoffmann,1963)对法兰西第三共和国的权威分析是一个恰当的实例。尽管聚焦于单一案例,但他对"僵局社会"如何构成以及这个政权如何运转的解释提供了一些洞见,这些洞见重组了关于很多其他国家和范畴的思考,可以应用于很多政权。

第十一章 让比较研究中的本体论和方法论齐头并进

响,很多人开始怀疑政治分析的范畴,对分析者的目标如何影响他们很敏感,对聚焦于行动者关于他们自己的世界发展出来的解释感兴趣(Somers 1996; Archer et al. 1998; Wendt 1999; cf. Abbott 2001)。对于这样一些观点,有很多内容可说。

就连这一简短的概览也显示,对于今天比较政治学领域的可用方法,并不容易达成一致。一些长期潜藏在这一领域的表面之下的问题再次变得突出,部分是因为新的本体论已经出现。然而,这里不是以一篇关于困境的陈述作结,我想在解决方法的方向上向前走上几步。本质上,我会为一个方法的有用性辩护,这个方法基于小样本比较,长期以来对这个领域可用,却并未得到充分赏识,因为小样本比较经常被视为一个适用于统计学方法的"弱"版本的地带,而不是一个可以应用一种强健的却不同的方法的地带。

我的主张不是说这个方法优于其他所有方法,即便是对于处理最近这一领域的理论改变所暗示的因果结构。要证明这样一个主张有道理,就需要一次扩大的讨论,在这里是不可能的,而且,正如我已经指出的,你可以做出几次方法论变动,以回应新的本体论。然而,这个方法有这样一个优势:它并未彻底背离当代政治学的主流实证主义。它依然是处理因果关系的"变量导向"的方法,它可能很容易被这一领域的主流所接受,即使其他人宁愿选择一条不同的路线。然而,对于评估比较政治学的新本体论所假设的那些类型的因果关系,这个方法还提供了一些优势,优于标准回归模型或传统的比较法。实际上,我建议,重新架构我们对应用于跨少量案例比较的"比较法"的理解,为的是把这个方法置于它的中心。

系统过程分析

我把我心里想的这个方法称为"系统过程分析"。它有点类似于被坎贝尔(Campbell 1975)描述为"模式匹配"以及被乔治和麦克欧文(George and McKeown 1985)描述为"过程追踪"的方法(Collier 1991, p. 23; Mahoney 2000b; Bennett and George in press)。然而,由于我想从高度具体的、有些学者可能不同意的角度来概述这个方法的要求,因此我将给它一个与众不同的标签。这个方法远远谈不上新:连同某些变种,它长期以来被很多分析者应用,发挥了很大作用(比较 Moore 1966；Skocpol 1979；Collier and Collier 1991)。但它被一个痴迷于标准回归模型的领域所低估,这个模型的局限如今正在变得清晰起来。

为了理解系统过程分析需要什么并认识它的价值,回忆一下(社会)科学研究的基本特征是有益的,正如主宰这一领域的主流实证主义所明确说明的。从这个视角看,社会科学就是要努力识别倾向于产生一种特定结果的因果要素(或变量)。这样一项研究首先要阐述一组这样的理论:它们识别相关的因果要素以及它们如何运转,连同它们运转的理由,通常被表述为从更一般的关于这个世界的关联得出的推论,都基于之前的观察和公理性的前提。研究者随后从每个理论中得出关于模式的预测,如果这个因果理论是有效的,这些模式就会出现在对这个世界的观察中;如果它是假的,就特别关注那些符合一个理论却不符合它的主要竞争对手的预测,以便查明一组竞争性的理论当中究竟哪一个理论更可能有效。[1] 随后使用一系列技术和一批与这些技术的使用相关联的专门化建议,对这个世界得出相关的观察结论。根据共识,研究者应该寻求一组尽可能多的、尽可能多种多样的观察结论(比较 King *et al.* 1994, ch. 6)。随后检查存在于这些观察结论中的模式,看看它们是否符合每个相关理论的预测,为的是对哪个因果理论优于其他理论而做出判断。

由于观察结论绝不完全独立于用来检验它们的理论,正如拉卡托斯(Lakatos 1970；Kuhn 1970)提醒我们的那样,因此这个判断需要同时引出关于观察结论的准确性和理论的价值的结论。一个有着实质性推理力量并比先前的观察结论活得更长久的理论不可能仅仅因为它不符合最近的观察结论而被拒绝。实际上,观察结论的准确性(从测量、抽样以及诸如此类的角度来看)必须根据理论的吸引力和貌似有理性加以权衡。[2] 这些理论可予以精细化,并对其做出进一步的观察,然后才宣布一个理论优于另一个理论。社会科学中的进步最终是一个根据一个理论、其主要竞争对手和一组观察结论之间的

---

[1] 请注意,当我使用"预测"这个术语时,我所指的不仅是(甚或主要不是)未来的发展,而是对关于过去事件的数据所产生的可观察到的模式所做的预测。

[2] 这一点提出了一个重要问题:应该使用什么标准来判断一个理论是否充分,尤其是当观察结论与它不一致的时候? 还有关于判断观察结论应该使用什么标准的问题。但讨论这些问题超出了本文的范围。

第十一章　让比较研究中的本体论和方法论齐头并进

三角比较得出良好判断的问题。

尽管这是社会科学事业的一个非常简短的概要,遗漏了一些微妙的差别,容易受到那些有着根本不同的科学概念的人的质疑,但它对于主流实证主义来说应该是无可争辩的。因此,重要的是要指出,这篇介绍中没有任何东西暗示,唯一与检验一个理论相关的观察结论是这样一些观察结论:它们是根据结果(或"因"变量)的值和一小组被指定为这个结果的最终"原因"的变量(或者叫作"自"变量)的值得出的。[①] 对后者的观察是有价值的,但一个切实可行的理论还应该产生关于案例的很多其他方面的预测,根据这些预测可以得出检验理论的观察结论。特别是,好的理论会详细说明一组与特定变量运转相关联的因果过程。其中包括预测那些可以预期要发生的事件,行动者可能采取的公共立场或私人立场,以及相关因果链的很多其他特征。

基本要点应该很清楚:与一个理论对导致结果的过程所做出的预测有关的观察结论,提供了对这个理论的一个相关检验,就像检验那些关于少量因果变量与它们据说要产生的结果之间联系的预测一样。即使当理论的主要目标是要识别少量"因果变量"时,这一点也是真的,因为这样一个关于原因的论证,必须详细说明这些最终原因产生结果的过程。[②] 一个理论的解释力很大程度上依赖于对这样一个过程的详细说明。考虑到比较政治学中转向想象多重互动效应的本体论的趋势,这一点变得尤其重要。关于路径依赖或策略互动的论证,常常只有通过把对过程的预测与对手头案例中过程的观察进行比较,才能检验其有效性。(比较 Bates et al. 1998)。[③]

[①] 可以认为,如果社会科学的目的主要是要产生对未来的预测,那么,聚焦于一小组(自)变量与一个结果之间的关联可能是有用的。然而,这个理由所基于的论点是关于社会科学的目的,而不是关于它的性质,很多人认为,社会科学的首要目的是理解这个世界,而预测充其量是一个次要应用。另外一些人认为,即使社会科学的目的是预测,最好地服务于这个目标的做法也是发展那些理解复杂性、能经受检验的理论,这超出了审视一组假定因果变量与一个结果之间的关联。

[②] 例如,说"社会民主党人在政府中的存在"解释了"新社团主义安排的发展"是不够的。要想有解释力,任何这样的理论都必须包含对因果链的某种解释,正是通过这个因果链,前者导致后者。正如沃尔茨(Waltz 1979)所指出的,一个理论由更多的东西所组成,而不只是一组假说。

[③] 我从贝茨等人(Bates et al. 1998)的基本观点中拿来了这个观点,那是这个学科眼下正在进行的搜寻适合新本体论的方法的又一个实例。在很多方面,他们的解释与我的类似,尽管我的系统过程分析概念更着重强调确保互相竞争的理论之间的平等对抗,这些理论被故意呈现得尽可能脆弱,强调搜寻检验充分范围的理论假设的观察结论,包括关于态度和动机的假设,它们构成了贝茨等人主要感兴趣的理性选择理论(尚未得到检验的)核心探索的组成部分(比较 Lakatos 1970; Elster 2000)。

简言之,系统过程分析审视手头案例中不断展开的过程以及这些案例中的结果。对于要检验的因果理论,对它们所包含的关于结果事件如何展开的预测进行质询。要点是把这些预测与我们从关于这个世界的数据中得出的观察结论相比较。应当尽可能把理论呈现为在面对观察结论和其他理论时是"脆弱的",也就是说,应当这样构造理论,使得它能够产生可能被可用数据证明为假的预测,而且这些预测能够与竞争理论的预测区分开来。通常,分析者应当寻求一组尽可能多的、尽可能多种多样的预测和观察。一般而言,这意味着不仅有关于最终结果和过程的一般形态的预测,而且有关于预期不同类型行动者可能采取的具体行动、可能揭示其动机的陈述以及行动应当发生其中的序列的预测。[①] 当其他条件同等时,一个面对更多观察材料和更多不同种类的观察材料经受了检验的理论比一个根据一组数量更少的、更为同质的观察材料进行检验的理论更可能是有效的(比较 King et al. 1994)。

系统过程分析者随后从经验案例中得出观察结论,不仅涉及主要因果变量的值,而且涉及把这些值与结果关联起来的过程。由于每个理论都要面对其他理论接受检验,因此研究者应当把注意力专门集中于那些偏离理论预测的现象。这不仅仅是搜寻"中间"变量。要点是要看看,行动者在因果过程的每个阶段的多个行动和陈述是不是符合每个理论所暗示的对这个世界的想象。[②]

在研究的最后几个阶段,把从案例中得出的观察结论与理论预测进行比较,并对一个理论是否优于其他理论做出判断,在很大程度上是根据预测与观察结论之间是否一致。如果有理由怀疑数据的充分性,或者把很高的价值赋予似乎处置不当的理论,就可以在被审视的现有案例或新案例中做进一步的观察,以改进判断。

[①] 这个禁令与弗里德曼(Friedman 1968)的论证背道而驰:理论应该主要根据它们对最终结果的预测是否充分来判断,而无须审视一个理论关于行动者动机的假设是否现实。尽管系统过程分析留下下面这个可能性悬而未决:一个理论可能因其预测结果的优势而被人们接受,即使它关于动机的假设是未经检验的,或者明显是不切实际的。但我认为,一个理论的假设是否现实应当根据下面的理由来评估:如果不拒绝给予研究者这个比较的基础,它是不是就很难对照另一个理论来检验一个理论? 社会科学中的检验应当充分利用可用的信息。

[②] 尽管系统过程分析未必需要它,但这个视角暗示了对韦伯(Weber 1949)下面这个论点的某种支持:研究者应该问,这个理论是不是符合关于历史行动者自己归于其行动的意义的证据。

尽管过程追踪有时候被诋毁为简单地禁止"研究历史",但有一点应当很明显:系统过程分析是一个这样的计划:它非常不同于大多数历史学家所从事的计划。它要求审视结果背后的历史,但比历史学家们承担的大多数工作更明确地被理论所引导。尽管每个研究者都应当对意外的偶然发现保持开放态度,但这项事业并不是一项归纳的事业。它聚焦于预测的检验,这些预测源自一个演绎性的理论形成过程。此外,这种研究所产生的结果完全不同于大多数历史学家所寻求的结果。如果历史学家寻求解释,那么他们通常寻求对一个特定事件集的相对完整的解释,通常以详细叙事的形式来表述,阐明所有与他们在一个装饰繁复的语境中想要解释的事件相关联的意外事件。相比之下,系统过程分析是一次这样的努力:它试图详尽阐述能够解释范围广泛的事件或结果的理论并评估它的有效性。它寻求这样的一般化:它们比历史学家通常瞄准的那些一般化既更简单,又更轻便。尽管这两项事业之间有一些接触点,但它们是截然不同的(比较 Roberts 1996; Bennett and George in press)。

重新考量案例研究和比较法

这一分析包含了一些重要的含义,涉及案例研究的价值,以及应当如何理解比较法。许多年来,案例研究的角色由于无所不在的混淆而黯然失色,这些混淆涉及究竟是什么构成一个案例,以及什么构成一个适合理论检验的观察结论。这种不确定性的起源可以追溯到艾克斯坦(Eckstein 1975)和利普哈特(Lijphart 1971)的开拓性论文,当时,人们常常假设唯一适合理论检验的观察结论是这样的观察结论:它们基于对一个因变量和少数几个被援引来解释它的自变量的观察。从这个视角看,凡是相关结果是一个系统层面的变量的地方,案例的概念可以等同于一个单一的观察。

从这样的阐述中,很多学者得出结论,基于单一案例研究的研究在因果推理中没有发挥什么作用:毕竟,当一个人只能做出单一的观察时,就没有多少因果推理的基础。艾克斯坦(Eckstein 1975)认为,你可以使用单一案例来证伪一个理论,只要识别出一个"关键案例",如果一个理论在任何地方都有效的话,那它在这个案例中就"最有可能"成立;但另外一些人指出,只有当原因是决定论的而不是盖然论的,而且是检验关于"必要"原因的断言时,这个说法才是可行的(Lieberson 1992, p. 117)。很多人转而赞同以下这个主张:凭借归纳的丰富性,单一案例研究对于产生新的假说或精细化理论是有用的,但对于检验因果命题并没什么用。结果是普遍怀疑案例研究的价值,尽管对它们的兴趣出现了一次复活(比较 Ragin and Becker 1992)。

要驱散围绕这些问题所产生的混淆,必须清晰地区分下面这两个概念:一个概念是把一个案例理解为一个单一单位,被调查的结果是在单位层面上变动;另一个概念是把观察材料理解为取自这个单位的一块数据,与被审视的理论有关。[1] 一个单一单位可能只提供一个对重要相关结果的观察结论,但它可以产生一系列适合理论检验的其他观察结论,包括与这个理论所识别的因果过程有关的观察结论。换句话说,当系统过程分析被应用于它们时,单一案例研究在因果理论的检验上就会发挥重要作用。正如坎贝尔(Campbell 1975)几年前所指出的,由于它们允许统计学方法通常不可能允许的更仔细的测量和因果过程追踪,因此单一案例研究对于检验某些理论可能优于集合分析。

这一分析对小样本比较的作用同样惊人。它们暗示了,小样本比较对于评估因果理论远比对"比较法"的传统理解所暗示的更加有用。正如我已经指出的,比较法常常被当作统计学分析的一个附属版本来处理,在这样的分析中,唯一重要的观察取自那些根据因变量和少数几个解释变量的值来呈现的案例(比较 Lijphart 1971, 1975)。从这个视角看,由于来自小样本比较的可用观察材料的数量严重受限,因此分析者缺少考量多于少数几个解释变量的自由度,而且,对于因果推理来说,小样本比较的价值似乎明显有限。

然而,我们大可不必完全从这些角度来看待小样本比较或比较法。我们不要把比较法主要看作把少数几个自变量与一个因变量关联起来,而应该把比较法理解为一个技术,我们用这一技术把这种审视与案例的系统过程分析结合起来。恰恰是因为这样的研究设计涵盖少量的案例,所以研究者可以详

---

[1] 金等人(King et al. 1994)很留意这一区分。一般而言,案例研究的概念应当用来指这里定义的单一案例研究。尽管有人宽泛地使用这个术语来指一个国家、地区、组织或其他单位的研究,但它们可能包含很多案例。

第十一章　让比较研究中的本体论和方法论齐头并进

细地调查其中每个案例的因果过程,借此对照尤其五花八门的观察结论来评估相关理论。从这些角度把比较法重新概念化之后,它就不是作为统计学分析的一个糟糕替代品而出现了,而是作为一个与众不同的方法,提供一组远比统计学分析通常允许的更加丰富的观察材料,尤其是关于因果过程的。作为一个方法,它尤其适合最近这些年里比较政治学的本体论。

我的观点不是要贬低统计学分析,而是暗示,基于小样本比较的研究可能比很多人所承认的有用得多。系统过程分析着重考量多种类型的观察材料,富有成效地构建在自然科学领域实践的基础之上。如果仅仅审视最终结果与少数几个因果要素之间宏观层面的关联,则很少有生物学家会认为他们的理论得到了充分检验。即使当他们不能应用实验方法时,自然科学家也会寻求很多种类的与他们研究的因果过程相关的观察材料。[①] 社会科学家也应如此。

学者们何时应该应用系统过程分析,何时应该使用回归分析呢? 这在很大程度上取决于待检验理论的性质以及它们所包含的本体论。标准回归方法在下面这种情况下尤其有用:可用案例数量很大且真正互相独立,相关结果足够依赖于一小组因果变量,这些变量互相独立而且非常强大,以至于它们的影响在不同的案例中一致地显示出来,相关的互动效应十分有限,足以在可用的自由度内建模。在很多研究中,统计技术对评估一个理论具体说明的因果关系的某些方面可能有用,而系统过程分析则被用来检验这些关系的其他方面。

然而,正如阿博特(Abbott 1988)所指出的,有效回归分析所必需的条件常常得不到满足。在这样的语境下,系统过程分析可能有着与众不同的价值。它允许学者们评估更复杂的因果过程,超越那些依靠有统计学意义的系数和相对薄弱的因果理论的解释模式,走向包含更广泛因果过程说明的模式(比较 Archer et al. 1998；Mahoney 2001)。在这些方面——除了其他方面之外——基于系统过程分析的小样本比较提供了相当大的潜力来解决比较政治学的新本体论所提出的方法论困境。

[①] 这一点我要感谢保罗·施泰因贝格的评论。

结　论

　　本文考量了比较研究中本体论与方法论之间的关系。尽管这一关系始终是一个至关重要的关系，但我认为，比较政治学今天所面临的困境由于它的本体论跑得比方法论更远而尤其突出。这一领域的很多重要理论如今建立在一些本体论观点的基础之上，这些观点把政治结果视为因果过程的结果，在这些过程中，年代久远的事件、顺序和复杂的互动效应扮演了重要角色。然而，这一领域一些最突出的方法论依然建立在标准回归模型的基础上，它们更适合30年前的本体论，那个时候，很多理论暗示，政治现象是少数几个强有力的因素导致的，它们独立于语境而运转，在每个地方有着大致类似的力量。构建在社会经济决定因素之上的现代化理论提供了一个经典实例。

　　我评论了对这一困境的几个回应，每个回应都有某个前提，有些对我们如何做研究有着根本性的意义。但我还认为，这一领域有一套长期以来可用的方法适合新的本体论，我给它贴上了系统过程分析的标签。这套方法认真对待"相关性不是因果性"这个原则，评估一个理论是否充分不仅通过审视关键因果变量和结果，而且通过把一个理论对因果过程的预测与关于手头案例中这些过程的多个观察结论相比较。这套方法对理论提出了实质性的要求，询问它们是不是做了更多的事，而不仅仅是说明少数几个因果变量，还有一些截然不同的对经验研究的要求，要求研究者对于事件如何随着时间推移而展开做多种观察。

　　这个研究着重强调基于案例研究和小样本比较的研究设计的价值。太久以来，这样的研究设计一直被视为统计分析的弱变种。然而，当用作系统过程分析的一个场所时，少量案例的几种比较可以给任何种类的理论提供严格的评估，这样的研究设计对于评估比较政治学的理论是不可或缺的，这些理论说明的复杂因果结构与回归分析所需要的假设是不相容的。我还提出，到了把比较法重新概念化的时候了。我们不要把它看作另一个版本的统计学方法，而要把它看作一种需要系统过程分析的比较形式。从这个角度看，比较法是作为一个强有力的技术而出现的，学者们有时候使用这个技术带来了一些杰

第十一章 让比较研究中的本体论和方法论齐头并进

出的成果。

尽管我强调了回归分析的局限,尤其是在面对新的本体论时,但我并非在暗示应当把它抛弃。对某些类型的问题来说,统计学方法有很大的价值。本文的要点不是要让比较政治学中所使用的方法范围变得更狭窄,而是要证明,我们应当扩大这个范围。社会科学是一次艰难的努力。我们只是模模糊糊地感知这个世界,检验因果理论的所有技术都不完美。在这个语境下,我们的方法论军火库里需要更多的而不是更少的武器,包括那些基于案例研究、小样本比较和历史分析的武器。

我的最终目标是要建议,在选择比较研究中的研究设计时,我们应当像我们通常关注方法论一样关注我们称之为本体论的那种东西。一个方法的价值依赖于它与这个世界的因果结构相一致。如果那些在比较政治学领域之内工作的人能够超越方法论讨论与本体论讨论之间常常发生的分离,对本体论问题给予仔细的考量,然后才决定究竟什么方法适合手头的问题,那么,这一领域就会变得更强大。

参考文献

Abbott, Andrew. 1988. "Transcending General Linear Reality." *Sociological Theory* 6:169—186.

——1993. "Sequences of Social Events: Concepts and Methods for the Analysis of Order in Social Processes." *Historical Methods* 16:129—147.

——2001. *Chaos of Disciplines*. Chicago: University of Chicago Press.

Almond, Gabriel A. 1956. "Comparative Political Systems." *Journal of Politics* 17: 391—409.

Almond, Gabriel and G. Bingham Powell, Jr. 1966. *Comparative Politics: A Developmental Approach*. Boston: Little, Brown.

Almond, Gabriel and Sidney Verba. 1963. *The Civic Culture*. Princeton, NJ: Princeton University Press.

Apter, David E. 1965. *The Politics of Modernization*. Chicago: University of Chicago Press.

Archer, Margaret, Roy Bhaskar, Andrew Collier, Tony Lawson, and Alan Norrie eds.

1998. *Critical Realism:Essential Readings*. London:Routledge.

Bagehot,William. 1867. *The English Constitution*. London:Chapman and Hall.

Bates,Robert,Avner Greif,Margaret Levi,Jean-Laurent Rosenthal,and Barry Weingast. 1998. *Analytical Narratives*. Princeton,NJ:Princeton University Press.

Bennett,Andrew and Alexander George. 2001. "Case Studies and Process Tracing in History and Political Science:Similar Strokes for Different Foci." Unpublished manuscript.

in press. *Case Studies and Theory Development*. Cambridge,MA:MIT Press.

Bentley,Arthur. 1908. *The Process of Government*. Cambridge,MA:Belknap.

Bill,James A. and Robert Hardgrave. 1973. *Comparative Politics:The Quest for Theory*. Columbus,OH:Charles Merrill.

Binder,Leonard,James S. Coleman,Joseph LaPalombara,Lucian W. Pye,Sidney Verba,and Myron Weiner. 1971. *Crises and Sequences in Political Development*. Princeton, NJ:Princeton University Press.

Braumoeller,Bear. 2000. "Modeling Multiple Causal Paths:Logic,Derivation and Implementation." Unpublished manuscript.

Campbell,Donald T. 1975. "Degrees of Freedom and the Case Study." Comparative Political Studies 8:178—193.

Cartwright,Nancy. 1997. "What Is a Causal Structure?" Pp. 342—358 in *Causality in Crisis? Statistical Methods and the Search for Causal Knowledge in the Social Sciences*, edited by Vaughtn R. McKim and Stephen P. Turner. Notre Dame,IN:Notre Dame University Press.

Cederman,Lars-Enik. 1997. *Emergent Actors in World Politics*. Princeton,NJ:Princeton University Press.

Chilcote,Ronald H. 1981. *Theories of Comparative Politics*. Boulder,CO:Westview.

Collier,David,1991. "The Comparative Method:Two Decades of Change." Pp. 7—31 in *Comparative Political Dynamics*, edited by Dankwart Rustow and Kenneth Erickson. New York:HarperCollins.

Collier,David and Robert Adcock. 1999. "Democracy and Dichotomies:A Pragmatic Approach to Choice about Concepts." *Annual Review of Political Science* 2:537—565.

Collier,Ruth Berins and David Collier. 1991. *Shaping the Political Arena*. Princeton, NJ:Princeton University Press.

Cook, T. D. and Donald T. Campbell. 1979. *Quasi-Experimentation*. New York:

第十一章　让比较研究中的本体论和方法论齐头并进

Houghton Mifflin.

Easton, David. 1953. *The Political System: An Inquiry into the State of Political Science*. New York: Alfred A. Knopf.

1965. *A Framework for Political Analysis*. Englewood Cliffs, NJ: Prentice-Hall.

Eckstein, Harry. 1963. "A Perspective on Comparative Politics." Pp. 3—33 in *Comparative Politics*, edited by Harry Eckstein and David Apter. New York: The Free Press.

1965. "On the Etiology of internal Wars." *History and Theory* 4:133—163.

1975. "Case Study and Theory in Macro-Politics." Pp. 79—139 in *Handbook of Political Science I*, edited by Fred Greenstein and Nelson Polsby. Reading, MA: Addison-Wesley.

Eckstein, Harry and David Apter, eds. 1963. *Comparative Politics: A Reader*. New York: Free Press.

Elster, Jon. 1983. *Explaining Technical Change*. New York: Cambridge University Press.

1998. "A Plea for Mechanisms." Pp. 45—73 in *Social Mechanisms: An Analytical Approach to Social Theory*, edited by Peter Hedstrom and Richard Swedberg. New York: Cambridge University Press.

2000. "Review Essay: 'Analytical Narratives.'" *American Political Science Review* 94:685—695.

Franzese, Robert. J., Jr. 2001. Macroeconomic Policies of Developed Democracies. New York: Cambridge University Press.

Frey, Fredrick. 1985. "The Problem of Actor Designation in Comparative Politics." *Comparative Politics* 17:127—152.

Friedman, Milton. 1968. "The Methodology of Positive Economics." Pp. 508—529 in *Readings in the Philosophy of Social Science*, edited by May Brodbeck. New York: Macmillan.

Friedrich, Carl J. 1950. *Constitutional Government and Democracy*, rev. edition. Boston: Ginn.

Geddes, Barbara. 1990. "How the Cases You Choose Affect the Answers You Get." *Political Analysis* 2:131—149.

George, Alexander. 1979. "Case Studies and Theory: The Method of Structured, Focused Comparison." Pp. 43—68 in *Diplomacy: New Approaches to History, Theory and*

Policy, edited by Paul Larson. New York: Free Press.

Gerschenkron, Alexander. 1962. *Economic Backwardness in Historical Perspective*. Cambridge, MA: Harvard University Press.

Goldthorpe, John A. 1997. "Current Issues in Comparative Macrosociology: A Debate on Methodological Issues." *Comparative Social Research* 16:1—26.

Greenstein, Fred I. and Nelson Polsby, eds. 1975. *Handbook of Political Science*. Reading, MA: Addison—Wesley.

Grew, Raymond. 1978. *Crises of Political Development in Europe and the United States*. Princeton, NJ: Princeton University Press.

Hedstrom, Peter and Richard Swedberg, eds. 1998. *Social Mechanisms: An Analytical Approach to Social Theory*. New York: Cambridge University Press.

Hempel, Carl. 1965. *Aspects of Scientific Explanation*. New York: Free Press.

Hoffmann, Stanley. 1963. "Paradoxes of the French Political Community." Pp. 1—117 in *In Search of France*, edited by Stanley Hoffmann et al. New York: Harper.

Holt, Robert T. and John E. Turner, eds. 1970. *The Methodology of Comparative Research*. New York: Free Press.

Hume, David. [1748] 1955. *An Enquiry Concerning Human Understanding*. Indianapolis: Bobbs-Merrill.

Jackson, John E. 1996. "Political Methodology: An Overview." Pp. 717—748 in *A New Handbook of Political Science*, edited by Robert Goodin and Hans-Dieter Klingemann. Oxford: Oxford University Press.

Katznelson, Ira. 1997. "Structure and Configuration in Comparative Politics." Pp. 81—112 in *Comparative Politics: Rationality, Culture, and Structure*, edited by Mark Lichbach and Alan Zuckerman. New York: Cambridge University Press.

King, Gary, Robert Keohane, and Sidney Verba. 1994. *Designing Social Inquiry*. Princeton, NJ: Princeton University Press.

Knight, Jack and Itai Sened, eds. 1995. *Explaining Social Institutions*. Ann Arbor: University of Michigan Press.

Kuhn, Thomas. 1970. *The Structure of Scientific Revolutions*. Chicago: University of Chicago Press.

Lakatos, Imre. 1970. "Falsification and the Methodology of Scientific Research Programs." Pp. 91—196 in *Criticism and the Growth of Knowledge*, edited by Imre Lakatos

第十一章 让比较研究中的本体论和方法论齐头并进

and Alan Musgrave. Cambridge:Cambridge University Press.

Lasswell, Harold. 1936. *Politics: Who Gets What, When, Where, How?* New York: McGraw-Hill.

Lerner, Daniel. 1958. *The Passing of Traditional Society*. Glencoe, IL: Free Press.

Lichbach, Mark and Alan Zuckerman. eds. 1997. *Comparative Politics: Rationality, Culture and Structure*. New York:Cambridge University Press.

Lieberson, Stanley. 1985. *Making It Count: The Improvement of Social Research and Theory*. Berkeley: University of California Press.

1992. "Small N's and Big Conclusions." Pp. 105—118 in *What Is a Case?*, edited by Charles C. Ragin and Howard S. Becker. New York:Cambridge University Press.

Lijphart, Arend. 1971. "Comparative Politics and the Comparative Method." *American Political Science Review* 64:682—693.

1975. "The Comparable-Cases Strategy in Comparative Research." *Comparative Political Studies* 8:158—177.

Lipset, Seymour Martin. 1959. "Some Social Requisites of Democracy:Economic Development and Political Legitimacy." *American Political Science Review* 53:69—105.

Macintyre, Alasdair. 1978. "Is a Science of Comparative Politics Possible?" Pp. 226—284 in *The Practice of Comparative Politics*, edited by Paul Lewis, David Potier, and Francis Castles. New York:Longman.

Macridis, Roy. 1968. "Comparative Politics and the Study of Governments:The Search for Focus." *Comparative Politics* 1:79—90.

Mahoney, James. 2000a. "Path Dependence in Historical Sociology." *Theory and Society* 29:507—548.

2000b. "Strategies of Causal Inference in Small-N Analysis." *Sociological Methods and Research* 28:387—424.

2001. "Beyond Correlational Analysis:Recent Innovations in Theory and Method." *Sociological Forum* 16:575—593.

McDonald, Terrence J., ed. 1996. *The Historic Turn in the Human Sciences*. Ann Arbor: University of Michigan Press.

Merton, Robert K. 1949. *Social Theory and Social Structure*. Glencoe, IL: Free Press.

Mill, John Stuart. 1872. *A System of Logic*. New York: Harper.

Milner, Helen. 1998. *Interests, Institutions and Information*. Princeton, NJ: Princeton

University Press.

Moon, Donald. 1975. "The Logic of Political Inquiry." Pp. 131—95 in *Handbook of Political Science*, edited by Fred Greenstein and Nelson Polsby. Reading, MA: Addison-Wesley.

Nagel, Ernest. 1961. *The Structure of Science*. New York: Harcourt, Brace and World.

O'Donnell, Guillermo and Philippe Schmitter. 1986. *Transitions from Authoritarian Rule: Tentative Conclusions about Uncertain Democracies*. Baltimore, MD: Johns Hopkins University Press.

Parsons, Talcott. 1951. *The Social System*. Glencoe, IL : Free Press.

Pierson, Paul. 2000a. "Increasing Returns, Path Dependence and the Study of Politics." *American Political Science Review* 94:251—267.

——— 2000b. "Not Just What but When: Timing and Sequence in Political Development." *Studies in American Political Development* 14:72—92.

Przeworski, Adam and Henry Teune. 1970. *The Logic of Comparative Social Inquiry*. New York: Wiley.

Ragin, Charles C. 1987. *The Comparative Method*. Berkeley: University of California Press.

——— 2000. *Fuzzy-Set Social Science*. Chicago: University of Chicago Press.

Ragin, Charles C. and Howard S. Becker, eds. 1992. *What Is a Case? Exploring the Foundations of Social Inquiry*. New York: Cambridge University Press.

Richter, Melvin. 1970. Essays in *Theory and History: An Approach to the Social Sciences*. Cambridge, MA: Harvard University Press.

Roberts, Clayton. 1996. *The Logic of Historical Explanation*. University Park: Pennsylvania State University Press.

Sartori, Giovanni. 1970. "Concept Misformation in Comparative Politics." *American Political Science Review* 64:1033—1053.

Schattschneider, E. E. 1935. *Politics, Pressures and the Tariff*. New York: Prentice-Hall.

Sewell, William. 1996. "Three Temporalities: Toward an Eventful Sociology." Pp. 245—280 in *The Historic Turn in the Human Sciences*, edited by Terrence J. McDonald. Ann Arbor: University of Michigan Press.

Shalev, Michael. 1998. "Limits of and Alternatives to Multiple Regression in Macro-

第十一章 让比较研究中的本体论和方法论齐头并进

Comparative Research." Paper presented at a conference on "The Welfare State at the Crossroads," Stockholm.

Shively, W. Phillips. 1974. *The Craft of Political Research*. Englewood Cliffs, NJ: Prentice-Hall.

Skocpol, Theda. 1979. *States and Social Revolutions*. New York: Cambridge University Press.

Skocpol, Theda and Margaret Somers. 1980. "The Uses of Comparative History in Macrosocial Inquiry." *Comparative Studies in Society and History* 22:174—197.

Smelser, Neil. 1966. "Notes on the Methodology of Comparative Analysis of Economic Activity." *Transactions of the Sixth World Congress of Sociology*. Evian: International Sociological Association.

——— 1976. *Comparative Methods in the Social Sciences*. Englewood Cliffs, NJ: Prentice-Hall.

Somers, Margaret R. 1996. "Where Is Sociology after the Historic Turn? Knowledge, Cultures, Narrativity, and Historical Epistemologies." Pp. 53—90 in *The Historic Turn in the Human Sciences*, edited by Terrence J. McDonald. Ann Arbor: University of Michigan Press.

Thelen, Kathleen 1984. *Big Structures, Large Processes, Huge Comparisons*. New York: Russell Sage.

——— 1999. "Historical Institutionalism in Comparative Politics," *Annual Review of Political Science* 2:369—404.

——— 2000. "Time and Temporality in the Analysis of Institutional Evolution and Change." *Studies in American Political Development* 14:102—109.

Tilly, Charles 1995. "To Explain Political Processes." *American Journal of Sociology* 100:1594—1610.

Verba, Sidney. 1967. "Some Dilemmas of Comparative Research." *World Politics* 20:111—128.

——— 1971. "Cross-National Survey Research: The Problem of Credibility." Pp. 309—356 in *Comparative Methods in Sociology*, edited by Ivan Vallier. Berkeley: University of California Press.

Wallerstein, Michael. 2000. "Trying to Navigate between Scylla and Charybdis: Misspecified and Unidentified Models in Comparative Politics." *APSA-CP: Newsletter for the*

Organized Section in Comparative Politics of the American Political Science Association 11:1—21.

Waltz, Kenneth. 1979. *A Theory of International Relations*. Reading, MA: Addison-Wesley.

Weber, Max. 1949. *The Methodology of the Social Sciences*. New York: Free Press.

Wendt, Alexander. 1999. *Social Theory of International Politics*. New York: Cambridge University Press.

Wilson, Woodrow. 1890. *The State*. Boston: Heath.

Winch, Donald. 1989. "Keynes, Keynesianism and State Intervention." Pp. 107—128 in *The Political Power of Economic Ideas*, edited by Peter A. Hall. Princeton, NJ: Princeton University Press.

Wolin, Sheldon. 1969. "Political Theory as a Vocation." *American Political Science Review* 63:1062—1082.

结　论

後記

第十二章　肩负双重任务的社会科学：
比较历史分析的承诺

西达·斯科克波

（Theda Skocpol）

刘易斯·科塞（Lewis Coser 1975, p. 698）在他 1975 年给美国社会学会的主席致辞中宣布，当社会科学"对于我们身陷其中并在很大程度上制约了我们的生活道路的社会结构"提供了"实质性的启迪"时，它也就实现了它的潜力，证明了它作为一项人类事业的价值。当科塞清楚地说出这个苛刻的标准时，美国社会科学不只是沉湎于"六十年代"所触发的社会巨变，还处在后来成为比较历史学术研究一次引人注目的复兴的早期阶段。这一研究致力于一些涉及社会变革和政治的大问题。

诚然，科塞的想象与 20 世纪 60 年代和 70 年代盛行的学术范式有点对立。经济学家们致力于抽象的几乎完全脱离经验倾向的均衡模型，而大多数社会学家和政治学家则在践行 C. 赖特·米尔斯（C. Wright Mills）所描述的"抽象经验主义"，辅之以人为一般化的"宏大理论"。痴迷于调查研究与统计分析中的进步，战后大多数美国社会学家和政治学家开始了不受时间影响的当代社会问题、投票行为或个人地位获得过程的研究，而大多数聚焦宏观的学者则努力把全世界所有国家纳入一条朝向"现代社会（或政治）体制"演化的单一路径——这个构想看上去很像 1960 年前后的美国的一个理想化版本。

然而，当社会学和政治学领域的学术"揭竿造反"，质疑这些不受时间影响的、过于抽象的方法时，新的骚动正在酝酿之中。很快就会有不断累积的比较历史研究文献，涉及民主和威权主义政权、现代革命的根源和结果、主要类型的现代福利国家的发展、社会运动和政治身份的动态、民族国家在促进（或削弱)经济发展上的作用——这里仅仅提到分析者们致力于解决的很多重要问题中的几个。

小巴林顿·摩尔的《独裁与民主的社会起源》出版于1966年,很快就伴随另外一大批议程设置作品,例如塞缪尔·P.亨廷顿的《变化社会中的政治秩序》(1968)、伊曼纽尔·沃勒斯坦(Immanuel Wallerstein)的《现代世界体系》(*The Modern World System*, 1974)、休·赫克洛(Hugh Heclo)的《英国和瑞典的现代社会政治》(*Modern Social Politics in Britain and Sweden*, 1974)、查尔斯·蒂利的《西欧民族国家的形成》(1975)、胡安·林兹的《民主体制的崩溃》(1978)、西达·斯科克波的《国家与社会革命》(1979)、彼得·B.埃文斯(Peter B. Evans)的《巴西的跨国公司、国家与地方资本的结盟》(*The Alliance of Multinational, State, and Local Capital in Brazil*, 1979)、伊拉·卡茨尼尔森的《城市堑壕:美国的城市政治和阶级模式》(*City Trenches: Urban Politics and the Patterning of Class in the United States*, 1981),以及道格·麦克亚当的《政治进程与黑人叛乱的发展,1930—1970》(*Political Process and the Development of Black Insurgency*, 1930—1970, 1982)。放在一起,这样的议程设置作品——在范围上是宏观的,其基础是语境化的案例比较和仔细的过程追踪——启发了引人注目的发现和假说的积累。

倒不是说所有这些作品都互相一致。远非如此:它们的作者和读者都参与了一些激烈的争论,涉及可选的因果解释和架构问题的方式。各个国家是否应该跨世界史的年代进行比较,或者在这些年代之内比较?"现代世界体系"的出现是否意味着跨国研究不再有意义?马克思主义的、韦伯主义的或现代化的关于社会政治转型的根源和特征的假说效力如何?所有这些问题,以及更多的问题,全都近在手边——这些讨论全都为充满活力的社会科学准备好了。因为它们所点燃的争论和进一步的研究,同样因为它们"解决"的任何问题,早期的议程设置作品从20世纪70年代晚期至90年代启发和刺激了年轻学者进入社会科学各学科。他们反过来把比较历史分析打造成了比较社会科学之内的一个主要方法,这个方法朝着满足科塞的愿望——富有实质性启迪的社会科学走出了很远。

本书的大多数撰稿人来自这样一个行列:他们听到了比较历史分析的迷

第十二章 肩负双重任务的社会科学:比较历史分析的承诺

人召唤,并继续做出他们自己的贡献。与本书中到处引述其著述的同道们一起,这些如今正处在职业生涯中期的学者们推动理论讨论和研究方法远远超出了20世纪60年代和70年代早期的起始点。他们因此被置于一个理想的位置上,可以利用过去一代人积累起来的知识储备。放下特定的主题和解释争论,他们提供了新的视角来观察比较历史研究在最佳状态是如何做的。他们更新和明确了比较历史分析的理由,识别了新的理论和方法论挑战,提出了新的研究议程。在这篇简短的结论中,我将提供我自己对这些问题的评论——构建在这本引人注目的文集所贡献的核心洞见的基础之上。

肩负双重任务的社会科学

要理解最近几十年的成就,重要的是要认识到,比较历史社会科学是一项肩负双重任务的事业。目标是要理解现实世界的变迁,比较历史研究的实践者同时陷身于关于因果假说、理论框架和最佳经验研究方法的学术争论。这样的双重战斗正是让比较历史社会科学如此富有挑战和如此有吸引力的原因。

比较历史分析充满热情地致力于"一阶问题"——援引詹姆斯·鲁尔(James Rule 1997, p. 46)杜撰的恰当术语,指的是那些"首先吸引人们研究社会生活、不断浮现在非专家的头脑中的问题"。我们并非生活在稳定的时代,全球和国家过去半个世纪的变迁显然让那些爱追根究底的头脑聚焦于一阶问题。殖民帝国的瓦解和一大批各种令人困惑的新国家的激增,民权革命在美国的爆发,以及权利和环境运动在全球各地的蔓延,国家试图应对不断改变的世界经济的艰辛努力,革命、战争、国际恐怖主义和种族冲突的爆发,民主的全球蔓延,性别和家庭角色的改变,现代福利国家的成熟和重建——所有这些发展以及更多的发展对受过教育的公众和政策制定者以及学者提出了一些极其重要的挑战性问题。现实世界的重大事件再三促使学者,尤其是年轻学者,提出一些大胆的新问题,涉及社会变迁、政治发展与抗争政治的动态及其相互关联。比较历史学者肯定不是唯一对这些问题感到疑惑的社会科学家,但他们过去是、现在依然是处在最前沿。从比较历史的角度架构的解释性研究是雄心勃勃的，提供了丰富语境化的长期视角，来准确审视一个社会和政治重大变革时代广大读者所关切的各种问题。

然而，专注于现实世界并不是比较历史社会科学的唯一标志。毕竟，社会变革和政治可以用很多方式来研究，甚至从学术界内部来研究。关心公共问题的学者可能聚焦于当前事件，提供规范的解说或诠释性的研究。但比较历史分析者采取更长远、更宽阔的视角，不只是进行布道或诠释。他们的目标是要通过采用社会科学的理论和方法来发展新的关于社会和政治的因果命题，从而促进科学知识。既卷入基于大学的社会科学争论，又卷入学院之外的发展，比较历史学者证明他们的发现是有道理的，并在长期的和周期性地重新定焦的与其他从事不同社会科学研究的学者们的讨论中解释他们的方法。

关于理论和方法的论证对当代比较历史分析至关重要，因为这个方法从来不曾处于任何学科"机构"的核心。诚然，19世纪现代社会科学的创立者们发展出了语境化的比较并分析了历史过程。否则，像亚历西斯·德·托克维尔、卡尔·马克思或马克斯·韦伯这样的先驱者怎么能掌握新兴工业社会的动态或者探索他们渴望理解的社会结构、政府和政体的各种变化呢？但到一定的时候，早期的政治经济学分成了一些单独的学科，第二次世界大战之后在美国的大学里变得制度化了。从那时到现在，一直有强大的推力推向纯学术的理论化和研究。美国的学科，实际上还有子学科，名目极其繁多且增加迅速，以至于它们可以养活一些封装起来的亚群体，聚焦于（比方说）一个单一理论范式或一组特定的研究技术。他们是定量导向的还是定性导向的，无关紧要：只要专门化的学者群体获得了对学术任命和研究经费的足够影响力，他们就可以开始用他们自己的行话交谈，开始用严格的内部术语来定义学术"进步"。不管研究的问题是什么，优秀的研究均可以被定义为应用一组专门的技术或依靠某种类型的数据。专家们致力于解决的难题可能从单一理论范式（比如理性选择或后现代主义）中演绎而来，而不是参照重要的现实世界关切来构想。

比较历史社会科学家从未接受这样的学院内倾的趋势，所以他们发现自己一直在推动胸襟开阔的、多元的学术议程。在与更具校内导向的、特色多样的同行们争论时，比较历史学者总是敦促被历史过程和变化所激活的、内容更

第十二章　肩负双重任务的社会科学：比较历史分析的承诺

丰富的研究。他们依然致力于方法论和理论的兼收并蓄,作为社会科学走向真正不断累积的"实质性启迪"的最佳途径。正如科塞(Coser 1975,p.698)所言(在一句暗指他那个时代在学院社会科学内占支配地位的抽象"宏大理论化"和不受时间限制的抽象经验主义的话中),"如果我们拒绝接受"进行宏观的、被历史所激活的社会科学的挑战,"我们将丧失我们与生俱来的权利,退化为一个个竞争的宗派和专门化的研究者,他们越来越多地学到越来越少的东西"。

他们与谁争论

认识到比较历史社会科学的双重使命必然带来一个很清楚的含义:要理解比较历史学术研究的专注,我们不仅必须注意给学者们提出新问题的现世变迁,而且要注意比较历史学者在任何给定点上都与之竞争的正统学院理论。我们可以把这些争论从现代比较历史分析的出现一直追踪到本书中所包含的最近的争论。

争论对比较历史学术研究至关重要,理由有很多。首先,这些分析者经常把他们的研究计划定义为挑战被普遍接受的智慧。正如杰克·戈德斯通和迪特里希·鲁施迈耶在他们给本书的撰文中所阐明的那样,特定的研究常常是作为故意选择的案例研究或案例比较而发起的,为的是检验和质疑占主导地位的正统理论。这是一种做学问的有力方式。它也是一种内在地喜欢争论的方式——这就是为什么比较历史的书通常一开头就宣布:这就是学者们或一般意义上的人倾向于相信的东西。但这里还有一些案例,如果恰当地探索的话,就可能迫使我们在一些重要方面改变我们的观点。

更一般地讲,比较历史分析是在与社会研究的其他方法的批判性对话中演化出来的。当现代比较历史分析在20世纪60年代和70年代最早成形时,早期的议程设置作品就对结构功能主义系统理论和社会政治发展的现代化模型提出了尖锐的异议。查尔斯·蒂利(Tilly 1975,1984)、塞缪尔·亨廷顿(Huntington 1968)、伊曼纽尔·沃勒斯坦(Wallerstein 1974)、西达·斯科克波(Skocpol 1979)等人全都设计了新的分析参考框架,作为被普遍接受的宏大理论之外的选项。与此同时,另外一些创新者在与截面统计学研究之间的批判性对话中定义他们的研究。在本书的第三篇文章中,埃德温·阿门塔解释了现代福利国家的比较历史研究如何涉足早期对国家福利计划的截面大样本统计学研究明显的空白和未解决难题。一些开拓性的研究依靠不受时间影响的数据,但学者们很快发现,20世纪30年代之前社会保险计划的起源并不符合截面大样本研究提议的逻辑。利用系统性的历史证据并追踪更小案例集(从1个案例到一打左右)的过程,比较历史学者重新设置了学术研究和理论争论的议程。他们创造了一个活跃的新学术共同体——既为他们自己,也为一些统计学研究者,而后者从那时到现在一直致力于福利国家的比较历史研究,继续采用他们的定量假说和研究设计来考量基于案例的发现。

现代比较历史研究在与现代化理论和大样本截面研究的批判性对话中成形,这一点也不奇怪,因为这些方法在20世纪60年代和70年代主宰了社会学和政治学。然而,最初的比较历史复活还挑战了马克思主义的宏大理论化和相对非理论的"区域研究"。不难理解,对任何种类的宏观理论的怀疑,使得大多数比较历史分析者既不愿意接受马克思主义的世界观,同样也不愿意接受现代化理论。关于阶级因素的假说,连同现代化理论和韦伯制度主义提出的假说,无疑深受欢迎。尽管它在20世纪60年代和70年代很多年轻的社会科学家中间有着激进的声望,但先验宏大的范式,并不比它的支持者所攻击的机构社会科学更可以接受。

然而,尽管他们对宏大理论持怀疑态度,但比较历史分析者依然对一个正在研究的现象的跨多个实例的一般化感兴趣——不管能不能做到这一点且同时忠实于概念上定义的语境,并适当关注嵌入历史中的接合与过程的因果复杂性。因此,在一些重要方面,当代比较历史分析是作为非理论的区域研究之外的一个选项发展起来的,在区域研究领域有专长的社会科学家受过语言训练,并致力于理解文化,他们往往把研究对象的定义局限于这个世界上的单一国家或特定地区。比较政治学或宏观社会学的研究明显始终与专门化的历史和地区研究紧密联系在一起。然而,本文开头列举的几乎所有议程设置作品的出现,都有点让区域专家感到震惊,后者常常不理会它们在因果一般化上所做的努力,理由是,它们的作者并没有在足够的深度上了解所有相关的语言和

第十二章 肩负双重任务的社会科学：比较历史分析的承诺

文化。为了挫败这样的批评,比较历史分析者既使用一手材料也使用二手材料——他们的目标始终是从理论的角度定义的一般化,创造似乎是(在区域专家看来)不和谐的来自不同地区或区域的案例并置。

比较历史研究喜欢争论的最后一个理由让我们更接近本书必须具体提供的那些东西。当比较历史分析在过去 25 年里走向成熟时,它经受了来自其他风格的社会科学的实践者严格的审视和批评(有一系列的实例,参见 Geddes 1990；King, Keohane, and Verba 1994；Lieberson 1991；Sewell 1996)。事实上,批评是最高形式的恭维——统计学方法论学者、理性选择理论真正的信徒,以及文化导向的解释主义者,全都跳起来加入这场争吵,纷纷指出比较历史分析中的方法论瑕疵,这恰恰是因为他们认识到了这种类型研究的关注度和挑战性。对于这些批评,有很好的回答,正如本书中很多论文所证明的那样。但这正是关键点。我们没法理解,本书的撰稿人为什么选择阐明元理论的和方法论的原则,而没有懂得他们是在回应今天社会科学内部的那些争论,正是这些争论促使比较历史学者证明自己有理,并解释他们的事业具有与众不同的价值。我认为,并非偶然,本书中很多文章提出了元理论和方法论的论证,即使正当其他人在思考理论与方法相混合的时候,而正是这样的混合带来了已经确立的比较历史研究文献中的知识积累。由于本书正是在比较历史分析已经在实质性的意义上实现了这么多成就的时刻出版,因此它的撰稿人试图诠释这种类型研究的前提,阐明它最有成果的方法和理论洞见,并在这个过程中回应批评。

澄清使命,捍卫方法

对经验主义比较历史研究的一个批评来自一些文化导向的学者,他们相信,语境敏感的对人类事务的学术研究,其目标应当是解释,而不是因果一般化(比较 Sewell 1996)。本书撰稿人的回应主要是通过显示比较历史研究已经成功地发展出了关于很多重大现象的有效一般化,来表明它没有忽视语境的特性。更何况,文化和意识形态本身也可以从因果上加以分析,而不只是评估它们的意义(比较 Clemens 1997；Skocpol 1982)。然而,解释主义的批评在这里受到的关注相对较少，因为本书更贴近地与来自其他解释阵营的批评"搏斗"。

尤其在政治学领域，新一代老练的统计学经验主义者已经在《设计社会调查》这面旗帜的后面严阵以待，那是加里·金、罗伯特·基欧汉和西德尼·维巴的一本方法论专著(1994)，目标是要把多变量统计学假说检验的逻辑扩大到经验研究的所有领域。这部野心勃勃的著作被人们简称为"KKV"(译者注：三位作者姓氏的首字母)，它质疑了案例导向的比较历史分析者所使用的研究策略的一些关键方面。为了最大化统计学因果关系检验的概率，KKV鼓励研究者依靠庞大的定量数据集，即使这样的数据从他们能够操作的假说的角度来看常常相对"稀薄"。此外，对于建立因果命题，KKV质疑深度案例探索和少量案例比较的价值，而这些在很多比较历史分析研究中十分显著。

比较历史分析还受到宏大理论和理性选择模型的一批新骨干的挑战，他们试图把几乎所有社会政治过程重新概念化为寻求目标的行动者之间的策略博弈(有一篇批评性的讨论，参见 Green and Shapiro 1996)。对于选择性地应用偏爱的模型，理性选择可以与历史案例研究的使用兼容(比较 Bates *et al.* 1998)。然而，极端的是，理性选择方法质疑大多数宏观比较历史研究的理论价值。在理性选择分析中，"理论"成了把策略模型应用于身处理所当然的制度和文化语境中的行动者——通常是个人——之间的策略操作的同义词。理性选择的解释是用数学方法理想地推导出来的，因此，历史过程和制度的宏观构造通常淡出了视野。在理性选择纯粹主义者当中，比较历史研究很容易被不屑一顾，被视为纯粹叙事性的讲故事，被视为对语境的"深厚描述"，而不是从一般角度把人类行为理论化。

本书的撰稿人回答了来自统计学方法论者和理性选择理论家的质疑。有一个回应强调比较历史研究对于通过语境化比较和过程追踪来构建因果一般化的独特力量。第二个答辩强调那些在共时研究和微观研究中逐渐淡出视野的、有因果关联的时间过程，而调查研究者和博弈论学家通常局限于这样的研究。

比较历史分析者使用一些与众不同的方法来建立有理论根据的因果一般化，我们得知，这些方法尤其适合厘清我们在世界史中实际上看到的那些复杂

第十二章 肩负双重任务的社会科学：比较历史分析的承诺

的、常常是递归的因果构造。在一个生动的类比中，杰克·戈德斯通提出，比较历史分析就像一个个探险队，分散到完全不同的地带，去绘制一些知之甚少的领地的轮廓。对于这样一种努力，大样本统计学方法的意义不大，因为这块领地不可能是同质的；真正随机的地点样本是不可能的，探险者们以及阅读他们的报告的读者们既对具体的地点感兴趣，同样也对总体的轮廓感兴趣。然而，如果每个探险者都调查那些就可用的知识来看似乎令人费解的或有意义的地点，那么一般化依然可能发展出来。这些地点被深度勘探，同时对先入为主的智慧加以仔细评估。每个探险者都报告重要发现，这些发现随后被那些进入新地带的同类探险者发展或修改。逐渐地，各个地点的地图被修改并拼接到一起。据戈德斯通说，比较历史对于革命——及其他复杂的宏观现象——的原因、过程和结果的一般化恰好就是以这种方式构建起来的（例如，参见 Goldstone 1991；Goodwin 2001；Skocpol 1979，1982；Snyder 1998；and Wickham-Crowley 1992）。可以这样来理解：比较历史分析对于发展理论上一般的、经验上丰富的因果知识是一种远比大样本研究更有效的方法，因为大样本研究依靠不切实际的"领土同质性"假设，换句话说，就是假设案例的随机分布和简单因果关系的恒定不变。"通过从下面这个前提开始：首先需要透彻地理解具体案例，然后才发展到一般模式"，比较历史分析"从不假设具体案例的同一性、等价性或代表性，相反，被考量的案例之间相似或差异的程度被认为是研究的一个关键部分"。

戈德斯通的论证在彼得·霍尔与詹姆斯·马汉尼的论文中得到了回应和增强。深度案例解释，或者对从少量到中等数量的不同语境下的类似现象的比较，不应该被认为是建立一般架构的"自"变量与"因"变量之间简单关联的次优方式。霍尔与马汉尼都指出，比较历史分析者使用贴近比较和案例内过程追踪来审视关于因果关系的精密复杂的最新观念。霍尔认为，当前的社会政治因果关系的理论和统计学导向的研究技术并非总是很好地"齐头并进"。统计学推理把大多数大样本比较学者推向"标准回归模型"，而这个模型对于案例的独立性和变量的同质运转做出了一些不切实际的假设——下面这个事实就更不用说了：变量通常是用碰巧可用的跨国数据集以相对单薄的（甚或是随心所欲的）方式运转。没有仓促应用统计学技术的，可能是一些关于互为因果、路径依赖和通向类似结果的可选因果路径的理论观念(Ragin 1987)。

相比之下,比较历史分析接受关于社会和政治世界如何构建的假说,关于社会变革和政治冲突的过程实际上如何完成的假说。详细的案例研究和仔细的、理论上定义的比较,使得研究者能够走得更远,超越于建立简单的关联——而且,这些研究方法常常比统计学方法更适合可用数据,后者在理论上允许检验互动效应,但在实践中对可用的证据源提出了不切实际的要求。为了让某些理论主张显得貌似有理或貌似无理,比较历史分析者使用有焦点的、中等样本的跨越国家、时期(例如 Ikenberry 2001)或政策领域(例如 Hacker 2002)的比较。此外,他们在每个案例内做多方面的观察,为的是对那些关于准确因果机制和复杂因果构造的理论提供"认真的检验"。彼得·霍尔认为,由于比较历史分析允许"对因果过程进行仔细测量和严密调查",因此对于检验关于因果机制的观念,"它有时候甚至可能比集合分析更好"(还可参看 Bennett and George 1997)。此外,正如马汉尼所指出的,比较学者发展出了一些严谨的研究设计,把定类比较、定序比较和案例内分析结合起来,发展或检验理论推论。

使用这样的技术,每个"探险者"——采用戈德斯通的术语——可以实质性地推进知识积累的过程。在比较历史分析中,正如在其他研究方法中一样,没有一个研究者能把所有事情都做了。问题是,所使用的研究方法是不是推动知识积累这一共同的学术事业稳步向前。霍尔、马汉尼和戈德斯通提出了一个令人信服的理由来证明比较历史方法正是这样做的,从而避免了不切实际的假设和表面上相互关联的陷阱,而大样本技术如果被错误地应用于宏观社会变革和政治发展的问题,就可能容易落入这样的陷阱。

时间过程走上前台

如果说,本书的很多撰稿人详细阐述了案例研究和语境化案例比较的理由,那么,另外一些人则发展了跨时分析的理论根据——与我们在很多基于调查的统计学研究中所看到的倾向于非时间关系的趋势背道而驰,并质疑博弈论方法所鼓励的几乎完全聚焦于故意的、短期的个人策略机动。关于跨时分

第十二章 肩负双重任务的社会科学:比较历史分析的承诺

析的理论论证和实践论证,在保罗·皮尔森和凯瑟琳·瑟伦的文章中无疑最为显著,有趣的是,他们并不完全同意对方的观点(关于这两位作者的另外一些论证,参见 Pierson 2000a,2000b,2000c;Thelen 1999,2000)。仔细阅读他们的论证,会暗示,倾向于探索长时间因果链的比较历史研究者有着范围广泛的分析可能性。

保罗·皮尔森宣称,今天的社会科学太多地聚焦于"那些在时间上邻近的、迅速展开的原因和结果"。由于那么多基本的社会现象和政治现象都是"缓慢发展"的,要么是作为结果,要么是结果的因果根源,因此"我们错过了很多。有一些重要的东西,我们根本没有看见,而对于看见的东西,我们又常常误解"。皮尔森提供了很多具体实例来说明缓慢发展的原因,或缓慢发展的结果,或二者兼而有之,在社会变革和政治中常常很重要。例如,大众结果或精英结果可能被代际更替所塑造。社会运动或政策改变,就相当大的部分而言,可以归因于长期累积的过程达到了某个临界点或爆发点。此外,很多重要现象可以归因于在很长时间段内完成的相互关联的事件链或原因链。皮尔森的分类学目标是要"阐明长期过程研究者所面对的具体的方法论挑战",不管它们在任何给定的研究中究竟是原因还是结果。更一般地说,他为作为社会科学的一个基本方法的比较历史分析中很显著的长时间视野提供了一个简短的概要。或许,另外一些方法在理论上容许长期原因或缓慢发展的结果,但在实践中,这些方法常常忽视它们,尤其是在宏观层面。本质上,比较历史研究审视时间的延伸。因此,这样一些实践者身处其中的研究共同体更有可能注意到那些影响社会和政治的缓慢发展的原因和结果,并把它们理论化。

在提供一个一般框架时,皮尔森专注于从一个方面理解正反馈过程——在这个过程中,变革的一个"关键节点"启动了一个紧递归序列,不断增强在最初关键事件发生时刻可以想到的很多因果链当中一条可能的因果链。采用来自经济史的论证,皮尔森相信,相对比较决定论的正反馈过程应当处在比较历史理论化历史因果关系本身的核心。他质疑一些更宽松的概念,这些概念暗示更开放的轨道,在这样的轨道中,制度或政策很可能有相当可观的持久力——由于文化理解或有力行动者的既得利益——但在所分析的序列后来的点上依然有可能被打断或被改变。

相比之下,凯瑟琳·瑟伦在她的文章中赞成一种更开放的研究政策反馈的方法。她认为,制度或政策的选择并不总是严格"锁定"的。政治斗争常常关乎塑造和重塑结果,在一个关键节点之后,输家不可能从历史中消失。他们可能依然在场,在一个较低的平行位置上,时刻准备改变制度或政策的轨道。此外,持久的制度或政策可能微妙地改变它们的功能或意义,即使它们在形式上和某些核心功能上坚持了下来。因此,比较历史分析者在着手描述、比较和解释制度演化模式时必须记住范围更广泛的理论可能性(而不只是锁定的正反馈过程)。

当然,皮尔森和瑟伦同意,长期分析不只是在描述上令人愉快——不只是一个撰写丰富多彩的描述性叙事的场合——而且在理论上也是至关重要的和创新的。他们之间的不同仅仅在于:对于概念化和解释制度持久及制度改变的实例,究竟哪种方式最有前途。这恰好就是那种友好的分歧,这样的分歧会让进一步的比较历史研究充满生机,在那样的研究中,对于下一代来说,一个重要的理论边界将会被进一步澄清:正反馈效应在哪些条件下锁定,让制度或政策不受所有震荡(重大震荡除外)的影响,以及在哪些条件下,连续不断的小调整更有可能出现。厘清连续性和各种有根有据的改变——从起点改变,其影响继续被感觉到,即使当调整发生时——的条件,正是很多比较历史研究的焦点之所在。这是一个颇具挑战性的目标,比较历史学者在着手理解很多重要的实质性现象的同时关注皮尔森和瑟伦提出的一般问题,可能追求这样的目标。当他们追求一种更强有力的制度持久和制度变革理论时,比较历史分析者可能相信,他们是在为所有社会科学家凸显一些基本过程,否则,这些过程可能淡出视野。

方法论多元主义与新的研究边界

正如我们已经看到的,本书加入了当代"范式之争"的喧嚣中,为的是给比较历史分析的特殊能力提供强有力的理由——这一方法让本体论与方法论"齐头并进",以便更好地解释结果,探索语境,评估在很长时间段里展开的原因。有很好的理由凸显方法论问题和元理论问题。当代比较历史学者不仅回

第十二章 肩负双重任务的社会科学：比较历史分析的承诺

应统计学方法论学者和博弈论学者提出的质疑,他们还"实话实说"地谈论比较历史分析,它被恰当地理解为一种研究方法,而不是一个单一的总体性理论,也不是收集或分析数据的技术。比较历史分析并不致力于任何单一的理论或技术,因此它对这两个领域的协作和创新都极其开放。

进入理论一元论或方法严谨性的领域,始终是学术界的一次冒险——很容易通向毫无结果的死胡同(比较 Shapiro 2001)。但是,比较历史分析者突出的学术研究领域不会落入这个陷阱。这种类型的学者一贯提出与现实世界相关的大问题,在语境中探索案例,分析随着时间推移而发展的过程。在这样的界限内,他们很高兴使用一切可用的理论或与之争论;他们为了探索语境和因果过程而"机会主义"地搜寻新的数据和技术。这样的方法论开放性,有助于解释为什么很多比较历史学者从做其他人完成的一手历史研究的"二手"综合,转向做他们自己的一手数据收集(例如,把 Skocpol 1979 与 Skocpol 1992 和 Skocpol, Ganz, and Munson 2000 相比较)。开放性还解释了为什么那么多比较历史分析者热衷于学习新技术,并且,如果有用的话,就把明显不同的方法结合起来,用于数据分析或理论构建。

例如,本书中罗杰·古尔德的文章详述了与历史案例研究或动态过程追踪结合使用定量网络技术的理由和模型。在呈现先前使用网络技术安排和分析数据的研究时,古尔德区分了使用个人层面相关数据的应用与更多地从比喻上使用网络观念来探索组织、社群或制度层面互动的方法。古尔德本人有点像个微观纯粹主义者,对前一种方法有明显的偏好,而且,他提供了有效使用网络技术探索精英互动模式改变的几个绝佳实例。一旦缜密地绘制成图,不断变化的精英互动就可以表明并帮助解释一些不同地点更广泛的制度和政治改变,范围从中世纪的意大利(Padgett and Ansell 1993),到正在现代化的英格兰(Bearman 1993),再到 19 世纪的巴黎(Gould 1995)。古尔德更怀疑历史学家约翰·莫尔(Mohr 1994)及社会学家巴基与范罗塞姆(Barkey and Van Rossem 1997)的作品中对网络分析的结构主义应用。然而,我自己的结论是,这些学者很可能有价值地利用网络技术来增强那些也得到了其他种类经验分析的支持的因果论证。在让网络技术适用于比较历史研究的早期阶段,模型和尝试的多样性是有益的。在未来,比较历史分析者将越来越多地使用网络技术作为识别结构模式或评估因果假说的众多技术之一(有一篇可读性很强的网络技术入门,参见 Scott 2000)。不用花钱加入任何固定的理论或方法论程序,比较历史分析者就会把网络技术添加到他们兼收并蓄的装备中。

在本书及其内容之外,当学者们把来自比较历史方法的观念和技术与来自其他研究技术的贡献综合起来时,我们看到了比较历史研究中理论和方法综合的很多实例。例如,在研究现代福利国家的文献中,统计学研究与基于案例的研究之间历史悠久的综合继续飞快发展,关于全球化对民族福利国家"削减开支"的各种不同模式的影响的研究,在最近的一些重要作品中占据着舞台的中心(比较 Huber and Stephens 2001; Swank 2000)。"全球化"是今天的一个热门话题,但比较历史学家正在证明,最好不要把它理解为一次大规模的共时震荡,把之前所有的社会政治变化一扫而光。国家、地区和部门对类似的跨国震荡和机遇的回应千变万化,而且,这种变化可以通过得到统计学假说检验补充(在有合适的数据可用的情况下)的仔细案例比较来解释。

在一个非常不同的路径交叉点上,研究影响女性的性别权利和社会计划的学者采用了大多来自解释主义女性主义作品中的观念,用它们来构想关于各个不同国家、体制、时期和政策范围的变化的可检验假说。以这种方式,朱莉娅·奥康纳(Julia O'Connor)、安·肖拉·奥尔洛夫(Ann Shola Orloff)和谢拉·舍维尔(Sheila Shaver)(1999)解释了澳大利亚、加拿大、英国和美国社会计划的性别方面。类似地,莫尼拉·夏拉德(Mounira Charrad,2001)指出民族国家形成的轨道如何方便了突尼斯、阿尔及利亚和摩洛哥各种不同的影响女性权利的法律措施并得到后者的促进。而玛拉·赫通(Mala Htun,出版中)分析了阿根廷、智利和巴西威权主义和民主体制下女权的演化。之前的女权研究通常使用女性主义的概念来解释单一案例。比较历史学者让我们看到,通过那些使用过程追踪和仔细的案例比较来检验和发展明确因果假说的研究,可以发展出一些更丰富的解释来说明有利或妨碍女权的条件。性别研究是比较历史研究中最令人兴奋的新边疆之一,对种族冲突动态(例如 Lustick 1993; Varshney 2001)和种族统治(例如 Marx 1998)的解释也是如此。

与此同时,在研究民主政治公民参与的文献中,一些有创新精神的研究者

第十二章 肩负双重任务的社会科学:比较历史分析的承诺

把行为主义调查研究与关于历史根源和反馈过程的论证结合起来。因此,安德莉·亚坎贝尔(Andrea Campbell,出版中)把过程追踪与调查研究结合起来,说明美国针对老年人的普遍社会计划在低收入老年公民当中有着提高政治兴趣和政治参与的影响。由于来自两个重要政府计划——社会保障和医疗——的"政策反馈",在当代老年美国人当中比在非老年美国成人当中更少阶层分化。如果不用来自历史分析和制度分析的复杂观念补充调查技术,坎贝尔就不可能得出这一重要发现。她的研究显示,对于探索宏观语境与群体行为的相互作用同时认真对待反馈效应和时间性因果关系,这样做会有多么不同。

看看最后一组实例,代议制度的研究是比较历史分析的另一个边疆——构建在本书中所回顾的民主与威权主义累积研究的基础之上。在这个研究领域,博弈论与比较历史的综合常常被证明是成果丰硕的。一个很好的实例是埃里克·席克勒(Schickler 2001)对20世纪美国众议院制度创新的研究。在两个方面,席克勒的分析综合了来自一些主要研究方法的贡献。理论上,他检验了各种不同的取自理性选择研究的关于制度设计的假说,把它们进行了分类,并结合关于制度安排随着时间推移而层叠和关于作为互动过程的结果的制度选择的洞见(来自Orren and Skowronek 1994)。方法论上,席克勒结合了国会研究典型的唱名表决定量分析和取自4个时期(每个时期都持续十年以上)的大量制度创新的复杂过程追踪。结果是迄今为止最认真的一次努力,试图检验很多杰出的制度选择理论的力量。席克勒得出了有细微差别的对那些塑造制度改变的重要接合的解释,证明先前的非时间博弈论分析只捕捉到了制度演化总体动态的某些部分。

另一个有效地把来自理性选择和比较历史制度主义的观念结合起来的年轻学者是保琳娜·琼斯·卢翁。在全球范围内,一些新兴民主国家从原先根深蒂固的威权主义政体中出现。解释新的制度规则在它们成形的过程中的千变万化,对比较政治学的学者来说是一个重大挑战。卢翁在她的新书《后苏联时期中亚的制度变革和政治连续性》(*Institutional Change and Political Continuity in Post-Soviet Central Asia*,2002)中比较了哈萨克斯坦、吉尔吉斯斯坦和乌兹别克斯坦选举制度的建立,并且在这个过程中,发展了一个新的、潜在地可以一般化的"转型环境下制度设计"理论。尽管比较历史学者吸引我们关注来自过去的持久遗产,但新的"游戏规则"可能而且已经从精英之间策略性的讨价还价中出现。但理性选择方法太容易落入下面这个假设的陷阱:精英们围绕新安排的讨价还价是在一张白板上发生的,不涉及根深蒂固的谅解和权力关系。在琼斯·卢翁的模型中,行动者为了回应不确定性而改变目标和认知,并且以一种不断变化的方式讨价还价——在三个有很多先在结构类似性的中亚政治体中产生不同的结果。但精英们的工作是从深植于继承来的安排中的权力位置和谅解出发;实际上,他们试图把更老的意义和权力关系解码为看似很新的结构。

如果没有博弈论领域之前的突破性进展,卢翁的工作就是不可能进行的。与此同时,她受到了一些研究制度发展的比较学者设置的理论议程的启发,比如凯瑟琳·瑟伦,正如我们已经看到的,瑟伦不仅要求仔细分析制度结果,而且要分析时间上和结构上内嵌的过程,那些在先前的制度中已经确立地位的行动者通过这些过程机动操作,创造已经改动的安排,这些安排保留了很多来自过去的贡献。此外,在方法论上,卢翁提出强有力的理由支持对一个地理文化地区之内的类似政体进行比较,作为一个有价值的"实验室",来发展一些可能有着更广泛应用的制度变革的解释。她的工作极好地把区域研究、策略建模和明确的比较分析与一般化的抱负结合了起来。伊拉·卡茨尼尔森在她给本书的撰稿中证明,比较历史研究可以架通微观、中观和宏观层面的分析,把个人和组织的选择纳入对制度变迁的解释中。可以认为琼斯·卢翁的工作是卡茨尼尔森的信念的一个恰当实例。

在结束本文所提供的思考时,我只提到了前沿比较历史分析的少数几个可能的实例。回望过去的 25 年,你会对涉及使用这个方法的学者们的研究文献的积累和创造力感到惊奇。一些长期以来的难题已经得到了成果丰硕的重新考量,而一些重要的新问题也得以解决。正如埃德温·阿门塔、詹姆斯·马汉尼和杰克·戈德斯通的论文所表明的,在某些研究文献中,比较分析者已经积累了一些知识,主要通过把研究扩大到新的案例集,并在这个过程中发展新的假说。与此同时,在其他领域,比较历史分析者与大样本统计分析者密切合作,确立了一些发现——无论是基于案例分析的学者还是统计学研究者,都不

第十二章 肩负双重任务的社会科学:比较历史分析的承诺

可能孤立地得出这些发现。在探求一些实质性问题的答案时,比较历史学者全面地听取和回应了批评者的意见,不仅澄清了他们针对各种不同的主题提出的论证,而且澄清了他们共有的研究路径的基本前提和方法。

我想说,幸运的是,今天比较历史分析像1975年刘易斯·科塞号召古典传统复兴的时候一样,并不是学院社会科学之内的权威学派。比较历史分析从未占据支配地位,它保留了其批评锋芒、勇敢大胆,以及挑战自鸣得意的正统理论和过于自负的科学主义的能力。然而,比较历史分析无疑在过去25年里已经成熟。到现在,比较历史分析已经有权要求得到它令人自豪的位置:作为现代社会科学领域成果最丰硕的研究方法之一,与行为主义、理性选择和解释主义的方法并肩而立。

而且,在今天兴盛的所有主要方法当中,比较历史分析依然最忠实于学术研究的双重使命。比较历史分析学者发展和证明了一些有科学根据的对社会变革和政治的解释,他们始终如一地致力于解决一些对很多人而不只是对学者同行们都很重要的问题。比较历史研究对学术界之内和之外那些渴望更好地理解"我们身陷其中并在很大程度上限制我们的生活道路的社会结构"问题的人说话。这一持久的双重使命,对于未来,对于历史,以及逐步发展的不断提出新的问题、关切和视角的人类眼界,是一个很好的预兆。有效的社会科学很可能是积累性的,但它绝不是已经完成的。因此,对于那些准备接受比较历史研究的双重挑战——做扎实的学术研究,同时对不断改变的现世问题发言——的人来说,未来肯定就像最近的过去一样光明和富有挑战性。这意味着,未来确实会非常光明。

参考文献

Barkey, Karen and Ronan Van Rossem. 1997. "Networks of Contention: Villages and Regional Structure in the Seventeenth-Century Ottoman Empire." *American Journal of Sociology* 102:1345—1382.

Bates, Robert H., Avner Greif, Margaret Levi, Jean-Laurent Rosenthal, and Barry R. Weingast. 1998. *Analytic Narratives*. Princeton, NJ: Princeton University Press.

Bearman, Peter S. 1993. *Relations into Rhetorics: Local Elite Social Structure in Norfolk, England, 1540—1640*. New Brunswick, NJ: Rutgers University Press.

Bennett, Andrew and Alexander George. 1997. "Process Tracing in Case Study Methods." Paper presented at the MacArthur Workshop, Harvard University, October.

Campbell, Andrea Louise. In press. *Shaping Policy, Shaping Citizens: Senior Citizen Activism and the American Welfare State*. Princeton, NJ: Princeton University Press.

Charrad, Mounira. 2001. *States and Women's Rights: The Making of Postcolonial Tunisia, Algeria, and Morocco*. Berkeley: University of California Press.

Clemens, Elisabeth S. 1997. *The People's Lobby: Organizational Innovation and the Rise of Interest Group Politics, 1890—1925*. Chicago: University of Chicago Press.

Coser, Lewis. 1975. "Presidential Address: Two Methods in Search of a Substance." *American Sociological Review* 40:691—700.

Evans, Peter B. 1979. Dependent Development: *The Alliance of Multinational, State, and Local Capital in Brazil*. Princeton, NJ: Princeton University Press.

Geddes, Barbara. 1990. "How the Cases You Choose Affect the Answers You Get." *Political Analysis* 2:131—149.

Goldstone, Jack A. 1991. *Revolution and Rebellion in the Early Modern World*. Berkeley: University of California Press.

Goodwin, Jeff. 2001. *No Other Way Out: States and Revolutionary Movements*, 1991. Cambridge and New York: Cambridge University Press.

Gould, Roger V. 1995. *Insurgent Identities: Class, Community, and Protest in Paris from 1848 to the Commune*. Chicago: University of Chicago Press.

Green, Donald P. and Ian Shapiro. 1996. *Pathologies of Rational Choice: A Critique of Applications in Political Science*. New Haven, CT: Yale University Press.

Hacker, Jacob. 2002. *Boundary Wars: The Political Struggle over Public and Private Social Benefits in the United States*. Cambridge and New York: Cambridge University Press.

Heclo, Hugh. 1974. *Modern Social Politics in Britain and Sweden*. New Haven, CT: Yale University Press

Htun, Mala. In press. *Democracy, Dictatorship, and Gendered Rights*. Cambridge and New York: Cambridge University Press.

Huber, Evelyn and John D. Stephens. 2001. Development and Crises of the Welfare State: Parties and Policies in Global Markets. Chicago: University of Chicago Press.

Huntington, Samuel P. 1968. *Political Order in Changing Societies*. New Haven, CT:

第十二章　肩负双重任务的社会科学:比较历史分析的承诺

Yale University Press.

　　Ikenberry,G. John. 2001. *After Victory:Institutions,Strategic Restraint,and the Rebuilding of Order after Major Wars*. Princeton,NJ:Princeton University Press.

　　Katznelson, Ira. 1981. *City Trenches:Urban Politics and the Patterning of Class in the United States*. New York:Pantheon Books.

　　King,Gary,Robert O. Keohane,and Sidney Verba. 1994. *Designing Social Inquiry: Scientific Inference in Qualitative Research*. Princeton,NJ:Princeton University Press.

　　Lieberson,Stanley. 1991. "Small N's and Big Conclusions:An Examination of the Reasoning in Comparative Studies Based on a Small Number of Cases." *Social Forces* 70: 307—320.

　　Linz,Juan J. 1978. *The Breakdown of Democratic Regimes*. Baltimore:Johns Hopkins University Press.

　　Luong,Pauline Jones. 2002. Institutional Change and Political Continuity in Post-Soviet Central Asia:Power,Perceptions,and Pacts. Cambridge and New York:Cambridge University Press.

　　Lustick, Ian. 1993. *Unsettled States,Disputed Lands:Britain and Ireland,France and Algeria,Israel and West Bank-Gaza*. Ithaca,NY:Cornell University Press.

　　Marx,Anthony. 1998. *Making Race and Nation:A Comparison of South Africa,the United States,and Brazil*. Cambridge and New York:Cambridge University Press,1998.

　　McAdam,Doug. 1982. *Political Process and the Development of Black Insurgency, 1930—1970*. Chicago:University of Chicago Press.

　　Mills,C. Wright. 1959. *The Sociological Imagination*. New York:Oxford University Press.

　　Mohr,John W. 1994. "Soldiers,Mothers,Tramps,and Others:Discourse Roles in the 1907 New York Charity Directory." *Poetics* 22:325—357.

　　Moore,Barrington,Jr. 1966. *Social Origins of Dictatorship and Democracy:Lord and Peasant in the Making of the Modern World*. Boston:Beacon Press.

　　O'Connor,Julia S. ,Ann Shola Orloff,and Sheila Shaver. 1999. *States,Markets,Families:Gender,Liberalism and Social Policy in Australia,Canada,Great Britain and the United States*. Cambridge and New York:Cambridge University Press.

　　Orren,Karen and Stephen Skowronek. 1994. "Beyond the Iconography of Order:Notes for a New Institutionalism." Pp. 311—330 in *The Dynamics of American Politics*,edited by Lawrence Dodd and Calvin Jillson. Boulder,CO:Westview Press.

Padgett,John F. and Christopher K. Ansell. 1993. "Robust Action and the Rise of the Medici,1400—1434." *American Journal of Sociology* 98:1259—1319.

Pierson, Paul. 2000a. "Increasing Returns, Path Dependence, and the Study of Politics." *American Political Science Review* 94:251—267.

2000b. "Not Just What,But When:Timing and Sequence in Political Processes." *Studies in American Political Development* 14:72—92.

2000c. "The Limits of Design:Explaining Institutional Origins and Change." *Governance* 13:475—499.

Ragin,Charles C. 1987. *The Comparative Method : Moving Beyond Qualitative and Quantitative Strategies*. Berkeley:University of California Press.

Rule, James B. 1997. *Theory and Progress in Social Science*. Cambridge and New York:Cambridge University Press.

Schickler,Eric. 2 001. *Disjointed Pluralism : Institutional Innovation and the Development of the US. Congress*. Princeton,NJ:Princeton University Press.

Scott,John. 2000. *Social Network Analysis:A Handbook*,2nd ed. London and Thousand Oaks,CA:Sage.

Sewell,William H. 1996. "Three Temporalities:Toward an Eventful Sociology." Pp. 245—280 in *The Historic Turn in the Human Sciences*,edited by Terrence J. McDonald. Ann Arbor:University of Michigan Press.

Shapiro, Ian. 2001. "Problems, Methods, and Theories in the Study of Politics, or: What's Wrong with Political Science and What to Do About It." Typescript of the Charles E. Lindblom Lecture in Public Policy,delivered on February 14 at the Institution for Social and Policy Studies,Yale University.

Skocpol, Theda. 1979. States and Social Revolutions: A Comparative Analysis of France,Russia,and China. Cambridge and New York:Cambridge University Press.

1982. "Rentier State and Shi'a Islam in the Iranian Revolution." *Theory and Society* 11:265—303.

1992. *Protecting Soldiers and Mothers:The Political Origins of Social Policy in the United States*. Cambridge,MA:Belknap Press of Harvard University Press.

Skocpol,Theda,Marshall Ganz,and Ziad Munson. 2000. "A Nation of Organizers:The Institutional Origins of Civic Voluntarism in the United States." *American Political Sci-*

第十二章 肩负双重任务的社会科学：比较历史分析的承诺

ence Review 94:527—546.

Snyder, Richard. 1998. "Paths Out of Sultanistic Regimes: Combining Structural and Voluntarist Perspectives." Pp. 49—81 in *Sultanistic Regimes*, edited by H. E. Chehabi and J. J. Linz. Baltimore, MD: Johns Hopkins University Press.

Swank, Duane. 2000. "Political Institutions and Welfare State Restructuring: The Impact of Institutions on Social Policy Change in Developed Democracies." Pp. 197—237 in *The New Politics of the Welfare State*, edited by Paul Pierson. Oxford: Oxford University Press.

Thelen, Kathleen. 1999. "Historical Institutionalism in Comparative Politics." *Annual Review of Political Science* 2:369—404.

——2000. "Time and Temporality in the Analysis of Institutional Evolution and Change." *Studies in American Political Development* 14:102—109.

Tilly, Charles, ed. 1975. *The Formation of National States in Western Europe*. Princeton, NJ: Princeton University Press.

——1984. *Big Structures, Large Processes, Huge Comparisons*. New York: Russell Sage Foundation.

Varshney, Ashutosh. 2001. *Ethnic Conflict and Civic Life: Hindus and Muslims in India*. New Haven, CT: Yale University Press.

Wallerstein, Immanuel. 1974. The Modern World System: Capitalist Agriculture and the Origins of the European World-Economy in the Sixteenth Century. New York: Academic Press.

Wickham-Crowley, Timothy. 1992. *Guerrillas and Revolutions in Latin America: A Comparative Study of Insurgents and Regimes since* 1956. Princeton, NJ: Princeton University Press.

译丛主编后记

财政活动兼有经济和政治二重属性,因而从现代财政学诞生之日起,"财政学是介于经济学与政治学之间的学科"这样的说法就不绝于耳。正因为如此,财政研究至少有两种范式:一种是经济学研究范式,在这种范式下财政学向公共经济学发展;另一种是政治学研究范式,从政治学视角探讨国家与社会间的财政行为。这两种研究范式各有侧重,互为补充。但是检索国内相关文献可以发现,我国财政学者遵循政治学范式的研究中并不多见,绝大多数财政研究仍自觉或不自觉地将自己界定在经济学学科内,而政治学者大多也不把研究财政现象视为分内行为。究其原因,可能主要源于在当前行政主导下的学科分界中,财政学被分到了应用经济学之下。本丛书主编之所以不揣浅陋地提出"财政政治学"这一名称,并将其作为译丛名,是想尝试着对当前这样的学科体系进行纠偏,将财政学的经济学研究范式和政治学研究范式结合起来,从而以"财政政治学"为名,倡导研究财政活动的政治属性。编者认为,这样做有以下几个方面的积极意义。

1. 寻求当前财政研究的理论基础

在我国学科体系中,财政学被归入应用经济学之下,学术上就自然产生了要以经济理论作为财政研究基础的要求。不过,由于当前经济学越来越把自己固化为形式特征明显的数学,若以经济理论为基础就容易导致财政学忽视那些难以数学化的研究领域,这样就会让目前大量的财政研究失去理论基础。在现实中已经出现并会反复出现的现象是,探讨财政行为的理论、制度与历史的论著,不断被人质疑是否属于经济学研究,一篇研究预算制度及其现实运行的博士论文,经常被答辩委员怀疑是否可授予经济学学位。因此,要解释当前的财政现象、推动财政研究,就不得不去寻找财政的政治理论基础。

2. 培养治国者

财政因国家治理需要而不断地变革,国家因财政治理而得以成长。中共十八届三中全会指出:"财政是国家治理的基础和重要支柱,科学的财税体制是优化资源配置、维护市场统一、促进社会公平、实现国家长治久安的制度保障。"财政在国家治理中的作用,被提到空前的高度。因此,财政专业培养的学生,不仅要学会财政领域中的经济知识,也必须学到相应的政治知识,方能成为合格的治国者。财政活动是一种极其重要的国务活动,涉及治国方略;从事财政活动的人有不少是重要的政治家,应该得到综合的培养。这一理由,也是当前众多财经类大学财政专业不能被合并到经济学院的原因之所在。

3. 促进政治发展

18—19世纪,在普鲁士国家兴起及德国统一过程中,活跃的财政学派与良好的财政当局,曾经发挥了巨大的历史作用。而在当今中国,在大的制度构架稳定的前提下,通过财政改革推动政治发展,也一再为学者们所重视。财政专业的学者,自然也应该参与到这样的理论研究和实践活动中。事实上已有不少学者参与到诸如提高财政透明、促进财税法制改革等活动中,并事实上成为推动中国政治发展进程的力量。

因此,"财政政治学"作为学科提出,可以纠正当前财政研究局限于经济学路径造成的偏颇。包含"财政政治学"在内的财政学,将不仅是一门运用经济学方法理解现实财政活动的学科,也会是一门经邦济世的政策科学,更是推动财政学发展、为财政活动提供指引,并推动中国政治发展的重要学科。

"财政政治学"虽然尚不是我国学术界的正式名称,但在西方国家的教学和研究活动中却有广泛相似的内容。在这些国家中,有不少政治学者研究财政问题,同样有许多财政学者从政治视角分析财政现象,进而形成了内容非常丰富的文献。当然,由于这些国家并没有中国这样行政主导下的严格学科分界,因而不需要有相对独立的"财政政治学"的提法。相关研究,略显随意地分布在以"税收政治学"、"预算政治学""财政社会学"为名称的教材或论著中,当然"财政政治学"(Fiscal Politics)的说法也不少见。

中国近现代学术进步的历程表明,译介图书是广开风气、发展学术的不二法门。因此,要在中国构建财政政治学学科,就要在坚持以"我"为主研究中国财政政治问题的同时,大量地翻译西方学者在此领域的相关论著,以便为国内学者从政治维度研究财政问题提供借鉴。本译丛主编选择了这一领域内的68部英文和日文著作，陆续予以翻译和出版。在文本的选择上，大致分为理论基础、现实制度与历史研究等几个方面。

本译丛的译者，主要为上海财经大学的教师以及该校已毕业并在外校从事教学的财政学博士，另外还邀请了其他院校的部分教师参与。在翻译稿酬低廉、译作科研分值低下的今天，我们这样一批人只是凭借着对学术的热爱和略略纠偏财政研究取向的希望，投身到这一译丛中。希望我们的微薄努力，能够成为促进财政学和政治学学科发展、推动中国政治进步的涓涓细流。

在本译丛的出版过程中，胡怡建老师主持的上海财经大学公共政策与治理研究院、上海财经大学公共经济与管理学院的领导与教师都给予了大力的支持与热情的鼓励。上海财经大学出版社的总编黄磊、编辑刘兵在版权引进、图书编辑过程中也付出了辛勤的劳动。在此一并致谢！

刘守刚　上海财经大学公共经济与管理学院
2023年7月

"财政政治学译丛"书目

1. 《财政理论史上的经典文献》
   理查德·A.马斯格雷夫,艾伦·T.皮考克 编　刘守刚,王晓丹 译
2. 《君主专制政体下的财政极限——17世纪上半叶法国的直接税制》
   詹姆斯·B.柯林斯 著　沈国华 译
3. 《欧洲财政国家的兴起 1200—1815》
   理查德·邦尼 编　沈国华 译
4. 《税收公正与民间正义》
   史蒂文·M.谢福林 著　杨海燕 译
5. 《国家的财政危机》
   詹姆斯·奥康纳 著　沈国华 译
6. 《发展中国家的税收与国家构建》
   黛博拉·布罗蒂加姆,奥德黑格尔·菲耶尔斯塔德,米克·摩尔 编　卢军坪,毛道根 译
7. 《税收哲人——英美税收思想史二百年》(附录:税收国家的危机 熊彼特 著)
   哈罗德·格罗夫斯 著　唐纳德·柯伦 编　刘守刚,刘雪梅 译
8. 《经济系统与国家财政——现代欧洲财政国家的起源:13—18世纪》
   理查德·邦尼 编　沈国华 译
9. 《为自由国家而纳税:19世纪欧洲公共财政的兴起》
   何塞·路易斯·卡多佐,佩德罗·莱恩 编　徐静,黄文鑫,曹璐 译　王瑞民 校译
10. 《预算国家的危机》
    大岛通义 著　徐一睿 译
11. 《信任利维坦:英国的税收政治学(1799—1914)》
    马丁·唐顿 著　魏陆 译
12. 《英国百年财政挤压政治——财政紧缩·施政纲领·官僚政治》
    克里斯托夫·胡德,罗扎娜·西玛兹 著　沈国华 译
13. 《财政学的本质》
    山田太门 著　宋健敏 译
14. 《危机、革命与自维持型增长——1130—1830年的欧洲财政史》
    W. M.奥姆罗德,玛格丽特·邦尼,理查德·邦尼 编　沈国华 译
15. 《战争、收入与国家构建——为美国国家发展筹资》
    谢尔登·D.波拉克 著　李婉 译
16. 《控制公共资金——发展中国家的财政机制》
    A.普列姆昌德 著　王晓丹 译
17. 《市场与制度的政治经济学》
    金子胜 著　徐一睿 译
18. 《政治转型与公共财政——欧洲1650—1913年》
    马克·丁塞科 著　汪志杰,倪霓 译
19. 《赤字、债务与民主》
    理查德·E.瓦格纳 著　刘志广 译
20. 《比较历史分析方法的进展》
    詹姆斯·马汉尼,凯瑟琳·瑟伦 编　秦传安 译
21. 《政治对市场》
    戈斯塔·埃斯平—安德森 著　沈国华 译
22. 《荷兰财政金融史》
    马基林·哈特,乔斯特·琼克,扬·卢滕·范赞登 编　郑海洋 译　王文剑 校译
23. 《税收的全球争论》
    霍尔格·内林,佛罗莱恩·舒伊 编　赵海益,任晓辉 译
24. 《福利国家的兴衰》
    阿斯乔恩·瓦尔 著　唐瑶 译　童光辉 校译
25. 《战争、葡萄酒与关税:1689—1900年间英法贸易的政治经济学》
    约翰 V.C.奈 著　邱琳 译
26. 《汉密尔顿悖论》
    乔纳森·A.罗登 著　何华武 译
27. 《公共经济学历史研究》
    吉尔伯特·法卡雷罗,理查德·斯特恩 编　沈国华 译
28. 《新财政社会学——比较与历史视野下的税收》
    艾萨克·威廉·马丁,阿杰·K.梅罗特拉 莫妮卡·普拉萨德 编,刘长喜 等译,刘守刚 校
29. 《公债的世界》
    尼古拉·贝瑞尔,尼古拉·德拉朗德 编　沈国华 译
30. 《西方世界的税收与支出史》
    卡洛琳·韦伯,阿伦·威尔达夫斯基 著　朱积慧,苟燕楠,任晓辉 译
31. 《西方社会中的财政(第三卷)——税收与支出的基础》
    理查德·A.马斯格雷夫 编　王晓丹,王瑞民,刘雪梅译　刘守刚 统校
32. 《社会科学中的比较历史分析》
    詹姆斯·马汉尼,迪特里希·鲁施迈耶 编　秦传安 译
33. 《来自地狱的债主——菲利普二世的债务、税收和财政赤字》
    莫里西奥·德莱希曼,汉斯—约阿希姆·沃思 著　李虹筱,齐晨阳 译　施诚,刘兵 校译

34.《有益品文选》
　　威尔弗莱德·维尔·埃克 编　沈国华 译
35.《美国财政成规——一部兴衰史》
　　比尔·怀特 著　马忠玲,张华 译
36.《金钱、政党与竞选财务改革》
　　雷蒙德·J.拉贾 著　李艳鹤 译
37.《牛津福利国家手册》
　　弗兰西斯·G.卡斯尔斯,斯蒂芬·莱伯弗里德,简·刘易斯,赫伯特·奥宾格,克里斯多弗·皮尔森 编
　　杨翠迎 译
38.《政治、税收和法治》
　　唐纳德·P.雷切特,理查德·E.瓦格纳 著　王逸帅 译
39.《西方的税收与立法机构》
　　史科特·格尔巴赫 著　杨海燕 译
40.《财政学手册》
　　于尔根·G.巴克豪斯,理查德·E.瓦格纳 编　何华武,刘志广 译
41.《18世纪西班牙建立财政军事国家》
　　拉斐尔·托雷斯·桑切斯 著　施诚 译
42.《美国现代财政国家的形成和发展——法律、政治和累进税的兴起,1877—1929》
　　阿贾耶·梅罗特 著　倪霓,童光辉 译
43.《另类公共经济学手册》
　　弗朗西斯科·福特,拉姆·穆达姆比,彼得洛·玛丽亚·纳瓦拉 编　解洪涛 译
44.《财政理论发展的民族要素》
　　奥汉·卡亚普 著　杨晓慧 译
45.《联邦税史》
　　埃利奥特·布朗利 著　彭骥鸣,彭浪川 译
46.《旧制度法国绝对主义的限制》
　　理查德·邦尼 著　熊芳芳 译
47.《债务与赤字:历史视角》
　　约翰·马洛尼 编　郭长林 译
48.《布坎南与自由主义政治经济学:理性重构》
　　理查德·E.瓦格纳 著　马珺 译
49.《财政政治学》
　　维特·加斯帕,桑吉·古普塔,卡洛斯·穆拉斯格拉纳多斯 编　程红梅,王雪蕊,叶行昆 译
50.《英国财政革命——公共信用发展研究,1688—1756》
　　P.G.M.迪克森 著　张珉璐 译
51.《财产税与税收争议》
　　亚瑟·奥沙利文,特里 A.塞克斯顿,史蒂文·M.谢福林 著　倪霓 译
52.《税收逃逸的伦理学——理论与实践观点》
　　罗伯特·W.麦基 编　陈国文,陈颖湄 译
53.《税收幻觉——税收、民主与嵌入政治理论》
　　菲利普·汉森 著　倪霓,金赣婷 译
54.《美国财政的起源》
　　唐纳德·斯塔比尔 著　王文剑 译
55.《国家的兴与衰》
　　Martin van Creveld 著　沈国华 译
56.《全球财政国家的兴起(1500—1914)》
　　Bartolomé Yun-Casalilla & Patrick K. O'Brien 编　匡小平 译
57.《加拿大的支出政治学》
　　Donald Savoie 著　匡小平 译
58.《财政理论家》
　　Colin Read 著　王晓丹 译
59.《理解国家福利》
　　Brain Lund 著　沈国华 译
60.《债务与赤字:历史视角》
　　约翰·马洛尼 编　郭长林 译
61.《英国财政的政治经济学》
　　堂目卓生 著　刘守刚 译
62.《日本的财政危机》
　　莫里斯·赖特 著　孙世强 译
63.《财政社会学与财政学理论》
　　理查德·瓦格纳 著　刘志广 译
64.《作为体系的宏观经济学:超越微观—宏观二分法》
　　理查德·瓦格纳 著　刘志广 译
65.《税收遵从与税收风气》
　　Benno Torgler 著　闫锐 译
66.《税收、国家与社会》
　　Marc Leroy 著　屈伯文 译
67.《保护士兵与母亲》
　　斯考切波 著　何华武 译
68.《国家的理念》
　　Peter J. Steinberger 著　秦传安 译